民法典理解与适用丛书

中华人民共和国
民法典人格权编
理解与适用

最高人民法院民法典贯彻实施工作领导小组 主编

人民法院出版社
PEOPLE'S COURT PRESS

图书在版编目（CIP）数据

中华人民共和国民法典人格权编理解与适用 / 最高人民法院民法典贯彻实施工作领导小组主编. -- 北京 ：人民法院出版社，2020.7

（民法典理解与适用丛书）

ISBN 978-7-5109-2896-3

Ⅰ. ①中… Ⅱ. ①最… Ⅲ. ①人格-权利-法律解释-中国②人格-权利-法律适用-中国 Ⅳ. ①D923.15

中国版本图书馆CIP数据核字(2020)第119031号

中华人民共和国民法典人格权编理解与适用

最高人民法院民法典贯彻实施工作领导小组　主编

责任编辑　姜　峤　王　婷　陈　思　杨钦云
执行编辑　高　晖　田　夏　尹立霞　罗羽净
出版发行　人民法院出版社
地　　址　北京市东城区东交民巷27号（100745）
电　　话　（010）67550617（责任编辑）　67550558（发行部查询）
65223677（读者服务部）
客服QQ　2092078039
网　　址　http://www. courtbook. com. cn
E－mail　courtpress@ sohu . com
印　　刷　河北鑫兆源印刷有限公司
经　　销　新华书店

开　　本　787毫米×1092毫米　1/16
字　　数　376千字
印　　张　26.75
版　　次　2020年7月第1版　2022年11月第5次印刷
书　　号　ISBN 978-7-5109-2896-3
定　　价　88.00元

最高人民法院
民法典贯彻实施工作领导小组

组　　长　周　强
常务副组长　贺　荣
副 组 长　陶凯元　杨万明　杨临萍　贺小荣　刘贵祥
成　　员　（按机构排序）
郭竞坤　董文濮　钱晓晨　郑学林　林文学
林广海　王淑梅　刘竹梅　于厚森　韩维中
孔　玲　何东宁　郭　锋　赵晋山　李广宇
胡仕浩　祝二军　马　岩　陈宜芳　郝银钟
高晓力　郃中林　孙晓勇

办 公 室

主　　任　杨万明　刘贵祥
副 主 任　郭　锋　杨永清
成　　员　丁广宇　周伦军　陈龙业

人格权编执行编委、编审

执行编委　胡仕浩　刘竹梅　孔　玲　郭　锋　吴兆祥
编　　审　朱　理　王　丹　高燕竹　陈龙业　李予霞
姜　峤

以习近平新时代中国特色社会主义思想为指导 充分发挥审判职能作用　确保民法典正确贯彻实施*

最高人民法院党组书记、院长　周　强

在以习近平同志为核心的党中央坚强领导下，《中华人民共和国民法典》经十三届全国人大三次会议审议通过并颁布实施。民法典是新中国成立以来第一部以“法典”命名的法律，是新时代我国社会主义法治建设的重大成果，具有里程碑意义。法律的生命在于实施。审判机关要以对党负责、对人民负责、对法律负责的态度，在贯彻实施民法典的过程中担当作为。

一、深入学习贯彻习近平总书记重要讲话精神，充分认识贯彻好实施好民法典的重大意义

2020年5月29日，中央政治局就“切实实施民法典”举行集体学习，习近平总书记发表重要讲话，为我们全面认识民法典颁布实施的重大意义，准确理解和掌握民法典的精神要义、基本原则、条文规范，确保民法典在司法活动中统一正确实施，维护广大人民群众合法权益，提供了强大的理论武装、思想指引、行动纲领。习近平总书记在讲话中，对人民法院贯彻实施民法典工作提出明确要求、指明了前进方向。各级人民法院要坚持以习近平新时代中国

---

* 原载《求是》2020年第12期。

特色社会主义思想为指导，切实把思想和行动统一到习近平总书记重要讲话精神上来，深刻理解和准确把握民法典颁布实施的重大意义，充分认识贯彻实施民法典的职责使命，以高度的政治自觉、饱满的工作热情，坚定不移做好民法典的学习和贯彻实施工作，努力推动中国特色社会主义法治建设。

第一，通过正确贯彻实施民法典，深入贯彻落实习近平总书记全面依法治国新理念新思想新战略。习近平总书记指出，实施好民法典，是坚持以人民为中心、保障人民权益实现和发展的必然要求，是发展社会主义市场经济、巩固社会主义基本经济制度的必然要求，是提高我们党治国理政水平的必然要求。民法典是党领导全国人民在我国革命、建设、改革各个历史时期，依法治国各方面工作长期积淀的智慧结晶，是党的意志、人民意志的立法表达。人民法院必须深入贯彻习近平总书记全面依法治国新理念新思想新战略，把增强“四个意识”、坚定“四个自信”、做到“两个维护”体现到民法典学习宣传贯彻全过程，忠实履行宪法法律赋予的职责，坚定不移走中国特色社会主义法治道路，确保党中央决策部署在人民法院得到不折不扣贯彻落实。

第二，通过正确贯彻实施民法典，主动服务新时代党和国家事业发展。习近平总书记指出，民法典是一部固根本、稳预期、利长远的基础性法律。人民法院在学习贯彻民法典的过程中，要聚焦党和国家工作大局履行审判职责，不断提高运用民法典服务大局的能力水平。要将学习贯彻工作与常态化疫情防控结合起来，充分运用民法典关于疫情防控的立法成果，准确适用现行法律和司法解释关于不可抗力、情势变更、时效中止等方面的规定，妥善处理涉疫情相关纠纷案件，助力复工复产，扎实做好“六稳”工作，全面落实“六保”任务。要将学习贯彻民法典与优化营商环境结合起来，坚决贯彻民法典规定的平等原则，加大产权保护力度，不论国企民企、内资外资、大中小微企业，一视同仁，依法保护，积极营造稳定公平透明、可预期的法治化营商环境。要将学习贯彻民法典与打好三大攻坚战结合起来，依法公正高效审理民间借贷、融资担保等金融领域纠纷案件，土地承包经营、农产品买卖等涉农纠纷案件以及环境资源领域的纠纷案件，为经济社会发展提供有力司法服务和保障。

第三，通过正确贯彻实施民法典，更好践行司法为民宗旨。习近平总书记强调，民法典实施水平和效果，是衡量各级党和国家机关履行为人民服务宗旨的重要尺度。贯彻实施好民法典，必须吃透民法典精神，正确理解民法典的核心要义和重要制度，正确适用民法典的规定，保障人民权益。民法典立足中国国情，在实现好、维护好、发展好人民权益方面有许多创新。其中，人格权独立成编，全面加强对包括自然人隐私权和个人信息在内的人格权保护，彰显了民法典的人民立场和人文关怀；物权编创设了居住权制度；合同编新增了保理合同、物业服务合同、合伙合同等典型合同；婚姻家庭编确立了夫妻共债共签原则，限缩了无效婚姻范围，对协议离婚规定了一个月的冷静期；继承编增加了打印遗嘱、录像遗嘱等新形式遗嘱类型，并取消了公证遗嘱的优先效力，等等。这些新的内容反映着新时代人民权益的特点，体现着新时代社会生活的实践和发展。要引导广大法官深入学习领会民法典的创新之处，将民法典新理念、新原则、新概念、新条款贯彻到审判执行工作的各个环节，提高运用民法典维护人民权益、化解矛盾纠纷、促进社会和谐稳定的能力和水平。

第四，通过正确贯彻实施民法典，加快推进人民法院审判体系和审判能力现代化。习近平总书记明确要求，各级司法机关要秉持公正司法，提高民事案件审判水平和效率。民法典的实施将进一步推动国家治理的制度化、规范化、程序化，是国家治理现代化的重要标志。民法典关于信息科技、生命科技发展背景下人格权保护的许多开创性规定，体现了对现代生活实际问题和时代需求的积极回应，为人民法院不断满足各类市场主体多元司法需求，提供了强有力的制度依据和规则支撑。人民法院要深入研判民法典实施对审判执行工作和自身建设带来的深远影响，将贯彻实施民法典与深化司法体制改革、加快推进智慧法院建设深度融合，在新的实践基础上推进审判体系和审判能力现代化。

第五，通过正确贯彻实施民法典，推动完善中国特色社会主义法治理论体系。习近平总书记指出，要加强对民事法律制度的理论研究，尽快构建体现我国社会主义性质，具有鲜明中国特色、实践特色、时代特色的民法理论体系和话语体系，为有效实施民法典、发展我国民事法律制度提供理论支撑。理论来源于实践。人民法院几十年来审理、裁判的大量民事案件，发布的大量司法解释、司法政策，是理论研究的丰富宝藏。全国法院广大法官要充分利用这一优势条件，加强民事司法理论研究，为构建新时代民事司法理论体系和话语体系贡献力量。要立足审判职能，在实施民法典的过程中及时制定完善司法政策，多做精品判决，多出精品案例，加强司法建议，为创新和繁荣民事司法理论研究提供新素材新经验。

二、始终坚持以人民为中心，不断提高民事审判质量和司法公信力

民法典是一部体现对生命健康、财产安全、交易便利、生活幸福、人格尊严等各方面权利平等保护的法典。实施好民法典，是坚持以人民为中心、保障人民权益实现和发展的必然要求。近年来，人民法院每年审结的一审民事案件约占全部一审案件的90%，民事审判在人民法院工作全局中居于重要地位。贯彻实施民法典，不仅要贯彻条文，更要贯彻立法精神，秉持公正司法，依法妥善审理各类民事案件，提高审判质量效率和司法公信力。

一是要依法加强权利保护，促进人的全面发展。随着经济社会发展，人民群众在公平、正义、安全、环境等方面的要求日益增

长，希望对权利的保护更加充分、更加有效。民法典以保护民事权利为出发点和落脚点，切实回应人民的法治需求。人民法院要紧密结合民法典的基本精神和内容，把增进人民福祉、促进人的全面发展摆在更加突出的位置，贯穿到审判执行工作的全过程，努力让人民群众在每一个司法案件中感受到公平正义。要更加注重对妇女儿童、老年人、残疾人和消费者权益的保护，及时充分救济受侵害的民事权益，有力维护最广大人民群众根本利益，切实增强人民群众获得感、幸福感、安全感。

二是要践行和弘扬社会主义核心价值观，维护社会公平正义。民法典将弘扬社会主义核心价值观作为立法宗旨，从基本原则到制度规范、具体规则，通篇都体现着社会主义核心价值观的要求。人民法院要坚持依法治国与以德治国相结合，用社会主义核心价值观指导司法活动，严格依照民法典条文的精神内涵，定分止争、惩恶扬善，强化规则意识，倡导契约精神，保护公民合法权益，维护社会公序良俗，用法治的力量引导人民群众向上向善。要主动回应人民关切，对社会高度关注、公众存在模糊认识的案件，加强裁判说理，厘清争点，亮明观点，明确提倡什么、反对什么、禁止什么，让庭审成为正确贯彻实施民法典、弘扬社会主义核心价值观的法治公开课。

三是要加强审判监督管理和调研，提升民事司法水平。习近平总书记强调，要加强对涉及财产权保护、人格权保护、知识产权保护、生态环境保护等重点领域的民事审判工作和监督指导工作。人民法院要进一步加大权利保护力度，继续加强民营企业产权司法保护，坚持平等、依法、全面保护原则，抓紧制定出台刑民交叉司法解释，完善程序规则，坚决防止以刑事案件名义插手民事纠纷、经济纠纷；继续推动完善知识产权侵权惩罚性赔偿制度，完善诉讼证据规则、证据披露以及证据妨碍排除规则，进一步提升我国知识产权审判水平和国际影响力；加强涉人格权案件、环境资源案件的审判指导，及时发布指导案例、典型案例或司法解释；研究制定提高民事案件审判水平和效率，提高办案质量和司法公信力的政策文件。要坚持问题导向，及时总结民事审判经验，研究解决制约民事审判工作发展的深层次问题和贯彻实施中的新情况新问题，为健全完善司法解释和司法政策提供实践依据。要进一步开展案件评查，对案件办理全过程进行体检，确保程序公正与实体公正相统一；注重发挥法官会议、审判委员会在统一裁判尺度方面的作用，确保相关法律适用统一。

四是要加强一站式多元解纷和诉讼服务体系建设，发挥多元化纠纷解决机制的作用。习近平总书记强调，要发挥多元化纠纷解决机制的作用，多方面推进民法典实施工作。人民法院要结合贯彻实施民法典，坚持和发展新时代“枫桥经验”，把非诉讼纠纷解决机制挺在前面，健全社会矛盾纠纷预防调处化解综合机制，加强一站式多元解纷和诉讼服务体系建设，深化“分调裁审”机制改革，增强人民法院多元解纷能力，促进矛盾纠纷源头预防。要加强与行政机关特别是司法行政部门的协作配合，加强法律援助和司法救助，通过社会力量和基层组织及时妥善化解矛盾纠纷，多方面推进民法典贯彻实施。要加强对诉前联调工作的培训和指导工作，以选派法官授课、邀请参加内部培训等方式，促进提高人民调解组织、行政机关调解员、人民调解员等适用民法典的能力水平，更好帮助群众实现和维护自身合法权益。

三、狠抓责任落实，全力做好民法典的贯彻实施工作

学习好、贯彻好、实施好民法典是人民法院的重要职责，也是一项涉及面广、任务量大的系统工程。各级法院在做好审判执行工作的同时，要迅速调整工作重心，切实把思想和行动统一到习近平总书记重要讲话精神上来，确保不折不扣完成人民法院在民法典贯彻实施工作中承担的职责使命。

一是要抓紧进行司法解释、非司法解释类规范性文件清理工作。2021年1月1日民法典施行之日起，婚姻法、继承法、民法通则、收养法、担保法、合同法、物权法、侵权责任法、民法总则等九部法律将被替代，以这九部法律为依据制定的大量民事司法解释需要清理，与民法典规定冲突的需要废止。同时，对刑事、行政、国家赔偿等领域的相关司法解释、司法政策也要纳入清理范围。为此，最高人民法院将在2020年年底前，完成对新中国成立以来所有现行有效的上述司法解释的全面清理工作。凡是违反社会主义核心价值观的，与民法典精神、原则、条文相冲突的，均坚决废止，确保民法典统一正确实施。同时，将最高人民法院发布的139件指导性案例也纳入清理范围。各高级人民法院要对本辖区施行的审判指导意见、会议纪要等司法政策文件进行系统清理，确保与民法典的新精神、新规定保持一致。

二是要及时制定新的司法解释。最高人民法院将坚持问题导向，按照“统一规划、分批制定，急用先行、重点推进，先易后难、确保质量”的原则，在民法典正式实施前发布有关司法解释，解决新旧法衔接适用、现有司法解释效力等问题，在民法典实施后迅速出台物权、合同、人格权、婚姻家庭、继承、侵权领域的相关司法解释，统一法律适用。在工作方式上，将司法解释起草与清理工作结合起来，加强调研论证，通过编纂、修改、新立等方式，用足用好批复、决定、解释和规定等司法解释制定的四种形式，确保司法解释起草的质量和实效。

三是要迅速在全国法院兴起学习贯彻民法典的热潮，切实提高民事司法裁判能力和水平。人民法院是贯彻实施民法典的重要部门，应当把学习贯彻民法典作为践行司法为民宗旨、提升公正司法水平的一项重要举措。最高人民法院将在做好院机关全员培训的基础上，坚持分类分级、线上线下、点面结合，指导各高级法院结合本地情况开展培训，确保2020年年底前实现全国法院干警全员轮训。要高度关注原有条款的变化和创新内容，保证培训到位、学习到位，实现见微知著、融会贯通、学以致用。要充分借助智慧法院建设成果，将信息化学习培训手段与传统学习培训手段融合互补，采取法院领导干部、审判业务专家授课与邀请专家学者授课相结合的方式，综合采用课堂、视频、网络培训相结合的形式开展培训，扩大培训覆盖面，确保培训取得实效。

四是要加大普法宣传力度，推动营造尊法学法守法用法的良好环境。习近平总书记强调，要广泛开展民法典普法工作，引导群众认识到民法典既是保护自身权益的法典，也是全体社会成员都必须遵循的规范，养成自觉守法的意识，形成遇事找法的习惯，培养解决问题靠法的意识和能力。人民法院要积极通过庭审公开、在线直播、裁判文书释法说理、发布典型案例、编写通俗读物、参与法治进校园进社区活动等群众喜闻乐见的方式，充分利用各类传统媒体和新兴媒体，加大对民法典的宣传力度，为民法典实施营造良好环境，让民法典所蕴含的契约精神、自愿原则、诚信原则等深深根植于群众内心，成为推进我国社会主义法治建设的内生力量。

凡 例

1. 本书中法律、行政法规名称中的“中华人民共和国”省略，其余一般不省略，例如《中华人民共和国民法典》简称《民法典》。

2. 本书中下列司法解释及司法指导性文件使用简称：

文件名称	发文日期	发文字号	简称
《最高人民法院关于贯彻执行〈中华人民共和国民法通则〉若干问题的意见（试行）》	1988年4月2日	法（办）发〔1988〕6号	《民法通则意见》
《最高人民法院关于审理名誉权案件若干问题的解答》	1993年8月7日	法发〔1993〕15号	《名誉权解答》
《最高人民法院关于审理名誉权案件若干问题的解释》	1998年8月31日	法释〔1998〕26号	《名誉权司法解释》
《最高人民法院关于确定民事侵权精神损害赔偿责任若干问题的解释》	2001年3月8日	法释〔2001〕7号	《精神损害赔偿司法解释》
《最高人民法院关于审理人身损害赔偿案件适用法律若干问题的解释》	2003年12月26日	法释〔2003〕20号	《人身损害赔偿司法解释》
《最高人民法院关于审理不正当竞争民事案件应用法律若干问题的解释》	2007年1月12日	法释〔2007〕2号	《不正当竞争司法解释》

续表

文件名称	发文日期	发文字号	简称
《最高人民法院关于审理利用信息网络侵害人身权益民事纠纷案件适用法律若干问题的规定》	2014 年 8 月 21 日	法释〔2014〕11 号	《信息网络规定》
《最高人民法院关于适用〈中华人民共和国民事诉讼法〉的解释》	2015 年 1 月 30 日	法释〔2015〕5 号	《民事诉讼法司法解释》
《第八次全国法院民事商事审判工作会议（民事部分）纪要》	2016 年 11 月 21 日	法〔2016〕399 号	《八民会纪要》
《最高人民法院关于审理商标授权确权行政案件若干问题的规定》	2017 年 1 月 10 日	法释〔2017〕2 号	《商标授权确权规定》
《最高人民法院关于民事诉讼证据的若干规定》	2019 年 12 月 25 日	法释〔2019〕19 号	《民事诉讼证据规定》

3. 特别说明：《民法典》自 2021 年 1 月 1 日起施行，《婚姻法》《继承法》《民法通则》《收养法》《担保法》《合同法》《物权法》《侵权责任法》《民法总则》同时废止。

总目录

CONTENTS

目录

CONTENTS

第五章　名誉权和荣誉权

绪论：《民法典》编纂概述

一、《民法典》编纂背景与历程

《民法典》在我国法律体系中，属于仅次于宪法的重要基本法，是社会生活的百科全书，是时代精神、民族精神的立法表达。《民法典》在全面总结我国民事立法和司法实践经验的基础上，对现行有关民事单行法律进行系统编纂，形成我国民商事领域的基本行为规范和裁判规则，为民商事活动提供基本遵循，为人民法院审理和执行民商事案件提供实体法依据，为新时代坚持和完善中国特色社会主义制度、实现“两个一百年”奋斗目标、实现中华民族伟大复兴中国梦提供完备的民事法治保障。

编纂《民法典》是党的十八届四中全会确定的一项重大政治任务和立法任务，是以习近平同志为核心的党中央作出的重大法治建设部署。编纂《民法典》，是通过对我国现行的、制定于不同时期的《婚姻法》《继承法》《民法通则》《收养法》《担保法》《合同法》《物权法》《侵权责任法》《民法总则》和人格权方面的民事法律制度规范，进行系统整合、编订纂修，形成一部适应新时代中国特色社会主义发展要求，符合我国国情和实际，体例科学、结构严谨、规范合理、内容完整并协调一致的法典。

以习近平同志为核心的党中央高度重视《民法典》编纂工作，将编纂《民法典》列入党中央重要工作议程，并对编纂《民法典》工作任务作出总体部署、提出明确要求。2016 年 6 月、2018 年 8 月、2019 年 12 月，习近平总书记三次主持中央政治局常委会会议，听取并原则同意全国人大常委会党组就《民法典》编纂工作所作的请示汇报，对《民法典》编纂工作作出重要指示，为《民法典》编纂工作提供了重要指导和基本遵循。

编纂《民法典》是一项系统的、重大的立法工程，不是制定全新的民事法律，也不是简单的法律汇编，而是对现行的民事法律规范进行编订纂修，对已经不适应现实情况的规定进行修改完善，对经济社会生活中出现的新情况、新问题作出有针对性的新规定。编纂《民法典》采取“两步走”的工作思路进行：第一步，制定《民法总则》，作为《民法典》的总则编。2015 年 3 月，全国人大常委会法制工作委员会启动《民法典》编纂工作，着手《民法总则》制定，以 1986 年制定的《民法通则》为基础，系统梳理总结有关民事法律的实践经验，提炼民事法律制度中具有普遍适用性和引领性的规则，形成《民法总则（草案）》，2017 年 3 月由第十二届全国人民代表大会第五次会议审议通过。第二步，编纂《民法典》各分编。以现行《物权法》《合同法》《担保法》《婚姻法》《收养法》《继承法》《侵权责任法》等为基础，结合我国经济社会发展对民事法律提出的新需求，形成了包括物权、合同、人格权、婚姻家庭、继承、侵权责任等 6 个分编在内的《民法典》各分编草案。三年多来，全国人大常委会对全部 6 个分编草案进行了二审，对各方面比较关注的人格权、婚姻家庭、侵权责任 3 个分编草案进行了三审。在此基础上，将《民法总则》与经过审议和修改完善的《民法典》各分编草案合并，形成《民法典（草案）》，提请 2019 年 12 月召开的第十三届全国人大常委会第十五次会议审议。经审议，全国人大常委会作出决定，将《民法典（草案）》提请第十三届全国人民代表大会第三次会议审议。2020 年 5 月 28 日，审议通过《民法典》，共 7 编 1260 条，包括总则、物权、合同、人格权、婚姻家庭、继承、侵权责任，以及附则。

《民法典》编纂工作汇集了各方面力量，人民法院是重要参加单位。根据党中央的工作部署，编纂《民法典》的工作由全国人大常委会法制工作委员会牵头，最高人民法院、最高人民检察院、司法部、中国社会科学院、中国法学会为参加单位，成立了《民法典》编纂工作协调小组，并成立了《民法典》编纂工作专班。最高人民法院作为《民法典》编纂工作重要参加单位，全程参与立法机关主持的《民法典》编纂工作，各级地方法院积极为《民法典》编纂提供支持和协助，配合立法调研工作。最高人民法院成立民法典编纂工作研究小组，在研究室设立办公室，积极配合《民法典》编纂，组织全国法院结合审判实践及时提供意见建议。在编纂过程中，立法机关高度重视将人民法院在司法审判活动中积累的裁判规则、最高人民法院制定的司法解释有关内容予以吸收，上升为国家立法。法院系统提出的关于人格权单独成编，增加保理合同，确立绿色原则、征收补偿原则、自甘风险原则，处理民事纠纷可以适用习惯，建立政府兜底的监护制度，赋予农村集体组织以法人地位，确认数据和网络虚拟财产权、居住权、强制性规定法律效力，保护英烈人身权，延长诉讼时效，降低业主大会门槛，明确高空抛物的致害责任，鼓励救助等上百项重要制度，数百条修改建议，大多数获得采纳。《民法典》婚姻家庭编、继承编增加或修改完善了最有利于未成年子女原则、夫妻日常家事代理权、离婚冷静期、夫妻共债共签、亲子关系确定、隔代探望权、收养条件、口头遗嘱等内容，均是对司法实践规则的总结，直接回应了人民群众普遍关切的现实问题。

二、《民法典》既传承我国优秀法律文化，又借鉴人类法治文明成果

编纂一部真正属于中国人民的民法典，是新中国几代人的夙愿。党和国家曾于 1954 年、1962 年、1979 年和 2001 年先后四次启动民法制定工作，但由于条件所限没有完成。党的十八大以来，以习近平同志为核心的党中央把全面依法治国摆在突出位置，推动党和国家事业发生历史性变革、取得历史性成就，中国特色社会主义已经进入新时代。在坚持和完善中国特色社会主义制度、推进国家治理体系和治理能力现代化的新征程中，编纂《民法典》具有重大而深远的意义。

在人类法治文明进程中，先后出现三次民法编纂运动。第一次是 6 世纪的罗马法编纂，产生了《罗马法大全》。第二次是 19 世纪欧

洲大陆民法典编纂，产生了《法国民法典》《德国民法典》《瑞士民法典》等。第三次肇端于20世纪80年代，产生了1986年中国《民法通则》、1992年《新荷兰民法典》、1994年《俄罗斯联邦民法典》《蒙古国民法典》、1996年《越南民法典》《吉尔吉斯斯坦民法典》、1998年《土库曼斯坦民法典》等。据不完全统计，目前世界上至少有110个国家或地区有民法典。即使实行判例法的美国、加拿大，也有个别州制定了民法典，如《加利福尼亚民法典》《魁北克民法典》。一部成功的民法典，往往是一个国家商品经济、民主政治、产权保护、法律文化、哲学伦理高度发展的产物。

《民法典》是新中国第一部以“法典”形式命名的立法，开创了我国法典编纂立法先河。《民法典》在借鉴大陆法系、英美法系民商事法律制度和立法经验的同时，吸收了中国优秀法律文化成果。《民法典》充分体现了中国共产党带领全国人民为实现“两个一百年”奋斗目标、为实现中华民族伟大复兴中国梦而不懈努力的时代特征，特别是体现了中国改革开放40多年来所取得的伟大成就。如果说19世纪初《法国民法典》、19世纪末《德国民法典》的诞生是世界法治史上的划时代成果，那么21世纪初中国《民法典》的颁行就是人类现代法治进程中具有标志性意义的里程碑。《民法典》是新时代我国社会主义法治建设的重大成果，在中国特色社会主义法律体系中具有重要地位，是一部固根本、稳预期、利长远的基础性法律，对推进全面依法治国、加快建设社会主义法治国家，对发展社会主义市场经济、巩固社会主义基本经济制度，对坚持以人民为中心的发展思想、依法维护人民权益、推动我国人权事业发展，对推进国家治理体系和治理能力现代化，具有重大的历史意义和实践价值。

三、《民法典》编纂和颁布实施的重大意义

习近平总书记在中央政治局2020年5月29日就“切实实施民法典”举行第二十次集体学习时发表的重要讲话，为我们全面认识《民法典》颁布实施的重大意义，准确理解和掌握《民法典》的精神要义、基

本原则、条文规范，确保《民法典》在司法活动中统一正确实施，维护广大人民群众合法权益，提供了强大的理论武装、思想指引、行动纲领。

第一，《民法典》是中国特色社会主义制度建设、法治建设的重大标志性成果，具有重大时代意义。新中国成立70多年特别是改革开放40多年来，我国民事法律制度伴随着新时期改革开放和社会主义现代化建设的历史进程逐步形成并不断发展完善。《民法典》是我国现有民事法律制度规范的集大成者，是我国法律体系日臻完善的重要标志，是中国特色社会主义制度更加成熟、更加完善的重要体现，充分展现了制度建设成果和制度自信，也为人类法治文明的发展进步贡献了中国智慧和中国方案。

第二，《民法典》是推进全面依法治国、推进国家治理体系和治理能力现代化的重要法律制度。党的十八届四中全会指出，依法治国是实现国家治理体系和治理能力现代化的必然要求。党的十九届四中全会对坚持和完善中国特色社会主义制度、推进国家治理体系和治理能力现代化作出系统全面部署。建立健全完备的法律规范体系，以良法保障善治，是全面依法治国的前提和基础。民法是中国特色社会主义法律体系的重要组成部分，涉及社会和经济生活方方面面，是保证国家制度和国家治理体系正常有效运行的重要基础性法律。《民法典》的颁布实施，进一步健全和完善了中国特色社会主义法律体系，为推进国家治理体系和治理能力现代化提供了强大动力，有利于更好发挥法治固根本、稳预期、利长远的保障作用，将制度优势转化为国家治理效能。

第三，《民法典》是坚持和完善社会主义基本经济制度、推动经济高质量发展的重要法律保障。习近平总书记强调，"社会主义市场经济本质上是法治经济""法治是最好的营商环境"。《民法典》是促进和保障我国社会主义市场经济持续健康发展的重要基石。《民法典》的颁布实施，进一步健全了我国民商事领域基本制度规则，有利于明晰产权规则、保障合法权益、稳定市场预期、维护交易安全，为民商事活动提供基本遵循，促进营造稳定、公平、透明、可预期的法治化营商环境，保障各种所有制主体依法平等使用资源要素、公开公平公正参与竞争、同等受到法律保护，推动经济高质量发展。《民法典》把我国多年来社会主义市场经济体制改革的一系列重要制度成果用法典形式确定下来，比如物权编一般规定中有关社会主义基本经济制度的规定就吸纳了党的十九届四中全会的最新部署，这为发挥市场在资源配置中的决定性作用提供了充分的民法基本制度保障，对巩固全面深化改革成果、促进更高水平对外开放具有重大意义。

第四，《民法典》是坚持以人民为中心发展思想、实现人民对美好生活向往的重大立法举措。习近平总书记强调，“实施好民法典是坚持以人民为中心、保障人民权益实现和发展的必然要求”。《民法典》以法典形式巩固了从身份到契约、从单位人到平等的市场主体的深刻转变，体现了对生命健康、财产安全、交易便利、生活幸福、人格尊严等各方面权利的平等保护。经历改革开放40多年的深刻变革，实现了每个人在市场上都是平等主体的目标，这是一种深刻而伟大的变革，极大解放了生产力。《民法典》以民事权利体系为基本构架，通过一系列制度创新，健全和充实了民事权利种类，完善和细化了权利保护和救济规则，为人民群众提供全方位权益保障，是一部民事权利的宣言书，是人民权利的保障书，具有中国特色、体现时代精神、反映人民意愿。《民法典》也是人民群众社会生活的百科全书，涉及经济社会生活方方面面，明确告诉人们可以做什么、不能做什么、从事法律行为会有什么样的法律后果。《民法典》的颁布实施，有利于更好地维护人民权益，不断增强人民群众获得感、幸福感和安全感，促进人的全面发展。

第五，《民法典》是加快推进人民法院审判体系和审判能力现代化的重要制度支撑。审判体系和审判能力现代化，是司法公正高效权威的重要保障。《民法典》在我国法律体系中，属于仅次于宪法的重要基本法，是司法裁判的重要依据。《民法典》的颁布实施，将庞大的民事法律规范按照完整逻辑体系予以整合，实现了民法体系的统一，为人民法院统一裁判尺度、公正高效审理民事案件提供了全面、有力、体系化的规则依据，这对于深化民事司法领域制度机制改革，加快实现审判体系和审判能力现代化具有重要意义。

四、人格权编的内容与特点

（一）人格权编概述

《民法典》编纂的最大亮点之一，是将人格权独立成编（第四编），在本编列举了自然人享有的生命权、身体权、健康权、姓名权、名称权、肖像权、名誉权、荣誉权、隐私权和个人信息保护等一系列具体人格权，还兜底规定了自然人享有基于人身自由、人格尊严产生的其他人格权益，即所谓的“一般人格权”。“列举 + 兜底”条文表述体现了人格权保护的全面性、开放性、包容性。本编是在《民法典》总则编第五章民事权利部分将人格权作为新型权利类型与身份权、财产权和其他民事权益并列作出规定基础上，在此独立进行体系化展开，构筑完备的人格权保护体系，与第七编侵权责任形成互补。

人格权独立成编，是我国保护人身权法律制度不断发展演进的结果。我国制定《民法通则》时，人身权被置于财产权之后规定，且内涵规定较为简略。经过三十多年社会经济的发展进步，人的自由、尊严、价值、荣誉等越来越受到重视和关注。民法学研究构建了一般人格权与具体人格权的理论体系。通过将人格权和侵权责任独立成编，有利于克服潘德克顿体系的“重物轻人”的体系缺陷。[①] 而且，人格权的现代发展，不仅仅是在法典中自成一体以满足形式理性的需要，更重要的是，人格权从传统民事权利体系中分离出来形成独立的民事权利，并正在形成一套特有的权利确认、权利享有、权利行使、权利救济、权利保护体系。人格权编系统总结和吸收了《民法通则》《侵权责任法》《民法总则》等法律的立法经验，还总结和吸收了人民法院的司法解释、司法政策、典型案例所反映的司法原则、价值导向、裁判规则，构建了完整的人格权民事权利体系。

① 王利明：《民法的人文关怀》，载《中国社会科学》2011 年第 4 期。

《民法典》编纂工作之前，以《民法通则》为主体的一批法律法规为公民人身权利的行使提供了有力法治保障。在新的形势下，分散在不同法律中的人格权规定已难以适应新时代人格权实践与发展的需要。《民法典》人格权编坚持以人为本，顺应人民群众对人格权保护的迫切需求，取代了过去分散在各个法律、行政法规、部门规章及司法解释中关于人格权的规定。人格权编在现行有关法律法规和司法解释基础上，对各种具体人格权作出了较为详细的规定，为人格权保护奠定和提供了充分的民事请求权法律基础。

（二）人格权独立成编的意义

第一，将党的十九大报告提出的“保护人民人身权、财产权、人格权”重要论述在《民法典》中予以贯彻体现。民法文化是人本文化，《民法典》是以人格自由为最高原则形成的私法制度，对人的关怀是《民法典》首要的和终极的价值取向。作为人格权领域的基础性法律规定，《民法典》人格权编是贯彻落实党中央关于人权保障的重要举措，是贯彻落实《宪法》关于“国家尊重和保障人权”及有关人格权规定及其精神的必然要求，特别是贯彻落实党的十九大和十九届二中全会明确提出的关于“保护人民人身权、财产权、人格权”的要求。人格权独立成编，符合以人民为中心的发展理念，顺应了新时代人民群众对人格尊严、人格权保护的迫切需求，彰显了《民法典》的人民立场和人文关怀，满足人民群众对美好生活的向往。人格权独立成编，既是新中国人权发展成果的立法体现，也是民法发展世界趋势的立法回应，代表了民法发展的未来。

第二，有利于弘扬社会主义核心价值观。社会主义核心价值观是民族精神的高度凝练，是中国特色社会主义法治的价值内核，是坚持中国特色社会主义法治发展道路的基本遵循。《民法典》第 1 条将弘扬社会主义核心价值观作为立法宗旨，体现了立法对民族精神的重视，是对习近平总书记所强调的用法律推动社会主义核心价值观建设的贯彻落实。人格权独立成编是传承彰显民族精神的重要依托，体现了对社会价值、民族精神的维护，有利于强化对人身自由、人格尊严的保护，更好地把社会主义核心价值观融入到法治建设之中。

第三，有利于构建由人格权、物权、知识产权、债权等内容构成的完整的民事权利体系。《民法典》将人格权作为重要民事权利与民事主体制度相区分，在民事权利中将人格权与身份权、财产权和其他民事权益并列作出规定，并在各编中具体展开规定。《民法典》总则编规定的身份权对应的是婚姻家庭编，物权对应的是物权编，债权对应的是合同编与侵权责任编，继承权对应的是继承编，知识产权有单独的知识产权单行法，股权等权利有《公司法》《证券法》等法律相对应。上述六种权利类型都有相应的一编或者单行法律来规定。人格权编放在《民法典》第四编，就使总则编对民事权利体系的规定，与民法典各编之间构成圆满、完整的逻辑结构，相互协调、衔接，不存在逻辑上的残缺和不足。[①]

第四，有利于促进人格权的司法保护。自《民法通则》首次规定人身权以来，人格权纠纷的案件数量逐年攀升，特别是近十年来增长迅速。为强化对人格权的保护，最高人民法院颁行了有关司法解释。如1998年《名誉权司法解释》、2001年《精神损害赔偿司法解释》、2003年《人身损害赔偿司法解释》等。人格权编所规定的人格权的内容、权利边界、行使方式、保护规则，充分吸收了司法解释行之有效的内容，完善了人格权请求权基础规范，为法官处理人格权纠纷案件提供更为明确的裁判依据，有利于保障裁判规则和裁判尺度的统一。

（三）人格权编的主要内容和特点

本编共6章，51条，包括：一般规定，生命权、身体权和健康权，姓名权和名称权，肖像权，名誉权和荣誉权，隐私权和个人信息保护。其主要内容和特点是：

第一，明确了人格权保护范围。包括民事主体享有的生命权、身体权、健康权、姓名权、名称权、肖像权、名誉权、荣誉权、隐私权等权利。自然人还享有基于人身自由、人格尊严产生的其他人格权

① 参见杨立新：《民法典人格权编草案逻辑结构的特点与问题》，载《东方法学》2019年第2期。

益。死者的姓名、肖像、名誉、荣誉、隐私、遗体也受法律保护。以“等权利”“其他人格权益”的兜底方式，为具体人格权利种类和保护留下空间。

第二，明确人格权不得放弃、转让或者继承。人格权具有专属权，权利人不得放弃、转让、继承。

第三，规定人格权受侵害时，有关请求权不受诉讼时效限制。即受害人的停止侵害、排除妨碍、消除危险、消除影响、恢复名誉、赔礼道歉请求权，不适用诉讼时效的规定。这六项请求权，关系到人格存续、生存利益和伦理道德，不带有直接的财产利益，故不适用诉讼时效制度。

第四，主张违约责任时可同时要求精神损害赔偿。因当事人一方的违约行为，损害对方人格权并造成严重精神损害，受损害方选择请求其承担违约责任的，不影响受损害方请求精神损害赔偿。

第五，针对侵害人格权的行为人可申请行为禁令。民事主体有证据证明行为人正在实施或者即将实施侵害其人格权的违法行为，不及时制止将使其合法权益受到难以弥补的损害的，有权依法向人民法院申请采取责令行为人停止有关行为的措施。

第六，对人格权侵权责任赔偿进行区分不同因素的差异化处理。认定行为人承担侵害除生命权、身体权和健康权外的人格权的民事责任，应当考虑行为人和受害人的职业、影响范围、过错程度，以及行为的目的、方式、后果等因素。

第七，开展人体临床试验和人体基因、人体胚胎等研究活动须合法合规、遵守管理规定。为研制新药、医疗器械或者发展新的预防和治疗方法，需要进行临床试验的，应当依法经相关主管部门批准并经伦理委员会审查同意，从事与人体基因、人体胚胎等有关的医学和科研活动，应当遵守法律、行政法规和国家有关规定，不得危害人体健康，不得违背伦理道德，不得损害公共利益。

第八，明确性骚扰的行为类型和法律义务、责任。违背他人意愿，以言语、文字、图像、肢体行为等方式对他人实施性骚扰的，受害人有权依法请求行为人承担民事责任。机关、企业、学校等单位应当采取合理的预防、受理投诉、调查处置等措施，防止和制止利用职权、从属关系等实施性骚扰。明确对笔名、艺名等的保护。

第九，确认和保护自然人隐私权。任何组织或者个人不得以刺探、侵扰、泄露、公开等方式侵害他人的隐私权。隐私是指自然人的私人生活安宁和不愿为他人知晓的私密空间、私密活动、私密信息。本法第 1033 条具体规定了侵害隐私权的行为。

第十，将个人信息纳入人格权保护范围。个人信息包括自然人的姓名、出生日期、身份证件号码、生物识别信息、住址、电话号码、电子邮箱、健康信息、行踪信息等。处理个人信息的，应当遵循合法、正当、必要原则，不得过度处理，并符合相应条件。对个人信息的保护确立了“合法、正当、必要”三个原则及“不过度处理”的要求。《民法典》创新性地将隐私权的客体“个人信息中的私密信息”与个人信息区分开来，明确规定“个人信息中的私密信息，适用有关隐私权的规定；没有规定的，适用有关个人信息保护的规定”。

第一章 一般规定

第九百八十九条 本编调整因人格权的享有和保护产生的民事关系。

【条文主旨】

本条是关于人格权编调整对象的规定。

【条文理解】

一、人格权的概念和特征

人格权是由法律确认或赋予民事主体享有的具有人格属性、以人格利益为客体的人身权利。人格权包括一般人格权和具体人格权。一般人格权包括人格自由权、人格尊严权。具体人格权包括生命权、身体权、健康权、姓名权、名称权、肖像权、名誉权、荣誉权、隐私权等权利。在权利性质上，人格权是非财产权、支配权、绝对权，具有专属权。人格权是个体生存发展的基础，属于基础性权利。人格权具有以下法律特征：

（一）人格权是人的基本权利

人格权是民事主体对其特定的人格利益享有的权利，关系到人格自由与尊严，是民事主体最基本、最重要的权利，是公民行使其他一切权利的前提和基础。人既具有自然属性，也具有社会属性，人的生存包括自然生存和社会生存。人身权制度为民事主体的自然生存和社会生存提供法律依据，既包含保护人自然生存的生命权、身体权、健康权等内容，也包含保护人社会生存的名誉权、信用权等内容。在民法意义上，民事主体之所以成为完整的民事主体，就是因为具备了各种人身基本权利。如果失去人身权保护的各种利益，民事主体的地位就会受到威胁。法律规定人身权制度，为人身权提供保护，防止他人对权利人的侵犯。一些学者从人格权与民事主体的紧密关联性出发，把这种级别权利界定为固有权利。如杨立新教授认为，人格权是民事主体的固有权利，人格权的获得不是依一定的法律事实而是依人的出生，一旦自然人出生、法人成立，就依法享有人格权；人格权与民事主体共始终，自然人、法人只要具有法律上的人格，在社会上存在，就享有人格权，既不能因某种事实而丧失，也不能基于某种原因而被剥夺。[①]

（二）人格权属于人身权

人身权是不直接体现财产内容的一种民事权利，包含人格权和身份权。人格权的客体是人格利益，保护的是人之所以为人的人格，而不是亲属之间的身份地位和利益。身份权是民事主体基于一定行为或相互关系所产生的民事权利，以身份利益为客体，主要包括配偶权、亲权、亲属权（监护权）、知识产权中的身份权（著作权、发明权、专利权、商标权等）。人格权以维护自然人、法人的法律人格为其基本功能，使之实现人之所以为人的法律效果。身份权的法律作用是维护以血缘关系等组成的亲属团体中人的特定地位及相互之间的权利义务关系，维护自然人对某种具有身份关系的支配关系。广义上说，身份是指一个人的法律地位和资格。身份关系同民事主体的社会属性、社会身份和社会地位紧密联系在一起。有学者指出，无论是从权利客体还是从权利内容上都难以严格区分开人格权与身份权，二者有着不可分割的天然联系。人格权与身份互为依存，人格权不能脱离身份而

---

① 杨立新：《人格权法》，法律出版社 2015 年版。

存在，身份反映人格利益。[①] 王泽鉴教授认为，“身份权乃存在于一定身份（尤其是亲属）关系上的权利，如配偶间的权利、亲权等。身份权亦涵蕴有人格关系，应属人格保护范畴”。人格权系以人格为内容的权利。一般认为，其本质为“权益”。[②]“由于人格的开放性，难以作具体的定义，应作诠释性的理解，以适应未来的发展。”[③]

（三）一般人格权仅自然人享有

一般人格权相对于具体人格权而言，为自然人享有。法人、非法人组织不享有一般人格权。立法关于人格权的规定采取具体列举方式，难免挂一漏万，一般人格权的概念可以弥补此不足。一般人格权是以人身自由和人格尊严为内容的权利。既对具体人格权有概括作用，又是一项独立的民事权利，是人身权中具有抽象意义和典型性的基本人格权。相对于具体人格权，一般人格权规定是法律上的“一般条款”，通常赋予法官较大的自由裁量空间。从法律适用规则看，如果有具体条款可适用，应当首先适用具体条款，而不能直接引用“一般条款”。否则，有可能导致法官自由裁量空间过大，导致裁判规则不统一，缺少可预期性。本法第1002条还特别规定了“生命尊严”这一具有丰富内涵的概念，可以此为基础进一步强化对人体基因、胚胎、胎儿、植物人等不同生命形态的保护。

二、人格权法律制度的发展

（一）西方人格权立法演变

在罗马法中，人的概念包括生物意义上的人（homo），被借用指向权利义务主体的人（caput），和借用指权利义务主体的各种身份的人（persona）。后两者通常因奴役或受制作用而存在。人格是人定的、法定的，又是自然的、天赋的。人定的人格可以使昨天的奴隶变

---

① 郭明瑞：《关于人格权立法的思考》，载《甘肃政法学院学报》2017年第4期。

② 参见马骏驹：《人格和人格权理论讲稿》，法律出版社2009年版，第200页；沈剑峰：《一般人格权研究》，法律出版社2013年版，第67页。

③ 王泽鉴：《人格权法》，北京大学出版社2013年版，第43页。

成今天的市民；法定的人格可以为有些人所拥有而有的人不能拥有，有的人是完整地拥有，有的人却是部分地拥有。一个人要作为完全的权利义务主体，则需要同时具有自由权、市民权和家长权，拥有这三者就有完全的人格。否则，便会引起人格的变更，变更为他权人、外邦人，或不是法律上的人，而是客体奴隶。罗马法通过人格制度来合理厘清国家与家庭之间的关系，市民与外邦人的界限，平民与奴隶的界限。利用罗马市民的身份去鼓励外邦人和奴隶积极劳动，为罗马创造财富。因此，人格的公法属性胜过其私法属性。从罗马法典体系来看，不论是"法学阶梯"模式还是"学说汇纂"模式，都是以财产关系为中心，其所规定的人的制度都是从"主体"的角度而言的，着眼点在于解决主体参与法律关系的资格与能力，并没有肯定人格权的独立地位，在价值上对人的地位重视不够。[①]

近代民法典以罗马法为参照，仍以财产法为中心构建。1804 年《法国民法典》有 174 个条文规定了继承，194 个条文规定了婚姻，20 个条文规定了共有不动产的分界，然而却没有人格权的概念。《法国民法典》没有使用"人格"二字，人格被隐寓于民事权利中。第 8 条规定："所有法国人都享有民事权利。"《法国民法典》不规定人格，有两种解释：一是法国大革命提出的天赋人权，不仅包括公权也包括私权。《人权宣言》宣示："在权利方面，人们生来是而且始终是自由平等的"，在公法上人们享受的是"自由、财产、安全和反抗压迫"的权利，私法上要求生物上的人就是法律上的人，这种民事权利是不证自明的，是天赋而自然的权利。《法国民法典》不规定人格，是因为"人的法律地位由 1789 年法国人权宣言直接加以规定"，《法国民法典》第 8 条不过是前述规定在私权领域内必要的具体重申。二是认为当时以维护人格尊严思想为基础的人格权概念尚未产生，它直到康德的伦理主义哲学将人类尊严与法律人格概念结合之后才有可能出现。

① 陈华彬：《中国制定民法典的若干问题》，载《法律科学（西北政法学院学报）》2003 年第 5 期。

《德国民法典》关于人格的规定体现在两个条款：一是该法典第12条规定："权利人的姓名使用权为他人所争执或权利人的利益因他人不经授权使用同一姓名而受到侵害的，权利人可以请求该他人除去侵害。有继续受侵害之虞的，权利人可以提起不作为之诉。"这是关于姓名权这种具体人格权的规定。二是该法典第823条第1款规定："因故意或者有过失地不法侵害他人生命、身体、健康、自由、所有权或者其他权利，负有向该他人赔偿因此而发生的损害的义务。"该规定是从侵权损害赔偿角度的规定。后来，德国法院创设了"一般人格权"。

1907年《瑞士民法典》对人格权作了规定，该法典自第27条起规定了部分人格权，包括身体完整权、名誉权、隐私权等。当代民法典普遍规定了人格权。比如，1991年《魁北克民法典》规定了某些特定的人格权，如身体完整的权利、名誉权与隐私权、对遗体的尊重、姓名权。1994年修订后的《法国民法典》规定了尊严和身体完整权等人格权。2011年《罗马尼亚民法典》规定了生命权、健康权、身体和精神完整权、尊严权、肖像权等。在人格权的发展中，隐私权概念一直如影随形，逐渐独立出来。美国学者沃伦（Wallen）和布兰代斯（Brandeis）1890年在其《论隐私权》一文中将隐私界定为一种"免受外界干扰的、独处的"权利。现代学者将隐私的内涵扩大到信息隐私、空间隐私以及自决隐私等领域。

（二）我国人格权立法发展

我国宪法关于人身自由和人格尊严的规定是自然人人格权的基础。《宪法》第37条至第40条的规定，构成了以人身自由为基础，以人格尊严为核心，以住宅权利、通信自由和通信秘密等相关权利为支撑的宪法规范，表明公民的人身自由、人格尊严、住宅不受侵犯，通信自由和通信秘密受法律保护。我国民事立法、其他法律与司法解释不断完善人格权保护制度。1986年通过的《民法通则》，专节列举了生命健康权、姓名权、肖像权、名誉权等人身权利，其中第101条规定："公民、法人享有名誉权，公民的人格尊严受法律保护，禁止用侮辱、诽谤等方式损害公民、法人的名誉。”将人格尊严置于名誉权保护之中，首次在民事法律规范中对公民的“人格尊严”作出规定。为适应在司法实践中产生了隐私概念的现实需要，法律将隐私权纳入民事权利保护范围。《侵权责任法》第2条第2款规定：“本法所称民事权益，包括生命权、健康权、姓名权、名誉权、荣誉权、肖像权、隐私权、婚姻自主权……”随着我国人权事业的不断发展，相关法律对我国公民的政治、经济、文化、社会各项权利进行确认，提供保障。《未成年人保护法》《残疾人保障法》《国防法》《执业医师法》等多部法律对未成年人、残疾人、军人、执业医师等的人格尊严作出保护规定。2005年8月，十届全国人民代表大会常务委员会第十七次会议通过《关于修改〈中华人民共和国妇女权益保障法〉的决定》，首次在法律中使用了“人格权”的概念，其第42条中规定：“妇女的名誉权、荣誉权、隐私权、肖像权等人格权受法律保护。禁止用侮辱、诽谤等方式损害妇女的人格尊严。”2014年，全国人民代表大会常务委员会通过了《关于〈中华人民共和国民法通则〉第九十九条第一款、〈中华人民共和国婚姻法〉第二十二条的解释》，规定了姓名权的行使规则、命名规则，这为我国《民法典》人格权编完善姓名权的规则提供了规范基础。

《网络安全法》第四章专门就网络信息安全作出了规定，其中大量规定了网络运营者保护个人信息的义务，这实际上也肯定了个人对其网络信息所享有的相关权利。2012年，全国人民代表大会常务委员会通过了《关于加强网络信息保护的决定》，也专门就网络信息服务者等主体保护个人信息的义务作出了规定，实际上也规定了个人对其个人信息所享有的信息安全等权利。

2001年第四次编纂《民法典》时，全国人民代表大会常务委员会法制工作委员会单独起草了人格权编草案，并于2002年年底交九届全国人民代表大会常务委员会第三十一次会议第一次审议。2017年3月通过的《民法总则》有四个条文涉及人格权保护（第109、110、111、185条），并将人格权规定在各项民事权利之首，凸显了人格权保护的重要意义。同时，该法第109条确立了一般人格权，既为人格权的兜底保护提供了法律依据，也宣示了人格权保护的意义和价值。由于《民法总则》只是笼统地规定了民事主体所享有的各项人格权，而没有对各项权利的内容、效力、行使规则等作出细化规定，《民法典》编纂时专门设立人格权编加以规定。人格权独立成编之后，与侵权责任编相辅相成，相互配套，共同发挥充分保护人格权的作用。①

三、《民法典》人格权编与宪法规定的关系

宪法是国家根本法。作为"母法"的宪法，是法律法规的源头和统领，是制定各种法律的规范依据和权威来源。1982年《宪法》实施以来，我国公民人格权保护的法律制度体系不断完善。民法人格权概念由宪法中的人身自由和人格尊严概念派生而来。但二者既有联系又有区别。宪法上的人身自由和人格尊严强调国家和个人之间的关系，指向的主要是国家，约束的义务主体主要是公权力机构，国家负有保护公民权利的义务。公民人身自由和人格尊严的行使不仅在民事领域受到保障规范，还会涉及刑事等公法领域。而民法上的人格权调整的是平等民事主体之间的民事权利关系，所约束的义务主体为民事法律关系的当事人，不涉及公民政治、社会等方面的权利。对于侵害包括人身自由、生命权、身体权等人格权的情况，人格权编通过探索使用"不得""应当"等法律表达，确定行为义务、划定权利边界，并根据具体权利类型和情节轻重作出规范，以便于确定事后救济中侵权责任的构成。

然而，宪法规范不能直接适用于私人之间的法律关系，只能通过其所体现的人权价值影响私法的解释和适用。宪法保护人格尊严的价值必须要实际转化为民法的人格权制度，才能对人格权进行全面保障。因为宪法作为国家根本法，其对人格尊严保障的宣示只是一种价值宣示和原则保护，无法形成裁判规范。尤其是在我国司法实践中，

① 王利明：《加强人格权立法 保障人民美好生活》，载《四川大学学报（哲学社会科学版）》2018年第3期。

法官裁判民事案件不能直接援引《宪法》规定作为裁判依据。《最高人民法院关于裁判文书引用法律、法规等规范性法律文件的规定》(法释〔2009〕14号)第1条规定:“人民法院的裁判文书应当依法引用相关法律、法规等规范性文件作为裁判依据。”其义有二:一是人民法院裁判文书应当引用规范性法律文件作为裁判依据;二是引用规范性法律文件的范围限于法律、法规等范围,不包括《宪法》在内,这与《立法法》的规定是一致的。[①]因此,宪法中关于人格权保护的相关规则不能完全替代民法的人格权制度,相反,这些规定必须要通过民法的确认和保护才能具体落实。[②]

四、人格权民事法律关系

人格权民事法律关系由主体、内容和客体三个要素构成。

(一)人格权主体

人格权主体是指在人格权民事法律关系中享有权利和承担义务的自然人、法人和非法人组织。在人格权民事法律关系中,一方为权利主体,即人格权的权利人;另一方为义务主体,即人格权的义务人。权利主体是特定的单个主体,义务主体是不特定的任何人。

(二)人格权内容

人格权内容是指人格权法律关系主体享有的民事权利和承担的民事义务。民事权利是指权利主体根据法律规定,依据自己的意愿,为实现自己的人格利益而为某种行为或不为某种行为的可能性。包括:权利人根据自己的利益为一定行为或不为一定行为;要求义务人不为一定行为;在自己的人格权利遭到侵害或义务人不履行义务时,请求人民法院予以保护;民事主体享有对其人格利益的支配和实现等权能;包括人格利益的享有权、维护权、保有权,在法律规定范围内的

---

① 人民法院出版社编:《解读最高人民法院司法解释(含指导性案例)综合卷》,人民法院出版社2019年版,第162页。

② 王利明:《加强人格权立法 保障人民美好生活》,载《四川大学学报(哲学社会科学版)》2018年第3期。

利用权，对人格利益的控制权、处置权等。人格权的实现权能是由其支配权能所决定的，但无论是支配权能还是实现权能，都必须在法律规定和公序良俗的范围内进行。正是通过这些积极权能的行使，民事主体实现了其所享有的人格利益。民事义务是义务主体为了满足权利主体实现其人格利益，而不为一定行为。人格权法律关系中的义务是不作为的义务，权利主体权利的实现不需要义务主体的积极行为协助，只要义务人不为一定行为即可。义务人不为一定行为是一种法定义务，受国家强制力约束，违反该义务就要承担相应的民事责任。

（三）人格权客体

人格权客体是指人格权民事法律关系中的权利、义务所共同指向的对象。人格权的客体为人格利益。人格利益分为一般人格利益和具体人格利益，前者指自然人的人身自由和人格尊严，后者包括生命、身体、健康、姓名、名誉、隐私、肖像等个别人格利益。人格利益是人的人身和行为自由、安全及精神自由等利益。

对自然人人格利益的侵害，必然造成主体精神痛苦，损害主体精神利益，包括法定的有形利益和无形利益：法定有形利益，是物质性的人格利益，即身体、健康和生命，表现为实体的物质性的人格要素，构成人的物质性存在形式；法定无形利益，是指这些利益不能以其外在的实体形态而感知，不是以物、行为等方式表现出来，而是体现为与人格有密切联系、没有实体形态的利益，如人格利益中的身体、健康、生命的安全，精神活动的自由与完整，作为人的尊严、荣誉都属于无形利益。人格利益既包括了生者所享有的各种人格利益，也包括死者、胎儿等特殊主体的人格利益，它们都体现了现代社会中法律对人本身的关怀和对人格尊严的尊重。

【审判实践中应注意的问题】

一、关于人格权的商业化利用

人格权的商业化利用，也称为人格要素的商业化利用，是指人格权的某些权能可以由权利人许可他人使用，在人格权遭受他人非法利用的情形下，可以请求财产损害赔偿。在市场经济条件下，人格权商业化利用现象较为普遍，特别是名人的姓名、肖像等人格标志，具有较大商业价值，可以对商品的销售起到巨大的推动作用。一些人格权同时包含精神利益与财产利益，一些人格权益可以成为商业利用的对象。1986 年《民法通则》第 100 条规定肖像权的商业化利用规则，但其适用范围有限，有关人格权商业化利用的一般规则尚付阙如。①《民法典》人格权编主要从如下几个方面规定人格权商业化利用规则：

1. 明确哪些人格权可以成为商业化利用的对象。在法律上，并非所有的人格权益均可以成为商业化利用的对象，出于保护个人人格尊严的需要，生命权、身体权、健康权等物质性人格权，不能成为商业化利用的对象，能够成为商业化利用对象的主要是姓名权、肖像权等标表型人格权（《民法典》人格权编第三章、第四章）。

2. 明确人格权商业化利用的方式。人格权商业化利用不得颠覆人格权的人身专属性原则，因此，人格权商业化利用的方式应当限于许可使用，人格权中的人身利益不得转让。

3. 完善人格权许可使用规则。人格权不同于财产权，人格权的许可使用也不能完全适用《合同法》的一般规则，要按照本法第 993 条规定进一步完善人格权的许可使用规则。

二、关于司法裁判人格权案件的法律援引

依据我国《宪法》的规定，只有全国人民代表大会常务委员会才

① 参见王利明：《人格权法的新发展与我国民法典人格权编的完善》，载《浙江工商大学学报》2019 年第 6 期。

能解释宪法，法官无权解释宪法。《最高人民法院关于裁判文书引用法律、法规等规范性法律文件的规定》第4条规定：“民事裁判文书应当引用法律、法律解释或者司法解释。对于应当适用的行政法规、地方性法规或者自治条例和单行条例，可以直接引用。”根据该条，法官不能直接援引宪法裁判民事案件，因此，宪法规定不能直接作为法官处理人格权纠纷所援引的裁判依据。

第九百九十条 人格权是民事主体享有的生命权、身体权、健康权、姓名权、名称权、肖像权、名誉权、荣誉权、隐私权等权利。

除前款规定的人格权外，自然人享有基于人身自由、人格尊严产生的其他人格权益。

【条文主旨】

本条是关于具体人格权和一般人格权的规定。

【条文理解】

本条在结构上包括作为具体人格权一般规定的第1款和作为一般人格权规定的第2款。一方面，该条在人格权编内部可以被理解为是人格权益的一般条款，具有统摄全编的功能；另一方面，在外部体系，即《民法典》各编尤其与总则编的关系中，该条可被理解为是对《民法典》第109条宣示的价值基础的外显，贯彻了《民法典》内在体系和外在体系融贯的应有之意。①

2019年4月，在十三届全国人大常委会第十次会议对《民法典》人格权编草案二审稿进行审议时，有委员提出，关于人格权的范围，草案没有作出专门界定，只是在各章中分别出现，建议增加规定，进一步明确人格权范围。对此，草案三审稿对人格权的定义予以界定，在草案二审稿第774条中增加一款规定："人格权是民事主体享有的生命权、身体权、健康权、姓名权、名称权、肖像权、名誉权、荣誉

① 方新军：《内在体系外显与民法典体系融贯的实现》，载《中外法学》2017年3期。

权、隐私权等权利。”（现为《民法典》第990条第1款），并将该条第1款关于民事主体人格权受法律保护的规定单列一条（现为《民法典》第991条）。

一、自然人的一般人格权

一般人格权，是指自然人所享有的并且决定具体人格权的一般人格利益。一般人格权是自然人平等享有的基本权利，而无论其性别、年龄、种族、籍贯、身份、职业地位、文化程度。《民法典》总则编中的第109条、人格权编中的第990条第2款将自然人的一般人格权概括为人身自由、人格尊严。对于未被明确规定的具体人格权类型，本条第2款统一使用为“其他人格权益”，为基于人身自由、人格尊严产生的其他各项人格权益的确认与保护预留空间。一般人格权的法律特征表现在：（1）权利主体的普遍性。自然人是一般人格权的普遍主体。（2）权利客体的高度概括性。一般人格权的客体是一般人格利益，而不是具体人格利益。一般人格利益是高度概括和抽象的人格利益。（3）权利内容的广泛性。一般人格权的内容不仅包括全部具体人格权，还包括具体人格权所不包含的内容，是具体人格权内容的集合。

人身自由，是指自然人在法律规定的范围内享有人身不受侵犯和自主行为的自由。广义的人身自由包括自然人的人身自由不受侵犯、自然人的住宅不受侵犯、通讯自由和通信秘密受法律保护、享有婚姻自主权利等；狭义的人身自由又称为身体自由，指自然人行动自由，人身自由不受非法限制，身体不受非法搜查，不受非法逮捕、拘禁。

人格尊严，是指自然人基于自己所处的社会环境、工作生活环境，以及基于地位、声望、名誉、声誉等各种因素而形成的人格价值以及得到社会、他人尊重的品性。人格尊严是具有伦理性、道德性品格的权利，是自然人自尊和获得他人尊重的统一，是对个人价值和外在形象主客观评价的结合。人格尊严是一种宣誓性、包容性权利，一些其他人格权均可属于该项权利，比如，名誉权、荣誉权、隐私权等，侵害这些权利的行为实质上就是侵害人格尊严。维护人格尊严是包括民法典在内的法律制度的重要目标。《民法典》全面保护人格权，就是保护人民生活得更有尊严。[①]

二、自然人的具体人格权

本条第1款列举的具体人格权，包括自然人的人格权、法人和非法人组织的人格权。从自然人的角度，按照权利客体的不同和法律保护方法的不同，划分为物质性的人格权和精神性的人格权两类。物质性的人格权包括生命权、身体权、健康权，是对自然人的物质表现形式所体现的人格利益设定的权利；精神性的人格权包括姓名权、名称权、肖像权、名誉权、荣誉权、隐私权等权利。揭示人格权划分的不同原理和法律保护方法，对于指导司法实践正确适用法律，具有重要价值和方法论意义。

（一）《民法典》对物质性人格权的规范

1. 关于生命权。《民法典》第1002条和第1005条规定了生命权。前者是对生命权的宣示性、保护性规定；后者是关于生命权及身体权、健康权遭受侵害时特定机构和人员法定救助义务的规定。将生命权作为独立的人格权加以确认，对于宣示生命是最高的法益、确立生命权优先于其他人格权的规则、强化对侵害生命权的救济、明确有关机构和个人的义务和责任、将对生命权的限制法定化等，具有重大意义。[②]自然人享有生命权，有权维护自己的生命安全和生命尊严。因此，生命权的实质和价值，体现为"生命安全维护权"。[③]

2. 关于身体权。《民法典》第1003条将身体权定义为"自然人的身体完整和行动自由"的权利。采用"维护身体完整说"，而未直接揭示身体权包含"支配"权能，反映了身体权的消极防御权本质。《民法典》关于身体权的保护规则主要表现为：负有法定救助义务的

---

① 王利明：《论人格权独立成编的理由》，载《法学评论》2017年第6期。

② 参见王利明：《人格权法研究》（第三版），中国人民大学出版社2018年版，第255~256页。

③ 参见温世扬：《我国民法典草案的完善研究》，载《政治与法律》2019年第3期。

组织或者个人的“施救”义务；任何组织和个人不得强迫、欺骗、利诱自然人捐献其人体细胞、人体器官或其他人体组织；禁止买卖人体组织；禁止违背他人意愿，以言语、行为等方式对他人实施性骚扰。

3. 关于健康权。《民法典》第1004条将健康权的核心要义定义为“自然人的身心健康受法律保护”的权利，包括身体健康和心理健康。《民法典》第1008条关于人体临床试验的规定，体现了关于健康权的保护规则，其中关于“书面同意”的规定是维护身体健康的应有之义，确保新药实验等活动符合自愿原则，并尊重自然人的生命健康。

（二）《民法典》对精神性人格权的规范

1. 关于姓名权。《民法典》第1012条规定姓名权的享有主体是自然人。由于作家、艺术家、艺人、网友等使用笔名、艺名、网名、译名、姓名等取代真名的现象较为普遍，对于具有一定社会知名度，容易被他人使用足以造成公众混淆的，《民法典》规定和真名一样受到姓名权的保护（第1017条）。由于姓氏体现着血缘传承、伦理秩序和文化传统，《民法典》第1015条专门规定了姓氏选择权。自然人姓氏原则上选择应在父亲或母亲两者之间择其一。但在不违反公序良俗的情形下，可在父姓和母姓之外选取姓氏。自然人原则上随父姓或者母姓符合中华传统文化和伦理观念，符合绝大多数公民的意愿和实际做法。考虑到社会实际情况，有正当理由的也可以选取其他姓氏。[①]《民法典》第1015条第2款规定，少数民族自然人姓氏的选择，可以遵从本民族的文化传统和风俗习惯。《民法典》第1016条规定，自然人决定、变更自己的姓名，应当依法向有关机关办理登记手续。民事主体变更姓名的，变更前实施的民事法律行为对其具有法律约束力。《民法典》第1014条规定，任何组织或者个人不得以“干涉、盗用、假冒”等方式侵害他人的姓名权。

2. 关于肖像权。《民法典》第1018条第2款将肖像权定义为“在一定载体上所反映的特定自然人可以被识别的外部形象”，揭示了肖

① 《全国人民代表大会常务委员会关于〈中华人民共和国民法通则〉第九十九条第一款、〈中华人民共和国婚姻法〉第二十二条的解释》。

像应具备的“外部形象”“载体反映”“可识别性”等基本要素。其中“外部形象”用语表明，肖像所反映的不限于自然人的面部形象，这与多数学者的主张一致。[①]关于肖像权，《民法典》第1018条第1款揭示了其“支配权”的属性，即“依法制作、使用、公开或者许可他人使用自己的肖像”。第1021条规定：“当事人对肖像许可使用合同中关于肖像使用条款的理解有争议的，应当作出有利于肖像权人的解释。”此条意义在于通过适用“有利解释”规则对肖像权人实行优先保护。第1019条第2款规定：“未经肖像权人同意，肖像作品权利人不得以发表、复制、发行、出租、展览等方式使用或者公开肖像权人的肖像。”第1022条规定：“当事人对肖像许可使用期限没有约定或者约定不明确的，任何一方当事人可以随时解除肖像许可使用合同，但是应当在合理期限之前通知对方。当事人对肖像许可使用期限有明确约定，肖像权人有正当理由的，可以解除肖像许可使用合同，但是应当在合理期限之前通知对方。因解除合同造成对方损失的，除不可归责于肖像权人的事由外，应当赔偿损失。”

3. 关于名誉权和荣誉权。《民法典》第1024条第1款对名誉权的消极防御权能作了宣示与定义，即“任何组织或者个人不得以侮辱、诽谤等方式侵害他人名誉权”。名誉是对民事主体的品德、声望、才能、信用等的社会评价。名誉为公众对民事主体的社会评价，缺乏可支配性与可交易性，并不直接产生财产利益。名誉权作为绝对权，对其造成负面影响的行为必须依法为权利人排除。侮辱，是指以暴力或其他方式贬低他人人格、毁损他人名誉的行为，包括暴力行为、语言侮辱、文字侮辱和其他方式的侮辱。[②]对名誉权的侵害意味着受害方的“社会评价”因侵权行为而降低，即名誉遭受贬损，造成名誉贬损的侵害行为主要包括“事实陈述”与“意见表达”。[③]

---

① 参见王泽鉴：《人格权法：法释义学、比较法、案例研究》，北京大学出版社2013年版，第139页；杨立新：《人身权法论》（修订版），人民法院出版社2002年版，第398页。

② 参见王利明：《人格权法研究》（第三版），中国人民大学出版社2018年版，第490~491页。

③ 参见王泽鉴：《人格权法：法释义学、比较法、案例研究》，北京大学出版社2013年版，第156页。

《民法典》在人格权编中将信用权规定于名誉权的内容之中。第1029条、第1030条分别规定："民事主体可以依法查询自己的信用评价；发现信用评价不当的，有权提出异议并请求采取更正、删除等必要措施。信用评价人应当及时核查，经核查属实的，应当及时采取必要措施。""民事主体与征信机构等信用信息处理者之间的关系，适用本编有关个人信息保护的规定和其他法律、行政法规的有关规定。"

荣誉权，是指民事主体对其获得的荣誉及其利益所享有的保持、支配的具体人格权。获得荣誉的主体可支配即利用、凭借自己的荣誉，参与民事活动。对于荣誉的侵害，可区分为来自授予者和来自非授予者两种类型。授予者的侵害主要是《民法典》第1031条第1款所称的"非法剥夺"；非荣誉授予者的侵害，包括否认荣誉取得的事实、表示剥夺荣誉享有者的荣誉称号、声称荣誉享有者不配获得相应的荣誉，声称荣誉享有者系采取不当手段获取荣誉称号等。[①] 根据该条第2款的规定，获得的荣誉称号应当记载而没有记载的，民事主体可以请求记载；获得的荣誉称号记载错误的，民事主体可以请求更正。

名誉权和荣誉权都是《民法典》保护的人身权。两者的共同点表现在：（1）保护的客体分别是民事主体的名誉、荣誉，而荣誉和名誉有着密切联系，可以把荣誉视为名誉的一种特殊形式；（2）都与特定的人身不可分离而且没有直接的财产内容，但又可以与一定的财产权发生关联。两者的主要区别是：（1）权利主体不同。名誉权的权利主体是所有民事主体，自然人、法人、非法人组织都享有名誉权，具有普遍性。荣誉权是依据是否获得荣誉的事实而定，并不是所有民事主体都享有荣誉权。（2）取得、丧失权利的方式不同。自然人从出生时起，法人、非法人组织从其成立时起就享有名誉权，荣誉权不是基于出生成立，而是被有关组织授予某种称号以后具有的一项权利。荣誉称号被合法取消或剥夺，其荣誉权也就自然丧失，但名誉权不会丧

---

① 参见叶金强：《〈民法总则〉民事权利章的得与失》，载《中外法学》2017年第3期。

失。死者名誉权得到保护。（3）侵权方式不同。侵害名誉权是以侮辱、诽谤、报道失实、披露他人隐私等行为损害他人名誉，侵害荣誉权主要是非法剥夺、贬损、否认他人的荣誉称号。

4. 关于隐私权。《民法典》第 1032 条第 1 款明确规定："自然人享有隐私权"，并设定了其他民事主体对权利人隐私权的消极义务。该条第 2 款用"私密"来限定私密空间、私密活动、私密信息，定义隐私的具体含义。第 1033 条采用"具体类型＋兜底规定"的立法模式，详细规定了侵害隐私权的 6 种侵权行为，为司法适用提供了明确、统一的裁判标准。

在个人信息保护方面，《民法典》第 1034 至 1038 条分别规定了个人信息的定义、类型、确权、解释、收集、使用边界等；明确个人信息的收集、处理适用的三个原则，即合法、正当、必要原则（第 1035 条）；明确信息主体依据个人信息权可以行使的权能体系，为信息主体如何行使权利提供了明确的指导（第 1034 条）；第 1036 条是合法利益豁免机制在立法上的落实，其中第 3 款是兜底和转介条款，规定："为维护公共利益或者该自然人合法权益，合理实施的其他行为"的行为人不承担民事责任，为其他法律进入民法领域个人信息权保护体系预留了窗口，保障了立法的灵活性。①

三、法人、非法人组织的具体人格权

1. 关于名称权。名称权，是法人、非法人组织依法享有的决定、使用、变更、转让或者许可他人使用自己的名称，并排除他人非法干涉、盗用、假冒及不当使用的权利。《民法典》第 1013 条规定的名称权享有主体为法人、非法人组织。一般说来，人格权以不具有直接财产因素为特征，但名称权不同，具有明显的财产因素，特别是一些老字号、老商号、名牌企业，由于其效益好、信誉高，其名称必然带来较高利润，此外，名称权还具有可转让性。《民法典》第 1013 条、第

① 参见张红：《民法典之隐私权立法论》，载《社会科学家》2019 年第 1 期。

1016条规定，民事主体在使用名称过程中，可以依法变更自己登记使用的名称。可以是部分变更，也可以是全部变更。变更名称必须进行变更登记，其程序与设定名称相同。名称一经变更登记后，原登记的名称视为撤销，不得继续使用。

2. 关于名誉权。法人和非法人组织作为法律上拟制的人，享有名誉权，即对其自身属性和价值所获得的社会评价享有的保有和维护的人格权。法人和非法人组织的名誉权内容与自然人的名誉权相比，不具有自然人的情感因素，受保护的内容和范围较为有限。各种媒体报道评论特定法人和非法人组织时，必须客观真实，与事实相符；包括竞争对手在内的任何民事主体不得捏造事实，散布与法人、非法人组织真实状况不符的信息，败坏其名誉、商誉。

3. 关于荣誉权。法人和非法人组织的荣誉权，是法人和非法人组织所享有的基于国家、社会、公众认可的业绩、贡献、杰出表现而获得表彰、奖励等荣誉称号所产生的权利。荣誉权的客体是荣誉本身及荣誉本身所包含的利益；荣誉权既是一种既得权，也是一种期待权。对法人和非法人组织已经取得的荣誉及其利益，其他任何单位和个人都负有不得侵犯的法定义务。

【审判实践中应注意的问题】

关于对人格权行使的正当限制。人格权的行使，应当受权利人意志的支配。但是，为维护社会公共利益，维护个人利益，维护社会安定，协调个人权利与社会利益的冲突、个人权利之间的冲突，增强人与人之间的和睦友善关系，权利主体行使人格权应当受到某些适当的限制。

1. 出于公共利益的限制。比如，为社会公共利益在新闻媒体按惯例使用肖像为合法使用，权利人不得主张肖像权。自然人享有健康权，患病时可以自愿决定是否医治。但因患传染病比如新冠肺炎时，从公共利益考虑，必须强制对其进行医疗。在人格权行使与公共利益发生冲突时，法院可以依法驳回当事人的有关诉讼请求。

2. 公众人物权利限缩。公众人物、政府公务员等与社会秩序、社会风尚、公共利益密切相关，须置于公众的监督之下，其人格利益在法律保护上应适当克减。但超出必要范围的，应当承担侵权责任。

3. 适当容忍义务的限制。民事主体对于其他权利人正当行使利的行为不可避免造成的轻微损害，应当予以容忍。不超过容忍界限的妨害，不构成侵害人格权，不得主张侵权损害赔偿。

4. 新闻监督。《民法典》第1025条规定："行为人为公共利益实施新闻报道、舆论监督等行为，影响他人名誉的，不承担民事责任，但是有下列情形之一的除外：（一）捏造、歪曲事实；（二）对他人提供的严重失实内容未尽到合理核实义务；（三）使用侮辱性言辞等贬损他人名誉。"

第九百九十一条　民事主体的人格权受法律保护，任何组织或者个人不得侵害。

【条文主旨】

本条是关于人格权法律保护的规定。

【条文理解】

人格权主体享有禁止他人对自己的人格权进行非法干预或侵害的权利。作为一种对世权，人格权可以对抗任何不特定人的非法干预，当其受到非法干预或侵害时，人格权主体有权依法主张加害人承担停止侵害、排除妨碍、消除影响、恢复名誉、赔礼道歉、赔偿损失等侵权责任。在侵害个人信息权的情形下，权利人还有权采取积极的措施要求个人信息的更正、更新等。除权利人之外的任何人都负有不得妨害权利人行使权利的义务。义务人因为违反义务而妨害权利人行使权利的，权利人有权请求法院排除妨害，并要求义务人承担责任。

一、民事主体人格权受法律保护的意义

（一）各国立法、司法普遍重视对人格权的保护

尊重与保护个人的人格尊严不断成为国际社会的共识，是现代民法关注的重心。第二次世界大战以来，人格权作为私法的重要制度，受到各国立法机关的重视，保护人格利益的法律、法院判例迅速增多。随着人格权保护范围不断扩大，具体人格权类型也不断增多。1900年《德国民法典》中仅规定了姓名、身体、健康和自由等具体人格权，但随后几十年来，判例和学说逐渐承认了名誉权、肖像权、隐

私权、尊重私人领域的权利和尊重个人感情的权利等。尽管其中一些权利是在一般人格权的解释下产生的，但名誉权和隐私权等逐渐成为独立的具体人格权。德国联邦法院在一系列的案件中甚至承认一般人格权，主要表现在对人格尊严和人身自由的保护上，此类人格权实际上是为人格权的保护设立了兜底条款。1983 年 12 月 15 日，德国联邦宪法法院作出了一个里程碑式的决定：对抗不受限制的搜集、记录、使用、传播个人资料的个人权利也包含于一般人格权之中。在美国法中虽然没有独立的人格权制度，但法院逐步发展出了民法隐私权概念。从 1968 年到 1978 年，美国国会就制定了 6 部法律来保护个人的信息隐私。美国一些州也制定了相应的法律法规来强化对隐私的保护。目前至少在 10 个州的宪法中明确了对隐私权的保护。随着信息技术的发展，个人信息资料也逐渐纳入隐私的保护范围。在大陆法系国家和地区，精神损害赔偿制度也获得承认并不断完善。尽管关于精神损害赔偿的名称在各国立法上规定不一，有的规定为抚慰金，有的规定为非财产损害赔偿，但毫无疑问，精神损害赔偿已经为各国立法普遍采纳。在 19 世纪还被严格限制适用的精神损害赔偿责任，在 20 世纪得到了急剧发展，这不仅使人格权获得了极大的充实，而且为受害人的精神痛苦提供了充分抚慰。在英美法系国家和地区还发展出了惩罚性赔偿制度。[①]

（二）保护人格权是我国现实需要和立法经验的总结

新中国成立后，1954 年《宪法》虽然规定了人格自由，但并未规定人格尊严的保护。1982 年的《宪法》第 38 条规定："中华人民共和国公民的人格尊严不受侵犯。禁止用任何方法对公民进行侮辱、诽谤和诬告陷害。"民法不仅要尊重个人的主体地位，而且要充分保护个人的人格尊严。为此，1986 年《民法通则》第 101 条规定："公民、法人享有名誉权，公民的人格尊严受法律保护，禁止用侮辱、诽谤等方式损害公民、法人的名誉。"《民法通则》第一次以专节的形式系

① 王利明：《民法的人文关怀》，载《中国社会科学》2011 年第 4 期。

统全面地规定了人格权，但这一时期无论是立法还是学术研究，关于“人格尊严”的认识主要还处于对各类具体人格权不断摸索的过程中。民法本质上是人法，其目标是以人为本，促进人的全面发展。在人民群众物质生活得到极大改善、全面依法治国不断推进的背景下，人们的权利意识不断增强，更加注重维护其人格尊严和人身自由。为适应这种需要，《民法总则》总结我国人格权保护的实践，宣示人格尊严受法律保护，彰显了21世纪民法的时代精神。[①]《民法典》吸收《民法总则》的规定，在第一编总则编中的第109条、第110条规定保护自然人的人身自由、人格尊严和具体人格权，并在第四编专门规定人格权。

（三）将公法公民基本权利的规定具体转化为私法的民事权利，为受到侵害的人格权提供民事法律救济

公民的基本权利被民事权利化以后，相应的民事主体可以作为权利义务主体，在基本权利受到损害后可以通过民事机制进行救济和保护。如果仅仅在《宪法》中将生命、健康、身体、自由、尊严等规定为公民基本权利，而不在民法中将其规定为民事权利类型的人格权，民法对其受到的损害就无力救济。正因为如此，本法第109条规定：“自然人的人身自由、人格尊严受法律保护。”把《宪法》规定的公民享有的人身自由和人格尊严这两种基本权利，转化成为自然人享有的人格权，使公民的人身自由和人格尊严，既能够受到国家公法的保护，又能够受到民法的保护。人格权既是公民的基本权利，又是自然人的民事权利。将人格权规定为民事权利后，就与其他民事权利类型相并列，成为民法规定的民事权利的基本类型之一，具有自己的独立性。在《民法典》中规定完整的人格权编，成为我国民法典的立法亮点，确立了新时代民法典的人文主义灵魂，展示21世纪民法典的风采。否认人格权是民事权利类型，仅将自然人的固有人格利益纳入“民事权益”范围受到民法保护的意见，不能成为否定《民法典》人格权编立法

---

① 王利明：《试论民法总则对人格尊严的保护》，载《中国人民大学学报》2017年第4期。

的理由。[①]

二、人格权保护的立法模式

人格权是一种绝对权，是民事主体依法享有、支配其人格利益并排除他人侵害的、以维护和实现人格尊严为目的的权利。对于人格权的保护是调整平等主体之间的民法的基本任务。对此，各国家和地区民事立法均普遍重视。

（一）人格权保护的两种模式

1. 消极保护模式。即并不在法律上详细规定人格权的具体类型，而主要通过侵权法规则对人格权提供救济。例如，《法国民法典》第1382条对侵权责任的一般条款作出了规定，侵权法的一般条款可以适用于对人格权的侵害。《德国民法典》除在总则部分规定了姓名权外（第12条），主要通过侵权规则对其他人格利益提供保护，还严格限制侵害人格权益的财产损害赔偿责任（第253条）。此种模式被比利时、荷兰、西班牙、瑞士等国家所采用。

2. 积极确权模式。即通过立法正面确认民事主体人格权的具体类型，以实现对人格权的保护。如《瑞士民法典》在第一编第一章第一节对人格权作出了规定（第27条）。1940年的《希腊民法典》详细规定了人格权的保护规则（第57～60条），其中详细规定了姓名、身体以及智力成果中的人格权保护规则。1991年的《魁北克民法典》、2009年的《罗马尼亚民法典》，都有十多个条文规定了人格权。《巴西新民法典》第一编第一题第二章以人格权专章的形式对人格权作出了规定，从第11～21条采用了11个条文对人格权作出了规定。《法国民法典》虽然在传统上通过消极保护模式保护人格权，但该法典在1970年修订时，新增了第9条关于隐私保护的条款，该条规定：“每个人有私生活得到尊重的权利。”实际上也从正面确权的角度强化了

① 杨立新：《民法分则设置人格权编的法理基础》，载《中国政法大学学报》2018年第4期。

对隐私的保护。[①]

（二）比较法上的人格权保护：适用侵权法规则

从比较法的立法经验来看，在18世纪至19世纪，由于人格权还没有形成一种独立的权利，其主要受到侵权法的保护。虽然一些大陆法系国家和地区的民法典在侵权法中对生命、名誉、姓名等人格权作出了规定，但在保护方式上都采纳了消极保护模式，且是通过列举的方式明确侵权法所保护的权益范围。《德国民法典》仅在第12条从正面规定了姓名权，其他人格利益主要是通过侵权规则进行保护，如该法典第823条第1款规定了对生命、身体、健康和自由等几种人格权益的保护。而且《德国民法典》对侵害人格权益的财产损害赔偿责任作出了严格限制，即只有在严重侵害人格权益以及没有其他救济方式时才能适用。《瑞士民法典》第28条第1款规定："人格有受不法侵害之虞者，得请求法院采取措施，以防止发生任何侵害。"我国台湾地区"民法"第195条第1项亦规定："不法侵害他人之身体、健康、名誉、自由、信用、隐私、贞操或不法侵害其他人格法益而情节重大者，被害人虽非财产上之损害，亦得请求赔偿相当之金额，其名誉被侵害者，并得请求恢复名誉之适当处分。"该条除列举具体类型外，亦规定"其他人格法益"，以适应社会变迁与人格权保护之需要。

（三）我国《民法典》保护模式：人格权编权利确认与侵权责任编归责条款相结合

《民法典》总则编中的第120条规定了侵权请求权，即"民事权益受到侵害的，被侵权人有权请求侵权人承担侵权责任"。《民法典》人格权编中的第995条中规定了人格权请求权，即"人格权受到侵害的，受害人有权依照本法和其他法律的规定请求行为人承担民事责任"，并明确停止侵害、排除妨碍、消除危险、恢复名誉、赔礼道歉的请求权不受诉讼时效限制。《民法典》侵权责任编调整因侵害民事权益产生的民事关系，包括侵害人格权。侵权责任编规定的主观归责

① 王利明：《人格权：从消极保护到积极确权》，载《甘肃社会科学》2018年第1期。

原则（第 1165 条、第 1166 条）、连带责任（第 1168~1172 条）以及侵权责任编第二章“损害赔偿”的有关规定，特别是精神损害赔偿的条款（第 1183 条），均构成人格权保护的归责依据。本法第 179 条规定的责任方式也适用于人格权保护。由于侵权法主要是救济法，侧重于对人格权进行消极保护，[①] 因此，必须将人格权规则与侵权法规则进行有效衔接。人格权编与侵权责任编相互配合、相得益彰。（见下图）

《民法典》规定的人格权保护法律体系

人格权类型	规范依据	权利性质	权利客体	防御对象	权利诉求	救济方式
民法上人格权	《民法典》总则编中的第 109~111 条；《民法典》人格权编；《民法典》侵权责任编第 1 章、第 2 章、第 3 章有关条款	私法权利（民事权利）	生命、身体、健康、人身自由、姓名、肖像、隐私以及个人信息等人格利益	自然人、法人、非法人组织	人格权获得尊重；如受到侵害，依法进行救济	民事诉讼（侵权损害赔偿之诉）

1. 关于侵害人格权的财产损失赔偿。本法第 1182 条规定：侵害他人人身权益造成财产损失的，按照被侵权人因此受到的损失或者侵权人因此获得的利益赔偿；被侵权人因此受到的损失以及侵权人因此获得的利益难以确定，被侵权人和侵权人就赔偿数额协商不一致，向人民法院提起诉讼的，由人民法院根据实际情况确定赔偿数额。我国既往的司法实践中，法院在审理人格权侵权案件时，由于对人格财产损害的认定和举证责任较为困难，一般是依照《民法通则》《民法总则》《侵权责任法》的规定，偏向于对人格精神利益的保护。民法通说认为人格权不具有财产内容。[②] 这种观点虽不无道理，但混淆了人

① 王利明：《论人格权独立成编的理由》，载《法学评论》2017 年第 6 期。

② 参见魏振瀛主编：《民法》（第五版），北京大学出版社、高等教育出版社 2013 年版，第 622 页。

格、人格要素与人格权的关系。[①] 人格权在市场经济社会具有财产因素，有商品化的趋势，侵害姓名权、肖像权等人格权，其损害可采用加害人获利或假定的许可使用费的方式确定。[②] 本法第995条规定了与本法及其他法律衔接的引致性规范。[③] 本法第1182条规定为人格财产利益救济提供了有力依据。

2. 关于侵害人格权的精神损害赔偿。精神损害赔偿责任仅适用于人身权益遭受侵害的情形，其中主要是人格权益。[④] 本法第1183条规定："侵害自然人人身权益造成严重精神损害的，被侵权人有权请求精神损害赔偿。""因故意或者重大过失侵害自然人具有人身意义的特定物造成严重精神损害的，被侵权人有权请求精神损害赔偿。"第996条规定："因当事人一方的违约行为，损害对方人格权并造成严重精神损害，受损害方选择请求其承担违约责任的，不影响受损害方请求精神损害赔偿。"传统民法理论认为人格不能用经济价值来衡量，所以早期侵权法不认可精神损害赔偿。现在大多数国家和地区都认可精神损害赔偿。《民法典》在《民法通则》的基础上，全面规定了精神损害赔偿制度。相较《侵权责任法》及本法人格权编而言，第996条将精神损害赔偿的索赔主体限定为自然人，即法人和非法人组织不享有精神损害赔偿权。

精神损害赔偿必须要以造成精神损害为前提。而要证明精神损害存在的事实，受害人必须证明三个方面的因素：一是其人格权益遭受了侵害。二是确因人格权益侵害而遭受了精神损害。侵害人身权益未必会造成精神损害后果，只在侵害人身权益后造成精神损害时，才能适用精神损害赔偿。三是这种精神损害能够确定。精神损害的存在应由受害人举证证明。最高人民法院2001年3月10日实施的《精神损

---

① 参见韩强：《人格权确认与构造的法律依据》，载《中国法学》2015年第3期。

② 参见王利明：《我国民法点中的人格权制度的构建》，载《法学家》2003年第4期。

③ 参见《中华人民共和国民法典》第995条：人格权受到侵害的，受害人有权依照本法和其他法律的规定请求行为人承担民事责任。

④ 参见王利明：《论人格权编与侵权责任编的区分与衔接》，载《比较法研究》2018年第2期。

害赔偿司法解释》，对人格权的司法保护和精神损害赔偿规定了详细的规则。

《民法典》侵权责任编中的第1183条规定了“侵害自然人人身权益”，人格权编中的第996条规定：在对方有违约行为并承担违约责任的情况下，不影响受损害方请求精神损害赔偿。表明精神损害赔偿的请求权基础由《民法典》侵权责任编、人格权编提供。应当坚持违约责任与侵权责任在结果上的划分标准，对违约行为造成精神损害的，应当归入侵权责任范畴。在一般情况下，对违约损害赔偿，主要应当赔偿财产损失，而不包括非财产损失。在违约行为侵害人格权的情形下，对于受害人因侵权遭受的精神损害，可通过侵权之诉获得救济。

3. 申请行为禁止令保护。禁令是由英国衡平法发展而来的一种由法院自由裁量给予当事人的救济，用以弥补普通法法院给予的法律救济的不足，其主要作用在于预防侵权行为的发生和制止侵权行为的继续。在英美法系国家和地区，经常采用禁令的救济措施，如为了制止诽谤性的言词进一步传播，原告可以申请“临时的禁令”（inter injunctions）。日本借鉴美国的经验，当某人的精神权利将要被侵犯或正在被侵犯时，受害人有权向法院要求禁令救济，避免将要发生的侵害或减轻正在发生的侵害。传统上，我国人格利益救济和保护手段较为单一，对已经或正在发生的人格侵权行为缺少有效的及时防御、制止机制。《民法典》第997条规定：民事主体有证据证明行为人正在实施或者即将实施侵害其人格权的违法行为，不及时制止将使其合法权益受到难以弥补的损害的，有权依法向人民法院申请采取责令行为人停止有关行为的措施。该条规定，赋予权利人以防御请求权，只要权利人有证据证明行为人可能对自身人格权产生侵害，就可以向法院申请排除妨害、消除危险的禁止令，从而避免人格利益受损。该种请求权意味着当权利人认为自身人格权正在面临危险时，无需进入司法程序中就可以提出诉前请求保护，既可以及时维护自身权益，也可以降低诉讼成本，提高司法效率。

【审判实践中应注意的问题】

一、关于《精神损害赔偿司法解释》与《民法典》规定的衔接适用

为加强对以人格权利为核心的有关民事权益的司法保护，维护人格尊严，最高人民法院以《民法通则》第120条关于姓名、肖像、名誉、荣誉等四项具体人格权遭受侵害时受害人可以要求赔偿损失的规定为依据，在总结审判实践经验基础上，制定了《精神损害赔偿司法解释》，自2001年3月10日起施行。

（一）关于人格权保护范围

《精神损害赔偿司法解释》第1条规定，自然人因下列人格权利遭受非法侵害，向人民法院起诉请求赔偿精神损害的，人民法院应当依法予以受理：（1）生命权、健康权、身体权；（2）姓名权、肖像权、名誉权、荣誉权；（3）人格尊严权、人身自由权。此外，违反社会公共利益、社会公德侵害他人隐私或者其他人格利益，受害人以侵权为由向人民法院起诉请求赔偿精神损害的，人民法院应当依法予以受理。按照本法第1029条、第1030条的规定，应当将人格权保护范围扩展到民事主体的信用信息、信用评价。

（二）关于死者人格权保护

《精神损害赔偿司法解释》规定，自然人死亡后，其近亲属因下列侵权行为遭受精神痛苦，向人民法院起诉请求赔偿精神损害的，人民法院应当依法予以受理：（1）以侮辱、诽谤、贬损、丑化或者违反社会公共利益、社会公德的其他方式，侵害死者姓名、肖像、名誉、荣誉；（2）非法披露、利用死者隐私，或者以违反社会公共利益、社会公德的其他方式侵害死者隐私；（3）非法利用、损害遗体、遗骨，或者以违反社会公共利益、社会公德的其他方式侵害遗体、遗骨。本法第994条规定与《精神损害赔偿司法解释》上述规定精神基本一致，不同的是，《民法典》没有列举侵害方式。另外，本法第185条

规定了侵害英雄烈士的有关人格权需承担民事责任，该条与本法第994条的规定相比较，涉及损害社会公共利益的责任要件，在诉讼形式上还涉及公益诉讼问题。

（三）关于具有人身意义的特定物赔偿

《精神损害赔偿司法解释》规定，具有人格象征意义的特定纪念物品，因侵权行为而永久性灭失或者毁损，物品所有人以侵权为由，向人民法院起诉请求赔偿精神损害的，人民法院应当依法予以受理。本法第1183条第2款规定：因故意或者重大过失侵害自然人具有人身意义的特定物造成严重精神损害的，被侵权人有权请求精神损害赔偿。其一是使用了“特定物”概念，比《精神损害赔偿司法解释》使用的“特定纪念物品”更为宽泛；二是强调主观过错（故意或者重大过失）；三是突出了精神损害需符合“严重性”标准。

（四）关于精神损害赔偿范围或方式

《精神损害赔偿司法解释》第8条第2款、第9条中规定，因侵权致人精神损害，造成严重后果的，人民法院除判令侵权人承担停止侵害、恢复名誉、消除影响、赔礼道歉等民事责任外，可以根据受害人一方的请求判令其赔偿相应的精神损害抚慰金。精神损害抚慰金包括以下方式：（1）致人残疾的，为残疾赔偿金；（2）致人死亡的，为死亡赔偿金；（3）其他损害情形的精神抚慰金。本法第1183条第1款规定，侵害自然人人身权益造成严重精神损害的，被侵权人有权请求精神损害赔偿。但没有具体列举赔偿的种类、范围。结合本法第1179条规定来看，侵害他人造成人身损害的，应当赔偿医疗费、护理费、交通费、营养费、住院伙食补助费等为治疗和康复支出的合理费用，以及因误工减少的收入。造成残疾的，还应当赔偿辅助器具费和残疾赔偿金；造成死亡的，还应当赔偿丧葬费和死亡赔偿金。可见《民法典》没有使用“精神损害抚慰金”这一概念，但具体列举的赔偿范围或方式更为全面。

（五）计算精神损害的赔偿数额因素

《精神损害赔偿司法解释》第10条规定，确定精神损害的赔偿数额要考虑到以下因素：（1）侵权人的过错程度，法律另有规定的除外；（2）侵害的手段、场合、行为方式等具体情节；（3）侵权行为所造成的后果；（4）侵权人的获利情况；（5）侵权人承担责任的经济能力；（6）受诉法院所在地平均生活水平。法律、行政法规对残疾赔偿金、死亡赔偿金等有明确规定的，适用法律、行政法规的规定。

受害人对损害事实和损害后果的发生有过错的，可以根据其过错程度减轻或者免除侵权人的精神损害赔偿责任。本法第1182条规定，侵害他人人身权益造成财产损失的，按照被侵权人因此受到的损失或者侵权人因此获得的利益赔偿；被侵权人因此受到的损失以及侵权人因此获得的利益难以确定，被侵权人和侵权人就赔偿数额协商不一致，向人民法院提起诉讼的，由人民法院根据实际情况确定赔偿数额。在新的司法解释没有出台之前，人民法院对个案中精神损害的赔偿数额，应当综合依据《民法典》和相关司法解释规定确定。

二、人格权侵权损害赔偿责任的构成要件

（一）违法行为

侵害人格权益的违法行为，是行为人违反对他人人格权利的不可侵害义务、违反保护他人人格利益的法律，以及故意违背善良风俗损害他人人格利益，而实施的作为或者不作为。侵害人格权的侵权行为须由行为构成，该行为必须在客观上具有违法性。

（二）损害事实

人格权损害赔偿责任中的损害事实，是一定的行为造成侵害民事主体的人格权益，造成财产利益和非财产利益减少或者灭失的客观事实。损害事实由两个要素构成：一是人格权益被侵害；二是人格权益被侵害而造成财产利益或者非财产利益损害，或称有形损害或者无形损害：（1）有形损害。一是表现为身体、健康损伤和生命的丧失，财产利益的损失表现为自然人为医治伤害、丧葬死者所支出的费用；二是表现为人体伤害、死亡造成的财产上的损失，如伤残误工工资损失、护理伤残误工损失，丧失劳动能力或死亡所造成其扶养、抚养、

赡养的人的费用损失等。（2）无形损害。侵害精神性人格权所造成的人格利益损害是无形的人格利益损害。人格利益的无形损害可能表现为三种形态：一是财产利益损失，包括人格权本身包含的财产利益损失和为恢复受到侵害的人格而支出的必要费用；二是一般人格利益的损害，即人格评价的降低、隐私被泄露、自由被限制、肖像或名称被非法使用等；三是受害人的精神创伤和精神痛苦。

（三）因果关系

侵害人格权的违法行为造成人格权和人格利益的有形损害或者无形损害，行为和损害二者之间具有必然的逻辑关系，具有因果关系，应当遵循因果关系规则：对于具有直接因果关系的违法行为与损害事实，适用直接因果关系规则；违法行为与损害事实之间因果关系较难判断的，采用相当因果关系规则。在此情况下，确定行为与结果之间有无因果关系，要依行为时的一般社会经验和智识水平作为判断标准，认为该行为有引起该损害结果的可能性，而在实际上该行为又确实引起了该损害结果。

（四）过错

过错是指行为人在实施违法行为时的主观心理状态，分为故意和过失。在人格权侵权损害赔偿责任中，故意、过失均可构成。在特殊情况下只有故意才能构成侵害某种人格权。侵害身体权、健康权、生命权的侵权责任构成，适用一般的过错标准，即有过错就应负责，在法律有特别规定的情形下，无过错亦应负责。侵害某些精神性人格权，以故意为构成要件，过失不构成侵权。侵害姓名权、名称权，须以故意为要件，非法干涉他人姓名权、名称权行使，非法使用他人姓名、名称均须故意所为，过失不构成侵权。在侵害精神性人格权中，凡属非法干涉权利者，均须以故意为构成要件。

三、关于“软暴力”刑事案件侵害民事主体人身权的法律适用

2019年2月28日，最高人民法院、最高人民检察院、公安部、

司法部联合印发《关于办理实施“软暴力”的刑事案件若干问题的意见》。该意见提出了“软暴力”的概念。根据第1条规定，“软暴力”是指行为人为谋取不法利益或形成非法影响，对他人或者在有关场所进行滋扰、纠缠、哄闹、聚众造势等，足以使他人产生恐惧、恐慌进而形成心理强制，或者足以影响、限制人身自由、危及人身财产安全，影响正常生活、工作、生产、经营的违法犯罪手段。根据第2条规定，“软暴力”违法犯罪表现形式有：（1）侵犯人身权利、民主权利、财产权利的手段，包括但不限于跟踪贴靠、扬言传播疾病、揭发隐私、恶意举报、诬告陷害、破坏、霸占财物等；（2）扰乱正常生活、工作、生产、经营秩序的手段，包括但不限于非法侵入他人住宅、破坏生活设施、设置生活障碍、贴报喷字、拉挂横幅、燃放鞭炮、播放哀乐、摆放花圈、泼洒污物、断水断电、堵门阻工，以及通过驱赶从业人员、派驻人员据守等方式直接或间接地控制厂房、办公区、经营场所等；（3）扰乱社会秩序的手段，包括但不限于摆场架势示威、聚众哄闹滋扰、拦路闹事等；（4）其他符合该意见规定的“软暴力”手段。通过信息网络或者通讯工具实施，符合该意见规定的违法犯罪手段，应当认定为‘软暴力’。该意见特别指出：“采用‘软暴力’手段，使他人产生心理恐惧或者形成心理强制，分别属于《刑法》第二百二十六条规定的‘威胁’、《刑法》第二百九十三条第一款第（二）项规定的‘恐吓’，同时符合其他犯罪构成要件的，应当分别以强迫交易罪、寻衅滋事罪定罪处罚。”“软暴力”同时侵害了民事主体人格权益的，受害者有权依据《民法典》规定主张精神损害赔偿，可通过刑事附带民事诉讼救济其民事权利。

第九百九十二条　人格权不得放弃、转让或者继承。

【条文主旨】

本条是关于人格权不得放弃、转让、继承的限制的规定。

【条文理解】

一、概述

人格权具有专属性，只能为特定的权利人所享有，与权利主体不可分离。这是人格权与财产权的重要区别。专属性具体表现为：（1）人格权始终与权利主体相伴随，权利主体产生以后就享有生命权、身体权、健康权、姓名权等人格权，权利主体消灭则人格权也不复存在。（2）人格权具有不可转让性。与财产权不同，人格权与权利主体是不可分离的。只有本人才能享有人格权，除非法律有明确规定，否则不能转让。例如，作为法律规定的例外情况，法人名称权可以转让。（3）人格权不得抛弃。作为专属于权利人享有的权利，人格权始终由权利人享有，禁止抛弃。例如，许多国家的法律明确规定自由不得随意抛弃，抛弃自由的约定无效、生命不得抛弃（不得自杀）等。如果人格权被抛弃，则人格必然受损，且抛弃人格利益的行为也是违反公序良俗的。禁止人格权抛弃也是私权自由处分原则的例外。（4）人格权不得继承，即人格权作为专属于特定主体的权利，因权利人死亡而消灭。

《民法典》人格权编草案征求意见稿第2条规定："人格权不得放弃、转让、继承，但法律另有规定的除外。对人格权益不得进行非法限制，但为了公共利益的需要，国家机关可以依照法律规定予以限制。”《民法典》人格权编草案二审稿第775条规定：“人格权不得放弃、转让、继承，但法律另有规定的除外。”在正式立法中，上述但书条款及第2款均被删除。这是因为，人格权不得放弃、转让、继承，是人格权的本质特性决定的。

各国民法理论和民法典强调人格权专属权，不得让与或继承，是继受19世纪德国民法的基本思想，建构在康德哲学和萨维尼的权利论两个理论之上的。康德哲学认为人格乃体现人的尊严及价值，不得将之物化，使其作为交易的客体；萨维尼的权利论认为，人格权系以自己的人格为内容，并无一个可以支配的客体，不同于财产权（尤其是所有权）。[①] 因此，世界各国和地区民法典均采取人格权不得放弃、转让的立场。比如，《魁北克民法典》第3条规定，每个人专属享有自己的人格权，例如生命权、人格尊严权和姓名、名誉、隐私受尊重的权利。这些权利是不能够让与的。《埃塞俄比亚民法典》第9条规定，由宪法保障的人格权和自由权为不流通物。任何自愿对上述权利与自由权的行使课加的限制为无效，被合法利益证明为正当作出的除外。《瑞士民法典》第27条规定，任何人不得全部或部分地放弃权利能力及行为能力。任何人不得让与其自由，或在限制行使自由时损害法律及道德。

二、人格权不得放弃

基于人格权的固有性和先在性，人格权不得放弃。如果人格权被一般性地、概括地放弃，必然导致人格缺损，甚至会威胁到人的主体地位，走向对自由的自我否定。[②] 人格权与权利主体的存在共始终，它不是依据一定的法律事实，而是依自然人的出生、法人和非法人组织的成立而当然享有，因自然人的死亡、法人和非法人组织的终

---

① 参见王泽鉴：《人格权保护的课题与展望——人格权的性质及构造：精神利益与财产利益的保护》，载《人大法律评论》2009年卷。

② 张翔：《民法人格权规范的宪法意蕴》，载《法制与社会发展》2020年第4期。

止而当然消灭，不发生所谓权利取得的问题，只要其他主体不施以侵害，人格权主体就自然享受到利益，不发生权利行使的问题。[①]人格权的存在先于法律规定，此即人格权的“先在性”，即使法律并未规定人格权，也不影响民事主体享有人格权。民事主体享有人格权的目的，还在于维护其作为法律上的人所必须具有的资格，保障民事主体在人格上的独立。但是，按照《民法典》第993条、第1006条、第1008条第1款的规定，意味着在特定情况下部分人格利益是可以放弃的。由于第1006条、第1008条中被放弃的人格利益与人的生命健康紧密联系，因此，放弃时要遵循严格条件，比如，书面形式同意、风险告知、审查批准等。

三、人格权不得转让

基于人格权是民事主体自身固有的权利，不能脱离权利主体单独存在，属于专属性权利，故不得转让。自然人一旦出生、法人、非法人组织一旦成立，他们就享有人格权。对自然人而言，人格权并不需要有独立意志的个人是否意识到实际享有，而是客观存在的。自然人不论在其年龄、智力、社会地位等方面存在着何种区别，不论是否实际参与各种法律关系，都平等地享有人格权。法律无非是对人格权进行确认而已，目的是为了提供保护和损害救济。“没有做人的权利，也就没有进入社会的资格，让渡基本权无异于把人复归兽类。”[②]除人格权之外的民事权利，包括其他专属性权利，权利人都可以依法放弃。如继承权，虽不能转让，但可以放弃。当然，不同的人格权，其固有性程度也会存在差异，如生命权、身体权、健康权等人格权的固有性很强，但是隐私权等人格权的固有性程度相对较低。

人格权不得转让，并不意味着个别具体人格权益不能许可他人使用。比如《民法典》第993条规定，民事主体可以将自己的姓名、名

---

① 参见梁慧星：《民法典编纂中的重大争论——兼评全国人大法工委两个民法典人格权编草案》，载《甘肃政法学院学报》2018年第3期。

② 徐显明：《公民权利义务通论》，群众出版社1991年版，第133页。

称、肖像等许可他人使用，但是依照法律规定或者根据其性质不得许可的除外。随着商业实践的发展，人格权的财产利益逐渐受到重视，这使得人格权益出现商业化利用的现象。另外，人格权受到侵害后，若其已经转化为损害赔偿之债且赔偿数额已经确定，则可以通过债权转让的方式转让。

四、人格权不得继承

人格利益并不是对人的身体的利益，而是特定自然人的人身和行为自由、安全以及精神自由等利益。无论是生物形态的利益还是社会形态的利益，大多体现为一定的精神利益，尤其是名誉、肖像、隐私、自由等利益，都是行为与精神活动的自由和完整的利益，且以人的精神活动为核心而构成，每个自然人个体的情感、精神因素又是完全不一样的。因此，体现精神利益、精神特征的人格权无法发生继承问题。在古代社会，人身权中的身份关系是可以继承的，由于财产关系紧密依附于身份关系，最原始意义上的继承是身份法上的继承。而在实现了“从身份到契约”转型的现代社会，继承一般只指财产继承，而不承认身份的继承，人的身份仅仅变成了财产继承的限定条件，可以继承的对象排除了身份本身。

自然人死后，其生前的人格要素并未随之全部消灭。身体（遗体）、姓名、肖像、声音、个人信息资料等仍然存在于社会生活之中，即所谓人格要素的遗存。[①]人格要素的遗存之所以存在，有两方面考虑，一是为了维护公序良俗，二是为了解决人格遗存的继续利用问题。否则，自然人逝世后，其遗体如何安葬，其姓名能否继续作为商标使用[②]等问题难以解决。权利人死亡后，具有财产内容的人格权

---

① 参见韩强：《人格权确认与构造的法律依据》，载《中国法学》2015年第3期。

② 例如，1997年周海婴诉浙江省邮政局制作发行《纪念鲁迅诞辰115周年纯金纯银邮票珍藏折》侵害其父肖像权；1998年周海婴与泉生集币公司关于后者制作“鲁迅人像艺术水印台”发生纠纷；2000年周海婴由以绍兴越王珠宝金行制作发行有鲁迅肖像的有机玻璃笔筒侵害其父肖像权为由起诉；2001年周海婴对鲁迅美术学院将其父姓名注册为商标一事向国家商标局请求撤销其注册。

（如姓名权、肖像权、声音权等）可以被继承。继承人所继承的并非仅仅是财产利益，在一定期间内，继承人可以自主支配该人格要素的主观权利。

另外，与民事主体人格相关的一些专属性权利，虽不能转让，但可以发生继承。如人寿保险的保险金请求权、人身损害赔偿请求权等。

【审判实践中应注意的问题】

关于精神损害赔偿请求权的转让和继承问题。我们认为，经起诉确定金额的侵害人格权所产生的损害赔偿请求权，人民法院应当允许转让、继承。这些权利实际上不是人格权，而是人格权受到侵害或者许可使用后产生的债权。《人身损害赔偿司法解释》第 18 条第 2 款规定，精神损害抚慰金的请求权，不得让与或者继承。但赔偿义务人已经以书面方式承诺给予金钱赔偿，或者赔偿权利人已经向人民法院起诉的除外。

关于精神损害赔偿请求权是否可以转让和继承，在理论上存在两种观点：第一种观点认为，精神损害赔偿与财产损害赔偿一样，都以金钱赔偿为原则，都属于金钱债权，自然应当具有可转让性。二者在责任构成要件上也并无不同，而且均无须由受害人提出主张，一旦损害发生且符合责任构成要件，请求权即已成立。因此，除非存在受害人放弃权利的情况，否则，就应当允许精神损害赔偿请求权的继承或转让。目前，我国民事立法、司法解释和主流民法学理论不支持这种观点。

第二种观点认为，精神损害赔偿请求权不能转让或继承。尽管精神损害赔偿属于损害赔偿范畴，但是不同于一般财产损害赔偿，精神损害赔偿主要是对人格权益损害的补救，而人格权益具有专属性，不能转让或继承。精神损害依附于受害人的人身，精神损害赔偿的功能主要在于平复、抚慰。因此，精神损害赔偿请求权具有专属性，不能够转让或继承。

依据《人身损害赔偿司法解释》第18条第2款规定，精神损害赔偿请求权原则上不能转让。但在例外情况下，精神损害赔偿请求权在一定条件下可以转让或继承。根据《人身损害赔偿司法解释》，主要是指两种情况：（1）赔偿人以书面形式承诺赔偿。精神损害赔偿本质上依然是一种债的关系，因此，在一定程度上可以适用私法自治原则。书面承诺实际上就是义务人同意赔偿，此种承诺既可以向受害人作出，也可以向受让人作出。一旦赔偿人作出承诺，此种赔偿具有可转让性。（2）起诉。当事人起诉是为了行使损害赔偿请求权，属于一种财产性质的权利，财产权一般是可以转让或继承的。起诉前赔偿数额不确定，起诉后可以由法院通过裁判加以确定。因此，起诉之后的转让不会发生纠纷。《民法典》实施后，是否允许精神损害赔偿请求权转让，是否需继续适用《人身损害赔偿司法解释》的规定，需要在认真理解《民法典》条文立法原意基础上，结合人民法院审判工作实际，由相关司法解释进一步明确。

第九百九十三条 民事主体可以将自己的姓名、名称、肖像等许可他人使用，但是依照法律规定或者根据其性质不得许可的除外。

【条文主旨】

本条是关于确定人格权许可使用规则的规定。

【条文理解】

本条属于创设性规定，《民法总则》《民法通则》中均没有类似的规定。许可使用无非是将人格权客体——某种人格要素，以约定的时间和方式容忍他人使用。[①] 从本条规定来看，不仅确认了个人有权许可他人对其人格利益进行利用，而且本条还划定了可以许可使用的人格利益的范围，适应了实践诉求，为人格权授权使用制度提供了更为明确的法律依据。

按照传统的理论，人格权是纯粹精神性权利，不可转让，不可继承，不包含经济价值，也不能进行商业化利用。但是，随着经济社会的发展进步，这一理念逐步被打破。19 世纪末 20 世纪初，一些名人的姓名和肖像已经被广泛应用于香水、雪茄、药品等商品广告中。现代广告业的发展，使得个人的肖像、姓名等人格权中的经济价值进一步凸显。自然人的姓名、肖像、个人信息等人格利益授权使用现象日益普遍，人格权中的经济价值日益凸显，比较法上已经普遍承认人格

① 王泽鉴：《人格权法：法释义学、比较法、案例研究》，我国台湾地区三民书局 2012 年版，第 136 页。

权包含精神和财产双重利益。[1]从这个意义上讲，不能再认定人格权仅是绝对的精神性权利。

其他国家和地区对人格权中经济价值保护的方式主要有两种模式：一是德国法上的一元论模式，该种模式在人格权的体系内解决人格权中经济价值的保护问题。德国法视域中，人格权最初被认定为一种纯粹精神性权利，不包含物质利益，但是在判例和学说的推动下，学术界与实务界逐步达成共识，最终德国法院判决认为，人格权中所包含的经济价值可能是个人努力的结果，法律既保护人格权中的精神利益，也保护其经济价值，未经许可将他人人格权进行商业化利用的行为，既侵害了精神利益，又侵害了个人财产利益，从而在德国法上形成了对人格权财产利益的肯定。二是美国法上的二元论模式，即通过创设独立的公开权实现人格权中经济价值的法律保护。在这种模式中，通过隐私权实现个人精神利益的保护，通过独立的公开权实现对个人姓名、肖像等人格标识中经济价值的保护。在美国法上，公开权（Public rights），又称形象权，是指公民对自己的姓名、肖像、角色、声音、姿态以及图像、卡通人物形象等因素所享有的进行商业利用和保护的权利。在我国台湾地区，人格权具有财产性质，可以让与或授权他人使用的观点，也获得了学者的肯定。

从历史发展的视角审视，人格权商业化利用制度的产生、发展与人格尊严内涵的扩展密不可分，是人格自由发展的体现。《民法典》在编纂时，面对实践中已经大量存在的人格权商业化使用的现实，对该制度采取了较为务实的态度：一方面，确认人格权主要为一种精神性权利；另一方面，顺应时代要求，在人格权编中明确了对人格权中蕴含的经济价值进行利用的授权使用制度。

---

① 王泽鉴：《人格权法：法释义学、比较法、案例研究》，我国台湾地区三民书局2012年版，第302页。

一、关于本条基本概念的界定

（一）民事主体

民事主体也称为人格主体，是指依照法律规定能够参与民事法律关系，享有民事权利和承担民事义务的人。民事主体是权利的享有者，也是民法所规范的权利的归属者，所以也称为权利主体。在具体的法律关系中，民事主体因所参与的法律关系的不同而可能具有不同的身份，所以民法上出现的所有人、债务人、债权人、继承人等都是对民事主体的具体表述。民法上有关主体的规定统称为“人法”或主体制度。大陆法系国家民法主要将民事主体限于自然人和法人两大类，而依据我国《民法典》的规定，民事主体包括自然人、法人和非法人组织。自然人以人的身份而当然取得权利能力即主体资格，而法人和非法人组织只有在符合法律规定的条件时才能成为民事主体。

在实践中，将自己的姓名、肖像许可他人使用最常见的情形就是影视明星的广告行为。普通自然人的姓名、肖像许可他人使用，一般不会具有很大的商业价值，在司法实践中普通自然人将人格权授权他人使用的案件并不常见。不过，在大数据时代，一些软件通过电子合同的形式获得用户的授权，搜集自然人的姓名、肖像、个人信息等，由此产生庞大的数据，给信息的搜集、加工者带来巨大商业价值，使得普通自然人因人格权许可使用给自身带来合法权益侵害的情况大量存在，人格权许可使用制度的价值在普通民事主体身上，得到广泛的体现。

（二）姓名权

姓名，是人的标识，是人和人相互区别的语言标识。[①] 作为区别自然人的语言符号，姓名要满足三个构成要件：其一，是一个符号；其二，该符号与某个特定的自然人相互联系；其三，该自然人利用这一符号形成了一定的社会交往。从而这一符号得以作为区别不同人之

---

① 程啸：《侵权责任法》，法律出版社 2015 年版，第 136 页。

间特定的语言标识。

姓名权是自然人对其姓名设立、变更和专用的人格权。[①] 姓名对于自然人来说是其自我发展的重要工具，是其区别于他人的重要标志之一。

通说认为，姓名权的内容主要包括三项：（1）设定权，即决定自己姓名的权利。但是，在我们的实际生活中，自然人的姓名往往都是他人设定的，自然人可以变更这种由他人设定的姓名；（2）变更权。任何人都可以按照法律规定的程序，变更自己的姓名。任意变更自己的姓名在法律上没有任何效力，因为，姓名可能涉及债权债务关系、亲属关系等，还可能涉及公法上的关系；（3）专用权。专用权即自然人对其姓名依法自由使用的权利，任何人不得冒用。

需要注意的是，姓名具有区别自然人特定身份的功能，一般情况下，使用他人姓名不构成侵权。在盗用、冒用他人姓名以及干涉他人使用姓名的情况下才构成侵权，非商业化使用他人姓名，如在日常书信或者日常正当交流中使用他人姓名不构成对姓名权的侵害。实践中，行为人在获得权利人许可的情况下，可以在一定范围内合法使用他人姓名。但如果行为人未经权利人许可，或者虽经许可，但其对姓名的使用超越授权范围，或者在授权期限届满后继续使用，或者未经许可将该权利转让的，则构成对授权许可违约或对权利人姓名权的侵权。

实践中还需要注意的问题是死者的姓名利益保护问题。姓名权不能继承，但是其所延伸出的精神利益和财产利益仍然可以由继承人所享有，此观点在理论界与实务界中并无异议。在姓名权授权使用的场域中，如果姓名权权利主体死亡，则相应的授权使用合同权利义务归于消灭。如果行为人在此种情况下仍想继续使用死者姓名，则应得到死者继承人的授权，否则，该情形即构成对死者人格利益的侵害。

关于姓名权授权使用是否仅限于本名的问题，现实生活中有很多

---

① 张俊浩主编：《民法学原理》，中国政法大学出版社2000年版，第147页。

人的笔名、艺名远超出其本名的知名度，如鲁迅的知名度超过其本名周树人，一些演艺明星的艺名知名度远超过其本名。我们认为，自然人对本名之外与自身存在稳定对应关系的特别名称，亦享有姓名权，故姓名权授权使用应及于权利人的本名、笔名、艺名等。

（三）名称权

名称，是标示特定团体，从而使之区别于其他团体的文字符号。[①]名称权是指自然人以外的民事主体依法享有的决定、使用、改变、转让自己的名称并排除他人非法干涉的权利，是人格权的重要组成部分。法人的名称是法人成立登记必须具备的条件之一，也是它作为民事主体而存在的重要条件。

民事主体对已登记注册的名称享有专用权，法律严禁以冒用、玷污等手段侵犯他人名称权，对于干涉、假冒、盗用他人名称的行为，受害人有权请求停止侵害，如因此造成了财产上的损失，受害人有权请求赔偿经济损失。

民事主体授权他人使用自己的名称，要与知识产权中商标权的授权等情形加以区别。本条规定特指对人格权的授权使用，对商标授权使用等情形，应按照《商标法》等有关规定处理。

（四）肖像权

《民法典》第1018条第2款规定，肖像是通过影像、雕塑、绘画等方式在一定载体上所反映的特定自然人可以被识别的外部形象。肖像权则是对这种物质形态的制作权和使用权。法律上的肖像为自然人人格的组成部分，肖像所体现的精神特征从某种程度上可以转化或派生出自然人的物质利益。法律保护自然人的肖像，是基于肖像上多方面体现了自然人的精神利益、人格利益。自然人对自己的肖像享有专有权，既可以对自己的肖像权利进行自由处分，又有权禁止他人在未经其同意的情况下，擅自使用其专有的肖像。

---

① 程啸：《侵权责任法》，法律出版社2015年版，第143页。

（五）其他人格利益

本条列举了一些典型的可授权他人使用的人格权，同时并不否认随着经济发展和科技进步而产生的其他类型的可授权使用的人格权，典型的如个人信息权。目前随着大数据的发展，很多软件都通过各种手段对人的个人信息进行搜集，如打车软件产生的个人乘车路线和乘车习惯等信息，网络购物产生的个人消费偏好和消费兴趣等信息，个人的地理位置信息等，这些信息均存在授权使用的情况。但是目前这类软件大量存在违规收集和利用个人信息的情况，鉴于这类信息体量极为巨大，个人通过民事诉讼途径追究有关经营者的违约或侵权责任，诉讼成本过高，而且个人处于相对弱势地位，通过诉讼难以实现对权利的平等保护。因此，我们认为，在大数据时代，对经营者违法搜集、使用、加工个人信息的情形，应该贯彻以行政、刑事手段解决为主，以民事手段解决为辅的基本原则。

二、不得许可的除外情形

本条对于许可的除外情形规定了一个但书条款，即“依照法律规定或者根据其性质不得许可的除外”。这是一个原则性规定，社会发展进步会产生许多新的前沿问题，为未来更好规制人格权许可使用的情形预留制度通道。实务中，不得许可的情形，可以分为以下两种：

（一）法律禁止的许可行为

法律禁止的许可行为，比如人格权许可给违法犯罪行为使用，应属不得许可的例外情形。如，根据《广告法》规定，不得使用特定人员的名义（姓名）或者形象（肖像）作为证明。《广告法》第21条规定，农药、兽药、饲料添加剂广告不得含有利用科研单位、学术机构、技术推广机构、行业协会或者专业人士、用户的名义或形象作为推荐、证明；《广告法》第24条规定，教育、培训广告不得含有利用科研单位、学术机构、教育机构、行业协会、专业人士、受益者的名字或者形象做推荐、证明。

（二）权利本身不适宜对外许可

实践中，有一些手模、脚模等行业，权利人将自己的手、足等其他身体器官的形象对外许可使用，这些权益本身也基于人身而产生，在权利性质上，理应归属于人格权的范畴，手、足的形象，作为权利可以对外许可使用。但是人身体的其他器官的形象，基于公序良俗和法律强制性规定的要求，不宜对外进行商业化使用的，应在禁止范围之列。当然，基于特定科研价值或其他合理理由使用一些特殊权利的，不在此之列。此外，人的基因信息等个人信息的授权使用，也应该严格遵守有关制度规范，不宜随意对外许可使用。

【审判实践中应注意的问题】

一、应结合《民法典》相关条款理解本条的法律适用

本条是关于人格权授权使用的一般条款。在实践中，当事人对这一制度的利用，一般通过人格权授权使用合同来实现，故应该首先审查有关合同的效力问题。对合同效力进行审查时，应注意本条与《民法典》总则编第六章以及《民法典》合同编的有关规定。

按照《民法典》第996条的规定，违反合同约定使用他人人格权，造成他人人格权损害，并造成他人严重精神损害的，可以在支持当事人有关违约责任的诉求的同时，支持当事人有关精神损害赔偿的请求。但是需要注意的是，在这种情况下，必须达到给他人造成严重精神损害的程度，才可以在支持违约责任后一并支持精神损害赔偿的诉讼请求。并且根据有关举证规则，应该由权利人举证证明不当行为对其造成了严重的精神损害。

二、关于请求权竞合的问题

一般情况下，行为人未经许可，使用他人的肖像等，构成对权利人人格权的侵害。但姓名权较为特殊，在日常生活中基于日常交流的

目的使用他人姓名，不构成能对姓名权的侵害。

在授权使用的场域中，一般表现为对姓名、肖像、个人信息等人格利益的广告性使用，行为人未经许可使用，或者虽经许可但超出许可的范围、时间使用，或者未经允许转让有关权利，均构成对权利人合法权益的侵害。在未经许可使用的情况下，权利人得追究行为人的侵权责任。在超出许可的范围、时间使用的情况下，权利人得主张违约责任或侵权责任，存在请求权竞合的情况，权利人只能在两种请求权中择一行使用。只是在当事人选择违约责任主张其权利时，不影响其依据《民法典》第 996 条的规定主张精神损害赔偿。

三、不构成侵害姓名、名称、肖像等权利的例外情况

在审理此类侵权案件中，还应当注意侵权的阻却要件问题。行为人超越授权，或者超出授权许可的期限使用他人人格权，并不一概构成侵权。要注意有关免责事由的问题。这种免责事由主要体现在合理使用上。所谓合理使用，是指他人虽未经权利人授权使用其姓名、名称、肖像，但法律规定其不构成侵权的情形。

法律之所以要对姓名、名称、肖像等权利进行限制，其主要原因在于，姓名、名称、肖像等权利作为个人权利，与社会公共利益可能发生冲突，因而有必要适度限制个人姓名、名称、肖像等权利，允许为了公共利益和社会利益的需要而使用他人姓名、名称、肖像等，且无需征得他人同意。从比较法上来看，各国基于自己不同的国情，规定的合理使用的范围不尽一致。从我国实际情况来看，基于公共利益、舆论监督等需要，可以划定合理使用的界限。《民法典》第 1020 条具体规定了五种可以不经肖像权人同意合理使用的情形。《民法典》第 999 条规定，为公共利益实施新闻报道、舆论监督等行为的，可以合理使用民事主体的姓名、名称、肖像、个人信息等；使用不合理，侵害民事主体人格权的，应当依法承担民事责任。在实务中，注意把握合理使用的界定问题。

四、人格权许可使用与知识产权有关制度的问题

比如，人格权授权与商标权的问题。实践中，如果存在被授权的人的姓名、肖像、声音等被注册为商标，但是在许可合同中并未约定对商标的使用问题，而权利人已经授权使用人在特定商品上使用上述权利，此时权利人如果以使用人的行为侵害其商标专用权的，鉴于该商标的取得权利的来源系姓名、肖像、声音等权利，这些权利事实上是商标权的基础权利来源，因此使用人按照合同约定使用上述权利的行为，不应当认定为侵害商标专用权。但行为人超出授权使用的情况下如何处理，一般可认为该种情形也构成请求权的竞合，权利人可以根据实际情况，选择适当的请求权，主张自己的合法权益。

第九百九十四条　死者的姓名、肖像、名誉、荣誉、隐私、遗体等受到侵害的，其配偶、子女、父母有权依法请求行为人承担民事责任；死者没有配偶、子女且父母已经死亡的，其他近亲属有权依法请求行为人承担民事责任。

【条文主旨】

本条是关于死者人格利益保护的规定。

【条文理解】

一、人格利益延伸保护的概念和特征

（一）概念

民事主体人格权延伸保护，是指法律在依法保护民事主体人格权的同时，对于其在诞生前或消灭后所依法享有的人格利益，所给予的延伸至其诞生前和消灭后的民法保护。[①]

人格的权延伸保护最早源于血亲复仇制度，当民事主体已经被杀害，血亲所享的复仇权利就具有人格权延保护的含义。罗马法对人格的延伸保护，一是向民事主体诞生之前延伸，认为胎儿或即将出生的婴儿被视为已出生，人格权的延伸保护溯及出生前的一段时间。二是向权利主体消灭之后延伸，认为随着主体的死亡，某一主体的权利及其诉权转移到其他主体，即继承人身上。继承人按照其得到的范围提起罚金诉讼和混合诉讼，但不能提起所谓的当事人的报复性诉讼。近

① 杨立新：《人格权法》，法律出版社2015年版，第81页。

现代民事立法规定自然人民事权利能力始于出生、终于死亡，但对其人格权的法律保护仍作延伸规定。

我国对人格权延伸保护理论上有争议，主要包括以下几种观点：第一种观点是权利保护说。该观点认为，人格权之所能延伸保护，就是因为死者仍是人格权的主体，仍享有权利，因而延伸保护的仍然是民事主体的人格权。第二种观点是看守亲属利益保护说。该观点认为，人格权延伸保护的实质与作用是保护死者近亲属的利益。第三种观点是家庭利益保护说。该观点认为，死者的名誉遭到侵害时，其遗属的名誉也往往会遭到侵害，这两者之间的连结点就是家庭名誉。第四种观点是利益保护说。该观点认为，死者不能成为民事权利的主体，更不享有权利。对死者，法律所保护的是利益。法律不仅仅保护权利，而且还保护超出权利范围的合法权益，保护死者的利益。第五种观点是人格权延伸说，该观点为通说观点，其理论依据是：在现代人权思想指导下，以维护民事主体统一、完整的人格利益为基本目的，追求创造、保护社会利益与个人利益的和谐、统一。[①]《民法典》不仅在总则编中规定了英雄烈士人格权[②]的保护，而且在人格权一编中，也明确规定了死者人格权的延伸保护，即本条规定。

（二）特征

1. 人格权延伸保护的民事主体包括自然人和法人。历史上的人格权延伸保护的主体是自然人。自然人作为民事主体，其享有的人格权极其广泛，因而在其出生前和死亡后，这些人格权所体现的利益，是先期存在和延续存在的。而现代法律确认法人具有拟制的法律人格，亦享有人格权，只不过保护的范围不同于自然人，其享有的人格利益如名称、名誉、荣誉等，法律亦给予适当的延伸保护。

2. 人格权延伸保护的客体是人格利益而非权利本身。民事主体享有民事权利能力时，这种人格利益通过人格权而享有、维护、支配；

---

① 杨立新：《人格权法》，法律出版社 2015 年版，第 81 页。

② 《民法典》第 185 条规定："侵害英雄烈士等的姓名、肖像、名誉、荣誉，损害社会公共利益的，应当承担民事责任。"

当民事主体还未诞生以及消灭以后，作为权利主体已经不存在，但由于其围绕人格权而存在的先期人格利益和延续人格利益客观地存在着，立法者不承认其为权利，但承认为其为合法利益，并予以法律保护。因而成为法律保护的客体，保护的对象是利益。

3. 人格权延伸保护的界限是民事主体权利能力取得前和终止后。延伸保护并非指对权利本身的保护，而是在权利取得之前或权利消灭之后，将法律对该种权利所体现的先期或延续利益的保护，向前延伸或向后延伸，在一个适当的期间禁止他人侵害。向前延伸的保护仅为自然人出生前的保护；向后延伸的保护为自然人死亡后和法人消灭后的保护，其界限均以民事权利能力取得和终止后为准。

4. 人格权延伸保护与人格权保护相互衔接构成协调的统一整体。人格权延伸保护与人格权保护目的相同，是一个统一的整体，在时间界限上互相衔接，互相配合，形成对人格权和人格利益的严密而完备的保护体系。

二、死者人格利益的保护范围

（一）历史演进

我国《民法通则》《民法总则》没有规定关于死者的人格利益的民法保护问题。死者名誉指的是人们对死者生前所持有的观点、做出的行为、为人品德及才干等方面的社会评价。有人视名誉甚至重于生命，如果生命是人的本体，那么名誉就是生命的外衣。社会注重人们的名声，无论此人在社会上的经济、政治地位如何，都有自己的名誉，名誉事关一个人的精神利益及财产利益。在权利主体不复存在之后，对于他生前作为的不实描述以及评价而带来一系列不良影响，法律该以何种方法规范？对于一个已经过世的人来说，他已不再是权利主体，此时对他的名誉保护究竟保护的是什么，是社会公共利益，抑或是死者的近亲属利益？一般认为，在我国法上，对于死者人格利益的保护经历了三个发展阶段：

第一个阶段为保护“死者名誉权”阶段。在该阶段，法院认为即便死者已经死亡，不是民事主体也享有名誉权。当该权利受到侵害，死者的近亲属有权提起诉讼。最具有代表性就是1989年的“荷花女案”。在陈秀琴诉魏锡林、《今晚报》社侵权纠纷一案中，陈秀琴系天津市解放前已故艺人吉文贞之母。1940年，吉文贞以“荷花女”为艺名参加天津“庆云”戏院成立的“兄弟剧团”演出，从此在天津红极一时，1944年病故，年仅19岁。而被告魏锡林于1986年以“荷花女”为作品主人公创作小说，曾先后三次到陈秀琴处了解“荷花女”的生平以及从艺情况，向“荷花女”之弟吉文利了解情况并索要照片。随后魏锡林创作完成小说《荷花女》约11万字，使用了吉文贞的真实姓名和艺名，陈秀琴被称为陈氏，虚构了吉文贞从17岁到19岁病逝的两年间，先后同许扬、小麒麟、于人杰三人恋爱、商谈婚姻，并三次接受对方聘礼之事。小说中写到于人杰已婚，吉文贞“百分之百地愿意”作于人杰之妾。小说还虚构了吉文贞先后被当时天津帮会头头、恶霸袁文会和刘广奸污而忍气吞声的情节，最后影射吉文贞系患性病打错针致死。《今晚报》自1987年4月18日开始在副刊上连载小说，并加插图。陈秀琴及其亲属以小说插图及虚构情节有损吉文贞的名誉为由，先后两次到《今晚报》社要求停载。《今晚报》社表示，若吉文贞的亲属写批驳小说的文章可予刊登，但以报纸要对读者负责为由，将小说的题图修改后继续连载。法院经审理认为：魏锡林、《今晚报》社构成侵害死者名誉权，判决刊登道歉声明，赔偿精神损害共800元，该小说不得再以任何形式复印、出版发行。①“荷花女名誉权案”即为死者人格利益保护的典型侵权案例。此外，还有1990年的范应莲诉敬永祥等侵害海灯法师案，最高人民法院认为：“海灯死亡后，其名誉权应依法保护，作为海灯的养子，范应莲有权向人民法院提起诉讼。”②

① 参见最高人民法院中国应用法学研究所编：《人民法院案例选》（第1辑），人民法院出版社1992年版，第97、98页。

② 参见《最高人民法院关于范应莲诉敬永祥等侵害海灯法师名誉权一案有关诉讼程序问题的复函》（〔90〕民他字第30号），1990年10月27日发布。

第二阶段为保护“死者名誉”阶段。该阶段，法院不再认为死者享有名誉权，只是享有名誉，但仍应受到法律的保护。1993年《名誉权解答》中规定：“死者名誉受到损害的，其近亲属有权向人民法院起诉。近亲属包括：配偶、父母、子女、兄弟姐妹、祖父母、外祖父母、孙子女、外孙子女。”

第三阶段为保护“死者人格利益”阶段。在司法实践经验总结和理论研究的基础上，最高人民法院于2001年发布了《精神损害赔偿司法解释》，该解释第3条规定死者人格利益保护问题。[①] 法院不仅对死者的名誉加以保护，还将保护的范围扩及死者的姓名、隐私、肖像、荣誉等人格利益以及遗体、遗骨等。

（二）死者人格利益保护的法理基础

死者的肖像、姓名、隐私、名誉、荣誉、遗体等利益应当予以保护，原因是死者的人格利益具有利用价值。这种价值首先表现为精神利益的价值，是人格权的基础，也是人格利益的基础。一个人只有具有人格，并且这种人格受到法律的承认，才能够享有全部的权利，承担全部的义务。法律维护死者的人格利益，就在于“一个一生无可指责的人，死后也应该受到尊重。”“他的后代和后继者——不管是他的亲属或不相识的人都有资格去维护他的好名声，好像维护自己的权利一样。”[②] 这就是死者人格利益的价值之一。对死者人格利益的保护还涉及社会利益、死者近亲属的利益等。

死者人格利益因素转化为财产利益的机理，在于上述各方面因素对于社会或者公众的价值。这些因素一旦应用到商业领域或者社会有关领域，就可以产生号召力，应用这些因素的商品或者事业就会引起

① 《最高人民法院关于确定民事侵权精神损害赔偿责任若干问题的解释》第3条规定：“自然人死亡后，其近亲属因下列侵权行为遭受精神痛苦，向人民法院起诉请求赔偿精神损害的，人民法院应当依法予以受理：（一）以侮辱、诽谤、贬损、丑化或者违反社会公共利益、社会公德的其他方式，侵害死者姓名、肖像、名誉、荣誉；（二）非法披露、利用死者隐私，或者以违反社会公共利益、社会公德的其他方式，侵害死者隐私；（三）非法利用、损害遗体、遗骨，或者以违反社会公共利益、社会公德的其他方式，侵害遗体、遗骨。”

② ［意］康德：《法的形而上学原理》，沈书平译，商务印书馆1997年版，第120页。

公众的兴趣，关注这些商品和事业，发生商业上的作用，转化为财产利益。对死者的肖像、姓名、隐私等人格利益的商业利用，在于利用死者人格利益因素中的财产利益。一方面，人格是取得财产的基础，民法的财产法就是规定人对世界上的财富支配的规则，是谁享有哪项财产，怎样享有该项财产；另一方面，人格中的精神利益在一定的条件下能够转化为财产利益因素，并且依此可以获得财产利益。在死者的人格利益中，肖像利益、姓名利益、隐私利益、名誉利益、荣誉利益以及身体利益的客体，都有转化为财产利益的可能。换言之，死者人格利益的财产利益转化，是这种人格利益的客体在使用中的转化。①

三、死者人格利益保护与商业化利用之间的平衡

死者人格利益商业化利用的基础就是死者人格利益具有财产利益转化的可能。没有这样的转化可能，任何商人都不会对死者的人格利益产生兴趣。这说明，在死者人格利益上隐藏着巨大的商业价值，在商品经济社会，对这种商业价值进行开发，可以创造巨大的商业利益。由此而言，对死者人格利益的民法保护，既是对死者人格利益中的精神利益的保护，也是对死者人格利益中的财产利益的保护。在现实的商品经济社会中，后一种保护具有更为重要的意义，并发展为公开权。德国法上死者人格权的保护体系全由实务所创设，充分显现了德国法学的创造性及概念体系构建能力，在比较法上提供一个可供参考的规范模式。此种保护体系系建构在一元的人格权构造上，以一个同一的人格权包括精神利益及财产利益，依其性质、内容，作出不同的保护，不将财产部分从人格权分离出来，作为一种独立的财产权。②

民法保护死者人格利益，涉及死者人格利益所包含的财产利益在不同主体之间的平衡问题，实践中应从以下几个方面把握：

---

① 杨立新：《人格权法》，法律出版社2015年版，第91页。

② 王泽鉴：《人格权法：法释义学、比较法、案例研究》，北京大学出版社2013年版，第290页。

（一）获得死者人格利益中的财产利益的主体

1. 死者近亲属。死者人格利益中的财产利益，最主要的承受者是死者的近亲属。这种承受关系类似于继承关系，可以参照继承的规则处理死者人格利益中的财产利益的归属。即自然人因侵权行为致死，或者自然人死亡后其人格或者遗体遭受侵害，死者的配偶、父母和子女向人民法院起诉请求赔偿精神损害的，列其配偶、父母和子女为原告；没有配偶、父母和子女的，可以由其他近亲属提起诉讼，列其他近亲属为原告。之所以将请求权人限为死者近亲属，是为了防止滥用侵权责任，引发诉讼爆炸，进而对人们的行为自由构成不合理的限制。例如，孔子后裔至今繁衍80多代，仅生活在曲阜的号称孔子后裔的人就有13万之众，全球范围内据说有400万人。如果仅因为某个人胡乱解读《论语》，孔子的后代皆可以侵害先祖孔子之名誉为由，提起诉讼，后果难以设想。

2. 公众和国家。某些死者的人格利益归属于公众，公众是这种利益的承受者。例如，在鲁迅姓名使用上，如果使用在公共利益之上，作为学校命名，这种人格利益就归属于公众。对于公众人物，民法对其死后的人格利益不再予以保护，其人格利益中的财产利益归属于公众承受。某些死者的人格利益归属于国家享有。例如，国家领袖、历史人物等，对他们死后的人格利益由国家进行保护，其中的财产利益也由国家承受。

3. 开发者。在死者的人格利益不为死者近亲属保护和承受时，这种财富就成为公共资源，对于其中的财产利益因素进行开发的开发者，可以享有其依靠这种公共资源开发所创造的价值。

（二）平衡死者人格利益产生的财产利益的原则

1. 死者人格利益中的财产利益归属，由对死者人格利益保护的权利人所承受。对死者人格利益享有保护权利的人，就是死者财产利益的承受人。保护死者人格利益和承受死者人格利益中的财产利益相一致，是处理这类问题的最好办法。

2. 公众人物死亡后的人格利益归属于国家和公众，国家和公众使用这种人格利益，应当予以保障。公众人物死亡后，其人格利益在很大程度上归属于公众和国家，应首先满足公众和国家的使用。因为这种使用对国家和社会有益，可以满足更多的人的需要。在死亡公众人物名誉保护中还需要平衡名誉保护与言论自由的关系以及对死者名誉保护时间作出限制。

3. 对于超过保护期限的死者人格利益中的财产利益，他人可以进行开发，以满足社会的需要，创造社会价值，但须遵守公序良俗，不得违背公共道德。

（三）民法保护死者人格利益和准许对其进行商业化利用的规则

1. 民法将对死者人格利益的保护以及商业化利用的权利确认为死者的近亲属享有。死者的近亲属是死者生前最亲近的人，由他们对死者的人格利益进行保护，是最恰当的。同样，对死者人格利益中的财产利益的商业化使用权利即公开权，也应当归属于死者的近亲属。死者近亲属可以对死者的人格利益进行支配，对其中财产利益可以进行开发。任何人使用死者的人格利益客体，都要经过死者近亲属的同意或者准许，否则为侵权行为。如果死者的人格利益受到侵害，死者近亲属有权向法院提起诉讼，请求并获得精神损害赔偿。对于未经死者近亲属准许而进行的商业化使用，死者近亲属有权予以制止，并且有权起诉，请求赔偿损失。

2. 对死者人格利益的民法保护的期限。在我国，对死者人格利益的保护，采用确定对死者人格利益保护的主体范围的做法明确保护期限。死者在有近亲属存在的期限内，其人格利益就受到保护，在没有近亲属存在时，就超出了保护期限。

3. 为公共利益和国家利益使用死者人格利益者优先。对于死者人格利益的使用，应当保证为国家利益和公众利益的优先使用。如果国家使用和公众使用与死者近亲属的利益发生冲突，应当以国家和公众利益优先。

4. 他人对死者的人格利益进行商业化利用应当征得死者近亲属的同意。他人对死者人格利益进行商业化利用，在死者近亲属存在的时候，应当征得死者近亲属的同意，采用合同的方式确定使用的方式、范围、期限等一系列问题，不得违背死者近亲属的意志而为使用。违反者为侵权行为。在死者没有近亲属的情况下，他人对死者人格利益的商业化利用，必须遵守社会公德和公序良俗，不得有损于死者的人格利益，不得对社会造成负面影响。

【审判实践中应注意的问题】

关于死者肖像的使用是否需要经过近亲属同意的问题。使用死者的肖像是否必须经过死者近亲属的同意，对此有不同的观点：第一种观点认为，死者肖像使用权应由其近亲属来行使，因为死者的肖像对其近亲属有着精神、情感及经济上的特定利益。未经死者生前授权或其近亲属同意，擅自使用死者肖像的行为是违法的，应予以禁止；第二种观点认为，使用死者肖像无须近亲属同意。使用者虽然未经允许使用了死者的肖像，甚至是将之用于营利，但是只要这种使用行为没有侵害死者近亲属的名誉或人格尊严，或者并不违背一般道德标准，就不构成侵权。死者近亲属独占肖像使用价值的主张，并无现行的法律依据。

通说认为第二种观点符合社会发展需求。主要理由是因为法律对肖像权的保护不同于死者肖像的保护。前者是绝对权，受到最严格的保护。只要没有经过权利人同意，且无法定免责事由，任何使用肖像之行为均构成侵害肖像权的侵权行为。但法律保护死者肖像的目的在于避免死者近亲属的人格尊严遭受侵害，该侵害并不必然来自未经许可的使用。因此，单纯是未经许可而使用死者的肖像本身并不构成侵权，除非该使用违背了善良风俗。[①] 当然，对于死者肖像进行商业化使用的情形，则要再作进一步研究。

---

① 程啸：《侵权责任法》，法律出版社2015年版，第188页。

第九百九十五条 人格权受到侵害的，受害人有权依照本法和其他法律的规定请求行为人承担民事责任。受害人的停止侵害、排除妨碍、消除危险、消除影响、恢复名誉、赔礼道歉请求权，不适用诉讼时效的规定。

【条文主旨】

本条是关于人格权遭受侵害时的一般保护原则，以及人格权请求权不适用诉讼时效的规定。

【条文理解】

一、人格权遭受侵害时的，受害人可选择的法律依据

本条规定了人格权受到侵害时的一般性保护规则。人格权遭受侵害时，受害人可以依据本条并结合其他法律规范寻求救济。例如，受害人可以结合《民法典》人格权编或其他编中的相关规定，请求行为人承担相应的民事责任。该条规定旨在人格权遭受侵害情形下，为受害人提供全面的救济。具体来说，包括以下两方面：

（一）受害人直接依据《民法典》人格权编的规定请求行为人承担民事责任

《民法典》编纂过程中，关于人格权是否应独立成编引发过争论，立法最终选择将人格权独立为一编，与加强人格权保护的趋势相一致。《民法典》人格权编对民事主体的各项人格权进行了确认，细化了人格权保护的各种方式，强化对人格权的保护。依照本条规定，受害人可以直接依据人格权编的相关规定，请求侵害人格权的行为人承

担民事责任。

（二）受害人依照其他法律的规定请求行为人承担民事责任

我国法律关于人格权的保护具有多层次、全方位的特点，除《民法典》中人格权编和侵权责任编之外，《宪法》《刑法》《刑事诉讼法》以及《未成年人保护法》《妇女权益保障法》《老年人权益保障法》《残疾人保障法》等特别法中均有保护公民人格权的相关规定，对人格权实行全面的保护。从本条规定来看，人格权遭受侵害时，受害人也可以依据以上法律的规定请求行为人承担民事责任。需要注意的是，《宪法》作为国家根本法，宪法层面关于人格权利的规定，体现了对人格权的重视和保护，但《宪法》中有关人格权的规定并不能直接适用于民事案件裁判中，必须将《宪法》中规定的公民基本权利具体化为民事权利才能作为民事纠纷的裁判依据。

二、人格权请求权

（一）人格权请求权的概念和特征

人格权请求权是指民事主体在其人格权的圆满状态受到妨害或者有妨害之虞时，得向加害人或者人民法院请求加害人为一定行为或者不为一定行为，以恢复人格权的圆满状态或者防止妨害的权利。[①] 人格权作为一项独立的权利，人格权请求权也是基于此产生的一项独立请求权。

人格权请求权主要具有以下特征：

1. 人格权请求权具有预防性和保护性。人格权请求权基于人格权的效力而产生，其目的在于保护人格权，恢复权利人对人格利益的圆满支配状态。与财产权利相比，人格权具有人身专属性、不可逆性等特点，因此，人格权遭受侵害时的救济方式与财产权益遭受侵害时的救济方式存在不同。财产权遭受侵害时，大多可以通过损害赔偿的方式而恢复原状。而对人格权的保护除了事后补救措施外，更重要的

① 参见杨立新、袁雪石：《论人格权请求权》，载《法学研究》2003年第6期。

在于对可能侵害人格权的行为采取事先的预防措施，例如，隐私权作为一项具体的人格权，行为人实施侵害隐私的行为时，若不及时加以制止，受害人的隐私被公开后，事后的救济措施无法恢复至权利受侵害前的状态。因此，人格权请求权的行使方式既包括停止侵害、消除影响、恢复名誉、赔礼道歉，也包括针对可能侵害人格权的不法行为要求排除妨碍、消除危险的请求权，以达到预防人格权遭受侵害的目的，实现对人格权更全面的保护。

2. 人格权请求权具有附随性。人格权请求权随着人格权的产生而产生，但其不等同于人格权本身。人格权请求权的目的和功能是人格权受到妨害时恢复权利的圆满状态，本质上具有服务于人格权的功能。权利的产生和消灭方面，自人格权得到确认后人格权请求权即产生，人格利益消灭时，人格权请求权也消灭。

3. 人格权请求权具有人身专属性。人格权请求权依附于人格权而存在，人格权是自然人基于人身而享有的对其人身权益支配、控制、利用的权利，具有与民事主体不可分离的特性；相应地，人格权请求权也具有人身专属性。人格权请求权的人身专属性体现在：（1）权利主体不能将其单独转让。（2）权利人死亡时，人格权请求权一并消灭，不得继承。另外，人格权请求权虽然依附于人格权存在，但其作为一项独立的请求权，与其他请求权相比具有自身的独立性，例如，人格权请求权的行使不以侵权行为为前提。

4. 人格权请求权基于人格权的支配性和排他性而产生。人格权作为一项绝对权，具有支配性和排他性。人格权的支配性表现在权利人对人格权依法利用、支配、控制等权能。例如，自然人对自己的肖像所享有的利用、控制等权利，许可他人使用自己的肖像用于商业广告等。人格权的排他性表现为，权利人在其人格权遭受侵害或可能受到侵害时可以采取措施保护其权利。例如，在健康权遭受侵害时，权利人可以要求行为人停止侵害、消除危险。人格权请求权的目的是保护人格权利用、支配、控制等权能的圆满性和排除妨害，其根源是人格权的支配性和排他性。

（二）人格权请求权的内容

人格权请求权是指在侵害人格权和妨害人格权行使的具体行为出现以后，权利人有权行使停止侵害、排除妨害、消除危险、恢复名誉、赔礼道歉等请求权。[①] 人格权请求权是一种特殊的请求权，其目的在于预防和停止侵害，以及填补损害。停止侵害、排除妨害、消除危险、恢复名誉、赔礼道歉等请求权既是侵害人格权的责任承担方式，也是人格权请求权的内容。需要注意的是，在人格权遭受侵害之后，权利人虽然也有权请求财产损害赔偿，以使自己的损害得到补救，但损害赔偿在性质上属于侵权法上的请求权，不能为人格权请求权所包含。

1. 停止侵害。停止侵害，是指因加害人的行为使人格权益遭受损害或即将发生损害时，受害人请求加害人停止其实施侵害行为。停止侵害主要针对两种情形：（1）正在发生的侵害行为；（2）即将发生的侵害行为。停止侵害通常作为承担民事责任的首要方式加以规定，可适用于各类侵权案件。在侵害人格权的情况下，如果损害正在进行，采取停止侵害的方式能够及时制止侵害行为，防止损害后果的产生或扩大。所以，停止侵害是对人格权最直接有效的补救方式。

停止侵害请求权需要满足如下条件：（1）侵害行为正在进行中或即将发生。侵害行为正在发生或即将发生时，要求行为人停止正在进行的侵害行为是对受害人保护的最直接手段。如果侵害行为尚未发生或临近发生则不存在损害发生的可能性，自然无权请求停止侵害；同样，若侵害行为已经终止，则无法要求停止侵害，只能通过其他方式进行救济。（2）侵害行为是可以确定的。行使人格权请求权要求行为对人格权造成了明显的损害。侵权行为不要求以符合侵权责任法中的侵权构成要件为前提，只要按照一般社会观念，侵权行为正在或可能对受害人的人格权利造成实际的或可预见的损害，就可以行使请求权，要求停止侵害。（3）停止侵害的适用不要求行为人主观上具有过

---

① 参见崔建远：《债法总则与中国民法典的制订》，载《清华大学学报》2003年第4期。

错。停止侵害请求权不以侵害人具有故意或者过失为要件。只要人格权正在遭受侵害或者即将遭受侵害，而不论行为人主观上是否具有过错，受害人就有权请求停止侵害。这有利于降低权利人的举证负担，更有利于人格权的救济与保护。（4）停止侵害责任方式的适用不以诉讼方式为前提。停止侵害作为即时制止侵害结果发生或扩大的救济措施，自侵害行为发生时即可行使，也就是既可以在诉讼之前提出，也可在诉讼过程中提起，还可以在诉讼后作为裁判结果来适用。受害人在法院审理前就可直接要求加害人停止侵害，如果加害人仍未停止侵害，受害人可以通过诉讼的方式要求法院判决加害人停止侵害。

2. 排除妨害。排除妨害，是指因加害人的行为使人格权益正在遭受妨害，受害人请求加害人或向法院申请排除妨害。排除妨害请求权针对的是正在进行的妨害人格利益的行为，即受害人面临行为人正在实施的妨害其人格利益的行为，其有权请求行为人予以排除。例如，登记机构将权利人的身份信息、信用记录等记载错误，给权利人造成不良影响的，权利人有权要求登记机构修改相关信息，以排除妨害。

3. 消除危险。消除危险，是指加害人的侵害行为使他人人身或财产存在遭受危险的可能时，受害人有权要求加害人采取有效措施消除已经形成的危险。消除危险主要适用于危害他人生命权、健康权等人格权益的情形。例如，行为人在墙壁外侧悬挂易脱落的装饰物，可能对邻居的生命安全造成威胁，此时受害人有权要求行为人消除危险。另外，侵害行为造成危险的不限于人身和财产，特殊情形下，精神性人格权也可能面临现实的危险，如行为人已经印刷、制作了涉及他人大量私生活隐私的书籍、影像物品，尚未公开，侵权物品一旦公布，就可能侵害他人的人格权。此时，权利人可以请求法院销毁该侵权物品，消除可能造成侵害的危险。消除危险的实质是消除了可能导致损害发生的危险源，从而防患于未然，如果侵害行为已经实际发生，则不适用消除危险请求权。

4. 消除影响。消除影响，是指加害人对因其侵害他人人格权行为所造成的不良后果，采取合理方式消除不良影响。消除影响主要适用于侵害名誉权等精神性人格权的情形。例如，行为人利用网络发布与他人相关的虚假信息，侵害他人名誉权，造成他人社会评价降低，受害人有权要求行为人消除产生的不良影响，恢复名誉。消除影响的功能是消除已经给他人的声誉造成的不良影响，恢复受害人的名誉。消除影响应当采取合理的方式，其形式可以视侵权行为的具体情况予以确定，受害人也可以与加害人协商确定，例如，删除信息、发布道歉声明等。

消除影响的适用条件：（1）受害人人格权益遭受侵害。消除影响不适用于财产权益遭受侵害的情形，此处的影响是指对他人人格权益造成的不利影响。具体来说，消除影响主要针对精神性人格权尤其是名誉权遭受侵害的情形。（2）侵害行为已经造成不良后果。消除影响以实际损害的发生为前提的，必须给受害人造成了不良后果，包括受害人的社会评价降低、给受害人的工作就业造成不利后果、给受害人的正常生活造成妨碍等。（3）不考虑行为人主观是否具有过错。只要行为人的不法行为造成了相应的不良影响，权利人即有权请求行为人消除影响，而不考虑行为人是否具有过错。

5. 恢复名誉。恢复名誉，是指加害人因其行为侵害了自然人、法人或非法人组织的名誉，而在合理范围内采取恰当措施恢复受害人的名誉。名誉作为一种抽象的人格评价，与财产权利不同，名誉权遭受侵害后通常难以恢复至损害发生前的状态。但是，加害人可以采取一些积极的行为弥补损害后果。例如，在网络上发布虚假信息侵害他人名誉权的，受害人可以要求加害人发布公告，澄清事实，恢复其名誉。恢复名誉也没有固定的形式，行为人可以根据侵害名誉权的具体情形予以确定。

6. 赔礼道歉。赔礼道歉，是指责任人向权利人承认其行为构成侵权并表示歉意的一种民事责任承担方式，旨在对被侵权人的精神伤害予以抚慰，通常适用于故意侵害他人人格权益的侵权行为。赔礼道歉作为一种民事责任方式，性质上属于履行债务，且具有专属性，其功能突出表现在对侵权行为人的教育和预防侵权行为发生方面。同时，它所具有的对被侵权人精神上的抚慰功能，也是其他侵权责任方式所难以替代的。与通常生活意义上的赔礼道歉不同，作为一种民事责任承担方式，赔礼道歉具有强制性，在责任人不能主动履行的情况下，可以通过强制方式来实现。法院判决的赔礼道歉方式应以口头或者书面道歉为限，并在主文部分作出特殊说明。

（三）人格权请求权与侵权损害赔偿请求权的关系

侵权损害赔偿请求权是侵权责任法中针对侵权行为主要的救济方式，人格权请求权也是基于侵害人格权的行为产生的请求权，两者存在一定的区别和联系。具体包括以下几点：

1. 人格权请求权与侵权损害赔偿请求权的联系。人格权请求权和侵权损害赔偿请求权都是权利遭受侵害或妨害后，为受害人提供救济的途径。一般来说，任何民事权益因侵权行为遭受损害，受害人都可以行使侵权损害赔偿请求权，包括财产损失和精神损害。人格权作为受法律保护的民事权益，人格权遭受侵害的，受害人可以依据侵权责任法请求行为人承担侵权责任。由于侵权责任注重对受害人提供事后救济，人格权请求权侧重于发挥事先的预防功能，所以，在人格权遭受损害，受害人通过行使侵权损害赔偿请求权已经足以弥补损害时，则无须主张人格权请求权。例如，交通事故中，受害人身体遭受损害，健康权受到侵害，受害人行使侵权损害赔偿请求权足以弥补其医疗费等损失时，则无须主张人格权请求权。在人格权受到妨害同时遭受侵害并导致损害时，单纯适用人格权请求权不能对受害人实现全面救济，此时可同时适用侵权损害赔偿请求权，即发生侵权损害赔偿请求权与人格权请求权的聚合，侵权损害赔偿请求权用以填补损害，人格权请求权用以防止人格利益妨害的持续。

2. 人格权请求权与侵权损害赔偿请求权的区别。（1）行为人主观状态不同。侵权损害赔偿责任以侵权责任成立为前提，需要满足侵权责任的构成要件，即行为人主观上有过错，包括故意或过失。虽然侵权损害赔偿也是救济人格权的重要方法，但此种责任形式在构成要件上，原则上要求满足过错要件。[1] 人格权请求权的行使不以行为人具有过错为要件，因为人格权属于绝对权、对世权，在其受到侵害或妨害时，权利人有权要求不法侵害人排除妨害恢复对人格利益的圆满支配状态。（2）功能不同。侵权损害赔偿是在各项民事权益受到侵害后，为权利人提供的一项事后救济途径，也就是发挥事后的损害填补功能。人格权请求权除了事后救济的功能之外，更注重的是发挥防止侵害人格权行为发生的事前预防功能。在妨害行为尚不足以构成侵权时行使人格权请求权，有效预防损害的进一步扩大，强化对人格权的保护。（3）举证责任不同。民事诉讼中，一般侵权行为的举证责任是由受害人对损害的发生承担举证责任，但是在人格权遭受侵害的情形下，受害人往往举证困难或者难以证明损害的具体数额，此时，行使人格权请求权便能更好地为受害人提供救济。人格权受到妨害时，虽然没有实际损害发生，但是权利人行使人格权请求权，有利于及时排除妨害，制止损害的发生。因人格权请求权的行使不以实际损害的发生为前提，在人格权益可能遭受侵害或妨碍时，受害人仅需证明人格权益遭受妨害便可主张排除妨害、消除危险。（4）是否适用诉讼时效不同。侵权损害赔偿之债作为一种债的关系，适用诉讼时效制度。如果权利人没有在时效期间内主张权利，债务人将享有时效利益，可以基于此对权利人履行债务的请求提出抗辩。人格权请求权不适用诉讼时效，权利人只要能证明人格权遭受的侵害或妨害处于持续状态，就可以行使人格权请求权，而不受诉讼时效的限制。

---

① 参见王泽鉴：《人格权法：法释义学、比较法、案例研究》，北京大学出版社2013年版，第394页。

【审判实践中应注意的问题】

一、人格权请求权的适用

（一）人格权请求权可适用于未构成侵权的情形

人格权请求权的适用并不当然以行为人构成侵权为前提。人格权作为一项绝对权，具有排他效力。也就是说，当人格权受到侵害或者有受侵害之虞时，权利人即有权主张人格权请求权。例如，征信机构记载的信用记录有误、行为人对他人实施轻微性骚扰等，在此情形下，虽然无法确定行为人是否构成侵权，但只要权利人的权利行使有障碍，就可以主动行使人格权请求权，以消除障碍。另一方面，人格权请求权的功能在于维持权利人对其人格权的圆满支配状态，只要行为人不当妨害了权利人对其人格利益的圆满支配状态，即便不构成侵权，权利人也可以主张人格权请求权。

（二）区分损害和妨害的不同情形，分别适用人格权请求权和侵权损害赔偿请求权

损害和妨害是不同的侵害形态，损害是后果已经发生、客观存在的状态，妨害是一种持续性的侵害状态。损害一经发生可以通过各种方式确定其范围和大小，而妨害尚未造成损害结果的实际发生，无法通过金钱衡量其价值和数额。因此，针对人格权遭受妨害和侵害的不同情形，应当分别适用人格权请求权和侵权损害赔偿请求权。一般来说，人格权受到妨害（或持续地侵害）或可能受到妨害时，应当适用人格权请求权；而人格权受到侵害并且造成了损害时，就应当适用侵权损害赔偿请求权；妨害和损害并存时，可以同时适用侵权损害赔偿请求权与人格权请求权；如果仅有妨害而无损害，此时，权利人的人格权只是受到一定的妨害，而没有遭受现实的损害，行使人格权请求权已经足以实现救济。

（三）当事人有权选择行使何种请求权

前述提到，区分损害和妨害的不同情形可以适用不同的请求权，具体行使何种请求权应当根据私法自治原则，尊重当事人对请求权的

选择。在人格权请求权与停止侵害、排除妨碍等预防性的侵权责任承担方式并存的情形下，行为人侵害他人人格权时，构成责任的竞合，权利人可以选择行使其中一种请求权。人格权请求权与侵权损害赔偿请求权是受害人对其受侵害的权利请求行为人承担民事责任的不同选择，两者在权利行使方式、证明标准、行为人有无过错等方面均有不同，法律应当尊重当事人选择于己最有利的救济方式的权利。

二、人格权请求权不受诉讼时效的限制

从本条规定来看，人格权请求权并不适用诉讼时效，主要原因在于：

1. 人格权请求权不适用诉讼时效，可以在侵权损害赔偿之债超出诉讼时效后发挥作用。人格权遭受侵害或者妨害，依据诉讼时效制度提起侵权损害赔偿已经丧失胜诉权时，受害人可以通过行使人格权请求权寻求救济，[①] 有利于强化对人格权的保护。

2. 人格权请求权与诉讼时效的设立目的相冲突。诉讼时效本质上是一项财产上的制度，而人格权具有人身性，[②]人格权请求权作为一项附随于人格权产生的权利，本身不应受到诉讼时效的限制。在人格权受到妨害或者可能受到妨害的情形下，权利人应当有权随时提出请求，以恢复权利人对其人格利益的圆满支配状态，因此该请求权不应当受到诉讼时效的限制。[③]

3. 人格权请求权的诉讼时效起点难以确定。在人格权受到侵害或者妨害的情形下，由于行为人的行为一直处于持续状态，诉讼时效无法确定起算点，因此，不应当适用诉讼时效。例如，只要侵害或者妨害生命权、健康权的行为一直持续，则权利人即应当有权主张人格权请求权。

---

①② 参见杨立新、袁雪石：《论人格权请求权》，载《法学研究》2003年第6期。

③ 参见王泽鉴：《人格权法：法释义学、比较法、案例研究》，北京大学出版社2013年版，第387页。

第九百九十六条 因当事人一方的违约行为，损害对方人格权并造成严重精神损害，受损害方选择请求其承担违约责任的，不影响受损害方请求精神损害赔偿。

【条文主旨】

本条是关于责任竞合情形下的违约精神损害赔偿责任规则的规定。

【条文理解】

一、违约责任与精神损害赔偿

（一）违约责任原则上不适用精神损害赔偿

精神损害赔偿，是指自然人人身权益遭受损害时要求加害人对其遭受的精神损害承担的赔偿责任。精神损害赔偿原则上只适用于侵权行为领域，而极少适用于违约行为。

从世界范围来看，大多数国家都将精神损害赔偿责任限定在侵权领域，受害人不得基于违约行为请求行为人承担精神损害赔偿责任，有些国家只规定例外情况下可以基于违约请求精神损害赔偿。[①] 随着合同法的发展，违约行为与侵权行为出现竞合，违约责任与精神损害赔偿出现竞合的情形。目前各国承认受害人可以请求承担违约精神损害赔偿的情形主要有两种：（1）违约与侵权竞合时的精神损害赔偿；（2）在以精神利益满足为内容的合同中的违约精神损害赔偿。《民法

① 参见［德］U. 马格努斯主编：《侵权法的统一：损害与损害赔偿》，谢鸿飞译，法律出版社2009年版，第281页。

典》颁行前，我国法律规定对违约责任与精神损害赔偿的并行适用一直有所限制。《民法通则》第120条第1款规定："公民的姓名权、肖像权、名誉权、荣誉权受到侵害的，有权要求停止侵害、恢复名誉、消除影响、赔礼道歉，并可以要求赔偿损失。"该条所规定的"赔偿损失"实际上就是指精神损害赔偿。但从该规定来看，精神损害赔偿仅适用于侵权。最高人民法院于2001年颁行了《精神损害赔偿司法解释》，对精神损害赔偿责任作出了细化规定，其第1条第1款规定："自然人因下列人格权利遭受非法侵害，向人民法院起诉请求赔偿精神损害的，人民法院应当依法予以受理：（一）生命权、健康权、身体权；（二）姓名权、肖像权、名誉权、荣誉权；（三）人格尊严权、人身自由权。"《合同法》第122条规定："因当事人一方的违约行为，侵害对方人身、财产权益的，受损害方有权选择依照本法要求其承担违约责任或者依照其他法律要求其承担侵权责任。"《侵权责任法》第22条规定："侵害他人人身权益，造成他人严重精神损害的，被侵权人可以请求精神损害赔偿。"《关于审理旅游纠纷案件适用法律若干问题的规定》第21条规定："旅游者提起违约之诉，主张精神损害赔偿的，人民法院应告知其变更为侵权之诉；旅游者仍坚持提起违约之诉的，对于其精神损害赔偿的主张，人民法院不予支持。"从以上规定来看，违约行为与侵权行为竞合时，权利人只有选择适用的权利，不能主张违约责任与侵权责任并用。精神损害赔偿属于侵权救济的范畴，仅适用于侵权责任，事实上排斥了其在违约情况下的适用。

（二）违约行为侵害人格权的特殊情况下适用精神损害赔偿

《民法典》颁行前，关于违约责任与侵权责任竞合情形能否适用精神损害赔偿，我国司法实践的做法并不一致。从立法上看，《合同法》第122条规定："因当事人一方的违约行为，侵害对方人身、财产权益的，受损害方有权选择依照本法要求其承担违约责任或者依照其他法律要求其承担侵权责任。"有观点认为，该条既然承认了责任的竞合，则意味着其允许在竞合情形下依据违约责任请求侵权责任的全部赔偿，当然包括精神损害赔偿。也有观点认为，从该条规定来看，其只是规定在出现竞合的情形下，当事人只能选择一种请求权进行请求，但并没有具体规定可以请求的内容，更没有允许在违约的情形下可请求精神损害赔偿。由于《侵权责任法》严格限定了精神损害赔偿的适用范围，因此，如果当事人选择了侵权请求权，则毫无疑问可以主张精神损害赔偿，但是如果当事人只是选择了违约请求权，不一定当然可以获得精神损害赔偿。实践中，不少法院也认为，即便在责任竞合的情形下，原告也不能基于违约主张精神损害赔偿。可以看出，在《合同法》确认了责任竞合的规则之后，并没有当然解决受害人是否可以基于违约主张精神损害赔偿的问题。

本条的规定突破了违约责任与精神损害赔偿不能并行的一般原则，依据该条规定，因当事人一方的违约行为，损害对方人格权并造成严重精神损害，受损害方选择请求其承担违约责任的，不影响受损害方请求精神损害赔偿。从民法基本原理来看，该规则具有正当性和合理性。因为，某一行为既构成侵权并造成他人精神损害，也构成违约并造成了他人的重大精神损害，则基于侵权赔偿精神损害和基于违约赔偿精神损害，都是违约人应承担的责任，非违约方并未因此获得不当利益。虽然合同原则上主要保护财产利益，而不保护精神利益，但是违约救济的根本目的还是要使受害人处于合同如同没有被违反时的状态。在出现责任竞合的情形下，通过违约责任补救精神损害，以达到合同如同已经被履行的状态，也具有合理性。但是，需要注意的是，本条规定的适用范围不能随意扩大，本条规定实际上属于违约行为承担精神损害赔偿的特殊情形，属于精神损害赔偿的例外情形。从另一角度来说，违约行为精神损害赔偿突破了合同行为不适用精神损害赔偿的一般原则，本条属于对其适用条件的限制性规定。

二、违约精神损害赔偿的适用条件

（一）主要适用于侵害人格权的情形

违约责任中，损害赔偿的范围不能超出违约方订立合同时应当预见到的因违反合同可能造成的损失，也就是违约责任中的可预见性原则。通常情况下，因违约行为造成的财产损失不会造成非违约方的精神痛苦，也就是不会给对方带来精神损害，违约方在缔约时可能预见因违约行为给对方造成的财产损失，而难以预料到对方的精神损害，因此，违约责任的一般原则是不适用精神损害赔偿的。但是，涉及人身权利或以精神利益满足为主要目的的合同，因违约行为侵害对方人格权的，造成非违约一方的损失通常为非金钱损失，难以通过市场价值准确衡量，适用财产损害赔偿难以对非违约方进行救济，因而，可采用精神损害赔偿方式对人格权遭受的侵害实行全面的救济。

（二）以违约责任与侵权责任竞合为前提

《民法典》总则编中的第186条规定："因当事人一方的违约行为，损害对方人身权益、财产权益的，受损害方有权选择请求其承担违约责任或者侵权责任。"上述条文明确规定了违约责任与侵权责任竞合时，受损害一方的选择权，即受损害方可以选择就违约行为请求对方承担违约责任或者选择就侵权行为请求加害人承担侵权责任。上述条文是合同编中规定的违约责任与侵权责任竞合时的一般规则。从本条规定来看，实际上是将违约精神损害赔偿请求权限定于违约责任与侵权责任竞合的情形。具体来说，违约方的违约行为同时侵害了受害人的人格权和财产权，既符合违约责任的构成要件，也符合侵权责任的构成要件，此时，受害人有权从中选择。从该条规定来看，仅在违约责任与侵权责任竞合的情形下，非违约方才能在违约责任中主张精神损害赔偿责任，在其他情形下，即便非违约方遭受了严重的精神损害，其也无权在违约责任中主张精神损害赔偿责任。

（三）违约行为造成非违约方严重精神损害

本条规定表明，只有非违约方遭受严重精神损害的情形下，其才能在违约责任中主张精神损害赔偿。无论在违约责任中还是在侵权责任中，适用精神损害赔偿的难点都在于如何准确评估和确定精神损害。由于缺少具体的评估指标和体系，个案中无额定精神损害赔偿数额时往往依靠法官行使自由裁量权，为了限制法官的自由裁量权，一些国家对精神损害赔偿责任的适用作出了严格限制。例如，在法国，在作出精神损害赔偿的判决时，通常要有医学证据。当受害人的健康状况趋于稳定时，法院会传唤医学专家，不仅要求他们对受害人的损害进行描述，而且要求他们通过百分比的方式，对损害的程度进行量化。[①] 对痛苦的衡量必须与相似情形下的一般反应作对比，身体或者精神上的痛苦需要达到获得医学上认可的严重性和持续性。[②] 法律上对精神损害的衡量作出限制，一方面是为了限制法官的自由裁量权，另一方面将某些轻微的精神损害排除在外，可以防止当事人滥用诉讼权利。

关于造成"严重精神损害"的判断标准，理论上有不同的观点。严重精神损害的"严重性"可从以下几个方面进行判断：（1）损害后果的严重性。一般来说，造成严重精神痛苦往往伴随着一定的后果，受害人因人身、精神遭受的损害对日常生活、工作、社会交往等造成较明显的不利影响。如果以社会一般人的标准判断，一般人在权利遭受此种侵害的情况下，都承受难以忍受和承受的精神痛苦和肉体痛苦，则可以认为已经构成了严重后果。（2）精神痛苦的严重性。具体是指，因侵害人格权所造成的痛苦已经超出社会一般人的容忍限度，[③] 如果这种精神痛苦按照一般人的标准已经超出了可以忍受的程度，则可以认定其是严重的。如果仅造成受害人轻微的精神痛苦，则可以通过财产损害的方式对受害人提供救济，而不需要借助精神损害赔偿责任，否则可能导致诉讼的泛滥。所以，判断严重后果，不仅要考虑受害人生理与心理上的反应，也要考虑是否影响其正常的生活、工作以及影响其正常交往的程度等。（3）损害具有持续性。也就是说，损害所造成的痛苦不是立即消失的，而是持续了一段时间，如果受害人只是遭受了偶尔的精神痛苦或者心理情绪上的不愉悦，则不属于应予赔

① W.V. Horton Rogers (ed): Damages for Non-Pecuniary Loss in a Comparative Perspective, Springer Wien NewYork, 2001, p.90.

② W.V. Horton Rogers (ed): Damages for Non-Pecuniary Loss in a Comparative Perspective, Springer Wien NewYork, 2001, pp.251-252.

③ 参见张礼洪：《意大利法中非财产性人身损害赔偿制度及其启示》，载《2009 年中日侵权责任法研讨会会议资料》，第 43 页。

偿的精神损害。[①]

三、违约精神损害赔偿对人格权保护的作用

《民法典》中规定违约精神损害赔偿，一定程度上弥补了我国民法对人格权保护的缺陷，强化了对人格权的保护和救济。

1. 为责任竞合情形下的违约精神损害赔偿提供请求权基础。责任竞合下的违约精神损害赔偿，无论是侵权法还是合同法中都未明确提供请求权基础。侵权责任法中的规定，将精神损害赔偿限定在侵权之内；而合同法中的违约责任，一般不包括无法预见的精神损害，在合同法中对此作出规定也面临困境。而《民法典》在人格权编作出违约精神损害赔偿的规定是更合理的安排。

2. 为受害人因违约行为遭受的人格权益损害提供充分救济。传统观点下，违约责任与侵权责任竞合时，当事人只能择一行使，如果选择违约责任，就不得主张精神损害赔偿；若想要主张精神损害，只能通过侵权之诉获得赔偿。由于违约责任与侵权责任在举证责任、赔偿范围等方面均存在差别，强令当事人作出选择，难以对受害人提供充分的救济，也违背民事责任的根本目的。因此，本条规定在例外情况下允许受害人在违约责任中主张精神损害赔偿责任，更有利于救济受害人的全部损失。

3. 为人格利益许可使用提供了保障。自然人，特别是公众人物的姓名、肖像等具有一定的商业利用价值，可以许可他人进行商业目的的使用。人格权的商业化利用一般通过订立许可使用合同的方式进行，此时就可能出现合同违约的行为。此类合同与姓名权、肖像权等人格权紧密相关，行为人一旦作出违反合同义务的违约行为，往往会造成侵害人格权的后果，使受害人遭受精神损害。允许权利人直接请求违约精神损害赔偿，能减轻当事人的诉讼负担，使受害人获得全面救济。从这一方面来说，违约精神损害赔偿免除了权利人在作出人格

---

① 参见扈纪华、石宏：《侵权责任法立法情况介绍》，载《人民司法·应用》2010年第3期。

权许可使用时的“后顾之忧”，有利于人格利益的充分利用。

4. 为法院提供了以违约之诉请求精神损害赔偿的裁判依据。《民法典》颁行前，对于责任竞合的情形下精神损害赔偿能否得到支持，司法实践中存在不同做法，导致裁判结果的不统一，影响了司法的公信力。本条确立的统一规则有利于强化对受害人的救济，为法官提供明确的指引，保障裁判结果的公平合理。

【审判实践中应注意的问题】

《民法典》颁行前，虽然没有违约精神损害赔偿的规定，但是司法实践中，许多法院在一些特殊案件中也支持了非违约方的精神损害赔偿请求。从实践来看，支持违约精神损害赔偿的一般为涉及精神利益实现的合同，主要包括以下几种类型：

一、遗体、骨灰等人格物保管合同

人格物，是指具有有形的实体，但附着一定的精神利益或者寄托了个人特殊感情的物。[①] 遗体、骨灰等属于寄托死者亲属精神利益的物，以对此类物的保管订立的保管合同，一方违反合同约定，造成保管物毁损、灭失给对方造成精神损害的，应当承担精神损害赔偿责任。

二、医疗服务合同

医疗服务合同，是指医疗机构与患者之间订立的，以提供医学诊疗服务为内容的合同。医疗机构违反合同义务的，不仅可能造成患者生命、身体遭受损害，还可能造成患者的精神损害。医疗机构的过失造成患者精神损害的，患者要求医疗机构承担违约责任的，可以同时主张精神损害赔偿。实践中，出现越来越多的医学美容整形合同，此类合同中，若医疗机构违反合同义务，未达到订立合同的目的，造成

---

① 参见冷传莉：《民法上人格物的确立及其保护》，载《法学》2007年第7期。

患者精神损害的，也应当承担违约精神损害赔偿。

三、旅游服务合同

旅游服务合同，是指旅行社等旅游服务提供者与旅游者之间订立的，以提供旅游服务为目的的合同。旅游服务合同为服务类合同，合同标的为游览、餐饮、住宿、交通等服务，此类合同的缔约目的通常为获得精神上的享受等精神利益。旅游服务提供者违反合同义务的，旅游者的精神利益会遭受一定损害，此时，旅游者可以主张违约精神损害赔偿，请求违约方承担责任。

四、婚礼服务合同

婚礼服务合同，是指婚庆服务公司等婚礼服务提供者与另一方订立的，以提供婚礼策划、婚礼现场布置、婚礼主持、婚礼录音录像等服务为内容的合同。由于婚礼过程具有唯一性、专属性、纪念性等特殊性质，婚礼服务提供者违反婚礼服务合同约定的，可能使对方遭受严重的精神损害，非违约方有权主张精神损害赔偿责任。

五、其他可能造成严重精神损害的合同

当事人之间订立的合同虽不以实现精神利益为目的，但在合同履行过程中，一方的违约行为实际造成对方严重精神损害的，也应当承担精神损害赔偿。“朱某诉长阔出租汽车公司、付某赔偿纠纷案”[①]中，被告付某在履行运输职责时，对突发癫痫病的原告朱某不仅不尽救助的法定义务，反而中途停车，将昏睡中的朱某弃于路旁，使朱某处于危险状态下。付某的行为虽未危及朱某的生命、健康，但对朱某的精神造成了一定刺激，侵犯了朱某作为旅客应当享有的合法权利。法院认为，原告应享有精神损害赔偿请求权。

---

① 朱某诉长阔出租汽车公司、付某赔偿纠纷案，《最高人民法院公报》2002年第3期。

第九百九十七条 民事主体有证据证明行为人正在实施或者即将实施侵害其人格权的违法行为，不及时制止将使其合法权益受到难以弥补的损害的，有权依法向人民法院申请采取责令行为人停止有关行为的措施。

【条文主旨】

本条是关于侵害人格权的禁令制度的规定。

【条文理解】

一、侵害人格权禁令制度

（一）侵害人格权禁令的概念与特征

禁令，是指申请人为及时制止正在实施或即将实施的侵权行为，或可能造成侵害的行为，在诉前或诉中请求法院作出的禁止或限制被申请人实施某种行为的强制命令。[①]禁令制度在各国法中均有相关规定，我国《民法典》在借鉴国外的经验，总结司法实践经验的基础上，首次规定了针对侵害人格权行为的禁令制度。侵害人格权禁令制度有利于及时制止侵害人格权的行为，防止侵害人格权的损害后果发生或扩大，具有对人格权保护的事前预防功能。从该制度的目的和功能来看，能有效避免侵害人格权的行为造成不可逆转的损害，强化对人格权的保护。

侵害人格权禁令具有以下特征：

① 刘晴辉：《正当程序视野下的诉前禁令制度》，载《清华法学》2008 年第 4 期。

1. 禁令适用于情况紧急的情形。禁令一般适用于现实、紧迫的不法侵害行为，因为停止侵害制度的救济措施需要经过责任认定程序才能由法院作出，在人格权遭受现实紧迫侵害的情形下，仅通过停止侵害制度无法为权利人提供及时有效的救济。具体来说，如果不及时采取禁令措施，放任侵权行为继续进行，会造成损害的进一步扩大，甚至导致权利人遭受经济损害以外的其他损害，如其他人格利益的损害、商誉的减损。另外，隐私权等特殊的人格权一旦遭受侵害，通常具有不可逆转性，因此通过禁令制度对紧急侵害的行为予以制止更符合对人格权保护的需要。

2. 禁令适用于正在实施或具有侵害之虞的行为。该条规定强调禁令必须针对“他人正在实施或者即将实施侵害其人格权的行为”，具体而言包括如下两种情形：（1）行为人正在实施侵害他人人格权的行为。（2）行为人可能实施侵害他人人格权的行为。所谓有侵害人格权之虞，是指未来有可能发生侵害人格权的危险，且发生的盖然性较高。此种侵害之虞通常需要用社会一般人的观点来判断，但针对不同的侵害行为，也应该有不同的判断标准。按照王泽鉴教授的观点，对于第一次侵害人格权的情形，权利人申请诉前禁令时需要提供充分的证据，而在第一次侵害之后，即可以推定行为人有侵害之虞；同时，在具体判断时也需要区分不同的人格权类型，对生命权、健康权而言，判断存在侵害之虞的标准应当从宽，而对侵害名誉、隐私等权利而言，需要与言论自由等法益的保护相平衡，因此，认定时应当更加审慎。①

3. 禁令的适用不考虑行为人的主观状态。禁令的实体法依据是人格权请求权，受害人申请禁令并不要求行为人的行为具有不法性，也不要求行为人具有过错，只要有证据证明行为人的行为可能对自身的人格权造成现实的危险或威胁即可。禁令不同于停止侵害请求权，虽然两者的目的都是停止正在实施的侵害行为，不同的是禁令的适用不

---

① 参见王泽鉴：《人格权法：法释义学、比较法、案例研究》，北京大学出版社2013年版，第390页。

需要证明损害已经发生，只需要证明满足申请禁令的要件即可请求。不同于侵权请求权的另一点在于，请求法院颁发禁令也不需要证明被申请人具有主观过错。在互联网和大数据时代，这一救济方式对人格权的保护具有重要意义。在提起诉讼前，受害人通过提前向法院申请禁令，可以使法院对侵害行为的干预提前，达到更好的预防损害的效果。

4. 禁令是一种临时性救济措施。禁令是受害人针对侵权人实施的侵权行为，申请法院责令被申请人停止一定行为的紧急措施，其通常被认为是一种临时性的措施。法院作出终局判决后，禁令自动失效，依据最终判决决定当事人权利义务关系。禁令作为一种临时性措施，主要原因在于：（1）禁令是在紧急情况下发布的，法院通常仅根据申请人的陈述即可颁行禁令，而且由于情况紧急，法院往往只是对当事人的申请进行书面审查，这就使得禁令缺乏审判中的质证等程序。（2）禁令的功能在于临时制止行为人的侵害行为，即在人格权遭受侵害或者有受侵害之虞时，通过颁发禁令的方式临时制止行为人的侵害行为，其并不能终局性地确定当事人之间的权利义务关系。（3）禁令的效力期间较短。与法院的终局判决不同，禁令的有效期一般较短，停止侵权行为可以面向未来一直发生效力，而禁令的有效期间则往往较短。当然，在禁令的有效期间经过后，当事人可以重新申请禁令，使其效力更长。

（二）禁令的分类

禁令可以分为诉前禁令和诉中禁令。诉前禁令，是指在提起诉讼前，侵权行为已经发生或即将发生时，为避免损害后果扩大或难以弥补，受害人请求法院颁发禁止令，责令行为人停止相关侵权行为。诉前禁令近些年来在知识产权领域的应用最为普遍。诉中禁令，是指在诉讼过程中，由于被申请人的侵权行为已经或有可能使申请人遭受损害，或者可能导致损害进一步扩大，为避免损害扩大，申请人请求法院依法禁止被申请人为一定行为。

诉前禁令与诉中禁令存在以下区别：（1）申请时间不同。诉前禁令是在起诉前申请，而诉中禁令则是在案件受理后进行；诉前禁令发生于诉讼尚未开始时，而诉中禁令则发生于诉讼已经开始后。（2）申请诉前禁令，多是发生于损害没有实际发生的场合；但是诉中禁令，则往往针对损害可能已经发生的场合。（3）申请条件不同。诉前禁令在案件受理前提出，申请人必须提供担保；诉中禁令并不要求以申请人提供担保为前提。第四，有效时间不同。诉前禁令具有紧急性、临时性，时间较短；诉中禁令的有效时间相对更长。

《民法典》并未规定侵害人格权禁令的申请时间，从禁令的制度目的来看，应适当扩大，并可同时适用诉前禁令与诉中禁令。

二、侵害人格权禁令制度的功能

（一）预防损害发生或扩大功能

与侵权责任法侧重对受害人实施事后救济不同，人格权法更注重事前防范、事先预防。侵害人格权禁令制度正是发挥人格权法的预防功能的体现。在美国法中，诉前禁令旨在判决作出前制止侵权行为，其主要目的在于避免损害的发生或者继续扩大，而不是为了保障将来判决的顺利执行。[①]我国侵害人格权禁令制度借鉴该规定，也是为了发挥类似的功能。（1）禁令的适用既可能为了防止侵权行为的继续，也可能是在有发生侵权行为之虞时，阻止侵权行为的发生。此时，禁令制度对阻止损害的实际发生，客观上起到了预防效果。（2）禁令可以用于阻止侵权损害后果的扩大，在侵权行为处于持续状态时，通过禁令制止行为人的侵权行为，可以有效防止损害后果的持续扩大。在互联网时代，一旦发生网络侵权行为，其损害后果往往不可逆转，甚至造成难以估计的损害，因此，在人格权保护中，更应当强调对损害的事先预防。

（二）救济功能

除了预防损害的功能外，禁令还有救济的功能。一方面，在损害

① 参见郭小冬：《民事诉讼侵害阻断制度释义及其必要性分析》，载《法律科学（西北政法大学学报）》2009年第3期。

有发生之虞的情形下，权利人及时申请禁令可以有效预防损害的实际发生，从而避免不可挽回的损害发生。另一方面，即使是在损害已经发生的情况下，颁发禁令也有助于防止损害进一步扩大，从而保护受害人免于遭受更大的损害。两种情形下的实质都是为受害人提供一种及时性、针对性的救济方式，当然，对于已经发生的损害，受害人还可以行使其他请求权。

（三）平衡当事人利益功能

申请禁令要求申请人提供证据证明行为人正在实施或即将实施侵害行为，损害已经发生或有发生之虞。举证责任的分配体现了法律对申请人的人格权益和被申请人的行为自由两种利益的权衡。法院审查是否应当颁发禁令时，需要综合考量申请禁令的紧迫性、损害是否可以通过金钱赔偿等因素，也是在申请人与被申请人之间进行利益衡量。

三、侵害人格权禁令的适用条件

依据本条的规定，人格权禁令的适用应当具备以下要件：①

（一）行为人正在实施或者即将实施侵害人格权的行为

人格权禁令针对的是具有紧迫性的侵害人格权的行为，申请的时间点不宜过于提前，否则可能妨害行为人的行为自由，造成禁令的滥用。对于侵害人格权的行为是否必须构成侵权以及申请人的举证负担，王利明教授认为，对正在实施的侵害人格权的行为，申请人尚有可能证明行为人构成侵权，而在行为人有侵害之虞的情形，申请人则很难证明行为人构成侵权，因为在此情形下，损害后果并未发生，因此是否造成损害以及造成多大的损害难以判断，此时不宜要求申请人证明行为人构成侵权。当然，对将要实施的侵害行为，法院在审查时应当确认是否有证据证明行为人将要实施侵害行为，并有可能造成受害人不可弥补的损害。②

①② 参见王利明：《论侵害人格权的诉前禁令制度》，载《财经法学》2019年第4期。

（二）如不及时制止将会使损害后果迅速扩大或难以弥补

人格权禁令针对的是正在发生或将要发生的侵害行为，通常具有造成损害的紧迫性。与财产损害案件相比，人身权利一旦遭受侵害，损害后果通常难以弥补，无法使用金钱对损害进行完全的补偿。[③]如果仅通过正常的诉讼程序维权，可能导致损害后果的迅速扩大或难以弥补。与之类似的是，诉讼前或诉讼过程中证据面临毁损、灭失的风险时，如果不采取一定的保全措施，很可能在证据灭失后给当事人的权利带来难以弥补的损害。所以，一般认为，人格权禁令的适用，判断其急迫性时可以参照《民事诉讼法》第101条证据保全规则中所规定的“利害关系人因情况紧急，不立即申请保全将会使其合法权益受到难以弥补的损害”的判断标准。可以理解为，如果不立即采取禁令措施，将会对申请人造成难以用金钱来弥补的损害，或者说造成的损失具有不可逆性，无法通过金钱赔偿予以恢复原状。实际上，对人格权侵害而言，一旦发生侵害行为，损害后果往往都难以恢复原状，特别是在互联网时代，侵害隐私、名誉等人格权益的损害后果一旦发生，即很难通过金钱赔偿的方式对受害人进行完全弥补。因此，该要件的认定标准应该适当放宽。综合来说，如果损害后果的发生不具有急迫性，或者即便发生，也可以通过金钱方式在事后对损失进行充分赔偿，则不应认定为损害后果具有急迫性。此时，一般法院不宜发布禁令。但如果不及时制止侵害行为可能造成受害人损害迅速扩大或损害难以通过金钱赔偿恢复原状，此时，就有必要通过禁令制度对权利人提供救济。

（三）申请人具有较大的胜诉可能性

在被申请人的行为是否构成侵权存在较大不确定性的情况下，法院仓促颁发禁令，将可能损害正当的言论自由或行为自由，也可能使被申请人遭受难以弥补的损失。另外，当禁令与最终的判决不一致时，还可能损害司法的权威性。因此，法院颁发禁令的条件是，

③ 参见江伟、肖建国主编：《民事诉讼法》，中国人民大学出版社2018年版，第258页。

禁止实施的行为确有可能构成侵权，而且将依法承担法律责任。从具体操作来说，当权利人提出颁发禁令的请求之后，法院虽然不进行实质审查，但应当结合正在发生或者将要发生的行为的性质、可能导致的后果，以及该行为与他人合法权益、公共利益的关系，对胜诉的可能性进行初步判断，只有当权利人的申请有较大胜诉可能性时，才能颁发禁令。此处胜诉的可能性实质上是一种盖然性的判断，即只有当申请人的胜诉可能性达到一定程度时，法院才能够颁发禁令。

（四）申请人有证据证明行为人正在实施或者即将实施相关侵害行为

从本条规定中“民事主体有证据证明行为人正在实施或者即将实施侵害其人格权的违法行为”来看，禁令由权利人提出，但权利人申请发布禁令，必须提供相关的证据证明存在正在实施或者即将实施侵害其人格权的行为，也就是已经具备适用禁令的条件。具体来说，权利人必须证明侵害人格权的行为已经发生并将持续发生，而此种情形具有急迫性。此时需要区分侵害人格权的行为是否已经发生，以确定权利人不同的证明责任。对于已经发生的侵害行为，申请人的举证较为简单，只需要证明侵权行为存在并将持续进行即可。对于侵害尚未发生的情形，申请人的举证负担相对较重，以防止禁令制度的滥用。此种情形下应达到何种证明标准，即申请人提供证据应当达到何种程度才能颁发禁令？王利明教授认为，应当采纳《民事诉讼法司法解释》第108条所规定的“高度可能性”标准，只要当事人证明他人的行为可能造成损害或有损害之虞，就应当认定达到了相应的证明标准，而并不要求必须达到诉讼中的证明标准。[①]

① 参见王利明：《论侵害人格权的诉前禁令制度》，载《财经法学》2019年第4期。

【审判实践中应注意的问题】

一、人格权禁令的审查

在英美法中，禁令被视为一种“不寻常的法律救济”，[①] 与之对应的是，在决定是否适用禁令时实行司法审查制度。同样地，我国的禁令制度也不通过正常的诉讼程序进行，而是依据当事人申请，法院进行一定的审查即可作出决定，没有赋予申请人和被申请人足够的论证和辩驳的权利，容易导致法官行使过大的自由裁量权。所以，为了规范禁令，限制法官滥用自由裁量权，应对法官的考量因素进行必要的规范。美国法上，法官发布禁令前，在审查时主要考虑以下因素：（1）根据事实判断原告胜诉的可能性；（2）在颁布禁令之外是否有其他的法律救济手段；（3）不颁布禁令是否会导致无法弥补的损害；（4）不颁布禁令给原告造成的损失是否会超过被告因禁令可能遭受的损失；（5）颁布禁令是否会危及公共安全。[②] 在现行法没有明确指定审查标准的情况下，实践中可以借鉴该标准，在综合考量上述因素，并在当事人之间作出利益平衡后，得出公平合理的裁决结果。此外，特殊情形下，不仅对申请人各方进行利益平衡，还需要考虑对社会公共利益的影响。特别是涉及新闻报道等关乎公众知情权的行为，发布禁令可能对社会公众的行为产生重大影响，对公共利益造成一定的损害，此时需要衡量的因素不仅包括平等主体各方，还要考虑公共利益。

二、侵害人格权禁令的效力

（一）人格权禁令的生效

禁令预防损害和提供救济的功能决定了禁令必须及时、有效执

① 参见毕潇潇、房绍坤：《美国法上临时禁令的适用及借鉴》，载《苏州大学学报（哲学社会科学版）》2017年第2期。

② 参见王迁：《知识产权法教程》，中国人民大学出版社2016年版，第13页。

行，所以，一般认为禁令颁布后，在到达行为人时即发生效力，行为人应当按照禁令的要求立即停止侵害行为。禁令是法院发布的生效裁定，具有法律效力，被申请人拒不执行的，申请人可以请求法院强制执行。

（二）人格权禁令的失效

关于禁令效力的存续期间，存在不同的观点，一种观点认为，在诉讼活动开始或者作出新的禁令时，禁令的效力即归于消灭。[①]另一种观点认为，在法院的终局判决生效时，禁令的效力归于消灭。参考学者观点，在如下三种情况中，人格权诉前禁令将失去效力：[②]

1. 申请人未在法定期间内提起诉讼。诉前禁令作为临时性的救济措施，不是确定当事人权利义务关系的终局依据，因此，如果申请人申请禁令之后，没有在法定的期限内提起诉讼，该临时禁令措施应当失去效力。对于申请人在申请颁发禁令后，是否负有向法院提起诉讼的义务，有不同观点。一种观点认为，如果行为人在申请法院颁布禁令后又不提起诉讼的，此时法院颁布的禁令已经事实上损害到了他人的行为自由并可能给他人造成特定损害，应当推定申请人的申请行为构成侵权，申请人应当承担相应侵权责任。王利明教授认为，禁令的目的在于及时制止相关侵害行为，但申请人并不因此负有提起诉讼的义务，在申请禁令后，是否通过诉讼的方式主张救济，应当交由权利人选择。申请禁令后，如果申请人不在法定期间内提起诉讼，则应当导致禁令失效。

2. 法院撤销禁令。侵害人格权禁令是权利人为制止侵害行为导致的损害发生或扩大而采取的临时性救济措施，前述提到，法院颁布禁令一般仅进行程序性审查，因而禁令可能发生错误，需要复议程序纠正禁令错误。王利明教授认为人格权禁令制度可以依据 2015 年《民事诉讼法司法解释》第 171 条，在禁令颁布后，被申请人对禁令裁定

① 参见毕潇潇、房绍坤：《美国法上临时禁令的适用及借鉴》，载《苏州大学学报（哲学社会科学版）》2017 年第 2 期。

② 参见王利明：《论侵害人格权的诉前禁令制度》，载《财经法学》2019 年第 4 期。

不服的，可以自收到裁决书之日起5日内向作出裁定的人民法院申请复议，人民法院应当在收到复议申请后的10日内审查；裁定正确的，驳回当事人的申请；裁定不当的，应当变更或撤销原裁定。也就是说，在被申请人提出复议后，法院在审查过程中发现本案不具备颁发禁令的条件，则可以撤销禁令。

3.终局裁判生效后自动失效。禁令本身并不具有终局裁判的效力，其仅在判决作出前有效，在法院所作出的终局裁判生效后，人格权禁令应当失去效力。（1）在终局判决生效之前，禁令所禁止的行为在法律上是否构成侵权及是否允许实施，是悬而未决的问题，只有通过终局判决，才能最终确定行为人所实施的行为是否构成侵权。[①]终局裁判的判决结果可能与禁令不一致，此时临时禁令应当失效，否则会产生矛盾裁判，损害司法公信力。禁令的内容与终局判决不一致时，因错误申请造成被申请人损失的，申请人应当承担赔偿责任。终局裁判生效后禁令自动失效，如果行为人不履行该终局裁判，则应当依据该终局裁判追究其法律责任，而不再依据禁令追究其责任。（2）禁令的效力持续至终局裁判生效前。禁令的制度功能在于阻止侵权行为造成更大的损害后果，在终局判决生效之前，如果认定禁令失去效力，则被禁止的行为可能继续实施，进而导致颁发禁令的目的落空。

（三）错误申请人格权禁令的法律后果

在临时禁令的有效期内，行为人违反禁令造成申请人损害的，申请人有权请求行为人赔偿。此种损害赔偿纠纷通常与案件一并审理。申请禁令要求被申请人停止实施某种行为，一定程度上影响被申请人的行为自由和言论自由，可能对其造成一定的损失。若对申请禁令的法律后果不予明确，任由权利人申请禁令，可能导致申请人滥用权利，给被申请人造成损害。所以，因申请人错误申请人格权禁令，给被申请人造成损失的，申请人也应当承担相应的责任，受害人可以另

① 参见毕潇潇、房绍坤：《美国法上临时禁令的适用及借鉴》，载《苏州大学学报（哲学社会科学版）》2017年第2期。

行起诉请求申请人承担赔偿责任。具体可以参照我国《民事诉讼法》第100条的规定，申请人在提出禁令申请时，应当提供相应的担保，以防止因错误申请而给被申请人造成损失，该规定也可以适用于人格权禁令制度。

三、禁令制度与先予执行制度

先予执行，是指法院在诉讼作出判决之前，申请人可以请求法院裁定债务人给付一定数额的金钱或其他财物，或者实施、停止某种行为。[①]先予执行虽然也是临时性措施，同样适用于情况紧急的情形，但两者存在一定的区别：

1. 适用范围不同。禁令适用于所有民商事案件，包括侵权案件，而先予执行仅适用于双方具有持续性关系，或者有在先合同关系的案件中，在侵权纠纷中无法适用先予执行制度。

2. 适用条件不同。先予执行的适用要求在双方当事人之间的权利义务关系明确、债务人有履行能力、不先予执行将会给债权人的生产生活成严重损失的情形下，而禁令制度则是为了制止紧迫的“不法”侵害行为。

3. 制度功能不同。先予执行是为了使权利人的权利在判决之前全部或部分地得到实现和满足，而禁令则是为了制止行为人的不法侵害行为。

4. 制度目的不同。禁令制度作为行为保全制度的一种，其侧重于保全，对案件的实质不产生影响，而先予执行虽然不是对案件实质的最终解决，但其往往预示着庭审的可能结局。[②]

---

① 参见江伟、肖建国：《民事诉讼法》，中国人民大学出版社2008年版，第244页。

② 参见江伟、肖建国：《民事诉讼中的行为保全初探》，载《政法论坛》1994年第3期。

第九百九十八条　**认定行为人承担侵害除生命权、身体权和健康权外的人格权的民事责任，应当考虑行为人和受害人的职业、影响范围、过错程度，以及行为的目的、方式、后果等因素。**

【条文主旨】

本条是关于认定侵害人格权民事责任的参考因素的规定。

【条文理解】

本条规定了确定侵害人格权应承担的民事责任时需要考量的因素，实际上是将动态系统论的思路应用到了侵害人格权的民事责任认定中。从本条规定来看，对侵害不同类型的人格权的行为区分了不同的民事责任认定方式，也就是说，对生命权、身体权、健康权等以生命、健康为客体，具有最强人身专属性的物质性人格权，实行最严格的保护，对于生命权、身体权、健康权之外的其他人格权利的保护层级稍有不同。具体包括两个方面：

一、本条不适用于侵害物质性人格权的民事责任认定

物质性人格权与民事主体的生命、身体、健康利益密切相关，具有最强的人身专属性，是人格权乃至所有民事权利中居于最重要位阶的权利。物质性人格权是享有其他民事权利的前提和基础，脱离生命和身体这一载体，任何权利都无法单独存在。保护物质性人格权是保障人权最基本的要求，所以对物质性人格权的保护往往放在最重要的位置。

依据本条规定，在认定侵害生命权、健康权等物质性人格权以外的人格权的民事责任时，应当考虑行为人和受害人的职业、影响范围、过错程度，以及行为的目的、方式、后果等因素，而侵害生命权、身体权、健康权等物质性人格权的民事责任认定不需要考虑以上因素。侵害物质性人格权不适用本条规定主要有以下几点原因：

1. 生命权、健康权的特殊地位决定了其与其他权利产生冲突时，应当优先受到保护。从权利位阶规则角度来说，与其他人格权相比较，生命权、身体权、健康权、人身自由权等权利的价值在第一位阶，在实现上应当具有优先性，姓名权、肖像权、隐私权等精神性人格权相比于物质性人格权，位阶较低，受到保护的力度相对较小。另外，物质性人格权不适用本条的根本原因也正在于，这些具体人格权是社会公共利益的体现，[①] 应当优先予以实现。

2. 法律一般通过特殊的规范对侵害物质性人格权的民事责任作出了规定，无须考虑其他因素。《民法典》侵权责任编中的第 1179 条规定：“侵害他人造成人身损害的，应当赔偿医疗费、护理费、交通费、营养费、住院伙食补助费等为治疗和康复支出的合理费用，以及因误工减少的收入。造成残疾的，还应当赔偿辅助器具费和残疾赔偿金；造成死亡的，还应当赔偿丧葬费和死亡赔偿金。”本条规定对侵害人身权的赔偿责任范围作出了明确规定，也就是法定的损害赔偿，法官仅需要依照该条规定确定行为人的损害赔偿的数额即可，一方面有利于限制法官的自由裁量权，另一方面能够为受害人主张权利提供明确指引。

3. 物质性人格权的规定需要遵循法律保留原则，也就是说，对物质性人格权作出限制必须由法律作出规定。

二、侵害物质性人格权以外的人格权益的利益衡量

本条将动态系统论的思想运用到侵害物质性人格权以外的人格权

---

① 参见王轶：《民法原理与民法学方法》，法律出版社 2009 年版，第 31~59 页。

的民事责任中，目的在于协调和平衡人格权与其他利益之间的冲突。认定侵害物质性人格权以外的人格权的民事责任，采用多种因素综合考量的原因，主要在于以下几点：

1. 人格权在行使中常常和其他价值发生冲突。人格权的行使与财产权不同，财产权通常不会与其他价值发生冲突，或者即使冲突，财产权的位阶低于人格权，通常不会受到优先保护。但是，人格权的行使可能与其他价值产生冲突，例如，言论自由与名誉权的冲突。在人格权与其他权利发生冲突的情况下，优先保护其中任何一项权利均有不妥之处，此时应当根据个案的不同因素具体权衡。

2. 法律难以对侵害精神性人格权的行为规定一般的构成要件。精神性人格权存在差异，且侵害此类权利的侵权形态多样化，难以归纳出一般的构成要件。

3. 动态系统论可以合理限制法官的自由裁量。一方面，由于动态系统论要求法官综合考量各种可能存在的因素进行判定，赋予了法官一定的自由裁量权，针对立法没有考虑到各种特殊的情形，通过法官行使一定的自由裁量权，使法律系统更加富有弹性。另一方面，法律条文中列举了应当参考的各项因素，要求法官在行使自由裁量权时有一个明确的指引，使得法官在具体案件审理中既发挥独立自主权，又能避免自由裁量权滥用。

4. 人格权的不断变动和发展，要求认定民事责任时需要考量不同因素。随着科学技术的发展和社会的变迁，人格权的内涵也随着新的发展不断丰富和完善。例如，随着互联网和大数据技术的发展，个人的网络浏览记录逐渐成为隐私的一部分，如果被他人获得可能使隐私权遭受侵害。在出现此类侵害案件时，需要权衡科技发展与人格权保护两种不同的利益，作出判断。

【审判实践中应注意的问题】

从本条规定来看，认定行为人承担侵害人格权民事责任需要考虑的因素主要包括如下几种：

一、行为人和受害人职业

对于行为人来说，认定其应当承担的侵害人格权的民事责任，重点在于确定侵害行为的影响范围。不同的侵害后果意味着侵权的严重程度不同，因而也意味着应承担的侵权责任的大小存在差异。例如，由于行为人自身职业与社会身份的特殊性，可能因此导致特定人格权侵权的影响后果较大，此时行为人的职业直接决定侵害的影响范围和大小。

从受害者角度来说，认定侵害人格权的民事责任时考虑受害者职业主要是针对公众人物的人格权保护。公众人物包括公职人员、明星、科学家、知名学者等因特殊才能、成就、经历或其他特殊原因在社会上具有一定知名度的人。一方面，公众人物有较大的社会影响力，其肖像、姓名等有一定的商业利用价值，擅自以商业目的使用公众人物的姓名、肖像，构成对姓名权、肖像权的侵害。司法实践中的难题是，对侵害公众人物的人格权造成的损失，受害人往往难以举证，导致赔偿数额难以确定。

“周星驰诉中建荣真无锡建材科技有限公司肖像权、姓名权纠纷案”[①]中，侵权公司擅自使用周星驰的姓名、肖像用于商业广告，诉讼中双方关于损害赔偿的数额未能达成一致意见，法院根据周星驰的职业身份、知名度、肖像许可使用情况以及侵权人的侵权行为持续时间、主观过错程度、涉案侵权广告范围、网站公开程度、杂志发行量及可能造成的影响等，酌情认定财产性损失为50万元。[②]

由此，职业身份是确定侵害具有商业价值的人格权的民事责任应考虑的因素。另一方面，对公众人物的人格权，如隐私权、名誉权，

---

① 周星驰诉中建荣真无锡建材科技有限公司肖像权、姓名权纠纷案，《最高人民法院公报》2020年第2期。

② 参见刘力、何健：《人格权损害赔偿制度的司法运用与完善——以“周星驰肖像权、姓名权”纠纷案为例》，载《法律适用》2020年第4期。

需要进行必要的限制，因为公众人物的言行举止以及他们从事的活动常常关系公共利益，理应受到社会舆论的监督。[①]公众对于公众人物关系到公共利益的公开活动及其公开表示的内容所涉及的事实都具有一定的知情权、舆论监督权。社会公众行使舆论监督权利的过程中，应当对其予以一定的保护，因为该权利毕竟关系到公共利益的维护。[②]在舆论监督过程中，出现一定程度的夸大、与事实不符等情况，只要行为人不具有恶意，且情节轻微，一般不宜认定为侵权。

有观点反对将职业作为侵害人格权责任的考量因素，认为不应当对不同职业的当事人采取不同的保护。其实，在侵害精神性人格权的责任认定中，考虑职业因素有其必要性。从立法的目的来说，考虑职业因素并不在于对某些不同职业的人提供有区别的特殊保护，而是旨在平衡职业背后的社会利益与个人利益。例如，出于对于公众人物、公职人员的监督等，适度披露其收入、财产状况等，或对其行为进行适度的评论或批评，其目的在于实现更为广泛的社会利益，因而不应构成侵权。因此，基于这一立法目的，有必要保留职业作为精神性人格权侵害的判断因素。

二、影响范围

确定影响范围是认定人格权侵权责任的重点问题，因为不同严重程度的侵权行为导致的后果不同，因而承担的侵权责任也存在程度上的差异。侵害人格权的影响范围通常与行为人的侵权行为方式有很大关联。特别是互联网时代，利用网络侵害他人人格权造成的影响范围往往会更大，在责任认定上显然不能与现实社会中的侵权行为等同视之，应当根据传播范围、受众数量、影响力大小等不同来区分认定，进而确定不同的责任承担方式。

---

① 参见丁晓燕:《论对新闻名誉侵权案件中对公众人物的反向倾斜保护》，载《人民司法》2004第4期。

② 参见王军:《舆论监督与公众人物名誉权保护》，载《法学杂志》2005年第1期。

三、过错程度

确定侵害物质性人格权以外人格权的民事责任，应当考虑行为人的主观过错。主观过错一般是指行为人对侵权行为或损害后果的发生，主观上具备可谴责性。过错一般包括故意和过失。故意，是指行为人能够预见自己的行为可能造成的后果，仍然实施该行为，追求或放任结果的发生。过失，是指行为人应当预见行为可能造成的后果，因自己的原因没有预见到，或者已经预见到但轻信能够避免，而导致结果发生。过失进一步可以划分为一般过失和重大过失。从比较法上来看，确定侵害人格权的民事责任，各国也普遍注意考量行为人的主观过错程度。例如，公众人物与普通人虽然都享有隐私权，隐私都受到保护，但是法律对公众人物和普通人的隐私保护是存在差异的，认定公众人物的隐私权是否受到侵害以及确定民事责任时，需要考虑行为人主观有无过错以及过错程度，在隐私权与言论自由之间作出平衡。

四、行为目的

行为的目的也是认定侵害人格权民事责任时应当考虑的因素。行为人的目的通常也与行为人的主观过错紧密相关。例如，需要考虑行为人利用他人的人格权是为了保护正当的舆论监督、新闻报道等公共利益的目的，还是为了个人的娱乐、消遣，抑或是为了行使监督权进行正当检举控告，还是为了泄私愤、图报复。此外，行为人是为了商业目的还是非商业目的，都是应当考虑的因素。

五、行为方式

行为的方式是认定侵害人格权民事责任应当考虑的另一因素。前述已经提到，行为人的侵权行为方式通常决定了侵害的影响范围，成为责任认定时不可忽略的因素。例如，侵害名誉权纠纷，行为人通过口头或者书面形式实施某种行为，所造成的损害后果是不同的，一般口头形式具有明确的受众，影响范围较小，而书面形式的可信度更高、通过传播产生的影响范围可能更大。此外，在书面形式的侵权中，是新闻报道还是文学创作，是自己创作还是转载侵权等方式也各不相同，这都会对侵害人格权民事责任的认定产生影响。行为人当面实施或通过网络实施侵害行为，造成的影响范围不同，应当承担的民事责任也有差别。

六、行为后果

行为的后果也是认定侵害人格权民事责任的重要考量因素。人格权的人身专属性决定了任何侵害人格权的行为，所造成的损害后果均不相同。侵害不同类型的人格权也会造成不同的损害后果，例如，可能仅仅造成财产损失，可能导致受害人的名誉受损、社会评价降低，可能造成受害人隐私泄露、无法挽回，可能造成严重精神损害，可能仅造成有限范围内的影响，也可能造成全社会或更大范围的影响等。以上都是确定侵害人格权民事责任需要考虑的因素。

第九百九十九条 为公共利益实施新闻报道、舆论监督等行为的，可以合理使用民事主体的姓名、名称、肖像、个人信息等；使用不合理侵害民事主体人格权的，应当依法承担民事责任。

【条文主旨】

本条是关于新闻报道、舆论监督合理使用的规定。

【条文理解】

一、新闻报道、舆论监督与人格权的平衡

人格权天赋说将人格权定位于人格权是消极防御权，该学说认为无须通过独立的人格权编对人格权予以详细规定，只需通过“简单列举人格权类型+侵权责任方式”的立法模式已足以保护人格权。虽然“天赋人权”的观念强化了权利的道德合理性和权利来源的正当性，然而该观念本身却不能清晰阐释权利的范围本身，也不能对人格权之间的关系作出细致的描述。人格利益存在归属的确定性、范围的确定性和关系的确定性问题，单纯依据天赋理论是无法解决现代社会中的上述确定性问题的。[①]新闻报道、舆论监督中言论自由权与人格权的关系即很好地说明了这一问题。一方面，法律赋予了权利人对其人格利益享有支配的权利，这种支配意味着权利人可以行使并合法利用其人格权。另一方面，法律确认了每项人格权益后，也必然需要对权利

① 王利明：《人格权的属性：从消极防御到积极利用》，载《中外法学》2018年第5期。

人控制、支配其人格利益的权利作出明确限定。就人格权与新闻报道、舆论监督的关系而言，人格权作为公民享有的基本人权，是民事主体依法支配其人格利益并排除他人侵害，以维护和实现人格尊严和人身自由为目的的权利。新闻报道、舆论监督是人民群众行使社会民主权利的有效形式，其通过新闻报道、评论、讨论、批评等方式，实行公开报道和舆论监督。我国对新闻媒体的监督作用日渐推崇，新闻报道或舆论监督对人格权的侵害问题也频繁发生，新闻舆论、舆论监督与人格权保护的法律冲突确实有必要通过法律的形式予以明确。

新闻报道是指新近或正在发生的，对公众有知悉意义的事实的陈述。它具有满足公众需要、事实的时间性、须知性和转述性几个要点。新闻自由被大多数国家宪法所保障。我国《宪法》第35条规定："中华人民共和国公民有言论、出版、集会、结社、游行、示威的自由。"言论、出版自由即为新闻自由的宪法依据。然而，任何自由都不是绝对的自由。新闻自由的行使也必须在宪法和法律规定的范围内。新闻自由至少要受到两方面的限制：（1）国家有关法律的限制（来自公权的限制），如《国家安全法》《保守国家秘密法》。（2）民事主体享有的某些民事权利的限制（来自私权的限制），如公民享有的名誉权、隐私权。①

舆论监督的权利实际上是宪法言论自由权利的延伸，是新闻批评自由的权利。舆论监督作为社会监督的一个重要途径，是宪法所保护的公民言论自由中不可缺少的组成部分。根据《宪法》第41条的规定，公民有批评、建议、申诉和控告权，其中的批评、建议权就是舆论监督权。舆论监督就是公民通过新闻媒介对国家机关、国家机关工作人员和公众人物的与公共利益有关的事务的批评、建议，是公民言论自由权利的体现，是人民参政议政的一种形式。②

民事主体享有人格权，但在具体的行使过程中也要为公共利益需要让渡一部分权利，即本条规定的为公共利益实施新闻报道、舆论监

---

① 张新宝：《言论表达和新闻出版自由与隐私权保护》，载《法学研究》1996年第6期。

② 王强华、魏永征：《舆论监督与新闻纠纷》，复旦大学出版社2000年版，第27页。

督等行为的，可以合理使用民事主体的姓名、名称、肖像、个人信息等。除了新闻报道、舆论监督行为外，还有哪些行为可以合理使用民事主体的姓名、名称、肖像、个人信息等，目前法条以“等”字兜底，还需实践中进一步摸索。人民法院在审判实践中也可以参照根据本法其他条文有关“合理使用”的情形予以判断。如本法第1020条规定，合理实施下列行为的，可以不经肖像权人同意，“（一）为个人学习、艺术欣赏、课堂教学或者科学研究，在必要范围内使用肖像权人已经公开的肖像；（二）为实施新闻报道，不可避免地制作、使用、公开肖像权人的肖像；（三）为依法履行职责，国家机关在必要范围内制作、使用、公开肖像权人的肖像；（四）为展示特定公共环境，不可避免地制作、使用、公开肖像权人的肖像；（五）为维护公共利益或者肖像权人合法权益，制作、使用、公开肖像权人的肖像的其他行为。”从本条规定的情形来看，“等行为”一般指具有公益性的教学研究、社会管理等内容的行为。

二、新闻报道、舆论监督使用不合理侵害人格权的具体表现形式

根据本条规定，为公共利益实施新闻报道、舆论监督等行为的，可以合理使用民事主体的姓名、名称、肖像、个人信息等；使用不合理侵害民事主体人格权的，应当依法承担民事责任。根据人格权的不同种类，新闻报道、舆论监督侵害人格权表现出不同侵权形式：

（一）侵害名誉权

根据本法第1025条的规定，行为人为公共利益实施新闻报道、舆论监督等行为，影响他人名誉的，不承担民事责任，但是有下列情形之一的除外：（1）捏造事实、歪曲事实；（2）对他人提供的严重失实内容未尽到合理核实义务；（3）使用侮辱性言辞等贬损他人名誉。

（二）侵害肖像权

新闻媒体中侵犯公民肖像权非常普遍，如未经本人同意，在新闻报道中使用他人与新闻内容无关的肖像，或是未经本人同意，使用他

人肖像在新闻媒介做广告，进行商业宣传，都可能造成侵害肖像权。本法第1020条规定："合理实施下列行为的，可以不经肖像权人同意：……（二）为实施新闻报道，不可避免地制作、使用、公开肖像权人的肖像……"故为实施新闻报道，可以未经肖像权人许可使用肖像权人的肖像：一是制作、使用、公开是不可避免的、必须的；二是制作、使用、公开的方式是合理的。

（三）侵害姓名权或名称权

本法第1014条规定，任何组织或者个人不得以干涉、盗用、假冒等方式侵害他人的姓名权或者名称权。对于未经公民同意在新闻报道或舆论监督中使用公民姓名的，是否构成对公民姓名权的侵害呢？这种使用是否属于本法所指的"盗用"情形？我们认为，虽然本法没有明确规定，这里仍然涉及对"合理使用"的具体理解问题。如果新闻报道、舆论监督未经民事主体同意，但这种使用是在"合理"范畴内的，且是为公共利益的使用，不应认定为侵权。

（四）侵害隐私权和个人信息权益

新闻侵犯隐私权，是指新闻机关或新闻从业人员以新闻采访或新闻报道等形式，对他人与社会公共利益无关的私人秘密信息不法进入或披露的行为。新闻侵犯隐私权一般包括两类：（1）采记侵权，如非法侵入民宅，强行采访，使被采访者（有时甚至是受害者）精神惊恐，生活受到干扰；对非公众人物随机采访未事先取得被采访者的同意，强行摄影；采访遭拒绝，不断以电话等方式纠缠、干扰等。（2）报道侵权。报道侵权往往表现为对私人事实的公开披露。报道本身没有捏造或诽谤性质的内容，也无恶意中伤的侮辱性文字，但是它如果严重干扰了受害人的生活，损害了受害人的身心健康，也构成侵害隐私权。除此之外，新闻报道、舆论监督侵害民事主体个人信息权益的，也应当承担民事责任。

三、新闻报道、舆论监督侵权的构成要件

民事侵权的构成要件一般分为四要素：行为和损害事实、侵权行

为具有违法性、行为人存在主观过错、不法行为和损害后果之间存在因果关系。新闻报道、舆论监督侵害人格权的构成要件主要应包含以下要素：（1）无论新闻报道，还是舆论监督也好，侵权行为必须以公开方式进行传播。对于新闻报道，要求已经公开发表；对于舆论监督，要求已经形成公开评论。（2）新闻媒体、舆论监督的作者或者媒体自身在主观上存在过错。本条规定新闻报道、舆论监督合理使用民事主体的姓名、名称、肖像等，未合理使用，有故意造成也有过失造成。（3）新闻报道、舆论监督侵权行为给民事主体造成了损害事实。对于新闻报道、舆论监督侵权，一般是人格利益和精神损害。（4）新闻报道、舆论监督侵权与损害事实存在因果关系。新闻报道、舆论监督侵权伤害主要通过社会批评和心理压力作用于权利主体。

四、新闻报道、舆论监督侵权的抗辩事由

抗辩事由即被告针对原告的诉讼请求而提出的证明原告的诉讼请求不成立或不完全成立，即减轻自己责任或不应承担责任的事实。抗辩事由一般理解为在民事侵权诉讼中被告免责或减轻责任的事实和理由。在英美法系，新闻侵权诉讼已发展出一些成熟的抗辩事由。在英国，新闻侵权主要援引有关诽谤的抗辩事由。1952年的《名誉毁损法令》对诽谤行为的抗辩事由规定了以下几种：正当真实、公正评论、绝对特权、相对特权、和解清偿协议及以提供补偿等。在美国，普通法上的抗辩事由已有数百年的历史，其主要的新闻侵权抗辩事由是绝对特权和有条件的特权，以及真实、公正评论、修辞上的夸张手法等。大陆法系国家对名誉权的保护有着非常悠久的历史。如《德国民法典》等在对新闻自由保护的同时，也在名誉、隐私及肖像权方面对新闻自由进行限制。但《德国民法典》中对新闻侵权抗辩事由只做了一种概括性的规定，并没有可以直接援引的专门法规条文。根据相关法律精神，德国学者将新闻名誉侵权中比较重要的抗辩事由归纳为以下几点：真实性证明、对被广为接受的议会及法院报道的转述、已尽审查业务、学术上的评论、关于涉及公众人物的言论的抗辩等。日

本法律也非常重视对名誉权的保护，在处理新闻自由和名誉侵权的关系中确立了两个基本原则：公共福祉原则和个别利益的比较衡量原则。日本学者参照相关规定及司法实践，将新闻侵害名誉权抗辩事由具体概括为：公共利害有关的事实、公益免责、事实性证明、真实性误信、公正评论，并对一些抗辩事由的适用条件给予限定等。

在本法公布之前，司法解释和司法实践中一般掌握以下抗辩理由：

（一）真实性抗辩

在我国，新闻基本真实是司法解释确立的新闻侵权抗辩事由。《名誉权解答》第8条规定，文章反映的问题基本真实，没有侮辱他人人格的内容的，不应认定为侵害他人名誉权；文章反映的问题基本属实，但有侮辱他人人格的内容，使他人名誉受到损害的，应当认定为侵害了他人名誉权；文章的基本内容失实，使他人名誉受到损害的，应认定为侵害他人名誉权。《名誉权司法解释》第9条规定，新闻单位对生产者、经营者、销售者的产品质量或者服务质量进行批评、评论，内容基本属实，没有侮辱内容的，不应当认定为侵害其名誉权；主要内容失实损害其名誉的，应当认定为侵害他人名誉权。

（二）公正评论

新闻评论是新闻媒体结合重要的新闻事实，针对普遍关注的问题发表的论说性意见。事实是客观的，评论则是主观的，对同一件事的看法可以见仁见智，这种表达观点的意见理应受到法律的保护。只要这种评论是出于公心，评论是善意的，所依据的评论语言又没有诽谤、侮辱的内容，就可以成为公正评论抗辩的抗辩事由。[①] 公正评论事由成立必须具备以下几个要件：（1）评论的基础事实必须为公开传播的事实，即已揭露的事实，而不能是由评论者自己凭空编造的事实，也不能是具有明显不真实的事实。（2）评论必须公正，评论的内容应当没有侮辱、诽谤等有损人格尊严的言辞。（3）评论必须出于社

① 周泽：《舆论监督光环下的媒体地位反思》，载《中国律师》2002第7期。

会和公共利益目的，没有侵权的故意。[①]

（三）特许权威消息

法律赋予媒体有限的特许权，如对国家机关依职权制作的公开的文书和实施的公开的职权行为所作的报道就可以免责。《名誉权司法解释》第6条规定，新闻单位根据国家机关依职权制作的公开的文书和实施的公开的职权行为所作的报道，其报道客观准确的，不应当认定为侵害他人名誉权。

【审判实践中应注意的问题】

一、关于合理使用

我国由于没有专门的新闻法，目前同其他侵权行为的抗辩事由相比，新闻侵权的抗辩事由还远未制度化、法律化。本条规定"为公共利益实施新闻报道、舆论监督等行为的，可以合理使用民事主体的姓名、名称、肖像、个人信息等；使用不合理的，应当依法承担民事责任"。"合理使用"可以说是对新闻报道、舆论报道抗辩事由的一般概括。但何为"合理使用"？何种情形下可以适用"合理使用"的抗辩理由？本法并没有对哪些行为属于合理使用的情形作出具体规定。我们认为，"合理使用"至少包含两层含义：（1）展现在新闻报道、舆论监督中使用民事主体的姓名、名称、肖像、个人信息等内容是合理使用，也就是说应当是合理实施。例如，应当是公正客观的报道，不得有丑化、侮辱肖像权人的肖像行为。（2）新闻报道、舆论监督，特别是新闻报道获取方式上是合理的。如新闻报道不是采取窃听、强行拍摄等方式取得的。本法第1020条规定，合理实施下列行为的，可以不经肖像权人同意。其中第2项规定，为实施新闻报道，不可避免地制作、使用、公开肖像权人的肖像。因此，在新闻报道中未经肖像

① 杨立新：《论中国新闻侵权抗辩及体系与具体规则》，载《河南省政法管理干部学院学报》2008年第5期。

权人同意制作、使用以及公开肖像权人的肖像的，不构成侵害肖像权。对于新闻报道、舆论监督活动，是可以不经过肖像权人的同意而使用民事主体的肖像的。但需要注意的是：该肖像权人应当是在公开场合中的活动。如果非公开场合，例如在肖像权人家中实施新闻报道，由于具有一定的隐私性，拍摄其肖像仍需要经本人同意。

二、关于为公共利益目的实施

本条和本法第1025条关于新闻报道、舆论监督侵害名誉权的规定在审议通过前增加了“为公共利益实施”的内容。公共利益目的，是新闻侵权抗辩的一个重要事由，能够全面对抗新闻侵权请求权，是完全抗辩。[①]关于“为公共利益实施”既是对新闻报道、舆论监督中言论自由的限制，也是新闻报道、舆论监督侵权的抗辩理由。也就是说，人民法院在审查民事主体对“公共利益”的抗辩时应当注意：（1）合理使用他人的姓名、名称、肖像、个人信息是为“公共利益”之目的而实施的新闻报道、舆论监督行为。（2）新闻报道、舆论监督在合理使用时没有有损于他人人格的语言和言辞，亦不得借公共利益目的之机而侮辱、诽谤他人。

① 杨立新：《论中国新闻侵权抗辩及体系与具体规则》，载《河南省政法管理干部学院学报》2008年第5期。

第一千条 行为人因侵害人格权承担消除影响、恢复名誉、赔礼道歉等民事责任的，应当与行为的具体方式和造成的影响范围相当。

行为人拒不承担前款规定的民事责任的，人民法院可以采取在报刊、网络等媒体上发布公告或者公布生效裁判文书等方式执行，产生的费用由行为人负担。

【条文主旨】

本条是关于侵害人格权民事责任中关于消除影响、恢复名誉、赔礼道歉等非财产性民事责任适用的规定。

【条文理解】

一、我国法律关于侵害人格权补救方式规定的特点

侵权民事责任方式是落实侵权责任的具体措施。侵权民事责任方式都是因侵权行为而产生的，是侵权损害所产生的法律后果。民法的平等保护及充分救济的原则要求我们对侵害人格权的保护与其他权利的保护一样，给权利人充分的保护。我国法律对于人格权侵害的救济，采取的是通过多种责任形式对受害人予以补救的方式。就这一问题，自《民法通则》，到《侵权责任法》，再到《民法总则》，再到本法的规定，都是一脉相承的。《民法通则》第120条第1款规定，公民的姓名权、肖像权、名誉权、荣誉权受到侵害的，有权要求停止侵害，恢复名誉，消除影响，赔礼道歉，并可以要求赔偿损失。《侵权责任法》第15条规定，承担侵权责任的方式主要有：（1）停止侵

害；（2）排除妨碍；（3）消除危险；（4）返还财产；（5）恢复原状；（6）赔偿损失；（7）赔礼道歉；（8）消除影响、恢复名誉。以上承担侵权责任的方式，可以单独适用，也可以合并适用。本法第995条亦规定，人格权受到损害的，受害人有权依照本法和其他法律的规定请求行为人承担民事责任。这种多元、多方面的救济方式的综合运用，实际是针对受害人遭受的不同形式损害实施更好的救济。这种救济方式有以下几个方面的特点：（1）救济方式种类多样化。根据《民法典》总则编中的第179条规定，民事责任承担方式多达11种。就这11种救济方式而言，停止侵害、排除妨碍、消除危险、赔偿损失、消除影响、恢复名誉和赔礼道歉都可以是侵害人格权的救济方式。（2）救济方式可选择化，可单独适用，也可合并适用。本法第179条第3款规定，本条规定的承担民事责任的方式，可以单独适用，也可以合并适用。在实际运用中，为强化对受害人的保护，受害人享有选择权。对于上述责任承担方式而言，当事人既可以恢复名誉、赔礼道歉，又可以请求赔偿损失，而且可以同时将这几种责任结合起来共同请求。从这点上来看，我国法律的规定相较于德国和日本的法律规定更有利于保护受害人。（3）从救济方式的类型来看，现行立法模式对于人格权损害财产性责任方式又有非财产性的责任方式。赔偿损失、恢复原状、返还财产、支付违约金等，属于财产性责任方式。停止侵害、排除妨碍、消除危险、消除影响、恢复名誉、赔礼道歉等，属于非财产性责任方式。本条即是对部分非财产性责任方式的适用规则及执行方式等方面问题的规定。

二、侵害人格权的具体民事责任承担方式

（一）消除影响、恢复名誉

消除影响是指行为人因其侵权行为侵害了民事主体的人格权，而应承担的在影响所及的范围内消除不良后果的一种责任方式。恢复名誉是指行为人因其侵权行为侵害了民事主体的名誉，而应在影响所及的范围内将受害人的名誉恢复至未受侵害时的状态的一种责任方

式。对于消除影响和恢复名誉究竟是一种保护方法，还是两种保护方法，实务界和理论界有不同看法，产生这种困惑的原因主要是《民法通则》第134条与第120条表述方法上存在差异。《民法典》总则编中的第179条第10项延续《民法通则》第134条、《侵权责任法》第15条的规定，将消除影响、恢复名誉放在一项中。立法上将消除影响和恢复名誉规定在一种责任形式之下，也是认为这两种侵权责任形式实际上都是消除因侵权行为所造成的人格权损害的责任形式，两种责任方式有递进层次关系。消除影响应泛指人格权受侵害时，为消除对受害人造成一切影响所采取的一切措施的总称。这个影响有两个层次的含义：（1）因侵权行为致受害人自身（当然也包括在法律承认造成第三人精神损害时对第三人）精神上的影响；（2）因侵权行为在社会上给受害人（当然也包括在法律承认造成第三人精神损害时对第三人）造成名誉权、荣誉权等人格权上的负面影响。① 恢复名誉则系专门针对侵害名誉权所应承担的责任形式。从其适用对象上看，此种责任形式适用的范围较为单一，即仅仅针对名誉权受损害的侵权行为来行使，至于因侵害肖像权等或其他人格权所造成的损害则不能适用恢复名誉的责任形式。由此可见，在消除影响与恢复名誉的内涵和外延上，消除影响应包含了恢复名誉的责任形式，只不过恢复名誉是专门针对侵害名誉权所规定的责任形式。②

（二）赔礼道歉

赔礼道歉是指侵权行为人向受害人承认错误，表示歉意，以求得受害人的原谅。赔礼道歉的独特功能在于能直接地弥补受害人的精神损害，使得受害人瞬间或在最短的时间内得到精神抚慰。从立法的本意来说，设置赔礼道歉作为民事责任的承担方式就是为了对精神受到极度痛苦者进行救济。赔礼道歉的适用范围主要包括具体人格权、身份权、知识产权受侵害的情形，而不包括物权、债权和其他财产权受侵害。赔礼道歉可运用于以下两种情形：（1）当侵权行为致受害人本

①② 最高人民法院民事审判第一庭编著：《最高人民法院利用网络侵害人身权益司法解释理解与适用》，人民法院出版社2014年版。

身遭受精神损害时，可判决侵权人直接向受害人赔礼道歉，以抚慰受害人，消除精神损害造成的生理和心理上的影响；（2）当侵权行为在社会上给受害人造成人格权的负面影响时，需要公开赔礼道歉来消除造成的社会影响，同时抚慰受害人，保护人格权。赔礼道歉的主要目的在于消除侵权人给受害人在社会评价和声誉上造成的不良影响，所以赔礼道歉的范围和侵权行为的影响范围应当是一致的。司法实践中，法院在判决侵权人向受害人赔礼道歉时，对于赔礼道歉，一般会有明确的方式。主要有以下五种方式：（1）直接口头道歉；（2）于特定人士面前或特定场合下口头道歉；（3）书面道歉；（4）书面赔礼道歉，然后张贴于特定场合；（5）于特定媒体上发布道歉声明，其内容需经法院审查。

（三）关于消除影响、恢复名誉、赔礼道歉的适用原则

由于侵权行为或准侵权行为导致的损害后果的多样性，侵权的民事责任方式也应当与侵权的损害后果的性质相对应。[①] 在西方国家的侵权行为法中，侵权的民事责任方式主要有两种：英美法系侵权行为法确定的侵权的民事责任方式主要是赔偿，受害人无论受到什么类型的损害，法律一般都采用赔偿的方式对其予以救济。大陆法系侵权行为法确定的侵权的民事责任方式主要是恢复原状和适当条件下的损害赔偿。人格侵权因有别于其他侵权客体，所以在责任承担方式上也有别于其他侵权行为。对于非财产救济方式而言，侵权责任承担方式需要遵循适当性原则。就这一问题，本法第998条亦规定，认定行为人承担侵害除生命权、身体权和健康权外的人格权的民事责任，应当考虑行为人和受害人的职业、影响范围、过错程度，以及行为的目的、方式、后果等因素。2014年《信息网络规定》第16条规定："人民法院判决侵权人承担赔礼道歉、消除影响或者恢复名誉等责任形式的，应当与侵权的具体方式和所造成的影响范围相当。侵权人拒不履行的，人民法院可以采取在网络上发布公告或者公布裁判文书等合理

① 张新宝：《侵权责任法原理》，中国人民大学出版社2005年版，第466页。

的方式执行，由此产生的费用由侵权人承担。”本条借鉴了司法解释的经验，对除网络侵权外的其他人格权侵权责任中消除影响、恢复名誉以及赔礼道歉责任承担的适用原则作出了规定。例如，原告在其微信朋友圈发布个人瘦身前与瘦身后的对比照片，被告公司的员工没有经过原告的同意，利用原告的照片为自己公司进行商业宣传，侵害了原告的肖像权。法院根据侵权行为发生在微信朋友圈的方式和所造成的影响范围等因素，判决被告在其微信公众号上向原告赔礼道歉、消除影响，赔偿原告经济损失500元与精神抚慰金1000元。该法院的判决就是根据侵权的具体方式和所造成的影响范围确定被告的侵权责任。

（四）消除影响、恢复名誉、赔礼道歉的强制执行

实际上，关于消除影响、恢复名誉、赔礼道歉等方式的执行在审判实践中常常遇到困难。特别是赔礼道歉，还有学者质疑此种责任方式的合理性。

曾经引起社会广泛关注的庄羽诉郭敬明等著作权纠纷案中，北京市高级人民法院依法维持了北京市第一中级人民法院判决：郭敬明、春风文艺出版社于本判决生效之日起15日内，在《中国青年报》上公开向庄羽赔礼道歉（致歉内容须经北京市第一中级人民法院审核；逾期不履行，北京市第一中级人民法院将刊登本判决的主要内容，费用由郭敬明、春风文艺出版社承担）。判决生效后，郭敬明依法向庄羽支付了20万元的经济损失及1万元的精神损害抚慰金。至于赔礼道歉，2006年6月5日，被告郭敬明在其个人博客中表示：会执行法院的关于赔偿和停止销售的判决，但绝不会赔礼道歉，哪怕只是简单的一句话。

赔礼道歉在实践中执行起来非常困难。关于赔礼道歉的强制执行问题，实践中主要有以下几种执行方式：（1）直接执行，是以“强力执行”为核心，通过该行为的实施以直接实现当事人受法律保护的私法权益。对于赔礼道歉而言，就是通过执行机关的强制执行行为，强制侵害人本人进行口头或书面道歉，以履行法院判决，保护受害人之

权益的执行方式。（2）间接执行，是指通过使侵害人负担一定的不利法律后果，以迫使其履行义务的执行方式。对于赔礼道歉而言，就是如果侵害人拒不履行法院判决，法院可以通过罚款、拘留甚至刑罚的手段迫使侵害人赔礼道歉。（3）替代执行，是指由第三人代为履行义务，而所支付之费用则由侵害人承担的执行方式。具体就是在侵害人拒不履行法院判决时，由法院公布判决书内容，或通过刊登谢罪广告的执行方式等，至于公布或刊登所支付的相关费用，则由侵害人承担。[①] 对于第二种方式，实际上《名誉权解答》第11条规定：侵权人拒不执行生效判决，不为对方恢复名誉、消除影响的，人民法院可以采取公告、登报等方式，将判决的主要内容和有关情况公布于众，费用由被执行人负担，并可依照《民事诉讼法》第102条第6项[②] 的规定处理。对于赔礼道歉的替代执行方式，理论界讨论的主要方式有以下几种：法院公布判决书内容，法院公布道歉声明，受害人发布谴责声明三种方式。替代执行方式（法院发布道歉声明除外）是在侵害人有能力履行法院判决而拒不执行，又不能对其采取限制人身自由方式的情况下才适用的。一方面有利于实现赔礼道歉之目的，另一方面又不过分限制侵害人的基本权利。实践证明替代执行方式也是最为合适的强制执行方式。根据《民事诉讼法》第252条的规定，“对判决、裁定和其他法律文书指定的行为，被执行人未按执行通知履行的，人民法院可以强制执行或者委托有关单位或者其他人完成，费用由被执行人承担。”上述规定为强制执行赔礼道歉、消除影响、恢复名誉义务提供了法律依据。因此，本条第2款规定：“行为人拒不承担前款规定的民事责任的，人民法院可以采取在报刊、网络等媒体上发布公告或者公布生效裁判文书等方式执行，产生的费用由行为人负担。”

---

① 葛云松：《民法上的赔礼道歉责任及其强制执行》，载《法学研究》2011年第2期。

② 《民事诉讼法》于2017年第三次修正，目前该条文序号为第111条第6项。

【审判实践中应注意的问题】

《信息网络规定》第16条在制定过程中曾考虑过侵权人拒不履行判决时替代履行，如在网络上发布公告或公布裁判文书等方式，有可能因进一步扩散导致对受害人造成更大伤害。在起草第16条规定时，有建议认为，人民法院在采取发布公告或公布裁判文书时，应事先征得被侵权人的同意。考虑到侵害名誉权、隐私权等情形较为复杂，虽然第16条并没有规定应征得被侵权人同意的条件，但是第16条规定人民法院采取在网络上发布公告或公布裁判文书等合理的方式执行，其前面使用的用语是“可以”，这实际上就赋予了人民法院根据情况加以酌定处理的必要。[①]

本条也规定了人民法院“可以”采取在报刊、网络等媒体上发布公告或者公布生效裁判文书等方式执行，产生的费用由行为人负担。

① 最高人民法院民事审判第一庭编著：《最高人民法院利用网络侵害人身权益司法解释理解与适用》，人民法院出版社2014年版。

第一千零一条 对自然人因婚姻家庭关系等产生的身份权利的保护，适用本法第一编、第五编和其他法律的相关规定；没有规定的，可以根据其性质参照适用本编人格权保护的有关规定。

【条文主旨】

本条是关于婚姻家庭关系中身份权利保护适用人格权法保护的规定。

【条文理解】

一、身份权与人格权的关系

传统民法中，根据权利的性质和内容可以将民事权利分为财产权和人身权。其中人身权包括人格权和身份权。人格权是民事主体依法支配其人格利益并排除他人侵害、以维护和实现人格尊严与人身自由为目的的权利。[①] 身份权，是指民事主体享有的与其身份有关的人身权利。身份权是基于民事主体在特定的社会关系中所具有的地位，并基于该地位所享有的权利。具体包括两类：（1）基于在亲属关系中的地位而享有的身份权。如父母子女关系产生的亲权、基于夫妻关系产生的配偶权、基于监护关系查收的监护权。（2）在其他社会关系中产生的身份权，如基于特定荣誉的享有而产生的荣誉权。

人格权与身份权存在的差别包括以下几点：（1）人格权与身份权产生的前提不同。人格权无须作出任何民事法律行为，只需具备出

---

① 王利明：《人格权重大疑难问题研究》，法律出版社2019年版，第9页。

生的事实即可享有，是法律一律平等赋予的公民享有的与生俱来的权利；身份权的产生则需要基于特定的民事法律行为或事实，并非公民与生俱来的权利。（2）人格权和身份权的性质不同。民事法律关系主体的平等地位决定了公民所享有的人格权也是平等的，不受任何种族、性别、年龄、职位等限制，一律平等享有。身份权的享有则不仅受法律规定的限制，并且受制于权利主体的社会属性、身份和地位，不同的权利主体之间所享有的身份权往往是不相同的。（3）人格权与身份权地位不同，人格权优于身份权，身份权受到人格权的制约。人格权优于身份权是因为人格权作为一种与生俱来的权利，这种权利为民事主体所固有，完全由自己支配，不需要与他人协商，亦不需要他人的协助，因此也不受任何人的制约，无论是任何身份或任何理由都无法对其进行干涉，当人格权受到威胁和损害时，可以要求法律给予最普遍最至高无上的保护。（4）人格权与身份权的存续期限不同。人格权因主体的出生或成立而取得，并不需要主体实施一定行为。而身份权不同，身份权是以一定的身份存在为前提，并以身份的存续为权利存续的前提。

基于人格权与身份权同属于人身权的属性，又都属于非财产性权利，两者的联系包括如下内容：（1）人格权与身份权都是专属权。人格权和身份权都是与权利主体的人身密切联系在一起的。他们的客体都表现为与权利人的人身不可分离的利益。（2）身份权根植于人格权。早期的“身份权”源于家族的、宗法的、身份关系的约束，公民不享有独立的人格权。近代的身份权虽然削弱了封建族长制，但是夫对妻仍然有绝对的控制权和支配权。现代的身份权是一种私权，是建立于人格独立的基础上的，是从身份到契约又到身份演化而来的一种身份权。如果没有人格平等、人格独立、人格尊严的重视，身份权则仍然集中于夫权、父权，没有现代意义上的配偶权。（3）身份权从某种意义上来讲是派生的人格权。身份权的客体是身份利益，而身份利益是派生的人格利益。因此，身份权是派生的人格权。（4）身份权从某种意义上来讲是人格权的限制或者扩张。身份权的客体是身份利益，为了实现自己的身份利益可能对义务人的人格权造成一种限制。例如，配偶基于夫妻身份关系享有配偶身份权，但在实行的过程中可能对另一方的人格权造成限制，比如一方本来享有独立的性自由权，但是在婚姻关系中，另一方也享有同居权，在二者发生冲突时可能性自主权会受到一定的限制。同时，身份权也是人格权的一种扩张。由于从身份到契约关系的转变，身份权的主体是平等的，甚至对于女性、儿童等弱势群体有了一定的倾向性保护。[①]

本条规定，对自然人因婚姻家庭关系等产生的身份权利的保护，适用本法第一编、第五编和其他法律规定。没有规定的，可以根据其性质参照人格权的有关规定。对于因婚姻家庭关系产生的身份权利保护，主要还是适用《民法典》总则编、婚姻家庭编以及《老年人权益保障法》《未成年人保护法》《妇女权益保障法》等法律规定。对于上述法律也没有规定的，考虑到身份权与人格权具有一定相似性以及它们之间的紧密联系，要根据身份权的性质参照人格权的保护规定处理。

二、身份权的内容及法律保护

婚姻家庭关系可以归结为：配偶关系、亲子关系、其他亲属关系。在此基础上，我国学者一般将身份权分为夫妻之间的配偶权、父母与未成年子女之间的亲权以及其他亲属之间的亲属权。

我国关于身份权的立法渊源有多元化的立法特点，《民法典》颁布之前散见在《民法总则》以及《婚姻法》等单行法律之中。《民法总则》虽有对人格权、身份权的规定，但大部分都是人格权的规定，对于身份权的规定不是很多。例如，《民法总则》第112条规定，自然人因婚姻、家庭关系等产生的人身权利受法律保护。大部分身份权的规定在特别法中，如《婚姻法》《妇女权益保障法》《未成年人保护法》《老年人权益保障法》《收养法》《义务教育法》等法律法规以及

① 杨立群：《论婚姻关系中人格权与身份权的冲突》，山东大学2017年硕士学位论文。

相关的司法解释，均有对身份权的规定。

（一）关于配偶权的法律保护

我国虽未明确规定配偶权，但对夫妻关系的具体内容进行了规定：（1）忠实义务。《民法典》婚姻家庭编中的第1043条（《婚姻法》第4条）规定"夫妻互相忠实义务"。夫妻一方违反忠实义务与他人同居的，另一方在离婚时可以请求损害赔偿。（2）扶养义务。第1059条（《婚姻法》第20条）规定了夫妻之间互负扶养义务。根据规定，需要扶养的一方，在另一方不履行扶养义务时，有要求其给付扶养费的权利。（3）日常家事代理。第1060条第1款规定，夫妻一方因家庭日常生活需要而实施的民事法律行为，对夫妻双方发生效力，但是夫妻一方与相对人另有约定的除外。除此之外，对于配偶权中的其他权利义务关系，《民法典》婚姻家庭编亦做了规定，如夫妻姓名权（第1056条）、同居权（第1042条）、平等就业权（第1057条）。

（二）关于亲权的法律保护

亲权是父母对未成年子女的身心抚育、监护的权利。亲权一般分为对子女身上照护权和财产照护权。身上照护权包括居所指定权、惩戒权、子女交还请求权、身份行为及身上事项的同意权与代理权、抚养义务、赔偿义务；财产照护权包括财产管理权、财产行为法定代理权、使用及收益权、处分权。[①]《民法典》以及《未成年人保护法》《义务教育法》等法律中，对亲权中的人身照护权和财产照护权都有规定，主要包括：（1）父母的抚养义务。《民法典》婚姻家庭编中的第1058条（《婚姻法》第21条）、《未成年人保护法》第8条等都规定了父母对子女有抚养教育的义务。（2）财产管理义务。《民法典》总则编中的第34条规定监护人的职责中关于保护被监护人财产权利的规定。（3）父母离婚后与子女的权利义务关系，《民法典》婚姻家庭编中的第1084条（《婚姻法》第36条）规定了父母与子女的关系不因离婚而解除；第1086条规定（《婚姻法》第38条）父母离婚后对子

① 《〈中华人民共和国民法总则〉条文理解与适用》（上），人民法院出版社2019年版，第767页。

女依然负有抚养义务；不直接抚养子女的父或母享有探望权。

（三）关于亲属权的法律保护

亲属权是指除配偶关系、亲子关系外，基于其他亲属关系而产生的身份权利，如祖父母、孙子女、兄弟姐妹等亲属之间的身份权统称为亲属权。亲属权的保护规定主要体现在《民法典》总则编、婚姻家庭编，以及《老年人权益保障法》中，包括抚养或赡养义务等其他亲属成员之间的权利义务关系内容。例如，《民法典》婚姻家庭编中的第1074条、第1075条规定了（外）祖父母与（外）孙子女之间以及兄弟姐妹之间的抚养或赡养义务。《老年人权益保障法》第14条、第18条也规定了家庭近亲属之间的赡养和扶养义务，赡养人应当履行对老年人经济上供养、生活上照料和精神上慰藉的义务，照顾老年人的特殊需要；家庭成员应当关心老年人的精神需求，不得忽视、冷落老年人。第19条第1款还规定："赡养人不得以放弃继承权或者其他理由，拒绝履行赡养义务。"第23条第2款规定："由兄、姐扶养的弟、妹成年后，有负担能力的，对年老无赡养人的兄、姐有扶养的义务。"

三、身份权参照人格权保护规定

身份权的民法保护，应当明确对身份权保护的双重请求权体系。因为身份权是绝对权，也应当与其他绝对权一样，有双重的请求权保护体系。目前司法实践中对于违反身份权而产生的请求权大部分是基于抚养、赡养和扶养发生的请求权。有学者认为，这些请求权是基于身份权本身产生的请求权。但对于身份权保护请求权，目前法律规定比较欠缺。身份权保护请求权实质是当身份权受到侵害时，身份权人享有的排除妨害、停止侵害等的请求权。本条规定："对自然人因婚姻家庭关系等产生的身份权利的保护，适用本法第一编、第五编和其他法律的相关规定；没有规定的，可以根据其性质参照适用本编人格权保护的有关规定。"对基于抚养、赡养和扶养发生的身份权请求权，本法总则编、婚姻家庭编以及其他相关法律做了规定。另外，本条还规定"没有规定的，可以根据其性质参照适用本编人格权保护的有关规定”，可以说是对身份权保护请求权预留了一定解释空间。例如，根据身份权的性质，侵害配偶权的类型可以归纳为两种，即婚内侵权，以及婚外第三者侵权。对于婚内侵权，现行婚姻法确立了过错离婚损害赔偿制度，并列举了重婚、有配偶者与他人同居的具体情形，属于对配偶权的救济措施。但是，对于婚外第三者侵权，第三者与配偶通奸等案件是否构成对配偶权的侵犯？我国目前的司法实践是不承认婚外第三者侵犯配偶权的行为构成侵权的。例如，2000 年，周某某以被告谢某某与周某某之夫张某某完全超出一般的同事和朋友的交往关系造成家庭不睦为由，向重庆市渝北区人民法院起诉，要求判令“第三者”谢某某立即停止插足自己的家庭、赔礼道歉，并赔偿其精神损失 5.5 万元。渝北区法院一审判决谢某某立即停止侵害周某某的婚姻家庭关系，并向周某某赔礼道歉。“第三者”谢某某不服一审判决，上诉至重庆市第一中级人民法院。二审法院裁定此案不属于人民法院民事案件受理范围，撤销一审判决，驳回周某某起诉。

【审判实践中应注意的问题】

一、身份权请求权保护不适用诉讼时效

身份权是人格利益的延伸，其主要保护的还是身份利益。身份权请求权是基于身份权的绝对性和对身份利益的支配而产生的保护性请求权。根据《民法典》总则编中的第 196 条第 1 项“请求停止侵害、排除妨碍、消除危险”，第 3 项“请求支付抚养费、赡养费或者扶养费”以及《民法典》人格权编中的第 995 条关于“受害人的停止侵害、排除妨碍、消除危险、消除影响、恢复名誉、赔礼道歉请求权，不适用诉讼时效”的规定，对于符合上述规定的身份权请求权，不适用诉讼时效。

二、关于本条法律适用顺序问题

根据本条规定："对自然人因婚姻家庭关系等产生的身份权利的保护，适用本法第一编、第五编和其他法律的相关规定；没有规定的，可以根据其性质参照适用本编人格权保护的有关规定。"对于身份权的保护而言，首先应当适用《民法典》总则编、婚姻家庭编和其他法律中有关身份权保护的规定。当前述法律没有规定时，才适用人格权保护的有关规定。

三、关于夫妻违反忠实义务单独可诉性问题

关于夫妻之间的忠诚协议可诉性问题在理论界和实践中亦存在很大争议。男女双方在结婚时或婚后签订协议，约定一旦一方有违反《婚姻法》第4条规定的忠实义务时，双方中任何一方如果提出离婚，在离婚时遵守忠实义务的一方的配偶能否依据约定向违反忠实义务的一方提出违约金或者精神损害赔偿金的请求？有意见认为夫妻忠诚协议就像是合同，双方自愿协商达成一致之后应依约履行，所以在忠诚协议中约定限制人身权利的问题是可行的。也有意见认为，人的人身自由是宪法赋予我们的权利，除了法律法规的强制性规定外，任何人都不得予以剥夺，所以忠诚协议中约定限制人身自由的条款应该无效。对此，《最高人民法院关于适用〈中华人民共和国婚姻法〉若干问题的解释（一）》第3条规定，当事人仅以《婚姻法》第4条为依据提起诉讼的，人民法院不予受理；已经受理的，裁定驳回起诉。起草该解释时主要考虑：立法机关从司法工作实际情况出发，总结国内外立法和司法经验，认为目前不宜在立法上规定配偶权。但为树立良好的社会道德风尚，折中两种意见，只将配偶权中的夫妻应相互忠实、相互尊重的内容作为倡导性条款，规定到《婚姻法》总则中，而不是将其作为夫妻的实体权利义务予以确认。基于该条款的立法背景和立法本意，我们认为，该条款只是以立法形式明确告知社会，我国所提倡的婚姻家庭关系，体现的是德治结果，而非法

治之标。既然夫妻应相互忠实、相互尊重不是一项法定的权利义务，那么，夫妻间一方单独以他方违反该条款为由提起诉讼的，人民法院不予受理，已经受理的，裁定驳回起诉。当然，如果夫妻一方违反其他法定条款，对他方实施家庭暴力，或有虐待、遗弃等行为，或与他人同居的，他方可以依据其他法定条款和《婚姻法》第 4 条，合并提起诉讼。[①]

四、关于隔代探望权问题

我国立法尚未确立完善的亲属身份权保护制度，但是近年来我国的司法实践却提出了亲属身份权保护的适用问题。如隔代探望权问题，在行使过程中面临两个方面的障碍：一是未成年人子女的父母离婚后，其祖父母事实上难以单独进行探望，或者说这种探望因缺乏相应的权利基础而难于实现；二是如果不与子女生活的父母一方怠于行使其探望权，祖父母代位探望孙子女的情感需求能否存在现实的权利基础。《八民会纪要》第 3 条规定，祖父母、外祖父母对父母已经死亡或者父母无力抚养的未成年孙子女、外孙子女尽了抚养义务，其定期探望孙子女、外孙子女的权利应当得到尊重，并有权通过诉讼方式获得司法保护。《婚姻法》第 28 条规定，有负担能力的祖父母、外祖父母，对于父母已经死亡或父母无力抚养的未成年的孙子女、外孙子女，有抚养的义务。有负担能力的孙子女、外孙子女，对于子女已经死亡或子女无力赡养的祖父母、外祖父母，有赡养的义务。根据本条规定，对尽抚养义务的祖父母、外祖父母，尽赡养义务的孙子女、外孙子女而言，因有共同生活基础，祖父母、外祖父母与孙子女、外孙子女之间有深厚亲情，赋予隔代探望权是对情感需求的支持，能够维系亲属关系和谐、稳定。《民法典》编纂之初也规定了隔代探望权，规定祖父母、外祖母探望孙子女、外孙子女适用父母探望的规定。二

---

① 《最高人民法院关于适用〈中华人民共和国婚姻法〉若干问题的解释（一）理解与适用》，载人民法院出版社编：《司法解释理解与适用全集·家事卷》，人民法院出版社 2019 年版。

次审议稿时就按照《八民会纪要》的内容对隔代探望权进行了限定。但由于这个问题涉及当事人的情感、隐私、风俗习惯等很多伦理因素，为避免法律刚性对婚姻家庭和未成年人生活的伤害，以及执行过程中存在种种问题，最终没能规定。

第二章　生命权、身体权和健康权

第一千零二条　自然人享有生命权。自然人的生命安全和生命尊严受法律保护。任何组织或者个人不得侵害他人的生命权。

【条文主旨】

本条是关于自然人生命权受法律保护的规定。

【条文理解】

自然人的生命权、健康权和身体权在学理上统称为物质性人格权。物质性人格权是人格的载体，是其他人格权的基础，一旦丧失人格利益的物质基础，其他诸如姓名、肖像、名誉、隐私等都对权利主体没有任何意义，因此，就生命、健康、身体享有的权利是最为根本的人格权。[①]生命权是自然人维持其生命存在，以保证其生命安全利益为基本内容的具体人格权，在人格权中的地位至高无上。[②]

① 王利明主编:《中国民法典草案建议稿及说明》，中国法制出版社2004年版，第328页。

② 杨立新、扈艳:《〈人格权法〉建议稿及立法理由书》，载《财经法学》2016年第4期。

一、生命权的含义

（一）生命权的客体和内容

从生物学的角度讲，生命是动植物的存续状态。从社会学角度来看，生命既是一种自然现象，更是一种社会现象，但其也关系到最基本的生命伦理问题。法理上所说的生命具有其特定的含义，它是指作为法律主体存在的自然人的最高人格利益。[①]生命权是指以自然人的生命安全利益为内容的权利，它以生命安全和生命维持为客体，以维护人的生命活动延续为基本内容。生命权是自然人享有的最基本的人格权。[②]生命权与身体权既有密切联系，又有区别。通常来说，只有造成死亡的后果，才会涉及侵害生命权的问题，但侵害身体权可能会危及生命，但未必会导致死亡的后果。侵害生命权通常由受害人的近亲属来主张民事赔偿责任，而侵害身体权则由受害人自己主张权利。

（二）生命权的内容

理论上认为，生命权的内容包括生命安全维护权和生命利益支配权。生命安全维护权的首要内容，是维护生命延续。具体包括禁止他人非法剥夺生命，为维护生命安全采取相应保护措施或排除危害等。关于生命权包含的生命利益支配权，实际上关乎生命权人可否处分自己的生命。对此，传统理论持否定态度。[③]根据本条规定，生命权的内容包括维护生命安全权和维护生命尊严的权利，主要体现为对生命的维护以及不被他人侵害、要求他人尊重的权利。生命安全维护主要通过防御的方式行使，包括生命权人对生命利益享有的消极维护权以及在遭受侵害时享有的积极防卫权。[④]从文义上看，本条并未明确规定生命利益支配权，在《民法典》起草过程中，亦有民法学者建议增加关于安乐死的规定，但并未被立法采纳。学理上认为，生命利益支

---

① 王利明：《人格权法研究》，中国人民大学出版社2018年第3版，第255页。

② 姚辉：《人格权法论》，中国人民大学出版社2011年版，第150页。

③ 姚辉：《人格权法论》，中国人民大学出版社2011年版，第152页。

④ 王利明：《人格权法研究》，中国人民大学出版社2018年版，第267页。

配权是有限的，必须依法行使。

二、生命权的特征和性质

关于民法中是否要规定生命权的问题，存在不同观点。否定说认为，生命受到侵害后，承担生命自身损害的是受害者本人，而受害者因为失去生命而丧失主体资格，从而也就没有了对其救济的可能。除了受害者本人之外，受害人亲属或被扶养人因为受害者的死亡遭受了经济上的损失（如若受害者存活，其经济来源可以供亲属或被扶养人花费）和精神上的损害，侵权法仅对这些损害后果进行填补，赔偿范围因受害人主体资格的丧失而不包括生命本身。[①]并且，民法对权利的保护以补偿受害人的损失为首要目的，而生命的丧失却是无法补偿的，因此，生命权主要应当由刑法来保护，民法确认生命权对其来说是没有价值的。[②]肯定说认为，生命权应当由民法加以确认和保护，因为民法和刑法的保护方法是不同的。有民法学者认为，在民法上，将生命权作为独立的人格权加以确认，并通过人格权与侵权法予以保护，具有以下几方面意义：（1）宣告生命是最高的法益；（2）确立生命权优先于其他人格权的规则；（3）有利于强化对生命权的救济；（4）有利于明确有关机构和个人的义务和责任；（5）有利于将对生命权的限制法定化。[③]还有第三种观点认为，生命权是身体权的一部分，认为对身体的保护可以涵盖对生命的保护。

我国民法历来规定对生命权的保护和救济。《民法通则》第 98 条规定，公民享有生命健康权。《侵权责任法》第 2 条规定，侵害民事权益，应当依照本法承担侵权责任。本法所称民事权益，包括生命权、健康权、姓名权、名誉权、荣誉权、肖像权、隐私权、婚姻自主权、监护权、所有权、用益物权、担保物权、著作权、专利权、商标

---

① 项斌斌：《生命权作为人格权之民事权利属性质疑》，载《华东政法大学学报》2019 年第 2 期。

② 汤海庆：《生命健康权研究》，转引自王利明：《人格权法研究》，中国人民大学出版社 2018 年版，第 264 页。

③ 王利明：《人格权法研究》，中国人民大学出版社 2018 年版，第 266 页。

专用权、发现权、股权、继承权等人身、财产权益。生命权作为一项绝对权，具有对世性。其他任何社会主体都负有不得侵犯和妨害的义务。《民法总则》第110条第1款规定，自然人享有生命权、身体权、健康权、姓名权、肖像权、名誉权、荣誉权、隐私权、婚姻自主权等权利。《人身损害赔偿司法解释》第1条第1款规定，因生命、健康、身体遭受侵害，赔偿权利人起诉请求赔偿义务人赔偿财产损失和精神损害的，人民法院应予受理。《民法典》人格权编将生命权置于各项权利之首进行规定，体现了立法者把生命作为最重要的法益予以保护、以人为本的理念，体现对人最大的关怀。

三、生命权的民法救济

（一）请求权主体

从比较法看，大陆法系国家和我国台湾地区、澳门特别行政区将被侵权人死亡情况下的请求权人分为两种情况：

1. 经济损失的请求权人。被侵权人死亡的情况下，请求权人为死者近亲属、被扶养人和丧葬费支付人。对被扶养人的范围，规定不完全相同。一些国家和我国台湾地区将被扶养人的范围限定为被侵权人对其负有法定扶养义务的人。如依《德国民法典》第844条的规定，被扶养人包括两类：（1）受害人被侵害前负有法定扶养义务的人；（2）在侵害时尚未出生的胎儿。

2. 精神损害的请求权主体。大多数国家和我国台湾地区规定，受害人死亡导致其近亲属精神损害的，该近亲属可以为请求权人。[①]

根据《人身损害赔偿司法解释》第1条第1、2款的规定，因生命、健康、身体遭受侵害，赔偿权利人是指因侵权行为或者其他致害原因直接遭受人身损害的受害人、依法由受害人承担扶养义务的被扶养人以及死亡受害人的近亲属。本法第1181条第1款规定，被侵权人死亡的，其近亲属有权请求侵权人承担侵权责任。该规定与《侵权

① 王胜明主编：《侵权责任法释义》，法律出版社2010年版，第94页。

责任法》第18条关于“被侵权人死亡的，其近亲属有权请求侵权人承担侵权责任”的规定一致。被侵权人死亡的，其近亲属有权请求侵权人承担侵权责任。至于近亲属的范围，则应由婚姻家庭法律规定，同时需要根据具体案情确定哪些近亲属可以请求侵权人承担侵权责任。为了充分保护最应当被救济的近亲属，原则上，请求权人应是与受害人共同生活的家庭成员或者与受害人有紧密联系的近亲属，或者依靠受害人生活的其他近亲属，如受害人生前抚养的子女。[①]

（二）侵害生命权损害赔偿责任构成要件

1. 侵害生命权的行为。侵害生命权的行为在构成侵权的同时，往往触犯刑法。但是，民法上构成侵害生命权的行为，并不一定构成刑事犯罪。比如，因悬挂物发生脱落、坠落造成他人损害，所有人或者管理人应当承担侵权责任，但未必会构成犯罪。

2．损害后果。所谓侵害生命权的损害，是指被侵权人死亡的事实。如果侵权人意图剥夺他人生命，但是事实上未致他人死亡的，这时往往发生侵害身体权、健康权的问题。

3. 侵权行为与损害事实之间具有因果关系。侵害生命权的违法行为与生命权丧失的损害事实之间，须具备因果关系。

（三）民事救济方式

1. 损害赔偿。根据本法第1179条的规定，侵害他人造成人身损害的，应当赔偿医疗费、护理费、交通费、营养费、住院伙食补助费等为治疗和康复支出的合理费用，以及因误工减少的收入。造成残疾的，还应当赔偿辅助器具费和残疾赔偿金；造成死亡的，还应当赔偿丧葬费和死亡赔偿金。

2. 停止侵害、排除妨害。当有非法侵害生命的行为和危害生命的危险发生时，权利人有权采取相应的措施，保护自己，排除危害。

应当看到，现代科学技术的发展，尤其是生物技术的发展，对生命权提出了新的命题。随着科学技术的发展，堕胎、体外受精、胚胎

① 王胜明主编：《侵权责任法释义》，法律出版社2010年版，第95页。

移植、药物试验、基因复制、生命复制以及安乐死技术等，都对生命权的保护带来了新的挑战。[1]

【审判实践中应注意的问题】

关于侵害生命权侵权责任归责原则问题。由于侵害生命权可能因多种侵权行为引起，比如道路交通事故、产品责任事故、医疗事故、高空抛物等，都有可能致人死亡，侵犯他人生命权。因此，确定侵害生命权的侵权责任构成，应当根据本法侵权责任编的规定，分别适用过错责任原则、过错推定原则和无过错责任原则。

案例：王某与徐某系同事关系，因工作分歧，双方发生争执。事后，王某独坐时突然晕厥，送医抢救无效死亡。事发前，王某与徐某从同一家保安服务公司被派遣至一家电子公司工作。2018年1月9日，二人因工作原因发生争吵后，王某情绪激动。"我担任保安领班，当晚6点50分左右，我安排他到三号门值班，他不愿意。"庭审中，被告徐某陈述。在拒绝被告的工作安排后，王某就端了一把椅子坐到门卫室外面两三米的地方，直到晕倒。

病历单载明，120医务人员赶到现场时检查发现，王某无呼吸，无心跳，立即采取心肺复苏，并送往医院，有既往冠心病病史。经诊断，王某系呼吸心跳骤停，心源性猝死，冠状动脉粥样硬化性心脏病。经抢救无效后于当日晚间死亡。庭审过程中，王某的儿子陈述，父亲有七八年冠心病病史，一直在服用药物治疗。

王某的母亲、妻子及两个儿子一起将徐某诉至法院，认为王某的死亡与被告有必然的因果关系，要求其承担原告损失共计120万元的三成赔偿责任，即40万元。

审理法院认为，本案属于生命权纠纷，应适用《侵权责任法》相关规定。《侵权责任法》第6条第1款规定："行为人因过错侵害他

---

① 王利明：《人格权法研究》，中国人民大学出版社2018年版，第266页。

人民事权益，应当承担侵权责任。”因此，确定被告应否承担侵权责任，关键要分析徐某与王某死亡之间是否有因果关系、徐某是否存在过错。首先，事发时的监控视频中未显示双方之间发生过肢体冲突。根据询问笔录，事发时被告徐某正在与王某沟通工作事宜，王某对被告安排的工作岗位不满意，被告告知王某“你想去哪个门就去哪个门吧”，王某遂去了其工作岗位，后身体不适。整个过程中被告徐某未有任何不当行为。其次，被告徐某与王某沟通工作事宜本身不会造成王某死亡的后果。王某自身有七八年冠心病病史，在未能控制自身情绪的情况下，发作心脏疾病不幸死亡。虽然从时间上看，二人沟通工作事宜与王某死亡的后果是先后发生的，但两者之间并不存在法律上的因果关系。再次，徐某没有侵害王某生命权的故意或过失。徐某在正常履行工作职责，对王某安排工作事宜，不存在加害王某的故意，徐某对王某的死亡无法预见，也不存在疏忽或懈怠，没有过错。遂驳回原告诉讼请求。①

① 周某某、王某等与徐某生命权、健康权、身体权纠纷案，江苏省苏州市虎丘区人民法院（2019）苏0505民初182号民事判决书。

第一千零三条 自然人享有身体权。自然人的身体完整和行动自由受法律保护。任何组织或者个人不得侵害他人的身体权。

【条文主旨】

本条是关于对自然人身体权保护的规定。

【条文理解】

一、身体权的内容

（一）身体权的含义

身体权是指自然人保持其身体组织完整并支配其肢体、器官和其他身体组织的权利。身体包括头颈、躯干、四肢、器官以及毛发指甲等。作为生命的载体，自然人的身体受法律保护，任何人不得非法侵害。[①]

（二）身体权的内容

身体权以维护公民身体完整性为基本内容。人体各组成部分完整地运转，是维持生命和安全的前提。任何人非法破坏公民身体的完整性，就构成对公民身体权的损害。另外，身体权也是自然人对自己身体部分的头颅、肢体、器官和其他组织的支配权。如器官移植、义务输血等，即是在合法条件下本人对自己身体的支配权。如果他人违反本人意志，强行支配使用公民身体的组成部分，即侵害了公民对其身

① 李适时主编：《民法总则释义》，法律出版社2017年版，第339页。

体组成部分的支配权。[①]维护行动自由也是身体权的重要内容。自然人有权决定和支配自身的行动自由，非法拘禁、绑架等非法限制或者剥夺他人行动自由的行为，均构成对他人身体权的侵害。

二、关于身体权的立法沿革

对于身体权的性质，理论界存有争议，主要的观点有所有权说、健康权说和人格权说三种。大陆法系普遍承认身体权为一种独立的人格权，并受法律保护。《奥地利民法典》第1325条将身体权与健康权合并规定。《德国民法典》《法国民法典》以及我国台湾地区“民法”都将身体作为一种特殊的法益加以保护。

我国1986年《民法通则》第98条规定，公民享有生命健康权，并未将身体权作为独立人格权予以明确规定。当时的理论解释上一般认为身体只是生命健康权的客体。身体权首次出现在司法解释中，2001年《精神损害赔偿司法解释》第1条规定：“自然人因下列人格权利遭受非法侵害，向人民法院起诉请求赔偿精神损害的，人民法院应当依法予以受理：（一）生命权、健康权、身体权……”明确将身体权作为人格权的一种，它与生命权、健康权并称为物质性人格权。2009年《侵权责任法》第2条规定，侵害民事权益，应当依照本法承担侵权责任。本法所称民事权益，包括生命权、健康权、姓名权、名誉权、荣誉权、肖像权、隐私权、婚姻自主权、监护权、所有权、用益物权、担保物权、著作权、专利权、商标专用权、发现权、股权、继承权等人身、财产权益。2017年《民法总则》第110条第1款明确规定，自然人享有生命权、身体权、健康权、姓名权、肖像权、名誉权、荣誉权、隐私权、婚姻自主权等权利，首次在立法中将身体权予以明确规定。

将身体权作为独立人格权予以规定，有其现实基础和必要性。一是我国审判实践中虽然倾向于对健康权作扩张解释，以涵盖身体

① 参见唐德华：《人身损害赔偿司法解释及相关法律疑难释解》，人民法院出版社2006年版，第16页。

权乃至其他没有具体归类范畴的精神权益遭受侵害的情形（即所谓心理健康权）。但鉴于即使对健康权作扩张解释也难以概括侵害身体权的各种类型，当他人侵害自然人的身体，但未侵害自然人的组织和正常功能时，侵害的仅是自然人的身体权，而非健康权。如甲未经乙同意突然将乙的长头发剪断，此时乙的身体组织和功能正常并未受到侵害，但甲侵害了乙身体组织的完整及对自己身体组织的支配，侵害了乙的身体权。[①] 另外，规定独立的身体权，也是与现代科技和医学发展的需要相一致的。例如，器官移植技术的发展，使得人的身体的某些部分可以和人体相分离而无损人的健康；克隆技术的发展，使得人体的很多部分都可以以克隆的方式被"复制"。这些内容显然与人的身体权是密切相关的，确认和完善身体权概念对于合理解决这些问题也是十分必要的。[②] 并且，自然人的行动自由被侵害，比如被非法拘禁，显然其客体也不能为健康权所涵盖。《民法总则》在法律上确认独立于健康权的身体权，为人格权编明确规定健康权奠定了基础。生命权、健康权和身体权构成了完整的物质性人格权的体系，为自然人人身权益提供更全面、有力的保护。

三、身体权与健康权

在理论和实践中，身体权与健康权的关系存在一些争议。在一些国家的民事立法中，只规定身体权而不规定健康权，即认为身体权足以涵盖健康权，也有立法只规定健康权不规定身体权。应当说身体权和健康权的关系非常密切，通常情况下，侵害自然人的身体往往导致对自然人健康的损害，甚至剥夺自然人的生命。侵害自然人健康也往往通过侵害他人身体的方式导致。但两者亦存在明显区别。

身体为肉体组织的完整，健康为生理机能的完善。在审判实务中，对侵害他人身体造成伤害结果或者死亡后果的，按照侵害生命健康权的规定可以获得救济。但对没有造成伤害后果或者死亡后果，没

① 李适时主编：《民法总则释义》，法律出版社2017年版，第339页。

② 王利明：《人格权法研究》，中国人民大学出版社2018年版，第291、292页。

有破坏或者影响到健康的，例如，非经他人同意强行剪人毛发、强制抽血、强制提取DNA等，并不必然会导致对生命权或者健康权的侵害。再者，身体权具有处分的权能，权利人可以在一定范围内依法行使其权，如捐献器官、献血等，权利人实施此种处分行为，并不一定会损害其健康。[①] 德国法上的储存精子灭失案，具有典型意义和代表性。该案原告因预见有不能生育的可能性，将其健康精子提取后冷冻储藏于某大学医院。当其婚后欲提取精子时，获知因医院过失已致其储存的精子灭失。原告遂向法院起诉请求慰抚金（即精神损害抚慰金）赔偿。一、二审法院均驳回其诉讼请求。而德国联邦法院则认为身体权的保护客体不是物质，而是人格的存在及其自主决定领域。身体的部分与身体相分离，如果权利主体的意思是为了保持身体功能，或其后将再与身体结合，应当认为分离部分与身体本身仍构成功能上的一体性；对分离部分的侵害就构成对身体的侵害。法院据此判决支持原告的诉讼请求。[②] 应当说，侵害健康权与侵害身体权有交叉重合的情形，也有各不相属的情形，存在明显区别。

四、对身体权的民法保护方法

实践中，侵害他人身体权通常以非法侵扰身体、未致伤害的殴打等方式进行，被侵权人可以依据法律规定的民事责任方式进行救济。

1. 请求停止侵害、排除妨碍、消除危险。本法第997条规定："民事主体有证据证明行为人正在实施或者即将实施侵害其人格权的违法行为，不及时制止将使其合法权益受到难以弥补的损害的，有权依法向人民法院申请采取责令行为人停止有关行为的措施。"自然人身体权受到损害或者现实威胁的，权利人有权依法请求停止侵害、排除妨碍、消除危险。

2. 财产损害赔偿。自然人身体权遭受损害的，比如造成误工费、交通费等损失，根据完全赔偿原则，被侵权人有权主张行为人承担赔

---

① 王利明：《人格权法研究》，中国人民大学出版社2018年版，第301页。

② 王泽鉴：《侵权行为法》（第1册），中国政法大学出版社2001年版，第108、109页。

偿责任。

3. 精神损害赔偿。侵害他人身体权虽然未必造成健康损害，但是有些情况仍会给他人造成较为严重的精神痛苦，比如前述储存精子灭失案中，所储存的精子灭失给他人造成了人格利益的损失和精神痛苦。此类情况下，受侵害人有权依法请求精神损害赔偿。另外，受害人还可以请求侵权人赔礼道歉等。

第一千零四条　自然人享有健康权。自然人的身心健康受法律保护。任何组织或者个人不得侵害他人的健康权。

【条文主旨】

本条是关于对自然人健康权保护的规定。

【条文理解】

一、立法沿革

我国民法历来明确对自然人健康权予以保护。1986 年《民法通则》第 98 条即规定，公民享有生命健康权。2001 年《精神损害赔偿司法解释》第 1 条规定："自然人因下列人格权利遭受非法侵害，向人民法院起诉请求赔偿精神损害的，人民法院应当依法予以受理：（一）生命权、健康权、身体权……" 2004 年《人身损害赔偿司法解释》第 1 条规定，因生命、健康、身体遭受侵害，赔偿权利人起诉请求赔偿义务人赔偿财产损失和精神损害的，人民法院应予受理。2009 年《侵权责任法》第 2 条规定："侵害民事权益，应当依照本法承担侵权责任。本法所称民事权益，包括生命权、健康权、姓名权、名誉权、荣誉权、肖像权、隐私权、婚姻自主权、监护权、所有权、用益物权、担保物权、著作权、专利权、商标专用权、发现权、股权、继承权等人身、财产权益。"《民法总则》第 110 条第 1 款也明确列举了健康权，该条规定，自然人享有生命权、身体权、健康权、姓名权、肖像权、名誉权、荣誉权、隐私权、婚姻自主权等权利。通过以上制度沿革可知，健康权历来是民事法律明确列举予以保护的权利，对此并无争议。

二、健康权的内容

根据本条规定，自然人享有健康权，有权维护自己的身心健康。

（一）健康权享有的主体

本条明确规定，自然人享有健康权。健康权与生命权、身体权属于物质性人格权，其只能由自然人享有，法人不可能享有健康权。

（二）健康权的客体

关于健康权的内涵和外延，存在不同的观点。一种观点认为，健康的内涵同时包括生理健康和心理健康，因此，健康权的客体同时包括生理健康和心理健康。该种观点将健康权定义为自然人以其身体的生理机能的完整性和保持持续、稳定、良好的心理状态为内容的权利。[①] 另一种观点认为，民法学上所说的健康，是物质性人格权之一健康权的客体，只能是指生理健康。对于心理健康这种精神上的活动，依法通过精神损害赔偿的办法进行保护，而不是通过健康权的保护方法予以保护。如果将心理健康置于健康概念中，将会混淆健康权的损害赔偿和精神痛苦的慰抚金赔偿（即精神损害赔偿的一种形式）之间的区别，造成法律概念的界限不清以至于混同，给适用法律造成障碍。作为健康权客体的健康，是指维持人体生命活动的生理机能的正常运作和功能的完善发挥。[②] 但两种观点均认为，应区分精神性疾病与心理痛苦、精神创伤。两种观点的区别在于将精神性疾病归于生理健康范畴还是心理健康范畴。第一种观点认为，精神疾病损害属于对心理健康的损害，而第二种观点则将精神性疾病纳入生理健康范畴。因此，两者实际上并无本质区别。

立法机关编写的《民法总则释义》中虽然将健康权定义为自然人

---

① 王利明：《人格权重大疑难问题研究》，法律出版社 2019 年版，第 427 页。

② 最高人民法院民一庭编著：《最高人民法院人身损害赔偿司法解释的理解与适用》，人民法院出版社 2015 年版，第 9 页。

维护其机体生理机能正常运作和功能完善发挥为内容的权利。[①]但根据本条“自然人的身心健康受法律保护”的规定，健康权的客体包括生理健康和心理健康。随着现代社会的发展，心理健康逐渐成为重要的社会问题，将心理健康作为健康权的客体，也是符合人格权保护发展趋势的。值得注意的是，健康权与精神损害赔偿制度的功能是有区别的，在法律上应将精神性疾病与心理上的痛苦、焦虑等状态予以区分，前者会影响人体机能的正常发挥，可以纳入健康权范畴，后者则属于一种心理上的不良状态，通常只能通过精神损害赔偿得到一定抚慰，不宜纳入健康权的保护范畴。

（三）健康权的内容

就其本质而言，人格权是一种以维护自然人人格尊严为宗旨的消极性（防御性）权利。[②]消极权利具有消极性，体现在当侵害没有发生时，消极权利就处于静止状态，因此，主要的权利行使方式是对外来干预的防御，通过自力或者公力排除干预。[③]健康权的首要内容是自然人保持自己健康的权利。这不仅是自然人维护自身生命、提高自己的生活质量、追求体格的完美状态，同时也具有维护社会利益、提高人类生存质量的意义。当自然人的健康权受到不法侵害时，享有请求法律保护的权利。任何人违反这一义务，侵害他人的健康权，受害人有权请求加害人承担相应的民事责任。[④]

健康权不仅是一种个人权利，更涉及社会公共利益和公共秩序的维护，权利人只有在不违反法律和善良风俗以及不严重损害自己健康的特殊情况下，才可以适当处分自己的健康利益。[⑤]对健康支配处分的限制主要有：（1）为了医学进步和人类发展，需要以人体进行新药、新技术的试验。接受人体试验，可能存在危及健康权的风险。民

---

① 李适时主编：《民法总则释义》，法律出版社2017年版，第339页。

② 温世扬：《民法典“人格权”编（草案）评议》，载《社会科学文摘》2019年第4期。

③ 陈云良：《健康权的规范构造》，载《中国法学》2019年第5期。

④ 王利明主编：《中国〈民法典〉草案建议稿及说明》，中国法制出版社2004年版，第330页。

⑤ 李景义、项定宜、李浩：《人格权体系研究》，人民出版社2016年版，第101页。

法尊重和保护个人的自我决定权，进行人体试验应当由个人决定，但这种选择不得违反法律和公共道德。本法第1008条对人体试验作出了限制和规定。（2）订立处分健康权的合同，或者订立免除侵害健康权责任的免责条款，或者设立已将健康毫无意义地置于危险状态为内容的合同，应当认为无效。（3）健康权不得利用和转让。健康权是权利人的人格权，具有固有性，不得将健康权商品化，应用于商业交易之中。①

关于劳动能力是否属于健康权的内容，存在几种不同的认识：一种认为劳动能力是人格权，是指自然人以其脑力、体力功能利益为内容的物质性人格权；另一种认为其既不是身体权的内容，也不是健康权的内容，而是一项独立的人格利益；还有的观点则认为劳动能力既不是独立的人格权，也不是独立的人格利益，而是健康权的基本内容。②很多学理观点将劳动能力纳入健康权的保护范畴。

三、侵害健康权的民法保护

（一）请求停止侵害、排除妨碍、消除危险

本法总则编中的第179条规定了承担民事责任的方式。本法第997条规定，民事主体有证据证明行为人正在实施或者即将实施侵害其人格权的违法行为，不及时制止将使其合法权益受到难以弥补的损害的，有权依法向人民法院申请采取责令行为人停止有关行为的措施。自然人健康权受到损害或者现实威胁的，权利人有权依法请求停止侵害、排除妨碍、消除危险。

（二）财产损害赔偿

本法第1179条规定，侵害他人造成人身损害的，应当赔偿医疗费、护理费、交通费、营养费、住院伙食补助费等为治疗和康复支出的合理费用，以及因误工减少的收入。造成残疾的，还应当赔偿辅助器具费和残疾赔偿金；造成死亡的，还应当赔偿丧葬费和死亡赔偿

① 参见杨立新：《人格权法》，法律出版社2015年版，第162页。
② 姚辉：《人格权法论》，中国人民大学出版社2011年版，第152页。

金。自然人健康权遭受损害的，有权依据该条主张行为人承担赔偿责任。

（三）精神损害赔偿

侵害他人健康权造成严重后果的，往往会给受害者造成精神上的痛苦，身体上持续的较为严重的疼痛、后遗症、器官功能受损甚至残疾等等，都会给被侵权人造成精神损害。人的健康是无价的，受侵害人有权依据本法第1183条关于“侵害自然人人身权益造成严重精神损害的，被侵权人有权请求精神损害赔偿”的规定，请求精神损害赔偿。

案例：1996年3月2日16时，黄某某因腹痛到龙岩地区第一医院（现更名为龙岩市第一医院，以下简称第一医院）急诊，被确诊为急性化脓性阑尾炎，当日17时医院为黄某某施行阑尾切除手术，手术医师施行手术时怀疑取下的组织与阑尾有异，即请二道班医师检查，二道班医师找到了炎症阑尾并予切除。经探查，确认被手术医师摘除的组织为黄某某的子宫，黄某某双侧卵巢完好。1996年5月3日龙岩地区医疗事故鉴定委员会作出“关于龙岩地区第一医院患者黄某某医疗事件的技术鉴定”，认定本事件为二级医疗事故。一审期间，法院还参照《职工工伤与职业病致残程度鉴定标准》之规定，认定黄某某属五级伤残。

一审法院认为，本案中黄某某的损失除物质方面外，还包括精神损失，即实际存在的无形的压力与痛苦，必须给予抚慰与补偿。但确定赔偿额要考虑当前本地区的生活水准及属于福利性质单位的被告的偿付能力等因素。判令第一医院赔偿住院押金及医疗费1045元、残疾生活补助费82770元；赔偿黄某某精神损害偿金5万元；赔偿黄某某的父母黄某、林某某精神损害赔偿金各1万元；赔偿黄某误工损失5004元；律师代理费7800元。二审法院认为，第一医院违反手术规程，在为黄某某施行阑尾切除手术时误将其子宫摘除，造成黄某某终生丧失生育能力、部分丧失劳动能力的残疾，其行为严重侵害了黄某某的健康权。本起医疗事故给受害人黄某某造成的损失，除了物质损失外，也包括精神损失。作为一名未成年的幼女，子宫被摘除，丧失生育能力，除了肉体上的痛苦外，必然也会随着她的成长，给其造成伴随终生的精神压力和痛苦，影响其作为一名女性的正常生活。这起医疗事故将给黄某某带来的精神损害是显而易见的，损害的后果是严重而久远的，必须给予一定物质上的抚慰和赔偿。一审判决确定的精神损害赔偿额偏低，不足以对黄某某的精神损害进行抚慰，应予变更。但上诉人黄某、林某某不是医疗事故的直接受害人，其要求第一医院给予精神损害赔偿，不符合我国民法确立的人身损害赔偿原则，对其请求应予驳回。遂改判龙岩市第一医院赔偿黄某某精神损害赔偿金人民币 15 万元。[①]

① 黄某等诉龙岩市第一医院医疗事故损害赔偿案，福建省高级人民法院（1998）闽民终字第 19 号民事判决书，载最高人民法院民一庭编著：《最高人民法院〈关于确定民事侵权精神损害赔偿责任若干问题的解释〉的理解与适用》，人民法院出版社 2015 年版，第 94 页。

第一千零五条 自然人的生命权、身体权、健康权受到侵害或者处于其他危难情形的，负有法定救助义务的组织或者个人应当及时施救。

【条文主旨】

本条是关于法定救助义务的规定。

【条文理解】

本条内容属于《民法典》新增内容。2011 年的“小悦悦事件”，2012 年“18 岁女生家门口被男友用刀砍死，保安见死不救，住户隔‘铁门’相望”等报道，引起了公众广泛热议，这一系列事件不断拷问着人们的道德良知。近年来，公交车司机及工作人员对遭到抢劫的乘客是否负有救助义务，旅游服务机构及其导游对其带领的游客是否有救助义务，结伴旅游的“驴友”在同伴遇险时是否应当救助等社会现象和问题不断涌现。与此同时，也在法律领域引起了激烈争论，法律是否要确定人们对他人的救助义务？如何处理法律与道德的关系？如果规定救助义务，应当规定到什么程度？如何规定？这成为《民法典》编纂过程中关注的重要问题。

关于是否规定危难救助义务的问题，存在不同的观点。一种观点认为，就目前中国的实际状况而言，一般救助义务属于道德规制的范畴，不应该上升到法律的高度。危难救助义务法律化极易混淆法律与道德的界限，存在泛道德化危机。有学者认为，确立危难救助义务“会极大限制人们的行为自由，给个人增加不必要的负担，阻碍社会活动的开展"。[1] 另一种观点则认为，危难救助义务符合人文主义的精神，凸显法律对人的尊重和关爱以及对人的生命等重大权利的保障，体现了利益间的权衡——为了保护较为重大的利益（生命健康利益）适当限制个人自由，以免人的生命权或身体健康权遭受无法挽回的损害。危难救助义务的设定符合社会发展的需要，是进步性的规定。[2]

《民法典》人格权编草案一审稿规定"自然人的生命权、身体权、健康权受到侵害或者处于其他危难情形的，负有法定救助义务的机构和人员应当依法及时施救"二审稿和三审稿相较于一审稿，除将机构改为组织以外，删除了"依法"两字。在编纂过程中，也有观点提出草案规定了有关机构和人员的"施救"义务，但其义务主体并非其他民事主体，而是公安机关、卫生防疫部门等公权力机关及其工作人员，性质上也不属于民事义务而是公法上的义务，因此不具有民法规范属性，建议删除。[3]但即使是负有法定义务的机构或者个人，未尽到法定救助义务，仍然要承担民事责任，因此，《民法典》仍将法定救助义务予以规定。考虑到一般民众对施加救助义务的承受力和接受程度，立法并未规定公民的一般救助义务，未将救助道德义务上升为法律义务，但规定了负有法定救助义务的组织或者个人的救助义务。本条规定自然人的生命权、身体权、健康权受到侵害或者处于其他危难情形的，负有法定救助义务的组织或者个人应当及时施救。

一、义务主体——负有法定救助义务的组织或者个人

本条规定的救助义务主体为负有法定救助义务的组织或者个人，但是对于哪些属于负有法定救助义务的组织或者个人，并未作出明确规定。

---

①② 郑丽清：《对危难救助义务功能的考察与反对立法理由的回应》，载《福建师范大学学报（哲学社会科学版）》2012年第6期。

③ 温世扬：《民法典人格权草案评议》，载《政治与法律》2019年第3期。

考察两大法系相关立法，在欧洲，最早是由刑法规定救助义务的。2002年修订后的《德国刑法典》第323条C款规定："意外事故、公共危险或困境发生时，根据行为人当时的情况救助有可能，尤其对自己无重大危险且又不违背其他重要义务而不进行救助的，处一年以下自由刑或罚金刑。"德国刑法已有关于不作为犯罪的规定，但其民法却没有规定一般人的不作为侵权。德国民法学界认为，除事先存在作为义务外，不得对一般人强加作为义务，其原理在于私法主体具有决策自由，决策自由的根据是私法自治，民事主体在法律许可的范围内有行为自由，若限制其自由，则与私法性质相悖，也有违《德国基本法》第2条第1款关于人格自由发展权的规定。有学说认为《德国民法典》第823条第2款可视为不作为侵权的依据，根据该项规定，违反以保护他人为目的之法律者负有损害赔偿义务。[①]英美法在将道德义务上升为法律义务方面，一直受到传统判例法原则的限制，因为英美法向来恪守法律与道德相区别的原则，一般不承认救助他人为法律义务，认为不作为不能产生责任。若救助者与被救助者之间存在诸如监护人与被监护人、导游与游客、医生与患者、船员与乘客、主仆关系与主宾关系等特殊关系，才会产生法律上的救助义务。[②]有学者认为，比较两大法系民事救助义务的产生原因，可知二者存在共同的原因：由于法律的规定、先行行为、特殊关系、合同（大陆法置于特殊关系中）。[③]我们认为，本条规定的负有法定救助义务的机构或者个人主要包括以下情形：

（一）法律法规规定有救助义务的

目前，我国有关救助义务的法律规定主要有：《消防法》第44条第4款规定："消防队接到火警，必须立即赶赴火灾现场，救助遇险人员，排除险情，扑灭火灾。"《执业医师法》第3条规定，医师应具

---

① 郭栋：《侵权法中的作为义务探究》，载《北京航空航天大学学报（社会科学版）》2012年第3期。

② 关涛：《救助他人行为的私法构造》，载《法学》2017年第9期。

③ 郑丽清：《民事救助义务的反思与构建》，载《海峡法学》2015年第3期。

备良好的职业道德和医疗职业水平，发扬人道主义精神，履行防病治病、救死扶伤、保护人民健康的神圣职责。第24条规定："对急危患者，医师应当采取紧急措施进行诊治；不得拒绝急救处置。"《道路交通安全法》第70条规定了发生交通事故的车辆驾驶人对受伤人员的立即抢救义务；第72条规定了交通警察对交通事故受伤人员的先行组织抢救义务；第75条规定医疗机关对事故受伤人员的及时抢救义务。《海商法》第38条规定："船舶发生海上事故，危及在船人员和财产的安全时，船长应当组织船员和其他在船人员尽力施救……"；第174条规定，船长在不严重危及本船和船上人员安全的前提下，有义务尽力救助海上人命。《合同法》第301条规定，在运输过程中，承运人对患有急病、分娩、遇险的旅客负有尽力救助的义务。《民用航空法》第48条规定："民用航空器遇险时，机长有权采取一切必要措施，并指挥机组人员和航空器上其他人员采取抢救措施……"法律法规明确规定了有救助义务的情形，较好判断。

（二）负有安全保障义务的

《侵权责任法》第37条规定了住宿、餐饮、娱乐等公共场所的管理人或者群众性活动的组织者的安全保障义务。本法第1198条对安全保障义务作出了规定，其中第1款规定宾馆、商场、银行、车站、机场、体育场馆、娱乐场所等经营场所、公共场所的经营者、管理者或者群众性活动的组织者，未尽到安全保障义务，造成他人损害的，应当承担侵权责任。通常情形下，安全保障义务也包括了在遭受危险时应当及时救助的义务，比如储户到银行存钱遭到歹徒抢劫受伤，银行应当采取适当措施履行紧急救助义务。银行是否负有安全保障义务？如何判断其是否尽到安全保障义务中的救助义务？则应结合具体情形进行判断。

（三）其他负有法定救助义务的主体

除上述情形以外，基于特定关系也可能存在法定的救助义务，比如监护人负有保护被监护人的义务。夫妻之间是否负有法定的救助义务，基于合同关系是否产生法定救助义务等问题，均需要结合具体情况在实践中进一步探讨。

二、应当及时施救的情形

本条规定应当及时施救的情形为自然人的生命权、身体权、健康权受到侵害或者处于其他危难情形的。自然人的生命权、身体权、健康权属于物质性人格权，是民事主体享有各项民事权利的前提，其价值具有不可衡量性，应当首先被保护。为了保护自然人的首要的人格权益，赋予特定组织或者个人一定程度的作为义务。因此，本条规定的应当及时施救的情况并不包括财产权益受到侵害或者处于危难的情形。

【审判实践中应注意的问题】

实践中需要把握与相关制度之间的关系：

一、关于与无因管理制度的区别

《民法典》总则编中的第121条是关于无因管理的规定，该条规定，没有法定的或者约定的义务，为避免他人利益受损失而进行管理的人，有权请求受益人偿还因此支出的必要费用。无因，指没有法定的或者约定的义务。没有法定的或者约定的义务是无因管理成立的重要条件。如果行为人负有法定的或者约定的义务进行管理，则不能构成无因管理。[①] 而本条规定的义务主体是负有法定救助义务的组织或者个人。

二、关于与《民法典》总则编规定的自愿救助行为的关系问题

《民法典》总则编中的第184条规定，因自愿实施紧急救助行为

---

① 李适时主编：《民法总则释义》，法律出版社2017年版，第376页。

造成受助人损害的，救助人不承担民事责任。该条规定的自愿实施紧急救助行为的救助人通常为见义勇为或者乐于助人的志愿人员。而本条规定的义务主体是负有法定救助义务的组织或者个人。前者强调的救助人的主观状态为自愿，这与本条规定的救助义务有所不同。

第一千零六条 完全民事行为能力人有权依法自主决定无偿捐献其人体细胞、人体组织、人体器官、遗体。任何组织或者个人不得强迫、欺骗、利诱其捐献。

完全民事行为能力人依据前款规定同意捐献的，应当采用书面形式，也可以订立遗嘱。

自然人生前未表示不同意捐献的，该自然人死亡后，其配偶、成年子女、父母可以共同决定捐献，决定捐献应当采用书面形式。

【条文主旨】

本条是关于人体捐献的规定。

【条文理解】

根据学理观点，所谓器官捐献，是指自然人自愿、无偿地捐献自己的器官、血液、骨髓、角膜等身体的组成部分甚至捐献遗体的行为。[①] 国务院和原卫生部分别在2007年和2009年颁布了《人体器官移植条例》和《关于规范活体器官移植的若干规定》，并在法规和规章中开宗明义地规定，器官捐献应当遵循自愿原则，同时在《关于规范活体器官移植的若干规定》中还强调公民享有自主捐献权，任何组织或者个人不得强迫、欺骗或者利诱他人捐献人体器官。[②] 从我国情况来看，器官移植在我国起步于20世纪60年代，但近年来发展很

① 王利明：《人格权重大疑难问题研究》，法律出版社2019年版，第408页。

② 荣振华、唐义红：《自愿、自治与人权——以活体器官移植原则为分析对象》，载《西南政法大学学报》2018年第3期。

快，通过器官移植挽救了数以万计病人的生命，但同时也导致实践中产生了不少纠纷。[①]在这种背景下，《民法典》对器官捐献作出了规定。起草过程中，《民法典》人格权编草案二审稿增加规定器官捐献应当采用书面形式或者有效的遗嘱形式，但就自然人生前未表明是否捐献遗体，去世后家人能否替其作出捐献决定的问题，二审稿未予明确。就此，有观点提出，死后遗体捐献有利于医疗卫生事业的发展，有利于弘扬社会主义核心价值观，应当予以鼓励，建议吸收国务院《人体器官移植条例》的相关内容。《民法典》人格权编草案三审稿采纳相关意见，增加一款规定：自然人生前未表示不同意捐献的，该自然人死亡后，其配偶、成年子女、父母可以采用书面形式共同决定捐献。[②]

根据本条规定，人体捐献需满足以下条件：

一、捐赠者须为完全民事行为能力人

本条规定捐赠者必须是完全民事行为能力人。该规则主要是为了保护未成年人。未成年人因其不具有完全行为能力，且身体正处于发育状态，允许未成年人捐赠器官可能影响其未来身心发展，因此法律将捐赠者限于完全民事行为能力人，是为了强化对未成年人的保护。《人体器官移植条例》第 8 条规定，捐献人体器官的公民应当具有完全民事行为能力。公民捐献其人体器官应当有书面形式的捐献意愿，对已经表示捐献其人体器官的意愿，有权予以撤销。公民生前表示不同意捐献其人体器官的，任何组织或者个人不得捐献、摘取该公民的人体器官；公民生前未表示不同意捐献其人体器官的，该公民死亡后，其配偶、成年子女、父母可以以书面形式共同表示同意捐献该公民人体器官的意愿。第 9 条规定，任何组织或者个人不得摘取未满 18 周岁公民的活体器官用于移植。

① 王利明：《人格权重大疑难问题研究》，法律出版社 2019 年版，第 408 页。

② 王博勋、田宇：《民法典人格权编草案三审：进一步强化对人格权的保护》，载《中国人大》2019 年第 17 期。

二、人体捐献须为自愿捐献

从比较法的角度看，关于人体捐献有不同的立法模式。在活体器官捐献的场合下，各国法律通常规定捐献人要作出明示同意器官捐献的意思表示。在遗体器官捐献中，有的立法例采用与活体器官捐献相同的明示同意的模式，有的国家采用“推定同意”模式，即推定该国家所有公民都同意在死后捐献器官。在该模式下又分为两种不同的形式：一种可以被称为“完全推定”，是由国家立法授权给医生，允许他们在尸体上收集所需的器官，不必考虑死者生前及家属的意愿如何。这种做法比较极端，实际上等于排除了自然人对于遗体器官捐献的拒绝权。另一种被称为“可拒绝推定”，即是只要死者生前或者其家属没有作出拒绝器官捐献的意思表示，则认为其同意自愿捐献，医生有权摘取所需器官，实际上这种模式赋予了自然人对于推定同意的拒绝权。①

我国立法采明示同意模式，规定无论是活体器官捐献还是遗体器官捐献均需当事人作出明确同意的意思表示。体现了对于器官捐献人的自由和尊严的维护以及身体权的保护，也是意思自治原则在器官捐献领域的体现。作为规范器官捐献和器官移植行为的立法，其立法目的一方面是为了促进器官捐献，增加器官捐献数量，保证器官移植手术所需要的捐献器官的来源，换句话说，是注重对于器官捐献接受者的生命和健康利益的保护；另一方面，也要同时保障器官捐献人的生命和健康利益。因为，在器官移植中，器官捐献接受者是最终利益的承受者，在别无他法的情况下，其甘愿承担器官移植手术带来的风险接受手术，恢复健康、挽救生命。因此，从这一点来说，器官捐献接受者是利益与风险共存。可是，对于器官捐献人来说，其进行器官捐献，对其没有任何利益，即使获得一定的补偿和事后关照，也大都是出于人道的角度，而非与其所付出成法律上对价，尤其是对于活体器

① 霍原：《论民法典对器官捐献自己决定权的规范回应》，载《学术交流》2017年第6期。

官捐献人来说，其所获利益甚小，更多的是精神上的愉悦和褒奖，而其所面临的风险则甚大，尤其是身体健康利益的受损。[①] 因此，要充分尊重器官捐献者的人格尊严和意愿。

由于人体捐赠涉及对个人身体的处分，必须要充分体现本人的意愿，任何组织和个人不得强迫、欺骗或者利诱自然人捐献。[②] 活体细胞组织器官捐献须由器官捐献人自主决定，在遗体器官捐献中，虽然器官摘除行为本身不会给器官捐献人带来健康利益和生命利益的损害，但是这关系到死者遗体的完整性，以及近亲属的精神利益，甚至是人类整体的尊严和社会公序良俗。由此，无论是活体器官捐献，还是遗体器官捐献，自然人都享有器官捐献同意权。[③] 遗体器官组织捐献中，主要是通过两种方式作出意思表示：一是捐献人生前明确作出同意捐献的意思表示；二是自然人生前未表示不同意捐献的，该自然人死亡后，其配偶、成年子女、父母可以共同决定捐献。如前述，这是吸收了《人体器官移植条例》第8条规定的内容，目的是鼓励死后遗体捐献。须注意的是，近亲属所为书面同意，不得与死者生前明示之意思相反，乃在尊重死者的自主决定权。[④] 即自然人死亡后，其配偶、成年子女、父母共同决定捐献的前提是死者生前未表示不同意捐献。

三、捐献意思表示须以书面形式或者遗嘱形式作出

因器官捐献涉及自然人重大人格利益，为确保体现捐献人真实意思，法律规定决定无偿捐献其人体细胞、人体组织、人体器官、遗体，须以书面形式或者遗嘱方式作出，配偶、成年子女、父母共同决

---

① 霍原：《论民法典对器官捐献自己决定权的规范回应》，载《学术交流》2017年第6期。

② 王利明：《人格权重大疑难问题研究》，法律出版社2019年版，第408页。

③ 霍原：《论民法典对器官捐献自己决定权的规范回应》，载《学术交流》2017年第6期。

④ 王泽鉴：《人格权法：法释义学、比较法、案例研究》，北京大学出版社2013年版，第106页。

定捐献的，亦需以书面方式作出。在遗体器官组织或者遗体捐献中，如果是采用遗嘱方式捐献的，审判实践中需注意审查遗嘱的效力如何，是否为有效的遗嘱。

四、人体捐献须为无偿捐献

此处所说的无偿，是指不能通过捐献行为而获取一定的经济利益，否则将使捐献行为成为实质上的买卖行为。这里所说的无偿主要是强调两者之间不存在对价关系。[①] 自然人的生命身体健康等人格利益是无价的，无法用金钱衡量。如果以金钱来衡量器官价值，将人体器官视为可以被等价交换的物，将违背器官捐献的伦理性和道德性，有违人格尊严这一基本价值，也有违公序良俗。同时，也会引发道德风险，甚至诱发犯罪行为。从比较法上看，许多国家法律禁止人体组织、器官的交易。《民法典》第 1007 条明确规定，禁止以任何形式买卖人体细胞、人体组织、人体器官、遗体。《人体器官移植条例》第 7 条第 1 款规定，人体器官捐献应当遵循自愿无偿的原则。

【审判实践中应注意的问题】

关于捐献者在作出捐献意思表示之后，能否撤销其捐献的问题。《民法典》人格权编草案第一稿曾规定，自然人同意捐献的意思表示可以随时被撤销或者撤回。但在第二稿删除了该规定。我们认为，在任何情况下，法律都不能强制自然人处分其身体，尤其是对其身体存在不利益风险的情况下，否则即是对人的尊严的侵害。本法合同编中的第 658 条规定，赠与人在赠与财产的权利转移之前可以撤销赠与。经过公证的赠与合同或者依法不得撤销的具有救灾、扶贫、助残等公益、道德义务性质的赠与合同，不适用前款规

① 王利明：《人格权重大疑难问题研究》，法律出版社 2019 年版，第 408 页。

定。器官捐献是器官捐献人的一种无偿赠与行为，因此器官捐献人享有撤销的权利。虽然本条未对此作出明确规定，但《人体器官移植条例》第 8 条对此作出了规定，对已经表示捐献其人体器官的意愿，有权予以撤销。

第一千零七条 禁止以任何形式买卖人体细胞、人体组织、人体器官、遗体。

违反前款规定的买卖行为无效。

【条文主旨】

本条是关于禁止人体细胞、人体组织、人体器官、遗体买卖的规定。

【条文理解】

一、器官移植及器官买卖的现状

随着医疗技术的不断进步，人体器官移植技术成为挽救和保护患者生命健康的重要手段。但同时，随着人体器官移植需求的迅猛增加，人体器官供体出现严重短缺的情况，由此催生了人体器官买卖等问题。有研究显示，我国的器官移植供需比例高达 1∶150。据不完全统计，我国每年新增肾病患者 150 万左右，其中需要肾脏移植的患者约有 30 万，而每年能进行的肾脏移植手术仅在 3000 例左右。在这种供需高度不平衡的情况下，催生了地下器官买卖的发生，2007 年河北行唐乞丐器官被盗案、2010 年邢台器官买卖案等相继曝光，地下器官买卖不受监督、容易引起一系列恶性事件。基于以上情况，有观点提出开放人体器官买卖，将器官市场置于一个有监督的更为透明的市场之下。但禁止器官买卖目前仍是国际伦理学界的一致观点。[①]

---

① 陈丽如、张艺腾：《浅谈人体器官买卖的现实挑战》，载《法制博览》2019 年第 21 期。

二、禁止人体细胞、人体组织、人体器官、遗体买卖的理论依据

（一）禁止人体细胞、人体组织、人体器官、遗体买卖是对人格尊严的维护

人之所以为人，就在于人具有区别于物的人格与尊严。人的身体是无价的，不能用金钱来衡量。如果以经济利益来衡量人体器官价值，将人体器官视为可以被等价交换的物，则不能被称为器官捐献，而是器官交易或者器官买卖，这是对人类整体尊严的违背，是对人的尊严的亵渎，有违于器官捐献的基本伦理。[①] 禁止买卖人体器官是公认的伦理原则，许多国家法律禁止器官买卖。以法国法为例，2008 年 12 月 19 日修订后的《法国民法典》第 16–1 条规定："对人体的尊重不因死亡而终止。死者的遗骨，包括火化后的骨灰，应以具有尊重、尊严和体面的方式来处理。"第 16–2 条规定："法官得采取一切必要措施，防止或责令停止对人体的不法侵害或对人体的组成或产品的不法行为，包括在他人死亡之后。"根据该条规定，法国最高法院在 2010 年的一项判决中指出："人的遗体应当以具有尊重、尊严和体面的方式去处理……以商业目的对人的遗体进行展出，显然违背了法律的要求。"[②] 我国法律法规严格禁止器官买卖，《刑法》第 234 条之一规定："组织他人出卖人体器官的，处五年以下有期徒刑，并处罚金；情节严重的，处五年以上有期徒刑，并处罚金或者没收财产。"《人体器官移植条例》第 3 条规定："任何组织或者个人不得以任何形式买卖人体器官，不得从事与买卖人体器官有关的活动。"因此，在我国从事器官买卖的行为是非法的。

---

① 霍原：《论民法典对器官捐献自己决定权的规范回应》，载《学术交流》2017 年第 6 期。

② 石佳友：《人格权立法的进步与局限——评〈民法典人格权编草案（三审稿）〉》，载《清华法学》2019 年第 5 期。

（二）禁止活体组织器官买卖是对身体权的保护

如前所述，身体权是指自然人保持其身体组织完整并支配其肢体、器官和其他身体组织的权利。身体权以维护公民身体完整性为基本内容。人体各组成部分完整地运转，是维持生命和安全的前提。身体的某个器官或组织都是身体的组成部分，毫无疑问，在人体的器官或组织没有与人体分离时，其自然属于身体权的客体。人们可能因为生活所迫而出卖自己的器官，甚至可能会无视自己的身体健康，为谋取一时的利益而进行身体器官移植，以致给自己的身体造成严重损害。[①] 买卖人体细胞、人体组织、人体器官，非法破坏公民身体的完整性，就构成对公民身体权的损害。禁止人体细胞、人体组织、人体器官是对自然人身体权的保护。

（三）禁止遗体买卖是对死者近亲属人格利益的保护和善良风俗的维护

人在死亡后，即丧失权利能力，不能再作为权利主体，因此遗体不能成为身体权的客体。但其也不同于一般的物，不能成为财产权的客体，不能适用物权的一般规则，否则意味着其近亲属对遗体可以自由占有、使用、收益、处分，这显然是违背法律和公共道德的。但遗体本身体现了一定的精神利益，因为遗体寄托了近亲属的个人感情、对死者的怀念、死者和生者的尊严，也体现了一定的善良风俗。[②] 各国法律出于维护善良风俗的角度考虑，大多规定不能自行使用和处分遗体，但允许死者近亲属对遗体进行管理。

（四）禁止人体细胞、人体组织、人体器官、遗体买卖避免道德风险

现代医学的发展，使人们可以通过植入器官或安置人工替代器官来使生命延续或提高生存质量。人体器官移植成为挽救生命极为重要的手段之一。但由于“供体”短缺，需求大于供求，导致了一系列非法买卖人体器官的行为产生。面对这样的情况，在巨额利润的诱导下，卖方、中介与买方形成了一条黑色的链条，“器官买卖中介”悄

① 王利明：《人格权法研究》，中国人民大学出版社2018年版，第299页。

② 王利明：《人格权法研究》，中国人民大学出版社2018年版，第310页。

悄地形成，并不断地规模化、组织化。[①]法律如果不对器官遗体买卖加以禁止，无疑会引发极大的道德风险，催生大量违法犯罪行为。

三、禁止以任何形式买卖人体细胞、人体组织、人体器官、遗体

现实生活中，存在一些变相买卖人体细胞、人体组织、人体器官、遗体的情况。比如买卖血液的问题，我国一直都致力于无偿献血，并通过 1998 年生效的《献血法》将无偿献血明确规定为一项基本法律原则。不仅如此，在 1997 年修订的《刑法》中，还专门增加规定了有关血液买卖方面的犯罪，将无偿献血的制度保障提升到了刑事立法的层面。然而，近年来，无偿献血工作的开展却遭遇到了诸如“血荒”等在内的诸多问题的挑战。在此背景下，医疗临床上时常被曝出变相买卖血液或有偿献血的情况，给我国无偿献血事业的健康发展带来了严峻挑战。[②]比如非法采血组织通过倒卖献血证等方式非法牟利。[③]部分卖血人员频繁卖血、流动卖血、冒名顶替卖血，这种种行为造成了大量社会问题。2007 年《人体器官移植条例》第 10 条规定，活体器官的接受人限于活体器官捐献人的配偶、直系血亲或者三代以内旁系血亲，或者有证据证明与活体器官捐献人存在因帮扶等形成亲情关系的人员。但由于活体器官严重短缺，滋生了大量地下器官买卖，实践中存在假冒亲属关系进行非法器官买卖的情况。以上这些变相买卖人体细胞、人体组织、人体器官、遗体的行为均为法律所禁止。

四、违反规定的买卖行为无效

根据《民法典》第 153 条的规定，违反法律、行政法规的强制性

---

① 侯卫鹏：《论非法买卖器官与器官捐献之认定》，载《法制与社会》2013 年第 17 期。

② 刘长秋：《无偿献血的正当性分析与制度完善》，载《上海政法学院学报》2018 年第 4 期。

③ 韩浩：《暗访血液买卖隐秘行为 走近变相卖血特殊人群》，载网易新闻，http://news.163.com/2003w12/12411/2003w12_1072327405164.html。

规定的民事法律行为无效。但是，该强制性规定不导致该民事法律行为无效的除外，违背公序良俗的民事法律行为无效。第506条规定，合同中的下列免责条款无效：（1）造成对方人身损害的；（2）因故意或者重大过失造成对方财产损失的。买卖人体细胞、人体组织、人体器官、遗体的行为，违反刑法、民法以及献血法等多部法律法规的强制性规定，违背善良风俗，本条明确规定此类买卖行为无效。

【审判实践中应注意的问题】

实践中，对于某些从人体分离开的部分，如头发等，按照一般的社会观念都已经将其作为一般的物对待，且这些物大多与精神利益之间没有直接联系，因此，一般可以将这些物视为物权的客体而非人格权的客体。这些分离出来的物可以通过合法的转让归属于他人。①具体情况则应当结合案情予以判断。

① 王利明：《人格权法研究》，中国人民大学出版社2018年版，第307页。

第一千零八条 为研制新药、医疗器械或者发展新的预防和治疗方法，需要进行临床试验的，应当依法经相关主管部门批准并经伦理委员会审查同意，向受试者或者受试者的监护人告知试验目的、用途和可能产生的风险等详细情况，并经其书面同意。

进行临床试验的，不得向受试者收取试验费用。

【条文主旨】

本条是关于人体临床试验的规定。

【条文理解】

现代医疗进步离不开人体临床实验，但人体临床实验是一柄“双刃剑”，它既可能促进医学的发展，也可能对受试人造成伤害。因此，人体临床实验也成为生命伦理学研究的重要课题。[①]“实验”和“试验”，两者是两个语义相近却略有区别的词。“试验”侧重于行为的探索性和不确定性，“实验”更侧重于行为的验证性。我国《药品管理法》《药物临床试验质量管理规范》使用了“试验”。[②]《民法典》亦采用了“试验”一词。

我国当前对人体临床试验立法包括《执业医师法》《药品管理法》《基本医疗卫生与健康促进法》的相关规定。在部门规章层次，主要有《药物临床试验质量管理规范》和《涉及人的生物医学研究伦理审查办法》。为了医学的进步和人类的发展，在开发新药或者新的治疗

① 王利明：《人格权重大疑难问题研究》，法律出版社 2019 年版，第 398 页。

② 满洪杰：《关于受试者知情同意权的立法建议》，载《四川大学学报（哲学社会科学版）》2018 年第 3 期。

方法时，人体临床试验不可避免。自然人接受临床试验，是为全体人民福利进行的活动，应予尊重保护。[①] 由《民法典》对受试者的知情同意权作出具体的规定，可以从民事基本法的高度加强对受试者权利的保护，以此为基础建立我国受试者权利保护法制，促进生命科学研究的有序发展，同时完善我国的人格权利体系。[②]

一、须为研制新药、医疗器械或者发展新的预防和治疗方法进行临床试验

根据《药物临床试验质量管理规范》第 11 条第 1 项规定，临床试验，指以人体（患者或健康受试者）为对象的试验，意在发现或验证某种试验药物的临床医学、药理学以及其他药效学作用、不良反应，或者试验药物的吸收、分布、代谢和排泄，以确定药物的疗效与安全性的系统性试验。《世界医学协会赫尔辛基宣言》第 6 条中规定，涉及人类受试者的医学研究的主要目的是了解疾病的原因、发展和结果，改进预防、诊断和治疗的干预措施（方法、程序和处理）。因此，人体试验的目的不仅限于新药开发研究，还包括以预防、诊断、治疗为目的的新医疗设备、新方法的开发研究。

《民法典》人格权编草案二审稿从一审稿“开发新药”放宽至“研制新药、医疗器械”，从“发展新的治疗方法”放宽至“发展新的预防和治疗方法”，适当放宽了本条规定的临床试验的范围，以适应医学科学技术发展的需要，保障人民健康。

二、须经相关主管部门批准并经伦理委员会审查同意

关于临床试验是否需要设置相关的行政许可，对此存在两种不同观点。一种观点认为，有关科研机构开发新药或者发展新的治疗方法，需要在人体上进行试验的，依法经相关主管部门批准后，还应当

---

① 张红：《〈民法典各分编（草案）〉人格权编评析》，载《法学评论》2019 年第 1 期。

② 满洪杰：《关于受试者知情同意权的立法建议》，载《四川大学学报（哲学社会科学版）》2018 年第 3 期。

向接受试验的本人或者其监护人告知可能产生的损害等详细情况，并经其书面同意，但本人或者监护人可以随时撤销该同意。另一种观点认为，人体试验的具体类型很多，难以作出统一规定。只要个人同意即可，并不需要相关的行政许可。我们认为，由于医学试验涉及对个人生命权、身体权、健康权的一种处分，对个人利益影响重大，为防止个人出于其他目的而作出不利于其生命权、身体权、健康权的不当处分，应当设置相关的行政许可程序。这就是说，需要在人体上进行试验的，必须依法经相关主管部门批准。①《药品管理法实施条例》第29条规定，药物临床试验、生产药品和进口药品，应当符合《药品管理法》及本条例的规定，经国务院药品监督管理部门审查批准；国务院药品监督管理部门可以委托省、自治区、直辖市人民政府药品监督管理部门对申报药物的研制情况及条件进行审查，对申报资料进行形式审查，并对试制的样品进行检验。具体办法由国务院药品监督管理部门制定。

本条规定，临床试验除应当依法经相关主管部门批准之外，还需要经伦理委员会审查同意。与《民法典》人格权编草案一审稿规定的内容相比，增加规定经伦理委员会审查同意的内容。这意味着，即使主管部门批准，未经伦理委员会的审查同意也不得进行临床试验。伦理委员会的审查，不是审查临床试验的批准是否符合要求，而是这种临床试验是否符合医学、伦理、道德的要求。这样的审查，是为了更好地保护人的尊严和健康，具有更重要的意义。②根据《药品管理法》第20条第2款规定，伦理委员会应当建立伦理审查工作制度，保证伦理审查过程独立、客观、公正，监督规范开展药物临床试验，保障受试者合法权益，维护社会公共利益。

---

① 王利明：《人格权重大疑难问题研究》，法律出版社2019年版，第399页。

② 杨立新：《人格权编草案二审稿的最新进展及存在的问题》，载《河南社会科学》2019年第7期。

三、须保障受试者的知情权

（一）受试者知情权的必要性

人体医学临床试验对医学的进步是必要的，但临床试验本身包含了极大的风险，因为关系到个人的生命、健康等。所以，试验者必须向受试者详细告知试验的目的、用途和可能产生的损害等情况，包括已经确定、可能发生的一切与受试者身体相关的情况，除此之外还必须告诉受试者有可能会出现试验者自己也尚未预见到的其他后果，[①]使受试者在充分知情的基础上作出是否参加试验的决定。基于充分获知试验信息的自主决定权即知情同意权是受试者权利的核心。这是因为受试者参与人体试验的主要目的是利他的，受试者是否参加人体试验只能由其基于自主意志决定，否则即会物化为他人的手段。同时，人体试验对受试者而言具有侵入性和风险性，可能造成生命健康的损害。只有通过知情同意的机制，才能保障受试者对试验的相关情况充分了解，并及时作出理性的判断。[②]

（二）须告知的内容

本条规定，实验者须向受试者或者受试者的监护人告知试验目的、用途和可能产生的风险等详细情况，此规定为列举加兜底的规定方式。至于"等详细情况"应当包括哪些内容，法律并未明确规定。《药物临床试验质量管理规范》第24条规定："知情同意书和提供给受试者的其他资料应当包括：（一）临床试验概况。（二）试验目的。（三）试验治疗和随机分配至各组的可能性。（四）受试者需要遵守的试验步骤，包括创伤性医疗操作。（五）受试者的义务。（六）临床试验所涉及试验性的内容。（七）试验可能致受试者的风险或者不便，尤其是存在影响胚胎、胎儿或者哺乳婴儿的风险时。（八）试验预期的获益，以及不能获益的可能性。（九）其他可选的药物和治疗方法，

---

① 王利明：《人格权重大疑难问题研究》，法律出版社2019年版，第399页。

② 满洪杰：《关于受试者知情同意权的立法建议》，载《四川大学学报（哲学社会科学版）》2018年第3期。

及其重要的潜在获益和风险。（十）受试者发生与试验相关的损害时，可获得补偿以及治疗。（十一）受试者参加临床试验可能获得的补偿。（十二）受试者参加临床试验预期的花费。（十三）受试者参加试验是自愿的，可以拒绝参加或者有权在试验任何阶段随时退出试验而不会遭到歧视或者报复，其医疗待遇与权益不会受到影响。（十四）在不违反保密原则和相关法规的情况下，监查员、稽查员、伦理委员会和药品监督管理部门检查人员可以查阅受试者的原始医学记录，以核实临床试验的过程和数据。（十五）受试者相关身份鉴别记录的保密事宜，不公开使用。如果发布临床试验结果，受试者的身份信息仍保密。（十六）有新的可能影响受试者继续参加试验的信息时，将及时告知受试者或者其监护人。（十七）当存在有关试验信息和受试者权益的问题，以及发生试验相关损害时，受试者可联系的研究者和伦理委员会及其联系方式。（十八）受试者可能被终止试验的情况以及理由。（十九）受试者参加试验的预期持续时间。（二十）参加该试验的预计受试者人数。”

（三）告知对象——受试者或者受试者的监护人

与试验者、发起人相比，受试者在知识水平、认知能力及经济地位、信息获取上处于不利地位。试验者告知相关情况的对象为受试者或者其监护人。自然人作为患者，在医疗法律关系中享有知情决定权，医疗机构及医务人员负有告知义务。在受试者为无民事行为能力人或者限制民事行为能力人的情形下，进行医学试验必须经受试者监护人的同意。如果试验者未尽到相关的告知义务，则受试者的同意并不能产生相应的法律效力，在试验行为造成受试者损害的情形下，受试者有权请求试验者承担相应责任。

四、须经受试者或者监护人书面同意

在法律上，同意可以明示或默示，明示又有口头、书面形式之分。临床试验对自然人生命身体健康具有重大影响，关系自然人重大利益，为充分保护受试者的知情同意权，确保受试者充分了解相关信息，法律要求进行临床试验，需要经受试者或者其监护人书面同意，这样也有利于相关信息或者证据的留存。

五、临床试验不得向受试者收取试验费用

受试者参与人体试验的主要目的是利他的，应予以尊重和保护，应当遵循免费原则。根据《涉及人的生物医学研究伦理审查办法》第18条规定，涉及人的生物医学研究应当符合免费和补偿原则。本条规定，进行临床试验的，不得向受试者收取试验费用。这是《民法典》人格权编草案三审稿新增的内容。

第一千零九条 从事与人体基因、人体胚胎等有关的医学和科研活动，应当遵守法律、行政法规和国家有关规定，不得危害人体健康，不得违背伦理道德，不得损害公共利益。

【条文主旨】

本条是关于从事与人体基因、人体胚胎等有关的医学和科研活动的规定。

【条文理解】

一、立法背景

21世纪是生物技术时代，又是走向权利的时代，基因科技是生物技术的“黄金”。目前，基因治疗、基因检测、胚胎干细胞及基因克隆器官等各种人体基因科技正迅速而广泛地应用到医疗、保险、职业、教育等领域，影响到每个人及家庭、社会、福利系统的利益。由于人体基因科技具有对人的出生至死亡各阶段的操控能力，一旦滥用，后果不堪设想，而传统的伦理道德面临巨大冲击。如何防范科技滥用、促进科技利益最大化，同时用科技发展促进人类各项基本权利最大限度的实现，是各国生命伦理和法治建设的重大课题。[①]加强立法，构建完善的人体基因科技规制法律体系，指引科技沿着正确的方向健康发展，是实现法治和造福人类的必然要求。

1993年《基因工程安全管理办法》第2条规定，本办法所称基因

① 沈秀芹:《论我国人体基因科技规制法律体系的构建》，载《东岳论丛》2012年第2期。

工程，包括利用载体系统的重组体DNA技术，以及利用物理或者化学方法把异源DNA直接导入有机体的技术。目前实践中讨论比较多的是人体基因编辑问题。基因编辑可能会对引起疾病的基因有积极的结果，但也可能因“优化”人类而使问题更加复杂，甚至有害于人的健康，出现复杂的伦理、道德和法律问题。[①]2018年，基因领域发生了基因编辑婴儿事件，主导者贺建奎在明知违反国家有关规定和医学伦理的情况下，将安全性、有效性未经严格验证的人类胚胎基因编辑技术用于辅助生殖医疗。将基因编辑过的胚胎通过辅助生殖技术移植入人体内，致使基因编辑婴儿出生。该事件引起了国内外广泛关注和热议，也引发了社会对伦理、道德、法律等各方面的思考。

人体胚胎，是指人的精子和未受精卵受精后所产生的胚胎。人体胚胎是生命的前端，在人体胚胎已经形成的情况下，其有潜力发展成为独立的生命个体。所以，人体胚胎的保护与生命权密切相关。[②]目前人工生殖技术已经能够培育人体外的胚胎进行冷冻，并在将来植入人体，发育成胎儿继而出生。2014年，全国首例已故夫妻冷冻胚胎权属纠纷案引发全国关注。

在这种背景下，《民法典》增加了有关人体基因和人体胚胎等的医学和科研活动的规定，通过立法予以规制，引导这些科研活动在科学、伦理的指引下健康有序发展。

二、从事与人体基因、人体胚胎等有关的医学和科研活动的界限

（一）遵守法律、行政法规和国家有关规定

世界上大多数国家都禁止以研究人类为目的，运用基因编辑技术改造人类遗传细胞，允许以治疗疾病为目的的人体胚胎基因编辑。英美法系国家中反对人体基因编辑技术的国家占大多数，以澳大利亚和加拿大最为典型，阿根廷等国则持模棱两可的态度。大陆法系国家大

①② 杨立新：《人格权编草案二审稿的最新进展及存在的问题》，载《河南社会科学》2019年第7期。

多也禁止人体基因编辑技术，例如法国、德国、奥地利、比利时、荷兰等。日本政府对人类胚胎基因编辑的态度经历了从中立到鼓励的转变，但也仅限于基础研究和以治疗为目的的研究，研究对象的来源须是治疗不孕症所得的多余受精卵，其存活期不得超过14天，且须征得提供受精卵夫妇的同意，并禁止将编辑过的生殖细胞送回母体或产子。[①]

我国《科学技术进步法》第29条规定，国家禁止危害国家安全、损害社会公共利益、危害人体健康、违反伦理道德的科学技术研究开发活动。该条明确并限定了作为科学技术研究开发活动的人类基因编辑研究的界限。2016年《涉及人的生物医学研究伦理审查办法》第4条规定，伦理审查应当遵守国家法律法规规定，在研究中尊重受试者的自主意愿，同时遵守有益、不伤害以及公正的原则。第18条规定，涉及人的生物医学研究应当符合知情同意、控制风险、免费和补偿、保护隐私、依法赔偿以及特殊保护六方面伦理原则。2003年《人胚胎干细胞研究伦理指导原则》第4条规定，禁止进行生殖性克隆人的任何研究。第6条规定，进行人胚胎干细胞研究，必须遵守以下行为规范:（1）利用体外受精、体细胞核移植、单性复制技术或遗传修饰获得的囊胚，其体外培养期限自受精或核移植开始不得超过14天。（2）不得将前款中获得的已用于研究的人囊胚植入人或任何其它动物的生殖系统。（3）不得将人的生殖细胞与其他物种的生殖细胞结合。这些均属于与人体基因、人体胚胎等有关医学和科研活动相关法律、行政法规和国家有关规定，从事相关活动，应当遵守。

（二）不得危害人体健康

人类基因编辑研究具有“双刃剑”效果。就自然人外在身体的一致性或完整性而言，基因编辑技术的运用会导致人体基因完整性和物种完整性的损害，因为基因编辑技术的核心即在于通过删除、插入、替换、激活或关闭人体内的目标基因从而达到定向修饰的目的。如果

① 杨建军、李姝卉:《CRISPR/Cas9人体基因编辑技术运用的法律规制——以基因编辑婴儿事件为例》，载《河北法学》2019年第9期。

技术已经到位，那么对于已经饱受病痛折磨的个人而言，利用基因编辑技术对其进行救治在道德上是完全正当的，甚至是必须的。[①]但是，如果一项技术尚未成熟就适用于人体，就会对人的生命身体带来极大的风险。从事与人体基因、人体胚胎等有关的医学和科研活动，应以不损害人体健康为限。

（三）不得违背伦理道德，不得损害公共利益

基因编辑可能会对引起疾病的基因有积极的结果，但也可能因"优化"人类而使问题更加复杂，甚至有害于人的健康，出现复杂的伦理、道德和法律问题。尤其是在人工智能技术发展的今天，如果超越伦理、道德和法律的界限，就有可能形成对人类的威胁甚至灾难。[②]有观点认为，基因编辑可以剔除人体坏的或无用的基因，正常情况下有助于人类基因不断完善，但事物的优劣具有相对性，一些无用的甚至当下对人类有害的基因，在某些时期却会对人类有益，比如HBA基因突变为导致SCD（镰刀形红细胞贫血症）的HBS基因，却能保护人们免受疟疾的侵扰。[③]《涉及人的生物医学研究伦理审查办法》第7条规定，从事涉及人的生物医学研究的医疗卫生机构是涉及人的生物医学研究伦理审查工作的管理责任主体，应当设立伦理委员会，并采取有效措施保障伦理委员会独立开展伦理审查工作。医疗卫生机构未设立伦理委员会的，不得开展涉及人的生物医学研究工作。各国对克隆人技术的禁止、对基因编辑的严格限制规定，均是基于对伦理道德和人类安全的考虑。

---

① 杨建军、李姝卉：《CRISPR/Cas9人体基因编辑技术运用的法律规制——以基因编辑婴儿事件为例》，载《河北法学》2019年第9期。

② 杨立新：《人格权编草案二审稿的最新进展及存在的问题》，载《河南社会科学》2019年第7期。

③ 王立铭：《上帝的手术刀：基因编辑简史》，浙江人民出版社2017年版，第172页。

第一千零一十条 **违背他人意愿，以言语、文字、图像、肢体行为等方式对他人实施性骚扰的，受害人有权依法请求行为人承担民事责任。**

机关、企业、学校等单位应当采取合理的预防、受理投诉、调查处置等措施，防止和制止利用职权、从属关系等实施性骚扰。

【条文主旨】

本条是关于禁止性骚扰的规定。

【条文理解】

一、立法模式的选择

根据学理观点，所谓性骚扰，是指以身体、语言、动作、文字或者图像等方式，违背他人意愿而对其实施的以性为取向的有辱其尊严的性暗示、性挑逗以及性暴力等行为。[①] 性骚扰这一概念最早由美国著名女权主义法学家凯瑟琳·麦金农在1974年提出。[②] 从世界各国和地区的立法来看，关于性骚扰的法律规制模式主要分为两种模式，即职场保护主义模式和人格权保护模式。职场保护主义模式又称为反歧视模式，采用该模式的国家有美国、英国、加拿大、澳大利亚等，其中以美国为代表。该模式的特点是：主张性骚扰是一种性别歧视；采职场主义，认为性骚扰仅限于工作场所性骚扰，对于发生于工作场所

① 王利明：《人格权重大疑难问题研究》，法律出版社2019年版，第414页。
② 参见张新宝、高燕竹：《性骚扰法律规制的主要问题》，载《法学家》2006年第4期。

以外的性方面的侵害不认为是性骚扰。该种模式通常通过反歧视法或两性平等法对性骚扰进行规制。采用人格权保护模式的有欧盟、德国、以色列、中国台湾地区等，其中以欧盟为代表，以色列对此种模式贯彻的最为彻底。人格权保护模式的特点是：认为性骚扰是对人格尊严的侵犯，即一种侵权行为，性骚扰并不限于工作场所。[①]

在2005年以前，我国对性骚扰并无明确的法律规范，但有一些与之相关的法律规定。如《宪法》第38条规定，中华人民共和国公民的人格尊严不受侵犯，禁止用任何方法对公民进行侮辱、诽谤。根据《民法通则》规定，公民享有名誉权，公民的人格尊严受法律保护，禁止用侮辱、诽谤等方式损害公民的名誉，公民有权要求停止侵害、恢复名誉、消除影响、赔礼道歉，并可以要求赔偿损失；《刑法》中也规定有强制猥亵、侮辱罪，侮辱罪和诽谤罪；1994年《治安管理处罚条例》（已废止）[②]规定，“对侮辱妇女或进行其他流氓活动”的为扰乱公共秩序行为；《妇女权益保障法》第42条也规定，妇女的名誉权和人格尊严受法律保护，禁止用侮辱、诽谤、宣扬隐私等方式损害妇女的名誉和人格。

直至2005年修正《妇女权益保障法》，该法第40条明确规定：“禁止对妇女实施性骚扰。受害妇女有权向单位和有关机关投诉。”这是我国第一部明确对性骚扰作出规定的法律。但该条文只是禁止对妇女实施性骚扰，规定受到性骚扰的妇女有权向单位和有关机关投诉，对民事义务以及民事责任的承担并未作出进一步规定。

此次《民法典》编纂，将禁止性骚扰明确规定在人格权编中，即明确将性骚扰界定为侵害人格权的行为。本条除在第1款规定性骚扰的行为人承担民事责任之外，第2款还规定，机关、企业、学校等负有防止和制止利用职权、从属关系等实施性骚扰的义务。可见，我国对于性骚扰的法律规制，采纳的基本是人格权保护主义基本立场，兼

① 参见王毅纯：《民法典人格权编对性骚扰的规制路径与规则设计》，载《河南社会科学》2019年第7期。

② 本条例已被《中华人民共和国治安管理处罚法》（2005年8月28日公布）废止。

采职场保护主义模式。

二、性骚扰是侵害他人人格权的行为

对于性骚扰究竟侵害了何种人格权，存在不同观点：(1) 性自主权论。该观点认为性自主权是一项独立的人格权。① (2) 人格尊严权论。这种观点认为不论哪种性骚扰行为，骚扰者主观上绝不是想侵害女性的身体或名誉，而是无视女性尊严的存在，侵害的是他人的人格尊严权。② (3) 身体权论。由于立法将性骚扰问题规定于"生命权、身体权和健康权"一章中，并且大多数性骚扰行为均是通过侵害他人身体的形式实施，因此，该观点认为，性骚扰侵害的客体是身体权。对于工作场所性骚扰，还有观点认为，不仅侵害了他人人格权，还侵害了他人的公民平等就业权和工作环境权。

我们认为，性骚扰的行为表现多样，不同行为形态所侵害的人格权客体可能不同：如果采用身体接触、抚摸他人器官等行为实施性骚扰，则可能构成对身体权的侵害；如果给他人身体造成损害甚至疾病，则侵犯了他人健康权；如果采用电话骚扰或偷窥，则可能构成对隐私权中生活安宁的侵害；如果通过语言方式骚扰而未进行身体接触，则会构成对人格尊严和人格自由的侵害。因此，身体权不能完全涵盖性骚扰侵犯的客体。在性骚扰行为中，人格尊严、人格自由、身体权、健康权甚至隐私权、名誉权等均有可能受到损害。应当说，如果一定要将之归纳到某一种权利之中，因性骚扰是与性有关的行为，性自主权更具有概括性。但是，性自主权目前尚未明确作为一种权利列举规定于民法中，仅是一学理概念。实际上，上述几种观点并无实质冲突，人格尊严与人身自由作为一般人格权，具有统摄性。身体权、健康权、隐私权、名誉权以及学理上的性自主权均是人格尊严和人格自由的下位概念。本条所规定的禁止性骚扰虽然规定于第二章中，但并不能为生命权、身体权、健康权所完全涵盖，主要是针对这

① 杨立新主编：《中国人格权法立法报告》，知识产权出版社 2005 年版，第 461 页。

② 张绍明：《反击性骚扰》，中国检察出版社 2003 年版，第 75 页。

一需要法律规制的特殊问题，立法基于篇章结构考虑作出的安排，其对司法的重要意义在于使得相关纠纷和权利救济有了明确的请求权基础。

三、性骚扰的构成要件

（一）性骚扰的主体

《妇女权益保障法》第40条规定了禁止对妇女实施性骚扰。目前国内外理论界多认为男性也可能成为性骚扰受害者，法律应当对男女两性提供平等的保护。本条未对受害者主体作出限制。

（二）性骚扰是与性有关的行为

一般而言，性骚扰是一种具有性本质的行为，与性有关的行为是性骚扰行为的主要类型。性挑逗、性贿赂、性要挟、性强迫都会构成性骚扰，其形式不限于暴力强迫，更多的是非暴力性的，以言语、文字、图像、肢体行为等方式对他人实施性骚扰，如身体接触、出示色情文学图像、网上性骚扰、电话性骚扰。

（三）行为是违背他人意愿的

性骚扰行为具有违背他人意愿的特点，这一特点将两厢情愿的与性有关的行为与性骚扰区别开来。医学专家认为，性骚扰与异性间的调情、打情骂俏的根本区别在于前者可致当事人产生厌恶感，造成不同程度的心理不良反应，如愤怒、恐惧、焦虑、忧郁等，而后者往往使当事人产生愉悦感，故从某种意义上可调节情绪。[①] 所以，行为违背他人意愿，是判定是否构成性骚扰的关键条件。

四、单位预防和制止性骚扰的义务

职场以及高校是性骚扰高发的场域，很多性骚扰行为是基于性骚扰实施者和受害人之间的不平等产生的，诸如职场中的上下级、校园中老师和学生，彼此之间存在权力和地位上的差异、不平等，导致后

① 陆峥等：《性骚扰问题的初步研究——附42例资料分析》，载《中国心理卫生杂志》1995年第2期。

者受到前者的牵制，而往往在不平等的地位之下，后者所遭受的性骚扰会变得更为隐性和不易被察觉，在职场和校园中常常多发，产生不良的社会影响。[①]工作场所性骚扰不仅对被骚扰者造成了极大的伤害，而且大大地浪费了社会资源。性骚扰让受害者的思想处于压力状态，通常会给受害人造成不同程度的不良心理反应，使其在工作中缺乏信心和责任感，以致同事关系恶化，工作风气不正，产生不公平的感觉，精力不能集中，工作效率下降，长期下去，必定会给工作造成不良影响。性骚扰的存在，无疑会造成工作环境恶化。校园性骚扰也可能存在于学生与学生之间、教师与教师之间、领导与下属之间。

雇主处于控制性骚扰的最佳位置，法律应充分利用这一力量，明确雇主负有合理预防义务和及时救济义务。本条明确规定，机关、企业、学校等单位应当采取合理的预防、受理投诉、调查处置等措施，防止和制止利用职权、从属关系等实施性骚扰。因此，机关、企业、学校等单位的义务主要包括预防性骚扰义务和制止性骚扰义务。

（一）合理的预防义务

将雇主发布禁止性骚扰的条例及相关救济机制作为一种法律义务予以规定，这也是许多国家和地区的立法经验之一。美国法律规定拥有雇员15人以上的雇主，应当发布性骚扰防治条例。以色列法律规定拥有雇员25名以上者，必须发布性骚扰方面的实施细则。我国台湾地区“两性工作平等法”规定，雇佣受雇者30人以上者，应制定性骚扰防治措施、申诉及惩戒办法，并在工作场所公开揭示。本条规定了机关、企业、学校等单位应当采取合理的预防、受理投诉、调查处置等措施，具体措施还需要相关部门或者单位进一步细化。

（二）及时救济义务

用人单位、学校等知悉发生性骚扰事件时，应立即制止并采取有效的补救措施等，以适当的方式处理投诉，及时进行调查，并采取措施予以处置。

---

① 唐安然：《论性骚扰的侵权责任——以〈民法典分编（草案）〉为基础》，载《广西政法管理干部学院学报》2019年第1期。

本条第2款仅规定："机关、企业、学校等单位应当采取合理的预防、受理、投诉、调查、处置等措施，防止和制止利用职权、从属关系等实施性骚扰"，并未规定用人单位违反相应义务的民事责任如何承担。因此，对于用人单位在工作场所性骚扰中所承担的责任形态，仍应当作进一步研究。

五、性骚扰侵权责任承担方式

（一）停止骚扰

当加害人正在对受害人实施性骚扰时，受害人得依法请求停止骚扰。这种请求可以直接向加害人提出，也可直接向法院提出，要求加害人停止性骚扰行为。

（二）损害赔偿

1. 财产损失赔偿。性骚扰行为对受害者造成身体上和健康上的伤害，由此产生的医疗费、护理费、误工费等，包括导致他人精神疾病而产生的医疗费、护理费、误工费等，可能还会发生受害者由于性骚扰被辞退而造成的经济损失。

2. 精神损害赔偿。性骚扰不同于其他的性犯罪，一般不会造成身体上的伤害，主要是对给受害者造成精神痛苦，给受害人制造了一种令人生厌的、受压抑的工作学习环境，严重地干扰了其正常的工作学习。受害人的人格尊严受到严重侵犯，心理上承受着压力，造成了巨大的精神痛苦和折磨，破坏受害人感情上的安宁，严重的精神损害可能导致受害人的精神疾病。因此，见诸报端的性骚扰纠纷案件都涉及精神损害赔偿。

3. 消除影响、恢复名誉。鉴于性骚扰这种违法行为的特殊性，可能会在一定范围内造成不良影响，有损于受害人名誉，受害人得请求消除影响、恢复名誉。

第一千零一十一条 **以非法拘禁等方式剥夺、限制他人的行动自由，或者非法搜查他人身体的，受害人有权依法请求行为人承担民事责任。**

【条文主旨】

本条是关于非法剥夺、限制他人行动自由以及非法搜查他人身体应承担民事责任的规定。

【条文理解】

一、理论依据

我国《宪法》第37条规定："中华人民共和国公民的人身自由不受侵犯。任何公民，非经人民检察院批准或者决定或者人民法院决定，并由公安机关执行，不受逮捕。禁止非法拘禁和以其他方法非法剥夺或者限制公民的人身自由，禁止非法搜查公民的身体。"

以非法拘禁等方式剥夺、限制他人的行动自由，或者非法搜查他人身体的，侵犯了他人的人身自由，民法应予救济。根据本法第109条规定，自然人的人身自由、人格尊严受法律保护。本法第990条第2款规定，除前款规定的人格权外，自然人享有基于人身自由、人格尊严产生的其他人格权益。本法第1003条规定："自然人享有身体权。自然人的身体完整和行动自由受法律保护。任何组织或者个人不得侵害他人的身体权。"《精神损害赔偿司法解释》第1条明确规定了自然人享有人身自由权。我国司法实践中也已经有不少案例涉及行动自由的保护，分别涉及非法拘禁、非法限制他人人身自由、对他人非法强制采取医疗措施、为实现债权而非法限制债务人的活动自由、非法搜查他人身体等。本条正是在总结司法实践经验的基础上依据《宪法》作出的规定。

二、构成要件

（一）存在违法行为

1. 以非法拘禁等方式剥夺、限制他人的行动自由。行为人实施了非法剥夺、限制他人行动自由的行为。我国法律赋予了公安机关、人民检察院、人民法院强行剥夺和限制他人人身自由的权力，但使用权力时必须严格遵守法律程序。其他任何机关、团体、企业、事业单位、个人都无此权力。实践中，非法限制他人行动自由较为典型的方式为非法拘禁。非法限制他人人身自由的手段是多种多样的，如捆绑、隔离、关押、扣留身份证件不让随意外出或者与外界联系等，其实质就是强制剥夺他人的人身自由。但并非所有拘禁均为非法，公民对正在实施的违法犯罪行为，或者对违法犯罪后被即时发觉的、通缉在案的、越狱逃跑的、正在被追捕的人有权立即扭送到司法机关，这种扭送行为是合法的，它包括在途中实施的捆绑、扣留等。[①] 侵害方式有的为直接强制，例如，向债务人索债，将债务人扣为人质；超市将顾客强制扣留，使其暂时丧失人身自由。亦得以威胁、恐吓为之，例如扬言若离开某处所或地点，即加以杀害。[②] 实践中，“被精神病”现象时有发生，非法采取强制治疗手段限制他人行动自由，应当承担相应民事责任。[③]

2. 非法搜查他人身体。在实践中，非法搜查他人身体多发生在经营者和消费者之间。有些经营者以商品失窃为由，搜查消费者身体及其携带的物品，给消费者造成了极大的侵扰，增加了心理负担。为了

---

① 全国人大常委会法制工作委员会刑法室：《〈中华人民共和国治安管理处罚法〉释义及实用指南》，中国民主法制出版社 2005 年版，第 121 页。

② 王泽鉴：《侵权行为法》（第 1 册），中国政法大学出版社 2001 年版，第 110 页。

③ 王利明：《人格权重大疑难问题研究》，法律出版社 2019 年版，第 357、358 页。

保证消费者在购物时能有一个宽松的环境及愉快的心情，《消费者权益保护法》第27条将“不得搜查消费者的身体及其携带的物品”作为经营者的一项义务规定下来。[①]在倪培璐、王颖诉中国国际贸易中心侵害名誉权纠纷案[②]中，法院认为：“被告的工作人员怀疑二原告偷拿了市场的货物，……在公众场合叫住二原告，问其是否将未交费的货物带出市场……被告的工作人员的上述行为，已严重侵害了二原告依法享有的名誉权。”在张群诉佛山市新一佳百货超市有限公司人身自由权纠纷案[③]中，法院认为：“本案系原告认为被告强行扣留原告，搜查原告携带的物品，侵犯了原告的人身自由权而引致的纠纷。”本条现对此种行为作出规定，为当事人提供了明确的请求权基础。

（二）存在损害后果

非法剥夺、限制他人行动自由以及非法搜查他人身体的损害事实或者后果通常表现为自然人的人身自由在一定范围内受到了限制。行动自由是身体权的重要内容，自然人因行为人的非法拘禁等行为无法依据自己的自由意志支配行动，其保持行动自由状态的权利受到侵害，本身就是损害事实或者损害后果。自然人的行动自由受到非法剥夺、限制或者受到非法的人身搜查，有时会造成财产损失，比如被非法拘禁导致受害人误工费损失；必然会造成精神上的痛苦、不安或损伤，导致精神损害。因此，非法拘禁等行为使得他人的行动自由受到限制或者剥夺，即认定有损害后果。以非法拘禁等方式剥夺、限制他人的行动自由的行为可能造成他人人身损害，同时侵害他人健康权等人身权益。

（三）侵权行为与损害后果之间有因果关系

因果关系是侵权责任的重要构成要件。在此类纠纷案件中，非法剥夺、限制他人的行动自由或者非法搜查他人身体的行为为“因”，

① 全国人大常委会法制工作委员会：《消费者权益保护法释义》，法律出版社2013年版，第115页。

② 《中华人民共和国最高人民法院公报》1993年第1期。

③ 广东省佛山市中级人民法院（2004）佛中法民一终字第307号民事判决书。

他人行动自由或者人身自由处于被剥夺限制的状态及其造成的其他损害为“果”。实践中，一般较易判断。

（四）行为人主观上有过错

以非法拘禁等方式剥夺、限制他人的行动自由，或者非法搜查他人身体的行为属于一般侵权行为，其归责原则应为过错责任原则。也就是说，行为人在实施此类行为时，主观上应具有故意或者过失。如果行为人从事某种限制他人自由的行为具有合法的法律依据，则不具有过错，也不应承担侵权责任。例如，为了维护公共利益和公共秩序而制止犯罪、扭送人犯；因执行职务而强制他人不能按其自身意志而行动，如在灾害事故中强制他人离开灾区。在这些情况下，行为人并没有过错，不应承担赔偿责任。从比较法上来看，一些国家也采取此种做法。例如，《美国侵权法重述》第35条第2项规定，非法监禁（false imprisonment）构成侵权须以行为人故意将他人的人身自由限制在特定区域内为必要条件。[①]

三、民法救济

对非法剥夺、限制他人行动自由以及非法搜查他人身体的行为，权利人可以采取以下方法救济：

（一）停止侵害、排除妨碍

对于仍在持续的非法剥夺、限制他人行动自由或者非法搜查身体的行为，受害人可以要求加害人停止侵权，排除对其身体自由的非法限制，避免损害的进一步发生。

（二）损害赔偿

自然人因身体行动自由受到损害的赔偿，包括财产损害赔偿与精神损害赔偿两个方面。在自然人被非法剥夺、限制行动自由的情况下，通常会造成误工损失等财产损失，受害人有权请求赔偿。造成他人人身损害的，应当赔偿医疗费、护理费、交通费等费用，造成残疾

① 王利明：《人格权法研究》，中国人民大学出版社2018年版，第358、359页。

或者死亡的，还应当赔偿残疾赔偿金或者死亡赔偿金。非法剥夺、限制他人行动自由以及非法搜查他人身体导致精神损害的，受害人有权依法请求获得精神损害赔偿。

（三）赔礼道歉

因为非法拘禁等方式侵害他人身体行动自由或者非法搜查身体的，受害人还可依法要求对方承担赔礼道歉的责任。①

（四）消除影响，恢复名誉

非法剥夺限制他人行动自由以及非法搜查他人身体可能会给他人名誉造成不良影响，尤其是非法搜查他人身体的情形，比如在熟人较多的超市当众宣称某人偷窃并搜身，在一定范围内损害了他人名誉，受害人有权请求行为人在一定范围内采取适当方式消除对受害人名誉的不利影响，以使其名誉得到恢复。具体适用消除影响、恢复名誉要根据侵权行为所造成的影响和受害人名誉受损的后果来决定。②

---

① 冉克平：《论人格权法中人身自由权》，载《法学》2012年第3期。
② 王胜明主编：《侵权责任法释义》，法律出版社2010年版，第82页。

第三章　姓名权和名称权

第一千零一十二条　自然人享有姓名权，有权依法决定、使用、变更或者许可他人使用自己的姓名，但是不得违背公序良俗。

【条文主旨】

本条是关于自然人姓名权的规定。

【条文理解】

本条规定了自然人姓名权的基本内涵，即有权依法决定、使用、变更或者许可他人使用自己姓名的权利。姓名是人与人区别的外在表征。“人的姓名就在于使人们在一般交往包括法律交往中相互识别”。[①]因此，姓名权是一种表征权，也与人格利益的自洽密切相关。相较于“姓名权”在《民法通则》中的规定，本条有以下变化：（1）将权利主体由“公民”改为“自然人”，纯化其私法属性；（2）将“依照规定”改为“依法”，确立了人格权法律保护的基础地位，不得由行政规章等对权利进行限缩；（3）删除了侵害姓名权的相关行为列举，在本法以第1013条予以专门规定；（4）完善了权利权能，规定了“变更、许可他人使用”的权能；（5）概括性规定了权利行使的限制，即

① ［德］卡尔·拉伦茨：《德国民法通论》，王晓晔等译，法律出版社2004年版，第159页。

"不得违背公序良俗"。

一、关于姓名权的沿革

将姓名以"权利"的形式加以保护，自"姓名"产生，历经了较长时间的发展。公元前200年至公元200年的《摩奴法典》已出现保护姓名的规范，该法典第8章第271条规定："如果一个人在称呼别人名字和姓的时候出言不逊，他就应该被烧红的十指铁钉刺进嘴里。"[①]但是，随后在古罗马法和日耳曼法中，不复有关于姓名保护的相关规定。至17世纪初，一些国家在公法领域开始出现有关姓名的规定。例如，姓名不得任意更改，更改须得官府许可，以及盗用他人姓名应受处罚等原则。如此规定，多是为了保证姓名与人口的唯一对应性和相对稳定性，便于进行行政管理。在私法领域，尚未承认姓名权作为一种权利。19世纪初，普鲁士、奥地利等国家的民法，开始出现与姓名取得方法有关的规定，[②]但仍未正式承认姓名权。[③]1804年的《法国民法典》，作为一部民法权利规定较为完备的法典，也缺乏对姓名权的一般规定。

19世纪末，在姓名权是否存在这一问题上，德国民法学者观点各异、讨论热烈。虽然《德国民法典》第12条对姓名权作出了规定，[④]但是并没有对侵害姓名权应负的赔偿责任作出规定。因此，当侵权人侵害他人姓名权使他人遭受了财产或者非财产损害时，《德国民法典》第12条无法为他人提供保护。为了使姓名权人在其姓名权遭受损害时可以对侵权人主张损害赔偿，在20世纪50年代之后，德国通过司法判例拓展《德国民法典》第823条第1款的适用范围，认为姓名权

---

① [美]梭罗：《梭罗政治著作选——剑桥政治思想史原著系列（影印本）》，中国政法大学出版社2013年版。

② 如规定嫡出子冠夫姓、私生子冠母姓、弃儿由官吏命名等。

③ 王利明：《人格权法研究》，中国人民大学出版社2012年版，第415、416页。

④《德国民法典》第12条规定："如有使用姓名权人的权利经他人提出异议，或被他人不正当使用同一姓名以致利益被侵害时，权利人得请求该他人除去其侵害。如有继续侵害的危险时，权利人得提起禁止继续使用的诉讼。"

属于《德国民法典》第823条第1款规定的“其他权利”，当侵权人侵害他人姓名权时，德国法官会通过所谓的一般人格权理论来责令侵权人承担侵权责任。此外，《德国民法典》对姓名的取得等方面作出了较为具体的规定。[①]1907年制定的《瑞士民法典》中关于姓名权的诸多规定，也明显受到了《德国民法典》的影响。[②]

在法国，法官通过对1804年的《法国民法典》进行扩张解释，创立保护姓名权的判例，来弥补立法的不足。19世纪的司法判例认为，自然人的姓名权是一种独立的人格权，侵权人擅自侵占、使用他人姓名时，构成姓名侵权行为，应当对受害人承担侵权责任。[③]在当今法国，姓名权无论是被看作财产权还是人格权均受法国侵权法的保护，当侵权人侵害他人作为财产权或人格权的姓名时，如果符合侵权法的要件，法律会责令侵权人对他人遭受的财产损害或者非财产损害承担侵权责任。此时，承担侵权责任的法律根据是《法国民法典》第1382条，以侵权人侵害他人姓名权的行为构成过错并造成损害作为条件。除了通过侵权损害赔偿责任对自然人的姓名权提供保护外，法国民法还通过姓名侵权损害赔偿责任制度对自然人的姓名权提供保护，同时通过姓名侵占诉讼制度和姓名矫正制度来保护他人的姓名权，防止自然人的姓名被侵权人非法使用。

---

① 《德国民法典》第1577条规定：“妻应从夫姓，夫妻离婚后，妻可以保留夫姓”；“离婚后妻可以回复其姓，姓的回复以意思表示向主管机关为之，其意思表示应用公证的方式。”第1616条规定：“子女从父姓。无效婚姻所生之子女，若其父母为善意（不知婚姻无效），并不是因为方式不具备或未经登记而无效者，根据第1699条规定，视同婚生子女，亦从其父姓。”

② 《瑞士民法典》为包括姓名权在内的人格权独设一编，明确了包括姓名在内的人格的一般规定和人格的保护规范，标志着现代人格权立法已经进入完善阶段。该法第29条规定：“当就姓名的使用权发生争议时，可诉请确定此项权利”，“因他人冒用姓名而受到损害的人，可诉请禁止冒用；如冒用有过失的，并可诉请损害赔偿；如就侵害的种类侵害人应当给付一定数额的抚慰金时，亦可提出此诉请。”同时，具体规定了因结婚、出生、收养等而取得姓名以及姓名的变更问题。如第30条规定：“如确实存在重要原因时，住所所在地的州政府可允许其更改姓名”，“因他人更改姓名而使自己受损害的人，可在知悉此事之日起的一年内，诉请法庭禁止他人更名。”

③ 例如，在共和历11年1月2日，法院判决一定姓名之主体，得禁止他人使用同一之姓名，其判例认姓氏为家族之所有权，故姓氏之冒用人，视为一种所有权侵害人。参见李林启：《论姓名权法律保护的历史发展》，载《法制与经济》2009年第6期。

奥地利、意大利、土耳其、葡萄牙以及我国台湾地区等大陆法系的国家和地区，也都在其民法典中对姓名权保护作出了相关规定。[①]我国的姓名权制度经历了一个演化过程。从封建社会不承认姓名权，到民国时期制定《姓名使用限制条例》名义上建立姓名权制度，再到20世纪80年代《婚姻法》《民法通则》《收养法》等法律的制定，以及近年来《侵权责任法》的出台，共同为姓名权的保护构建了一个完整的体系。[②]

各国法律保护自然人姓名权主要有以下三点原因：

1. 姓名是自然人区分的标示，是自然人获得个体化和个性化的重要手段，在任何国家，姓名都是一个人区别另一个人的标志，是将大千世界中芸芸众生予以区别的最重要的手段。因为姓名是自然人身份的重要组成部分，它与自然人的性别、年龄、出生等民事身份和住所一起，共同构成自然人个体化、个性化的最重要的因素，是用来确定和指明特定自然人的手段，姓名应该是自然人格的构成要素，每个自然人均有权要求将自己与其他人区别开来。

2. 姓名是自然人法律人格的重要组成部分，它与自然人的名誉、隐私、肖像等一起，共同构成自然人的法律人格。在诉讼中，当事人的姓名不仅是一个姓名，它实际是一种位置、身份、状况，一种关系和能力。当事人的姓名也许意义不大，但是当事人的姓名所表明的身份、关系可能意义众多，不仅对当事人个人如此，对社会大众也是如此。

3. 除了作为区分一个人和另一个人的标志之外，姓名还具有一定的经济价值。此种经济价值体现在两个方面：一方面，姓名权人将其

---

① 1916年3月19日，奥地利以敕令承认性质上为私权的姓名权并加以保护。《意大利民法典》第7条规定："法律赋予每个人使用自己姓名的权利。在他人不恰当使用姓名给当事人造成损害的情况下，可以通过法律途径请求停止侵害。请求停止侵害的诉讼不影响当事人请求赔偿的权利。"此外，《土耳其民法典》第25条、《葡萄牙民法典》第72、74条、我国台湾地区"民法"第19条都对姓名权的法律保护作出了明文规定。

② 应该说，中国的姓名史起源于母系氏族的对偶婚制度，在对偶婚制度下，母系氏族公社的姓，从母不从父，因此，中国先民的姓，多从"女"偏旁，如姬、姜、姒等，参见何晓明：《中国姓名史》，武汉大学出版社2012年版。

在民法中的姓名用于商业领域，使其民法领域的姓名成为商业领域的名称，此时，该商业领域的名称除了受民法规则调整之外，还受有关商法规范的调整。另一方面，姓名权人虽然没有将其民法上的姓名用于商业领域，但如果姓名权人是某个领域的杰出人物或公众人物，他们可以借自己的姓名著称于世，权利人与其他人订立协议，允许其他人在其有关服务或商品广告中使用自己的姓名，并因此获得报酬。在这两种意义上讲，自然人的姓名本身已经具有了经济上的价值，能够为姓名权人带来经济利益。

在我国，最早关于姓名权的规定见于1980年《婚姻法》第10条规定，即“夫妻双方都有各用自己姓名的权利”。第16条规定：“子女可以随父姓，也可以随母姓。”1986年《民法通则》第99条第1款规定：“公民享有姓名权，有权决定、使用和依照规定改变自己的姓名，禁止他人干涉、盗用、假冒。”《民法通则意见》第149条规定了盗用、冒用他人姓名的民事责任。1994年《广告法》第25条规定：“广告主或者广告经营者在广告中使用他人名义、形象的，应当事先取得他人书面同意……。”《侵权责任法》第2条第2款规定：“本法所称民事权益法，包括生命权、健康权、姓名权……。”《民法典》人格权编第一次明确了姓名权的概念和内涵。

二、姓名权的具体内容

（一）姓名决定权

指自然人决定其姓名的权利。自然人不仅有权决定随父姓、随母姓或采用其他姓，还可以自由选择自己的名字，决定是否使用别名、艺名、笔名等其他名字。当然，自然人对其姓名的决定权以其具有意思能力为前提，因此，对于无民事行为能力人或限制民事行为能力而言，如未成年子女，其姓名实际由其监护人行使或在征得监护人同意的情况下由自己行使。在有多个监护人的情况下，可能需引入协调机制处理姓名选择上的冲突。各国立法中，主要有两种做法：一是由民事登记官或法官以公序良俗和子女利益最大化的原则为指导，确定姓名；[①] 二是父方行使主要的决定权。[②]

（二）姓名改动权

又称姓名变更权，指自然人依法改变自己姓名的权利。[③] 姓名变更权是姓名决定权的自然延伸，但应该注意的是，自然人更名前已用其原有名字参与了一系列社会活动，可能影响到他人利益或社会公共利益，因此变更姓名需要受一定的行政管理限制，即自然人需要到相关主管部门进行变更登记。[④] 但别名、笔名和艺名等非正式登记在册的姓名的变更，不受上述限制。

（三）姓名使用权

指自然人依法使用自己姓名的权利，该项权利有两方面内容：一是积极权能；二是消极权能。如在自己的作品上标示姓名，属于积极权能；不署名则属于消极权能。在特定的情况下，如办理签证等，自然人必须使用其正式的、在户籍管理机关登记或与其身份证件姓名一致的名字，此时，使用自己姓名既有权利属性，也有义务属性。

（四）姓名持有权

又称姓名保有权。首先，自然人有权保持自己的姓名权，非经自己同意不得被强迫放弃或更改姓名。[⑤] 在日本“关口案”中，原告即认为，结婚后必须改姓为夫姓侵犯了其姓名的保有权。[⑥] 山东菏泽地

① 如《魁北克民法典》第51条规定：“子女的姓和名是经由其母亲或父亲选择的”，第52条规定：“在双方未就子女姓的选择达成一致时，由民事登记官享有最终决定权。”《澳门民法典》第1730条规定：“父母有权为未成年子女选择姓名，双方未就子女之姓名达成协议时，法官须作出符合子女利益的裁判。”

② 《埃塞俄比亚民法典》第34条规定：“（1）孩子的名字由其父亲确定，如果父亲已故去，由父亲的家庭确定。（2）孩子额外的名字由其母亲确定，如果母亲已故去，由母亲的家庭确定。（3）如果不知孩子的父亲是谁，或孩子的父亲方面没有亲属，孩子的母亲可以给其确定两个名字，如果母亲故去，由其母亲的家庭来确定名字。”

③ 参见何晓明：《中国姓名史》，武汉大学出版社2012年版，第156页。

④ 《户口登记条例》第18条即规定，未满18周岁的人需要变更姓名时，由其本人或父母、收养人向户口登记机关申请变更登记；18周岁以上的人需要变更姓名时，由本人向户口登记机关申请变更登记。

⑤ 李永军：《论姓名权的性质与法律保护》，载《比较法研究》2012年第1期。

⑥ ［德］卡尔·拉伦茨：《德国民法通论》，王晓晔等译，法律出版社2004年版，第9页、第125页。

区两百多名村民因姓氏生僻而被迫集体改姓事件，也是侵犯姓名保有权的典型案例。[①]此外，姓名持有权还指当姓名权发生纠纷时，姓名登记在先的自然人有权要求司法机关确认自己的姓名权。[②]

（五）请求他人正确称呼自己姓名的权利

一方面，该项权利指自然人有权请求其他人在社会交往中正确地称呼自己的权利。在依据发音规则有一字多音多义情况的国家中，此项权利显得尤其重要。另一方面，在变更姓名后，姓名权人有权要求其他人用变更后的名字称呼自己。

（六）许可他人使用姓名的权利

这是《民法典》对姓名权能较之以往的新增规定。此前《民法通则》第 99 条第 1 款中规定姓名权时，仅列明“有权决定、使用和依照规定改变自己的姓名”，并无许可使用的内容。此项规定，是对姓名利益与主体适当分离的现象在立法上的肯认。实践中，姓名利益的商品化运用，商事交易中广泛存在的代理行为，都需要从立法上对“许可使用”加以规定。

【审判实践中应注意的问题】

一、关于姓名权行使的限制

任何权利都有义务与其相对，姓名权也不例外，本条规定了自然人姓名权行使的一般限制“不得违背公序良俗”。具体来说，对于姓名权的限制主要体现在如下方面：

1. 任何人在从事重要法律行为时，负有使用其在户籍上登记的正式姓名的义务。如取得、转移或放弃某项权利，或在具有分离意义的

---

① 刘远征：《论作为自己决定权的姓名权》，载《河南省政法管理干部学院学报》2011 年第 2 期。

② 《德国民法典》第 12 条规定：“有权使用某一姓名的人，因他人争夺该姓名的使用，或者无权使用该姓名的人使用该姓名，从而使其利益受到损害时，权利人得请求排除此侵害，有继续收侵害之虞时，权利人得提出停止侵害之诉”，即有此含义。

证书、合同上签字时，必须使用经登记的姓名或与其身份证件上一致的姓名，避免权利义务关系不明确。

2. 自然人不得基于不正当目的而取得与他人相同的名字，不得故意造成姓名权的冲突。目前看来，尚无国家或地区禁止自然人使用与他人姓名相同的姓名，重名的现象并不少见。在数人合法取得同一姓名的情况下，合法使用属于正常现象，但如以不正当使用为目的，如以使交易对方混淆的目的使用重名，即构成了对他人姓名权的侵害。此外，实践中出现故意将自己的宠物命名为他人姓名，以侮辱他人为目的的现象，也构成对他人姓名权的侵害。

3. 不得滥用姓名权。随意更改姓名造成权利义务关系混乱，以违背公共道德和善良风俗的方式允许他人使用自己的姓名，甚至非法转让姓名等，都可以构成滥用姓名权，如以重婚、偷税等恶意目的更改姓名。全国人民代表大会常务委员会《关于〈中华人民共和国民法通则〉第九十九条第一款、〈中华人民共和国婚姻法〉第二十二条的解释》规定："公民依法享有姓名权。公民行使姓名权，还应当尊重社会公德，不得损害社会公共利益。"该立法解释对自然人行使姓名权作出必要的限制，即应当尊重社会公德，不得损害社会公共利益。

4. 姓名的构成需要符合法律及相关行政法规。司法实践中，关于姓名构成的禁止性要件一直存有争议。姓名权保护的第一案，为发生于2006年的"赵C案"，[①]也被称为"全国首例公民捍卫姓名权案"，其基本争点即是否允许在姓名中使用非汉字。后该案以和解结案，但其中的关于行政权力是否可以限制公民的姓名权的争论却一直未停息。目前，按照《居民身份证法》第4条规定："居民身份证使用规范汉字和符合国家标准的数字符号填写。民族自治地方的自治机关根据本地区的实际情况，对居民身份证用汉字登记的内容，可以决定同时使用实行区域自治的民族的文字或者选用一种当地通用的文字。"因此，自然人在决定选取姓名时，应当符合这一规定。

---

① 赵C姓名权案，江西省鹰潭市中级人民法院（2008）鹰行终字第5号行政裁定书。

二、关于姓名权和相关权利的聚合或竞合

姓名权的保护并非一个“纸面上的静态保护”。由于姓名权并不具有唯一性，所以，实际生活中，单纯关于姓名权侵权的争议并不多见，或为滥用姓名、盗用姓名或者是对姓名进行有损人格的使用，或以假冒署名、擅自使用署名等侵害著作人格权、不正当竞争的形式出现，而侵权的过程中常常伴随着侵犯多重权利客体，体现出来的民事诉讼形态也多种多样。在具体保护上，由于姓名权具有人身属性，应优先于财产性权利的保护。在具体的法律适用上，可以参照本法侵权责任编、《反不正当竞争法》《不正当竞争司法解释》及《商标授权确权规定》等进行处理。

第一千零一十三条 法人、非法人组织享有名称权，有权依法决定、使用、变更、转让或者许可他人使用自己的名称。

【条文主旨】

本条是关于法人、非法人组织享有名称权的规定。

【条文理解】

名称权是法人及其他非法人组织对其用以确定和代表自身并区别于他人的符号和标记所享有的权利。[①] 此前《民法通则》第 99 条第 2 款规定："法人、个体工商户、个人合伙享有名称权。企业法人、个体工商户、个人合伙有权使用、依法转让自己的名称。"本法扩大了名称权的权利主体范围，即"法人和非法人组织"，同时，明确了名称决定权的权能，增加了"变更""许可他人使用"的权能。本法总则编中的第 110 条第 2 款规定："法人、非法人组织享有名称权、名誉权和荣誉权。"与姓名一样，名称是法人、非法人组织从事民事活动的前提和基础，是该主体特定人格的彰显，是区别于其他主体的重要标志。

一、名称是否需要登记

法人或者其他非法人组织设定名称，有两种方式：（1）自由设立，法律完全不加以限制；（2）限制主义，规定商号、法人的名称应当表明其经营种类、组织形式，非登记不发生效力。在此前的学者建

① 王利明：《人格权法研究》，中国人民大学出版社 2012 年版，第 385 页。

议稿中，均或多或少规定了名称登记的要求。本法对此并没有进行统一规定，盖源于法人和其他非法人组织的多样性，其成立和活动都具有各自特性，应从立法上予以尊重，故《民法典》总则编对于法人、非法人组织的成立要件进行了区别处理，这决定了名称权的取得依据不同。目前，按照《民法典》总则编关于法人的规定，不同的法人名称是否需要登记有如下情形：

（一）营利法人

《民法典》总则编中的第 76 条第 1 款规定："以取得利润并分配给股东等出资人为目的成立的法人，为营利法人。营利法人包括有限责任公司、股份有限公司和其他企业法人等。"第 77 条规定："营利法人经依法登记成立。"《企业名称登记管理规定》第 6 条第 1 款规定："企业只准使用一个名称，在登记主管机关辖区内不得与已登记注册的同行业企业名称相同或者近似。"《企业名称登记管理规定》第 20 条规定："企业的印章、银行账户、牌匾、信笺所使用的名称应当与登记注册的企业名称相同。从事商业、公共饮食、服务等行业的企业名称牌匾可适当简化，但应当报登记主管机关备案。"

值得注意的是，对于未登记注册的商号、字号是否受法律保护的问题。《保护工业产权巴黎公约》第 8 条规定："厂商名称应在本联盟一切国家受到保护，没有申请或注册的义务，也不论是否为商标的一部分。"《班吉协定》附件 5 规定商号权的获得有两种渠道，其一是首先使用某个商号；其二是首先就某个商号获得注册。《发展中国家商标、商号和不正当竞争行为示范法》第 48 条规定："尽管任何法律或规章规定了任何登记商号的义务，这种商号及时在登记前或者未登记，仍然受到保护，而可以对抗第三者的非法行为。"

（二）非营利法人

本法第 87 条第 2 款规定："非营利法人包括事业单位、社会团体、基金会、社会服务机构等。"其中，依据法律规定的不同，事业单位、社会团队等，可区分为需要登记取得资格和成立取得资格。对于成立取得资格的，在成立时即对自己的名称拥有名称权。

（三）特别法人

本法第96条规定，特别法人包括机关法人、农村集体经济组织法人、城镇农村的合作经济组织法人、基层群众性自治组织法人等。其中，多数特别法人的设立由宪法和法律规定、无须核准登记等，冒用或非法使用该名称、尤其是机关法人的名称，有可能构成诈骗等刑事犯罪。

此外，名称取得需要登记的还有个体工商户。本法第54条规定："自然人从事工商业经营，经依法登记，为个体工商户。个体工商户可以起字号。"此前，《民法通则意见》第41条规定："起字号的工商户，在民事诉讼中，应以营业执照登记的户主（业主）为诉讼当事人，在诉讼文书注明系某字号的户主。"第45条规定，起字号的个人合伙，在民事诉讼中，应当以依法核准登记的字号为诉讼当事人，并由合伙负责人为诉讼代表人。合伙负责人的诉讼行为，对全体合伙人发生法律效力。未起字号的个人合伙，合伙人在民事诉讼中为共同诉讼人。可见，字号可以等同于个体户、个人合伙的名称。

二、名称权的基本构成

我国《企业名称登记管理规定》第7条规定："企业名称应当由以下部分依次组成：字号（或者商号，下同）、行业或者经营特点、组织形式。企业名称应当冠以企业所在地省（包括自治区、直辖市、下同）或者市（包括州，下同）或者县（包括市辖区，下同）行政区域名称。经国家工商行政管理局核准，下列企业的企业名称可以不冠以企业所在地行政区划名称：（一）本规定第十三条所列企业；（二）历史悠久、字号驰名的企业；（三）外商投资企业。"在该条规定中将商号等同于字号，而字号只是企业名称的一个重要组成部分。法人的名称权当中的名称，除法人的名称外，还包括分支机构的名称、法人所开办的营业单位（即分支机构）的名称。

三、名称权转让的问题

名称权的可转让性，是名称权与姓名权的重要区别。名称权的转让，即指将名称权人所享有的权利全部转让给名称权的受让人，受让之后，原名称权人丧失名称权。企业名称是企业极为重要的无形资产，具有标识价值、广告价值和商誉价值。关于名称权的转让，理论上有绝对转让和相对转让两种方式，前者要求名称和营业一并转让且名称权独占，后者则允许名称和营业分离且可由转让人、受让人共同享有。目前，我国采取的是绝对转让主义。《企业名称登记管理规定》第23条规定："企业名称可以随企业或者企业的一部分一并转让。企业名称只能转让给一户企业。企业名称的转让方与受让方应当签订书面合同或者协议，报原登记主管机关核准。企业名称转让后，转让方不得继续使用已转让的企业名称。"

四、名称许可使用的问题

名称许可使用也称为商号的借贷、名称的出租、名称权的部分转让。实践中，较为典型的即为以名称许可使用为基础的特殊交易方式。在《民法典》专家建议稿中，有学者指出："承诺使用人使用自己名称的名称权人，对于误认使用人为名称权人而为交易者，就交易产生的债务，名称权人与名称使用人员连带清偿。"①

【审判实践中应注意的问题】

关于企业名称的保护。需要注意的是，对于企业名称保护不仅限于民法上的保护。擅自使用他人的企业名称或者姓名，也属于不正当竞争中的冒用行为。例如，企业名称或者姓名，在德国法上，除了受《德国民法典》第12条姓名权的保护外，还受到《德国商标法》的保

① 参见王利明主编：《中国民法典学者建议稿及立法理由（人格权编·婚姻家庭编·继承编）》，法律出版社2005年版，第99页。

护。我国《反不正当竞争法》第 6 条第 2 项规定，擅自使用他人有一定影响的企业名称或者姓名，引人误认为是他人的商品或与他人存在特定联系的行为属于不正当竞争。此处的企业名称，包括字号[①]（或称“商号”）或者某个营业单位的名称。《不正当竞争司法解释》第 6 条规定，企业登记主管机关依法登记注册的企业名称，以及在中国境内进行商业使用的外国（地区）企业名称，应当认定为反不正当竞争法第 5 条第 3 项（2019 年修正后，对应的是第 6 条第 2 项）规定的“企业名称”。企业名称并不需要注册，只要使用了即可受到保护。此处的“使用”，与《商标法》上商标的使用类似，第三人经权利人同意而使用的，也属于这里的“使用”。此外，企业名称或者姓名，必须具有显著性才能得到《反不正当竞争法》的保护。[②]

① 参见福建省泉州市中级人民法院（2008）泉民初字第 393 号民事判决书，判决认为：“……字号是企业名称的核心要素，是一个企业区别于其他企业的主要标志。而在产品和包装上突出使用字号，实际上是将作为企业名称的一部分的字号作为商品标识使用，以区分商品或服务的来源。”

② 相关案例参见李友根：《论企业名称的竞争法保护——最高人民法院第 29 号指导案例研究》，载《中国法学》2015 年第 4 期。

第一千零一十四条 任何组织或者个人不得以干涉、盗用、假冒等方式侵害他人的姓名权或者名称权。

【条文主旨】

本条是关于不得侵害姓名权或者名称权的规定。

【条文理解】

姓名权和名称权是民事主体享有的重要人格权。侵害该人格权的行为，如符合侵权行为的构成要件，则行为人需要承担民事侵权责任。侵害姓名权、名称权的方式主要有：

一、干涉

即限制、阻挠、干预权利主体自主决定、使用、变更、许可他人使用姓名或名称。实践中，较为常见的情形为父母对未成年子女姓名决定权的干涉。例如，父母一方亡故另一方再婚，父母要求子女变更姓名，并未征求未成年子女意见的。《公安部关于父母一方亡故另一方再婚未成年子女姓名变更有关问题处理意见的通知》中规定："一、以本人的劳动收入为主要生活来源的十六周岁以上未满十八周岁的未成年人，自主决定本人姓名的变更；其父亲和继母，或者母亲和继父要求变更其姓名的，必须征得其本人同意。二、十周岁以上的未成年人的父亲和继母，或者母亲和继父经协商同意，要求变更该未成年人姓名的，应当征得其本人的同意。三、不满十周岁的未成年人姓名的变更，由其父亲和继母，或者母亲和继父协商一致后决定。"需要说明的是，上述条款依据之一为《民法通则》第11、12条。根据本法，限制民事行为能力人的年龄已下调至8周岁，故在本法贯彻实施后，该条第2款、第3款在实践中应修改为“不满八周岁”。上述规定源于限制行为能力人已经具备辨识能力和判断能力，对姓名也有了一定的感情利益，故在变更姓名时，应当尊重本人意志，征得本人同意。

实践中，还存在不当干涉他人使用与自己相同的姓名的行为。“只要自然人不是出于某种不正当目的而取与他人相同的姓名，故意造成姓名权冲突，则任何人无权干涉自然人取何姓名。”[①] 这是姓名权人权利行使的容忍义务。

二、假冒

假冒即冒名顶替，是指擅自冒充他人的姓名实施行为。其实质是造成姓名与人本身的同一性的混淆。[②] 实践中，常表现为未经他人同意或授权，擅自以他人名义实施某种行为，如冒用某知名人士的姓名从事活动，或利用自己与被冒充的人的某些相似性或容易混淆法定情形而冒充他人进行活动。现实中，盗用他人姓名，不仅会侵害被盗用人的姓名权，也常伴随其他一系列的精神性、财产性损失。

此外，值得讨论的是以他人姓名实施法律行为的问题，即行为人不是说“我在为甲实施法律行为”，而是说“我就是甲”。这里应当分为两种情形：如果行为人是在为自己实施法律行为，而相对人也认识到这一点的，则冒名的事实不予考虑，法律行为在当事人之间产生效力，这被称为“使用虚假姓名”；但是，假如何人实施法律行为，对相对人来讲具有重要性的话，通说认为应当适用代理的规定，这被称为“冒用他人姓名”。在主观要件上，假冒行为主观上是故意。

因干涉、假冒而侵害法人或非法人组织所享有的名称权的认定与干涉、假冒侵害他人的姓名权相同。盗用、假冒他人企业名称的行为是指未经他人同意盗用或擅自使用他人企业名称的行为。但在其他侵

① 王利明：《人格权法研究》，法律出版社2005年版，第379页。

② 王泽鉴：《人格权法：法释学、比较法、案例研究》，北京大学出版社2013年版，第120页。

害姓名权或名称权的方式上有所不同。

三、其他常见情形

1.非经许可对自然人姓名进行商业应用。如《商标授权确权规定》对姓名权的侵害作了规定。其中第20条第1款规定："当事人主张诉争商标损害其姓名权，如果相关公众认为该商标标志指代了该自然人，容易认为标记有该商标的商品系经过该自然人许可或者与该自然人存在特定联系的，人民法院应当认定该商标损害了该自然人的姓名权。"《反不正当竞争法》及其司法解释也对擅自使用他人的姓名或企业名称的作了规定。其中，具有一定的市场知名度、为相关公众所知悉的自然人的笔名、艺名等，可以认定为《反不正当竞争法》规定的"姓名"。

2.仿冒他人企业名称的行为，是指使用与他人企业名称相近似的企业名称的行为。常见的情形是两个同行业企业的名称中商号在字音、字形及字词义方面非常接近或完全相同，容易使公众造成混淆，仿冒者的意图在于使公众对商品的生产者或服务的提供者产生误解，利用被仿冒者的商誉，推销自己的产品。

【审判实践中应注意的问题】

关于姓名权受侵害的精神赔偿问题。以金钱方式赔偿非财产损害，其功能主要有补偿和抚慰，这种赔偿是否具有惩罚性，是存在争议的。在德国法上，为了避免造成"一行为二重刑罚"从而导致违宪，判例和学说都坚决否认这种赔偿的惩罚性。非财产损害的范围常常很广，因此以金钱方式赔偿非财产损害，应当进行限制。目前，大陆法系各国家和地区的基本立场是，仅在法律有规定的一些情形中，允许以金钱方式赔偿非财产损害。本法第1183条规定："侵害自然人人身权益造成严重精神损害的，被侵权人有权请求精神损害赔偿。因故意或者重大过失侵害自然人具有人身意义的特定物造成严重精神损害的，被侵权人有权请求精神损害赔偿。”《精神损害赔偿司法解释》中将以金钱方式赔偿非财产损害限于侵权行为的损害赔偿请求权，而且仅在下列情形中才可以提出请求：（1）自然人的人格权受到侵害；（2）已经去世的近亲属的人格受到侵害；（3）近亲属因侵权行为死亡；（4）自然人人格象征意义的物品灭失或毁损。此外，法人人格权受到侵害，不得请求以金钱方式赔偿此种非财产损害。确定金钱赔偿的时候，应当考虑：（1）侵权人过错程度，但负无过错责任时，侵权人无过错的除外；（2）侵权的手段、场合、行为方式等具体情节；（3）侵权行为所造成的后果；（4）侵权人的获利情况；（5）侵权人承担责任的经济能力；（6）受诉法院所在地平均生活水平。

以金钱方式赔偿非财产损害，此前《德国民法典》第847条第1款曾规定该请求权具有行使上的专属性，即尚未提起诉讼或者未以合同承认的，不得让与或者继承。我国台湾地区“民法”第195条第2款也采纳了相同规定，其理由是“被害人受有非财产上之损害时，其所忍受之痛苦，随其死亡而俱逝，被害人常由其未觉受有损害或因个人事故不行使赔偿请求权时，如仍许继承人主张之，有违事理”。目前随着金钱方式赔偿非财产损害的范围不断扩大，认为其有“行使上的专属性”的观点已经不合适，因此，后来德国法删除了此规定。目前，《人身损害赔偿司法解释》第18条第2款仍采用不得让与或继承的规定。

第一千零一十五条 自然人应当随父姓或者母姓，但是有下列情形之一的，可以在父姓和母姓之外选取姓氏：

（一）选取其他直系长辈血亲的姓氏；

（二）因由法定扶养人以外的人扶养而选取扶养人姓氏；

（三）有不违背公序良俗的其他正当理由。

少数民族自然人的姓氏可以遵从本民族的文化传统和风俗习惯。

【条文主旨】

本条是关于自然人姓氏的取得制度和选择权利的规定。

【条文理解】

对自然人姓氏取得制度和选择权利的规定，《民法典》主要吸收了《全国人民代表大会常务委员会关于〈中华人民共和国民法通则〉第九十九条第一款、〈中华人民共和国婚姻法〉第二十二条的解释》中的相关内容。该解释指出："最高人民法院向全国人民代表大会常务委员会提出，为使人民法院正确理解和适用法律，请求对民法通则第九十九条第一款'公民享有姓名权，有权决定、使用和依照规定改变自己的姓名'和婚姻法第二十二条'子女可以随父姓，可以随母姓'的规定作法律解释，明确公民在父姓和母姓之外选取姓氏如何适用法律。全国人民代表大会常务委员会讨论了上述规定的含义，认为：公民依法享有姓名权。公民行使姓名权属于民事活动，既应当依照民法通则第九十九条第一款和婚姻法第二十二条的规定，还应当遵守民法通则第七条的规定，即应当尊重社会公德，不得损害社会公共利益。在中华传统文化中，‘姓名’中的‘姓’，即姓氏，体现着血缘传承、伦理秩序和文化传统，公民选取姓氏涉及公序良俗。公民原则上随父姓或者母姓符合中华传统文化和伦理观念，符合绝大多数公民的意愿和实际做法。同时，考虑到社会实际情况，公民有正当理由的也可以选取其他姓氏。基于此，对民法通则第九十九条第一款、婚姻法第二十二条解释如下：公民依法享有姓名权。公民行使姓名权，还应当尊重社会公德，不得损害社会公共利益。公民原则上应当随父姓或者母姓。有下列情形之一的，可以在父姓和母姓之外选取姓氏：（一）选取其他直系长辈血亲的姓氏；（二）因由法定扶养人以外的人扶养而选取扶养人姓氏；（三）有不违反公序良俗的其他正当理由。少数民族公民的姓氏可以从本民族的文化传统和风俗习惯。”对本条的理解，可以从以下两个方面加以把握：

一、自然人姓氏的取得制度

所谓自然人姓氏取得制度，是指规定自然人使用的姓氏自出生时起应当如何获得的法律制度。从国际法[①]上看，自然人姓氏在具备选择能力之前必须确定下来。因此，自然人姓氏实际上是由他人依法或习惯提供的。从这一角度来看，自然人姓氏取得制度也可称为自然人姓氏给予制度，该制度是亲子效力制度的重要组成部分。我国的婚姻家庭相关立法对此作出了比较明确的规定。根据本条第 1 款的规定，原则上自然人的姓氏应当在父亲或母亲两者之间选择其一，这主要沿袭了《婚姻法》第 22 条有关姓氏的规定，即“子女可以随父姓，可以随母姓”，这也符合我国对姓氏取得的传统认识。当然，此处的父亲、母亲，既包括有血亲关系的生父、生母，也包括继父、继母、养父、养母。

（一）自然人姓氏取得制度的历史沿革

姓氏的发展源远流长，姓氏文化蕴藉丰厚，是中国古代文化重要

① 1990 年 9 月 2 日生效的《儿童权利公约》第 7 条第 1 款规定：“儿童出生后应立即登记，并有自出生起获得姓名的权利。”自 1992 年 4 月 1 日起，该公约正式对我国生效。

的组成部分。自商周至春秋战国时期，形式多样的赐姓制度，使中国的姓氏不断增加，[①]秦汉之际，姓与氏开始混为一谈，以氏代姓普遍出现，姓氏逐步稳定成现有的体制。新中国成立后，自然人姓氏取得制度主要分为两个阶段：

1. 从 1951 年到 1980 年，承认子女原则上随父姓这一习惯，这一阶段可以概括为新中国自然人姓氏取得制度的建立。1950 年《婚姻法》对于婚生子女姓氏取得制度未作出规定。原最高人民法院华东分院的请示报告对此有所体现："根据浙江省人民法院提出：'婚姻法'第十一条规定，夫妻有各用自己姓名的权利，其子女的姓氏，应如何处理，未有规定。"1951 年 2 月 28 日，中央人民政府和最高人民法院为了答复华东分院的请示，发布了《关于子女姓氏问题的批复》，[②]标志着该制度登上了新中国的历史舞台。该批复所确立的自然人姓氏取得制度具有以下三个特征：（1）其针对的子女是嫁娶婚所生子女。以父母哪一方成为对方的家庭成员为标准，婚生子女可分为嫁娶婚所生的和招赘婚所生的两类。（2）嫁娶婚所生的子女通常随父姓。这是因为该批复第一部分第一句话明确指出，在一般的情况下，子女的姓氏问题尽可以从民间习惯，也就是通常随父姓。（3）嫁娶婚所生的子女例外时由父母协商决定。主要针对子女姓氏未确定之前夫妻双方发生了离婚纠纷等情形时，可以由父母协商确定。父母双方协商不成的，自应以子女自己表示的意愿为主，子女年幼尚无表示其自己意志的能力时，应从民间习惯，其出生时所用的姓氏不宜改变。

2. 从 1980 年《婚姻法》施行至今，确立了子女随何方姓氏由父母双方协商决定。1980 年《婚姻法》第 16 条废除了《关于子女姓氏问题的批复》第一部分，规定"子女可以随父姓，也可以随母姓"。依文义解释，无论是在一般情况下，还是在特殊情况下，子女的姓氏

---

① 中国姓氏多达 6362 个，但大姓比较集中，《百家姓》收录 468 个姓氏可以涵盖全国人口 90% 左右。参见田亚岐、倪景杰：《我国姓氏的起源与发展》，载《西安教育学院学报》2001 年第 3 期。

② 周道鸾主编：《中华人民共和国最高人民法院司法解释全集》，人民法院出版社 1994 年版，第 1137 页。

均不再从民间习惯确定。2001年《婚姻法》第22条只是删除原文中的“也”字，其他文字表述均相同。该阶段的自然人姓氏取得制度具有以下四个特征：（1）它针对的子女包括全部婚生子女，包含嫁娶婚所生子女和招赘婚所生子女两类。（2）决定权归父母。由于法律条文表述的主体是“子女”，所以比较容易产生误解认为自然人姓氏取得的决定权人是子女本人，但实际上决定权人应当是父母双方；[①]（3）父母的选择权受到限制。根据1980年《婚姻法》第16条和2001年《婚姻法》第22条的规定，父母只能选择父亲的姓氏或者母亲的姓氏作为子女姓氏。（4）父姓和母姓处于平等的地位。在对子女姓氏选择时，选择父姓和母姓的权利都是平等的。

（二）自然人姓氏取得制度的特征

通过前述关于自然人姓氏历史沿革的相关内容可以看出，自然人姓氏取得制度的变革与不同时期的继承制度、身份登记制度、夫妻关系制度密切相关。1980年《婚姻法》第16条和2001年《婚姻法》第22条规定，“子女可以随父姓，可以随母姓”，这主要反映了三种制度特征：（1）继承权男女平等。根据1950年《婚姻法》第14条、1980年《婚姻法》第18条第2款、2001年《婚姻法》第24条第1款、1985年《继承法》第9条的规定，继承权男女平等。（2）减轻出生登记工作的难度已不在考虑之列。登记人口通常有两种方法，一是只登记户主的姓氏，然后将与户主具有相同姓氏者的姓氏省略，只登记其名；二是无论姓氏是否相同，所有成员的姓名均加以登记。显然以家庭为单位，与以个人为单位相比，更有助于减轻登记的难度。当然，20世纪50年代后，随着计划生育政策以及信息科技手段的发展进步，多登记姓氏本身的工作量已无多大影响。（3）夫妻平等。从1950年《婚姻法》第7条，到1980年《婚姻法》第9条，再到2001年《婚姻法》第13条均规定：“夫妻在家庭中地位平等。”夫妻既然具有平

① 参与1980年《婚姻法》修改工作的杨大文先生指出：“我国婚姻法对子女称姓问题的规定鲜明地体现了男女平等的精神。在解释上，子女的姓应由父母协商确定。”参见杨大文主编：《婚姻法学》，法律出版社1986年版，第143页。

等地位，在子女随姓问题上也就不应区分主从。2001 年《婚姻法》第 22 条将“也”字删除足以证明这一问题，相比于 1980 年《婚姻法》，该条在表述上去掉了“也可以随母姓”中的“也”字，意在强调父母双方子女姓氏决定权的平等地位，从而更好地体现我国男女法律地位平等，避免出现法律语言上的歧义。

二、自然人姓氏的选择权利

姓名是每个自然人的特定名称符号，是通过语言文字区别个体差异的标志。姓名不仅构成了自然人社会交往的前提，也是社会管理的手段，同时承载着传统文化价值，浸透着父辈对子女的亲情。在个性解放和自由意志逐渐成为时代潮流的当下，姓名文字选择自由与社会管理、传统文化价值之间存在着显而易见的张力。近年来引发热议的“北雁云依”案的焦点即为姓氏选择问题，并由此促使我国民事领域的第一个立法解释诞生，也成为适用该立法解释的首个案例。2017 年 11 月 15 日，“北雁云依”案被最高人民法院作为第 89 号指导案例发布。[①]《全国人民代表大会常务委员会关于〈中华人民共和国民法通则〉第九十九条第一款、〈中华人民共和国婚姻法〉第二十二条的解释》和指导案例使姓氏选择有了明确的法律基础和裁判依据。

自然人姓氏的选择属于民事活动，既应当依照本法第 1012 条“自然人享有姓名权、有权依法决定、使用、变更或者许可他人使用自己的姓名”和本条“自然人应当随父姓或者母姓”的规定，还应当遵守本法第 1012 条的规定，即“不得违背公序良俗”。姓氏体现着血缘传承、伦理秩序和文化传统，自然人选取姓氏涉及公序良俗。自然人原则上随父姓或者母姓在我国有着深厚伦理基础，社会普遍遵循，符合中华传统文化和伦理观念，符合绝大多数公民的意愿和实际做法，也是我国姓氏文化重要体现，应当得到良好传承。同时，随着社会生活的发展变化，考虑到社会实际情况，自然人有正当理由的也可

---

① “北雁云依”诉济南市公安局历下区分局燕山派出所公安行政登记案，最高人民法院指导案例 89 号。

以选取其他姓氏。所谓自然人姓氏的选择权利，从广义上理解，既包括自然人选择父姓和母姓的通常做法，又包括自然人在法律允许的情形下在父姓和母姓之外选择姓氏的权利；从狭义上理解，主要指自然人在父姓和母姓之外选择其他姓氏的权利，但是以不违背法律的强制性规定和公序良俗为限。我们认为，此处自然人姓氏的选择权利，主要限于自然人在父姓和母姓之外选择其他姓氏的权利，根据本条的规定，主要包括选取其他直系长辈血亲的姓氏、因由法定扶养人以外的人扶养而选取扶养人姓氏、有不违背公序良俗的其他正当理由等三种情形时，自然人可以在父姓和母姓之外选取姓氏的权利。

（一）选取其他直系长辈血亲的姓氏

自然人选择其他直系长辈血亲姓氏，在家族、世代延续的立场上具有一定的可接受性，目前大量发生的变更姓氏情况和地方性户籍管理规范中也体现了返祖性的广泛需求。目前我国的家庭基本上在向“4-2-1”模式（即独生子女家庭，爷爷、奶奶、外公、外婆四人，父母两人，独生子女一人的模式）过渡，每个家庭只有一个子女、孙子女，在确定子女、孙子女姓氏的时候，除了选取父姓、母姓之外，还可能选取奶奶或外婆等其他直系长辈血亲的姓氏，这些姓氏选择的实际需求，也是立法需要予以回应的。为此，本条明确规定了自然人可以在父姓、母姓之外，选取其他直系长辈血亲的姓氏。

（二）因由法定扶养人以外的人扶养而选取扶养人姓氏

法定扶养人以外的人对自然人进行扶养，具有正当性理由，如延续家族等，受扶养的自然人可以有姓氏上的改变，这也体现了在维护被扶养人利益基础上，对非法定扶养人付出的认可，但最重要的还是尊重扶养人与被扶养人的共同意思。需说明的是，本法第1059条与第1075条分别规定了“夫妻之间”和“由兄、姐扶养长大的弟、妹之间”存在“扶养”关系，长辈与晚辈之间存在的是抚养与赡养关系。如果严格遵循这一范围，本项规定的“法定扶养人”则仅能适用于妻子姓氏前冠以夫姓的情形，因为兄、姐与弟、妹的姓氏通常情况下是一致的，并不涉及变更姓氏才能随兄、姐姓氏的问题。除非对此处的“兄、姐”作扩大解释，包括传统上的姑（姨）表亲兄、姐，才可能存在扶养人与被扶养人姓氏不一致的情形。在叔伯堂兄、姐，娘舅表兄、表姐作为扶养人时，扶养人之间或者因父系家族而使用同一姓氏，或者因母系家族改名后实际随“母亲”不存在随“扶养人”姓的问题（娘舅表兄、姐一般应与母姓一致），而这种基于对“兄、姐”作扩大解释所涉及的情形在实践中又极为少见，因此，仅依文理含义，该项几乎仅能适用于妻子冠夫姓的情形。

（三）有不违背公序良俗的其他正当理由

本项规定实际上是对自然人姓氏选择权利的兜底性条款，这样规定具有一定的合理性和可行性，因为只要不违背公序良俗，没必要对姓氏的选择权利作出过于严苛的限制，这也是自然人意思自治的应有之义。所谓公序，即公共秩序，是指国家社会的存在及其发展所必需的一般秩序；良俗，即善良风俗，是指国家社会的存在及其发展所必需的一般道德。公序良俗指民事主体的行为应当遵守公共秩序，符合善良风俗，不得违反国家的公共秩序和社会的一般道德。我国《民法通则》第7条规定：“民事活动应当尊重社会公德，不得损害社会公共利益。”第58条规定：“违反法律或者社会公共利益的民事行为无效。”《合同法》第7条和第52条亦沿用了“社会公共利益”的表述。按照学界通说，这里的“社会公共利益”的地位和作用相当于其他立法例中的公序良俗，司法界亦理解为公序良俗原则。从《全国人民代表大会常务委员会关于〈中华人民共和国民法通则〉第九十九条第一款、〈中华人民共和国婚姻法〉第二十二条的解释》的说理来看，立法机关也将之理解为“公序良俗”。《民法总则》第8条正式确立了公序良俗原则，即“民事主体从事民事活动，不得违反法律，不得违背公序良俗”。同时，《民法总则》第10条明确将“公序良俗”作为习惯法源地位的限制条件；《民法总则》第153条第2款将“公序良俗”规定为法律行为效力的界限，即违背公序良俗的法律行为无效。至此，我国民事法律中对公序良俗原则的规定基本完整。本法第8条规定：“民事主体从事民事活动，不得违反法律，不得违背公序良俗。”

第 153 条第 2 款规定："违背公序良俗的民事法律行为无效。"据此规定，如果自然人更改姓氏存在影射侮辱他人、提倡封建迷信、粗鄙污秽、敌视社会等违背社会公德和优良传统的意识和形式表现，或者如果姓氏的选择含有对社会、科学、文明等公序良俗的违背，户口登记机关应当不予准许。

此外，关于少数民族自然人姓氏的选择，本条第 2 款明确规定："少数民族自然人的姓氏可以遵从本民族的文化传统和风俗习惯。"我国少数民族众多且每个少数民族都有本民族特殊的文化传统和风俗习惯，为此，对于少数民族的命名习惯也会因民族的不同而有很大差异。对于少数民族自然人姓氏的选择，应当允许其根据本民族的文化传统和风俗习惯决定。对于少数民族的姓氏如何转化为汉字的问题，在金、元朝时期，曾规定少数民族译用汉姓，如完颜为王姓、蒲察为李姓。目前，公安部使用的人口信息管理系统也正是考虑到少数民族姓名的需要，"姓名"一栏可以输入十多个汉字。但是鉴于姓名具有了越来越突出的社会价值，如果让自然人随意为之，不考虑立法民族一致性的一面，将会影响到社会的稳定和秩序。少数民族在使用本民族文字的同时，也应当登记少数民族姓名的汉字音译转写或少数民族罗马字母音译转写。[①] 这是因为姓氏文化作为中国的特殊文化传统，不仅涉及中华民族的起源，更对我国今后的发展以及诸多问题的解决具有非常重要的意义。

【审判实践中应注意的问题】

对本条在审判实践中应注意问题的阐释，可以结合《全国人民代表大会常务委员会关于〈中华人民共和国民法通则〉第九十九条第一款、〈中华人民共和国婚姻法〉第二十二条的解释》的相关内容以及司法实践中遇到的问题进行分析。

① 参见李予霞、牛占斌：《我的名字谁做主？——论姓名命名权的自由与限制》，载《法律适用》2009 年第 6 期。

一、对“因由法定扶养人以外的人扶养而选取扶养人姓氏”中“扶养”的理解

从最高人民法院向全国人民代表大会常务委员会提请立法解释的目的分析，其意在从立法上“明确公民在父姓和母姓之外选取姓氏如何适用法律”，结合司法实践情况来看，其具体应指两种情形：（1）继子女可否随继父姓的问题；（2）完全民事行为能力人可否变更自己姓氏为父、母姓氏以外的第三人姓氏问题。根据从中国裁判文书网的检索情况来看，后一种情形数量极少。即使实践中依据《婚姻法》第22条全部驳回自然人变更姓氏的请求，亦不会限缩自然人的权利自由，反而在客观上有助于保护其相关社会管理信息，防止其因对姓氏变更所产生影响的认识不足，而产生不必要的生活困扰。因此，最高人民法院意图寻求立法解释解决的主要困难是，继子女可否随继父姓的法律适用问题。从该立法解释中的用语分析，其意在强调具体的“适用法律”而非子女的姓氏可否“为第三人姓”。两种表述的差异在于，前者在具体内涵上可以涵盖后者，而后者却无法涵盖前者，后者寻求解释的重点问题是“法律如何适用”而不是“法律如何规定”，而该立法解释的解释路径则更偏向于针对子女姓氏可否“为第三人姓”而非“适用”何种法律来决定其“选取姓氏”。在该立法解释中，并没有对“未成年人姓氏的选取”作出特别解释规定，代之“公民行使姓名权”用语。

从条文表述上看，可能引起歧义的是“因由法定扶养人以外的人扶养而选取扶养人姓氏”的表述中，使用的是“扶养”而非“抚养”，似乎更针对前述的“完全民事行为能力人更名”而非实践中发生更多的“未成年子女姓名变更”。如前所述，从对“扶养”的一般理解来看，主要针对的只能是男女结婚后，妻子在自己原姓氏前冠之以夫姓的情形。但这种情形似乎并不符合全国人民代表大会常务委员会在前述立法解释中所指出“姓氏，体现着血缘传承、伦理秩序和文化传统，公民选取姓氏涉及公序良俗”，而自然人选择姓氏“应当尊重社

会公德，不得损害社会公共利益”。因为妻子在自己姓氏前冠以夫姓，很难简单直接认定为符合我国“家庭伦理秩序与文化传统”，毕竟从行为表现形式上，有降低妻子人格、将其作为丈夫附属之虞，这与我国现代法律制度尤其是本法第 1041 条确立的“男女平等”原则相悖。但是，考虑到当前传统文化回归的趋势，这种自愿在自己姓氏前冠以夫姓的行为并没有被解读为降低了女性身份，反而由于名人示范效应，而被认为是一种传统家庭文化的回归。即使这种传统回归不属于违背社会公德与公序良俗，亦应不是社会主义倡导的主流家庭两性文化。[①] 如果不考虑这种与社会主义两性文化存在差异的情形，那么条文中使用的“扶养”一词的具体含义，还需要立法、司法机关未来在对《民法典》的适用中，予以进一步明确，即是立法机关未考虑“扶养”一词的法律含义，还是这里的“扶养”是一种广义的含义，包括了“赡养与抚养”等情形。

二、自然人姓氏的决定权是否以“父母达成合意”为条件

通过对涉自然人姓氏相关案件以及司法调研等情况来看，关于自然人姓氏的决定权涉及的争议案件并不在少数，典型的案件如再婚母亲单方更改姓氏或者婚内母亲单方决定姓氏等案件。对上述案件的司法裁判，法官是否支持对子女姓氏进行变更，主要取决于自然人姓氏的决定权是否需要“父母达成合意”。如果父母未能就子女姓氏决定达成合意时，其子女姓氏应当如何决定，即在监护人为数人时，如果监护人就被监护人的姓氏无法达成一致，应当依据何种程序，由谁来决定姓氏。同时，父、母单方决定更改子女姓氏，是否侵犯了另一方合法权益，这种权益是源于《民法通则》第 18 条的父母法定监护权，抑或是源于本条父母对子女姓氏的决定权等。从司法实践的相关案例来看，在涉及子女姓氏选择的问题上，父母对孩子是否可以随母姓，乃至随继父姓等均较少存在争议，孩子的父母均承认子女有权随母亲

---

① 参见任江、张小余：《子女姓名决定、变更权的实证分析与启示——实证主义路径下的我国首部民法立法解释评析》，载《河北法学》2015 年第 11 期。

姓，尽管从实践以及传统姓氏取得习惯来看，随母姓的仍占极少数，但其并不否认孩子有随母姓的权利。父母双方争议的焦点主要在于，子女的姓氏由谁来决定，父母一方可否单方决定变更子女的姓氏等。有学者认为，对于姓氏的变更应当分以下几种情形：（1）自然人具有判断能力时，应当参考其意见，因为姓氏之于自身，其本人的意见对判断其姓氏选择是否恰当具有重要价值；（2）看姓氏的选择、变更对自然人是否会产生消极影响，如父亲或者母亲存在对未成年子女虐待、伤害、性侵害、疏于照顾等情形，此种情况下称父姓或母姓自然会对自然人产生精神上的压力与困扰，不利于未成年人成长；（3）变更姓氏对自然人能够产生的积极意义，如有助于该自然人今后与抚养人的共同生活等。总之，应当首先以自然人自身判断优先，自然人无判断能力的，主要考虑称原姓对自然人的消极影响，并考虑改姓所能带来的积极效应。[①] 我们认为，自然人的姓氏原则上应当由父母双方协商一致决定，这也更加符合自然人姓氏取得制度中关于自然人姓氏原则上由父母决定的特征，但当父母双方未能协商一致时，可以将父母姓氏共同作为子女姓氏，一般父姓应置于母姓前；父母已经离婚或者不具有婚姻关系的，与未成年子女共同生活并实际履行抚养义务的父或母，有权单方决定子女的姓氏。对于上述问题的理解，还有待于结合司法实践中的具体案件事实，使《民法典》相关规定在适用中得到进一步明确。

---

① 参见张红：《姓名变更规范研究》，载《法学研究》2013 年第 3 期。

第一千零一十六条　自然人决定、变更姓名，或者法人、非法人组织决定、变更、转让名称的，应当依法向有关机关办理登记手续，但是法律另有规定的除外。

民事主体变更姓名、名称的，变更前实施的民事法律行为对其具有法律约束力。

【条文主旨】

本条是关于自然人决定、变更姓名以及法人、非法人组织决定、变更、转让名称相关手续及效力的规定。

【条文理解】

本条涉及自然人决定、变更姓名，以及法人、非法人组织决定、变更、转让名称的相关规则。其中，姓名、名称的变更以及名称的转让是姓名、名称决定权的延伸。一般而言，变更姓名、名称以及转让名称是权属由所有人自主决定的一种表现，但姓名、名称本身又涉及国家管理等公法上的利益，此种利益也适用于公法上的义务。为此，自然人有权决定、变更其姓名，法人、非法人组织也有权决定、变更以及转让其名称，姓名、名称的决定、变更以及名称的转让，只要不违反法律的强制性规定和公序良俗都应当被允许。但是，考虑到姓名、名称的决定、变更以及名称的转让会影响民事主体的权利义务关系，因此，为了保护权利义务关系的稳定性和延续性，决定、变更姓名、名称以及转让名称等都需要遵守一定的程序。关于本条规定的理解，可以从以下两个方面加以把握：

一、自然人决定、变更姓名或者法人、非法人组织决定、变更、转让名称的手续

姓名是自然人个体化的标志和象征，是一种典型的人格权。姓名权作为人格权的一种，因其在属性上属于外在于人的权利，在各项人格权中一直备受关注。姓名决定权、姓名使用权、姓名变更权共同构成姓名权的重要内容。其中，姓名变更权是指自然人依照法律规定改变自己的姓名应当受到法律保护的权利，是自然人姓名决定权的自然延伸。

（一）对自然人决定、变更姓名或者法人、非法人组织决定、变更、转让名称进行规制的必要性

作为民事主体身份识别的标志，姓名、名称无疑应当归民事主体所有，但作为民族历史文化、社会生活的重要组成部分，姓名、名称又具有社会属性。在现代社会，法律保障一个公民使用和改变自己姓名的权利，保障法人或非法人组织使用、改变或转让名称的权利，但是任何民事主体也绝不能因此而任意地取名授字。尤其是在中国这样一个人口众多、历史悠久的国家，保持对姓名、名称的适度规制仍然是必要的。当然，在社会生活飞速发展倡导意思自治、人性自由的时代，究竟应当如何规制民事主体对姓名、名称的取舍，还有赖于对姓名、名称规制环境的准确把握，进而实现规制目标的科学设定和规制手段的合理选择。我们认为，之所以要对姓名、名称的决定、变更以及名称的转让进行限制，主要是出于保护交易安全的考虑。在社会活动中，姓名、名称是其他民事主体据以辨识其身份的方法之一，如果任由自然人自由决定、变更姓名，任由法人、非法人组织自由决定、变更、转让名称，势必影响交易安全。当然，对于自然人姓名来说，名的变更与姓的变更规则应当有所区分，适用“改名从宽”原则更为适宜。因为名字本身仅仅是一符号，不应当过度限制个人变更名字的权利。但是，为了避免造成识别上的混淆、影响社会秩序及交易安全，对姓名变更权应予必要的限制。因为在实际生活中，一个人的姓名是与其所进行的经济或其他社会活动联系在一起的，特别是对 18

周岁以上的成年公民，改名往往会对其原有社会关系产生较大影响，[①]为此，从便于公安户籍管理以及维护社会秩序稳定的角度，应当对姓名、名称的变更以及名称的转让进行合理规制。

（二）对“应当依法向有关机关办理登记手续”的具体理解

在《民法典》颁布以前，我国关于姓名决定、变更登记的相关法律法规主要是《户口登记条例》。[②]其中，第18条规定：“公民变更姓名，依照下列规定办理：（一）未满十八周岁的人需要变更姓名的时候，由本人或者父母、收养人向户口登记机关申请变更登记；（二）十八周岁以上的人需要变更姓名的时候，由本人向户口登记机关申请变更登记。”该条主要是关于自然人姓名变更的相关规定。从比较法视角看，世界各国对于姓名变更的立法思想有所不同，大体上可以分为两类：（1）英美法系的自由主义立法体例，在极度自由个人主义下，姓名可基于个人的自由意思加以变更，在英美等国，只需要相关机关予以公告即可；（2）大陆法系的许可主义立法体例，认为姓名关乎个人统一性的识别，对于国家、社会的利益有重大影响，所以在德国和法国都要求有重大理由才能变更，在日本也不承认基于个人意思的变更，必须经过行政机关的认可、家事法院的裁判许可才可变更。[③]根据《户口登记条例》第18条的规定，对于自然人姓名的变更主要是以是否年满18周岁为限分为两种情形，即18周岁以下的，应当由本人或者父母、收养人向户口登记机关申请变更登记；18周岁上的，应当由本人向户口登记机关申请变更登记。

目前，关于对法人和非法人组织决定、变更以及转让名称的相关

---

① 婚姻家庭关系、人事档案、银行账户、信用证存储信息、房屋产权、医疗保险、人寿保险等都涉及相应更改。尤其是有的为了逃债而改名，或者为了逃避刑罚制裁而改名，则会给公安机关的侦查工作带来极大障碍。参见张建文、贾佳：《论我国姓名变更权的法律限制问题》，载《河北法学》2011年第3期。

② 《户口登记条例》于1958年1月9日全国人民代表大会常务委员会第九十一次会议通过，1958年1月9日中华人民共和国主席令公布，1958年1月9日起施行。为了维持社会秩序，保护公民的权利和利益，服务于社会主义建设，制定本条例，全文共24条。

③ 张建文、贾佳：《论我国姓名变更权的法律限制问题》，载《河北法学》2011年第3期。

法律法规依据主要是《企业名称登记管理规定》。[①]（1）关于法人和非法人组织在决定名称后，需要履行的相关登记手续，主要依据是该规定的第3条、第4条。依据第3条的规定，企业名称在企业申请登记时，由企业名称的登记主管机关核定。企业名称经核准登记注册后方可使用，在规定的范围内享有专用权。依据第4条的规定，企业名称的登记主管机关是国家工商行政管理局和地方各级工商行政管理局。登记主管机关核准或者驳回企业名称登记申请，监督管理企业名称的使用，保护企业名称专用权。（2）关于法人和非法人组织名称变更和转让的规定，主要依据是该规定第22条、第23条。依据第22条的规定，企业名称经核准登记注册后，无特殊原因在1年内不得申请变更。依据第23条的规定，企业名称可以随企业或者企业的一部分一并转让。企业名称只能转让给一户企业。企业名称的转让方与受让方应当签订书面合同或者协议，报原登记主管机关核准。企业名称转让后，转让方不得继续使用已转让的企业名称。

（三）对"应当依法向有关机关办理登记手续"的实践做法

从实践来看，对于自然人决定、变更姓名以及法人、非法人组织决定、变更、转让名称，各地公安部门均有自行掌握的相关政策，由于上述政策文件不属于立法，通常各地公安部门也未必会向公众公开，这给民事主体行使姓名权、名称权造成了不便。我们认为，为充分保障民事主体知情权和维护民事主体姓名、名称的决定、变更权以及转让名称的权利，登记机关应当根据法律法规规定的条件合理设置所应提交的材料和相关程序，并公之于众。在提交材料方面，以自然人变更姓名为例，可以包括申请表，写明具体的申请理由，身份证明文件，如身份证、户口簿、个人信息用记录，以及银行贷款记录、无犯罪记录等，还可以包括户口登记机关认为需要提交的其他材料。因

---

① 《企业名称登记管理规定》于1991年5月6日经国务院批准，1991年7月22日国家工商行政管理局令第7号公布，根据2012年11月9日中华人民共和国国务院令第628号《国务院关于修改和废止部分行政法规的决定》修订。该规定共34条，自1991年9月1日起施行。

收养关系变更要求更改姓氏的，户口登记机关可以要求申请人提供有关收养成立或解除的证明等。在民事主体按照法律法规规定，提交姓名、名称的变更申请后，登记机关在收到材料后，应当认真核查，尽量减少或避免申请人更改姓名、名称对国家、他人利益造成损害的可能性。除了审查民事主体主动提交的相关证明材料，如果因为客观原因申请人无法举证的，登记机关还应当针对申请内容开展调查，可以通过数据库查询、上门调查、与申请人见面等多种方式予以解决。

对于办理变更登记的时限，登记机关应当向社会公开，接受群众监督，避免久拖不决，造成申请人损失。对于申请人应当提交的材料和相关程序的设置，登记机关应当掌握的原则是不人为增加民事主体行使姓名、名称的决定、变更以及名称转让的障碍。对不属于应当限制或禁止改名情况的，登记机关应当及时办理变更登记。另外，登记机关对于民事主体申请更名应当提交的材料和相关程序，可以通过制作便民手册等方式予以公开，便于民事主体知晓和查询。对于法律法规明文予以禁止或限制更名的情况，登记机关应当统一归纳为不予变更登记的情形，刊登在便民手册或借助其他渠道和媒介及时公开，以增加工作的透明度。这些不予变更登记的情形可以包括：拟变更的姓名不符合公序良俗原则，未成年人的生父或生母一方申请更改未成年人姓氏，但尚未取得对方同意的；拟更改姓名有辱国格、人格的，侵害国家、集体或他人利益的，有逃避债务合理嫌疑的，具有不良信用记录或犯罪记录等。①

二、自然人决定、变更姓名或者法人、非法人组织决定、变更、转让名称的效力

（一）自然人决定、变更姓名或者法人、非法人组织决定、变更名称的效力问题

关于姓名、名称变更以及名称转让的效力问题，其中对于民事主

① 阮忠良、丁晓华：《论姓名变更权的法律保护》，载《法治论丛》2005年第1期。

体变更姓名、名称的效力问题，实践中较少出现分歧，相应的对法人、非法人组织名称转让的效力规定，应当是实践中引发争议较多的内容。因为对于民事主体变更姓名、名称来说，尽管上述民事主体的姓名、名称因申请及登记发生了改变，但是对于该民事主体而言，对姓名、名称的变更仍然发生在同一个民事主体上，不存在其他民事主体的介入，为此在民事主体姓名、名称变更前后，民事法律行为的效力应当连续认定，实践中较少存在争议。本条第2款也予以了明确，即“民事主体变更姓名、名称的，变更前实施的民事法律行为对其具有法律约束力”。

（二）法人、非法人组织转让名称的效力问题

关于名称转让效力的规定，实践中的主要依据是《企业名称登记管理规定》第23条的内容，但是该条仅规定了企业名称转让后，转让方不得再继续使用已转让的企业名称，对于转让后的企业对原企业债权债务的承担并无明确规定。此外，对于转让方的竞业禁止义务也没有规定，导致实践中经常发生转让方另换一块牌子继续经营同类业务，出现损害受让方利益的侵权行为。我们认为，在企业名称发生转让时，对于转让方而言，转让方可以请求受让方支付转让费，并丧失公司名称专用权，同时转让方还应当负有监督以及竞业禁止的义务。在企业名称连同经营业务一并转让的情况下，如果允许转让方继续从事与所转让的业务同种类的内容，则受让方就失去了购买名称的实际价值。为此，转让方转让名称后，就应当承担竞业禁止义务。但是如果无限制地禁止转让方的经营活动也会损害转让方的经营自由，因此，一方面，对转让方的竞业禁止义务进行合理的限制是有必要的；另一方面，应当将转让所负的竞业禁止义务限定在一定的时间、地域之内。[①] 对于受让方而言，受让方应当按照合同约定支付转让费用，

① 《日本商法典》第25条规定：“转让营业时，当事人如无另外意思表示，则转让人在20年之内，不得于同一市镇村内或相邻市镇村内经营同一营业。转让人有不经营同一营业的特约时，该特约只有在同一府县内及相邻府县内，在不超过30年的范围内有效。转让人不得违反前两款的规定，以不正当竞争的目的经营同一营业。”

并取得企业名称专用权。此外，受让方还应当维护企业名称原有的信誉。

【审判实践中应注意的问题】

一、法人、非法人组织转让名称中的时限问题

受让方取得企业名称的目的实质是保持经营业务的完整性，包括企业名称上所负载的商誉信息。为此，名称转让制度必然意味着在一定程度上对受让方此种利用动机的保护。但与此同时，基于公平交易、债权人利益保护等目的，企业名称的转让还需要遵循一定程序。实践中，一般企业名称转让是经由两轮名称变更来实现，即先由转让方申请名称变更，经核准后，受让企业再申请名称变更为出让企业的原名称。根据《企业名称登记管理实施办法》[①]第31条的规定，企业名称与其他企业变更名称未满1年的原名称相同，或者与注销登记未满3年的企业名称相同的，不予核准。因为在法人、非法人组织转让名称时，也可能伴随营业商号、字号等无形资产和经营业务的整体转让，如江苏经纬建设集团有限公司与江苏洪泽湖国际大酒店有限公司（原洪泽县泽纬大酒店有限公司）、江苏北纬资产管理有限公司（原江苏洪泽湖国际大酒店有限公司）企业名称（商号）合同纠纷案，[②]在该案中，根据二审判决书披露的信息，2016年1月29日，原“江苏洪泽湖国际大酒店有限公司”变更登记为“江苏北纬资产管理有限公司”。2016年2月1日，原“洪泽县泽纬大酒店有限公司”变更登记

① 《企业名称登记管理实施办法》第31条规定：“企业名称有下列情形之一的，不予核准：（一）与同一工商行政管理机关核准或者登记注册的同行业企业名称字号相同，有投资关系的除外；（二）与同一工商行政管理机关核准或者登记注册符合本办法第十八条的企业名称字号相同，有投资关系的除外；（三）与其他企业变更名称未满1年的原名称相同；（四）与注销登记或者被吊销营业执照未满3年的企业名称相同；（五）其他违反法律、行政法规的。”

② 江苏经纬建设集团有限公司与江苏洪泽湖国际大酒店有限公司（原洪泽县泽纬大酒店有限公司）、江苏北纬资产管理有限公司（原江苏洪泽湖国际大酒店有限公司）企业名称（商号）合同纠纷案，江苏省高级人民法院（2017）苏民终1843号民事判决书。

为“江苏洪泽湖国际大酒店有限公司”，两次变更未经过1年的间隔期。按照名称转让需要1年间隔期的规定，为避免其他企业善意或恶意抢注，企业名称登记机关应将注销的名称锁定，或自注销之日起允许受让企业申请名称变更登记的预先核准。

二、法人、非法人组织转让名称中的第三人权益保护问题

名称转让间隔期和公告制度的确立，主要目的是保护可能与名称受让方进行交易的市场主体而非出让方的债权人。有的名称转让人可能确实存在恶意逃避债务的动机，因此如果企业名称的转让本身不是出于投资等经营的目的，而是变更名称达到恶意逃避债务等非法目的的，对于这种恶意转让名称的行为就应当明确予以规制。为此，本条第2款作出了明确规定，即“民事主体变更姓名、名称的，变更前实施的民事法律行为对其具有法律约束力”。从实践中来看，我国的名称转让都伴随着经营业务的一并转让，名称权在实践中往往是作为无形资产作价或评估价值而转让。出让方转让营业资产包括名称权等无形资产后，会取得货币或股权，如果转让价格公平合理，不存在以不合理的低价转让资产，则出让方债权人利益并不因此受损。如果出让方债权人认为名称转让交易损及其利益，应当通过主张债权人撤销权撤销此项名称转让交易。名称转让交易中，出让方的债务原则上仍应由持相同社会信用代码的企业承担。受让方不会因为变更为债务人企业原有名称并受让部分营业资产而承担出让方的债务。这正是营业转让相对于合并分立、股权收购或并购的优势所在。通过股权收购或并购、合并分立而整体性持股或控制某个企业时，意味着对被并购或持股企业的所有资产负债一并接盘。而营业转让虽然包含员工、客户等广义上的债权债务关系，但可以排除出让企业的负债。[①] 根据《民事诉讼法司法解释》第474条的规定：“在执行中，作为被执行人的法人或者其他组织名称变更的，人民法院可以裁定变更后的法人或者其

---

① 刘小勇：《营业转让制度研究——以日本法为中心展开》，中国人民大学出版社2014年版，第3页。

他组织为被执行人。”在名称转让的情况下，此处所谓“变更后的法人或者其他组织”应当解释为原被执行人变更后的法人或其他组织。具体包括两种情形：（1）原被执行人是出让方的，应当以出让方变更后的法人或者其他组织为被执行人；（2）原被执行人是受让方的，同样应以受让方变更后的法人或其他组织为被执行人。以上均不同程度地体现了在法人、非法人组织转让名称中，应当对第三人合法权益进行保护的理念，该理念也应当作为司法裁判的重要考量因素。

第一千零一十七条 具有一定社会知名度，被他人使用足以造成公众混淆的笔名、艺名、网名、译名、字号、姓名和名称的简称等，参照适用姓名权和名称权保护的有关规定。

【条文主旨】

本条是关于具有一定社会知名度的笔名、艺名、网名、译名、字号、姓名和名称的简称等受到法律保护的规定。

【条文理解】

一般而言，姓名仅指公民在公安户籍登记机关登记的姓名，名称仅指法人、非法人组织在工商行政管理部门登记的企业名称。但是，本条赋予了具有一定社会知名度的笔名、艺名、网名、译名、字号、姓名和名称的简称等，这些用来指代某一特定自然人、法人或非法人组织的符号，与姓名、名称一样的法律地位。可以参照适用姓名权和名称权保护的有关规定，即在法律适用和保护上，给予了这些姓名、名称的衍生概念同等的保护权。随着市场经济的发展，具有一定知名度的笔名、艺名、网名、译名、字号、姓名和名称的简称等，也会与自然人的姓名、法人与非法人组织的名称一样，具有人身和财产的双重价值，并往往享有一定声誉。未经允许非法利用有良好声誉的知名的笔名、艺名、网名、译名、字号、姓名和名称的简称等作为商标等使用的，可能会带来巨大利润，为此，保护具有一定知名度的笔名、艺名、网名、译名、字号、姓名和名称的简称等变得越来越重要。对于本条的理解，可以从以下三个方面加以把握：

一、对姓名、名称的衍生概念予以保护的客体范围

姓名权的客体最初仅指自然人本人的姓名，相应的名称权的客体也仅指法人、非法人组织登记注册的企业名称，但是随着民法理论的不断完善，对姓名权、名称权的保护范围也逐渐丰富，客体范围存在扩大趋势。在古代，我国的文人雅士大多都有起字、号的传统习惯。在当代，文学领域的笔名、娱乐领域的艺名以及网络领域的网名，亦广泛存在。事实上，这些非正式的姓名在某种程度上甚至更具有识别意义。为此，根据民法理论的发展，对姓名、名称的衍生概念予以同等保护十分必要。根据本条规定，姓名的衍生概念如具有一定知名度的笔名、艺名、网名、译名、姓名的简称，名称的衍生概念如字号、名称的简称等都被纳入与姓名权、名称权同等保护的客体范围。

我国《民法通则》中并没有关于姓名内涵及外延的明确界定，对姓名的界定散见于司法解释和商标法的审理标准和指南中，且通常是采用列举的方式。《不正当竞争司法解释》(法释〔2007〕2号)第6条第2款规定："在商品经营中使用的自然人的姓名，应当认定为反不正当竞争法第五条第(三)项规定的'姓名'。具有一定的市场知名度、为相关公众所知悉的自然人的笔名、艺名等，可以认定为反不正当竞争法第五条第(三)项规定的'姓名'。"这里实际区分了自然人真实姓名以及对笔名、艺名的认定，且分别使用了"应当"和"可以"的表述，这就意味着不是所有的笔名、艺名等特定名称都当然地可以作为姓名加以认定。此外其他的法律与地方法规中对"姓名"也有一些规定，如2017年修订的《商标审理标准》2.4.3规定："他人的姓名包括本名、笔名、艺名、别名等。"《商标授权确权规定》第20条第2款规定："当事人以其笔名、艺名、译名等特定名称主张姓名权，该特定名称具有一定的知名度，与该自然人建立了稳定的对应

关系，相关公众以其指代该自然人的，人民法院予以支持。”[①]《北京市高级人民法院关于商标授权确权行政案件的审理指南》中同样规定：“姓名包括户籍登记中使用的姓名，也包括别名、笔名、艺名、雅号、绰号等。”有学者认为不应仅仅局限于自然人主动进行户籍登记等具有外部公示效力的姓名，其他能确定和表征个人的名称，都是姓名权商业利用中的姓名。但值得注意的是，其要求是在特定领域能够明确无误地指向特定人，也就是姓名与人之间在程度上应当达到一种唯一确定的对应关系，因此，重点不是艺名等特定名称，而是要形成一种唯一确定的对应关系。同时，此次《民法典》人格权编关于具有一定知名度的姓名权、名称权保护的客体范围，全国人大审议稿与此前公布的草案有所区别，增加了“译名”。[②]这主要源自司法实践对姓名的发展，最高人民法院在“乔丹”系列商标案的判决中以姓名权的方式保护了美国公民乔丹的相关权益，外国公众人物译名的商业价值得到了承认。总之，判断一个符号是否属于受姓名权、名称权保护的客体，主要判断标准不是该符号具体的表现形式，而在于它们能否与某一特定的人或企业建立起对应的联系。

二、对“具有一定社会知名度”的理解

对于“具有一定社会知名度”的含义，法律上没有明确界定，实践中，一般认为所谓“知名度”就是被社会大众所广泛熟知的程度。但是由于社会大众广泛熟知和关注程度涉及不同的受众，故而对于公众人物的认定不能仅以社会大众广泛熟知为条件，也要考虑该公众人

① 在德国，即使是纯粹的数字组合，只要这些数字组合已被公认为一个人的名称，亦能成为姓名权的客体而受到法律的保护。参见姚鹤徽、吴雷：《注册商标侵犯公众人物姓名权问题研究》，载《邵阳学院学报（社会科学版）》2018 年第 3 期。

② 也有观点认为，语言文化背景的不同这一因素增加了识别外国公众人物、准确地确认其在中国姓名权主体的难度，其影响在于在中文表达方式中，往往会对外国人物的姓名进行中文翻译，使其符合中文的表达方式。正是由于翻译这一客观条件的限制，直接导致了企业侵犯本国国内公众人物的姓名权更加容易识别，以及判断其是否对公众人物的姓名权形成了侵犯。而外国公众人物主张中国企业商标中汉字部分对其侵权就值得考量了，姓名应当是本名或本人使用的其他能与其产生唯一对应联系的符号，因此中文对外国人名的翻译以及中文表达能否成为外国公众人物用于主张自身姓名权的工具值得进一步探索与思考。

物或者知名字号、名称的简称等在某一特定领域内，对从事或知晓相关行业或领域的社会大众中的知晓度。我们认为，具有一定知名度是指在某一领域内，拥有较高知名度，为公众广泛熟知。具有一定知名度的笔名、艺名、网名、译名、字号、姓名和名称的简称等，其与一般大众的姓名、名称的不同之处，就在于增加了需要具备达到一定知名度的条件。

具有一定知名度的姓名权、名称权保护的客体范围确定后，对“具有一定知名度”进行评价和判断则是适用本条最关键的环节之一，是难度最大的环节，也是司法实践中统一审判标准的核心问题。本条明确提出将具有一定知名度的笔名、艺名、网名、译名、字号、姓名和名称的简称等与姓名权、名称权同等保护，这是我国民法上的一大进步。即面对当今如此复杂的商品社会，立法者考虑到法律的滞后性，经过多种考虑，赋予了曾经多次引发争议的“具有一定知名度的笔名、艺名、网名、译名、字号、姓名和名称的简称等”与姓名、名称一样具有指代作用的，体现人身属性、企业属性的符号跟姓名、名称同等保护的权利。但是，需要注意的是，这项同等保护权并不是人人都享有的，其有一个“具有一定知名度”的前提条件。也就是说，在行使这项同等保护权之前，当事人还需要先证明自己的“笔名、艺名、网名、译名、字号、姓名和名称的简称等”具有一定的社会知名度，也即只有具有较高经济价值的上述“符号”才能获得法律的救济。但是，如何认定“一定知名度”，这又引发了另一个认定标准的问题。

目前较为公认的对知名度的认定标准有两个角度，一个是熟知和知晓，另一个是量化知名程度。《关于保护驰名商标的规定的联合建议》（以下简称《联合建议》）于 1999 年由保护工业产权巴黎联盟大会和世界知识产权组织大会通过，其对知名度的用语采用了熟知和知晓两种标准，并确定熟知相对于知晓是较高的标准。我国的《商标法》中也采用了《联合建议》中的熟知和知晓的表述方式，但在相关法律规定中对两者的使用并未进行区分和说明，存在反复的情形。[①]

我们认为，对知名度的判断，需要关注两个标准：其一是知名度的广度，即公众知悉的比例；其二是知名度的深度，即公众知悉的程度。关于知名度的广度，即公众知悉比例的标准，国内外司法实践中都有涉及，德国法院接受通过消费者调查问卷的结果产生消费者的知悉比例作为驰名判断的标准。通常将30%作为达到驰名的百分比的下限，最低也不能低于20%。在我国司法实践中，更倾向于对知名度采取非数字化的判定标准。通过相关裁判文书内容来看，司法实践中，一般将知名度评价结果分为：一定的知名度、较高的知名度和极高的知名度三个等级。根据本条的规定，只要具有一定社会知名度的笔名、艺名、网名、译名、字号、姓名和名称的简称等都可以受到姓名权和名称权的保护。这种规定既未像德国法院一样采取无法完全证明科学性的调查问卷获取的百分比的量化分析方法，也未采取打分制的量化分析法，而是结合各方证据材料，综合判定是否具有一定社会知名度。当然，鉴于我国国土面积较大，还应当根据知名度产生的区域不同及案件的性质对笔名、艺名、网名、译名、字号、姓名和名称的简称等的知名度进行综合认定。

三、对“被他人使用足以造成公众混淆”的理解

从司法实践来看，之所以要对具有一定社会知名度的笔名、艺名、网名、译名、字号、姓名和名称的简称等进行规范，是因为消费者会基于知名度及影响力，误认为使用上述笔名、艺名、网名、译名、字号、姓名和名称的简称的商品或服务与公众人物或知名企业存

① 2013年修正后的《商标法》中的驰名商标定义中关于知名度标准的用语为“熟知”，这是《商标法》第一次对知名度标准作出界定，而在该次修法前，1996年国家工商局制定的《驰名商标认定和管理暂行规定》中第一次提出知名度标准时使用的是“熟知”，2003年国家工商总局制定《驰名商标认定和管理规定》时改为了“广为知晓”，2009年最高人民法院制定的《关于审理涉及驰名商标保护的民事纠纷案件应用法律若干问题的解释》中对于知名度的要求亦是“广为知晓”，2014年国家工商总局在2013年《商标法》改变了《驰名商标认定和管理规定》的表述后，知名度标准又随之改为了“熟知”。

在关联。这不仅损害消费者的利益，也侵害公众人物与知名企业原本该有的经济利益及名誉。而“被他人使用足以造成公众混淆”主要就体现为与公众人物或知名企业产生的关联。相反，如果相关消费者虽然能够将某特定名称与某公众人物进行联想，但并不会混淆某注册商标与特定名称的公众人物之间存在联系，则不能认为注册商标侵害了公众人物的姓名权。

（一）结合典型案例，对“被他人使用足以造成公众混淆”的具体适用

对“被他人使用足以造成公众混淆”的理解，可以结合比较知名的“乔丹”系列商标行政案进一步明确。“乔丹”系列商标行政案被评为“2016年中国法院知识产权司法保护十大案件”之首，同时，2019年12月24日，在最高人民法院发布的第22批指导性案例中，“迈克尔·乔丹与国家工商行政管理总局商标评审委员会、乔丹体育股份有限公司‘乔丹’商标争议行政纠纷案”作为指导案例113号，明确了姓名权是自然人对其姓名享有的人身权，姓名权可以构成商标法规定的在先权利。外国自然人的中文译名符合条件的，可依法主张作为特定名称予以保护，恶意申请注册商标的行为法院不予支持。该案对商标行政纠纷案件中主张在先姓名权保护需要满足的条件，申请注册商标损害在先姓名权的认定标准，以及诚信原则在商标注册行为中的规范作用具有重要指导意义。

本案的争议焦点之一就是对乔丹体育与美国篮球明星迈克尔·乔丹关联度的认定，为此，对“被他人使用足以造成公众混淆”的理解是本案的一项重要考量内容之一。通过本案判决文书可以看出，法院强调了在先权利、关联度等因素，并且关联度的大小是认定公众人物姓名商标是否构成抢注的一项重要因素。而本案的指导意义体现为，最高人民法院在审理此案时，明确将注册商标与公众人物的关联度作为重要的考量因素。乔丹体育经过长年的经营和发展，已形成了专业的生产链和社会知名度，公众在购买中文“乔丹”字样产品时会联系到乔丹公司出品，但这依然会使公众误认为该产品由乔丹代言或

该公司与乔丹有关联。在一定程度上来说，乔丹体育产品的购买度是基于一部分社会公众对产品误认的基础上产生的。因此，可以认为乔丹体育所注册的“乔丹”商标与体育明星迈克尔·乔丹具有很强的关联度。

（二）结合相关法律规定，对“被他人使用足以造成公众混淆”的释义

对于姓名权保护的法律依据，可参考2017年修订的《反不正当竞争法》第6条的规定进行理解，“经营者不得实施下列混淆行为，引人误认为是他人商品或者与他人存在特定联系：（一）擅自使用与他人有一定影响的商品名称、包装、装潢等相同或者近似的标识；（二）擅自使用他人有一定影响的企业名称（包括简称、字号等）、社会组织名称（包括简称等）、姓名（包括笔名、艺名、译名等）；（三）擅自使用他人有一定影响的域名主体部分、网站名称、网页等；（四）其他足以引人误认为是他人商品或者与他人存在特定联系的混淆行为。”此处的“引人误认为是他人商品或者与他人存在特定联系”指向的就是关联混淆，即侵权行为致使相关消费者对商品来源产生混淆误认。而关联度是被抢注的商标与公众人物所处的时间、地域、行业等产生的联系，联系越多，关联度越高，构成抢注的可能性也就越大。关联混淆则是因侵权行为致使相关消费者产生了误认误购，如误认为商标使用人与公众人物之间存在代言、许可等特定联系。[①] 为此，关联度的大小是认定公众人物姓名、商标是否构成抢注的一项重要因素。

此外，《商标授权确权规定》第20条第1款规定：“当事人主张

① 《北京市高级人民法院关于商标授权确权行政案件的审理指南》中有关姓名权的第17条规定：“能够与特定的自然人建立起对应关系的主体识别符号视为该自然人的姓名。”可见，其认识到了姓名与主体识别符号的某种程度上的相似性与对应关系。这有利于对问题的简化，符合实践中对商标审判工作开展的需要。但正是姓名的符号属性，容易忽视真实姓名与译名等特定名称之间的关系，因此，首先要确定特定符号是否符合“姓名”的构成及要求，对这种主体识别符合的理解不能超出民法划定的范围，否则会影响到对姓名权的内容、性质、保护范围等诸多问题的认定。

诉争商标损害其姓名权，如果相关公众认为该商标标志指代了该自然人，容易认为标记有该商标的商品系经过该自然人许可或者与该自然人存在特定联系的，人民法院应当认定该商标损害了该自然人的姓名权。”该条也为相关理论研究、司法审判提供了新的参考依据。通过该条司法解释，我们可以看到司法机关对于知名度的进一步释义，如果自然人的姓名、笔名、译名等拥有一定知名度，并且该知名度可能与自然人个人产生相对稳定的联系时，那么姓名、笔名、译名等就可以成为在先权利所保护的对象，这就为公众人物姓名抢注的认定提供了直接依据。由此可见，我国《反不正当竞争法》《商标法》及相关司法解释等都为公众人物姓名商标抢注的认定提供了明确的立法依据，对维护相关的主体利益起到了积极的作用，以上各项法律及司法解释的规定也是《民法典》对具有一定社会知名度的笔名、艺名、网名、译名、字号、姓名和名称的简称等进行法律保护的重要基础。

【审判实践中应注意的问题】

如何认定侵害具有一定社会知名度的笔名、艺名、网名、译名、字号、姓名和名称的简称等相关权利，是司法实践应注意的重点问题。在“乔丹”系列商标行政案中，最高人民法院指出，依据《商标法》第 31 条主张姓名权保护时，应当满足的必要条件包括：一是该特定名称应当具有一定知名度、为相关公众所知悉，并用于指代该自然人；二是该特定名称应当与该自然人之间已建立稳定的对应关系。在“乔丹”系列商标行政案判决作出后，《商标授权确权规定》第 20 条对此进行了确认性规定。根据该条第 1 款的规定：当事人主张诉争商标损害其姓名权，如果相关公众认为该商标标志指代了该自然人，容易认为标记有该商标的商品系经过该自然人许可或者与该自然人存在特定联系的，人民法院应当认定该商标损害了该自然人的姓名权；第 2 款进一步作出补充：当事人以其笔名、艺名、译名等特定名称主张姓名权，该特定名称具有一定的知名度，与该自然人建立了稳定的对应关系，相关公众以其指代该自然人的，人民法院予以支持。根据本条的规定，我们认为，侵害具有一定社会知名度的笔名、艺名、网名、译名、字号、姓名和名称的简称等的认定，应当至少满足以下两个条件：一是笔名、艺名、网名、译名、字号、姓名和名称的简称等具有一定社会知名度，属于法律保护的范围；二是他人使用笔名、艺名、网名、译名、字号、姓名和名称的简称等足以造成公众混淆。

一、知名度的认定标准

知名度的大小会影响姓名所负载的经济利益的大小，而知名度的取得与民事主体在某一领域的成就密切相关。由于对知名度大小的认定与相关公众的范围存在紧密联系，为此对知名度大小的认定与相关公众范围的划定休戚相关。知名度的判断亦因个体的认知不同而存在差异，为此，法官在行使自由裁量权时很难就知名度作出统一的判断。此外，在案件审理前、审理过程中以及审理过后的媒体报道也会对案件的结果产生影响，“乔丹”系列商标行政案多年的持续发酵会让迈克尔·乔丹重新回到公众的视野中，进而对知名度的认定产生影响。有鉴于此，为了实现就该问题的统一裁判，实现该类案件法律适用及裁判标准的统一，知名度可以通过举证的方式进行证明。为此，我们需要进一步思考知名度认知的考量因素，即哪些证据可以作为认定知名度的依据，并思考如何界定民事主体所从事的行业与商标注册企业所从事的商品和服务之间存有密切联系，这种密切联系应达到怎样一种程度，这种密切联系在知名度难以证明的情况下可否单独作为认定的依据。另外，我们也应当注意到，除了体育、娱乐明星外，还有一些基于自身职业发展中具有突出实力，并在自身所处领域享有一定知名度的人，如知名学者、著名画家、著名设计师等，但将他们的姓名注册为商标，在知名度认定上难度比娱乐明星更大，所以在知名度的认定上也应当区分对待。

民事主体的知名度增强了其姓名等文字符号的识别能力，从而成为建立特定联系并形成稳定对应关系的重要因素。为此，在如“乔丹”系列商标行政案一类涉及外国名人的案件中，外文姓名中的外文并非关键，对外国名人及其译名等文字符号的认知才是案件争议的焦点。知名度能够增强相关公众对于特定符号的认知，同时知名度也会对商品的保护范围产生一定影响。此外，时间性与地域性也是知名度不能忽视的重要因素，一些外国政要名人如果被注册，就无需考虑地域性。因为此类公共人物的姓名权背后蕴含的是公共利益，不可以任意注册。而一些娱乐明星的姓名权，如果经过商业化运作，和特定的经营主体相联系，便可能存在地域性考虑。另外，随着时间的推移，体育明星的知名度可能会下降，如迈克尔·乔丹在退役后的相关报道已经很少，为此，对明星知名度的判断还需限定在相关行为实际发生的时间范围内。[①] 总之，对知名度应当审慎地进行认定，“乔丹”系列商标行政案中篮球明星乔丹的知名度并不当然延伸到所有的服饰等领域。

二、造成公众混淆的判断标准

如前所述，对于“造成公众混淆”已经结合典型案例及相关条文进行了阐释。对于诉争商标而言，如果经过了长期使用，产生了很高知名度和显著性，引证商标和诉争商标存在对应关系等，即可以初步判断引证商标和诉争商标两者产生混淆的可能。此外，最高人民法院根据乔丹体育公司发布的《招股说明书》中的品牌风险说明，来认定乔丹公司认识到了相关的公众误认“乔丹”汉字与美国篮球明星迈克尔·乔丹相关，并将其作为产生混淆可能性的证据。我们认为，对于造成公众混淆的认定，关键还是事实上如何判断特定联系与稳定的对应关系。“乔丹”系列商标行政案通过调查报告的形式对这样一种稳定的对应关系加以确认。当然，证据的认定应当有一个客观的标准，在法律上，美国篮球运动明星迈克尔·乔丹到底用什么符号指代，“乔丹”是否专指美国篮球运动明星迈克尔·乔丹，应当以迈克

① 参见丁相顺：《姓名权与商标权法律关系的符号学分析》，载《上海政法学院学报》2018年第4期。

尔·乔丹身份记载或者以汽车驾驶执照载明的符号为准，或是参照其在相应的体育俱乐部的注册登记。“对应关系”也应当有相对确定的含义，并在判决中说明是字面含义、发音的对应，还是消费者心理的联想。相关公众受制于其语言习惯，在面对姓名这一符号语言商标时必然都会影响对这些问题的判断。在侵权认定方法中，不仅要求商标符号能够在相关公众中指向特定的人，形成了一种较为稳定的对应关系，还要求造成混淆或者混淆的可能性。传统姓名权对于姓名的保护范围更宽，仅要求有联系，不要求混淆，而根据本条的规定来看，对笔名、艺名、网名、译名、字号、姓名和名称的简称等的保护应更加严格，必须综合考虑造成公众混淆的情况。

综上，对于非法使用笔名、艺名、网名、译名、字号、姓名和名称的简称等行为认定侵权的标准，核心依据就是这种使用是否造成公众对符号的误认，即对符号背后所代表的商品和服务来源的混淆与误认。在对混淆加以认定时需要综合考虑多方因素，且侵权要素中的知名度、造成公众混淆的判断不存在客观确定的标准，更依赖于法官对个案的主观判断，当然这种主观判断的一致性也是确保司法裁判标准统一以及“类案同判”的重要前提。

第四章 肖像权

第一千零一十八条 自然人享有肖像权，有权依法制作、使用、公开或者许可他人使用自己的肖像。

肖像是通过影像、雕塑、绘画等方式在一定载体上所反映的特定自然人可以被识别的外部形象。

【条文主旨】

本条是关于肖像权的权利内容的规定。

【条文理解】

《民法典》第四编第四章是对肖像权的保护，确立了比较完整的肖像权保护规则。如此系统的肖像权立法在我国民事法律体系中是首次，在世界各国民事法律体系中也是不多见的。

本条源自《民法通则》第100条“公民享有肖像权，未经本人同意，不得以营利为目的使用公民的肖像”。《民法总则》第110条规定：“自然人享有生命权、身体权、健康权、姓名权、肖像权、名誉权、荣誉权、隐私权、婚姻自主权等权利。”《民法典》第1018条第1款对自然人享有肖像权的权利内容作出了明确规定，即自然人有权以制作、使用、公开或者许可他人等四种方式使用肖像，而且只能使用其本人的肖像。《民法典》本条第2款对肖像的概念作出了定义，即肖像是通过影像、雕塑、绘画等方式在一定载体上所反映的特定自然人可以被识别的外部形象。

一、如何理解本条中“自然人享有肖像权，有权依法制作、使用、公开或者许可他人使用自己的肖像”

本条明确规定享有肖像权的权利主体是自然人，法人、非法人组织不享有肖像权，游戏、动漫中的虚拟角色形象也不享有肖像权。肖像作为特定自然人外部形象最明显的标志，反映特定自然人的外部形象特征，与人格尊严密切相关，并且关系到自然人的社会评价，是自然人最重要的主体性要素之一，与人格不可分割。自然人的肖像权是人格尊严的基本内容，因此，肖像权是自然人独有的权利。值得关注的是，《民法通则》第100条规定的是公民享有肖像权，而本条规定的是自然人享有肖像权，法律术语更加准确。

本条规定的使用自己肖像的方式包括制作、使用、公开或者许可他人使用等。制作是指通过拍摄、雕塑、制作头像硬币等方式再现自然人的外部形象，他人未经同意不得制作其肖像。使用是指自然人有权决定是否在书籍、报刊、电影、电视、网络等载体中使用其肖像，包括发表、复制、发行、出租、展览等使用方式。公开是指以广告宣传、装饰橱窗、用作商标等方式将自然人的肖像公之于众。许可他人使用是指自然人同意他人使用自己的肖像，这其中也包括以商业为目的使用肖像。

二、如何理解“肖像是通过影像、雕塑、绘画等方式在一定载体上所反映的特定自然人可以被识别的外部形象”

本条中的“外部形象”并不局限于面部形象。一种观点认为，肖像是指自然人的面部形象或者是以面部为主体的形象。按照该观点，如果载体没有反映自然人的面部，即便通过该载体呈现的自然人的其他外部特征可以判断出该外部形象的主体，也未侵害该自然人的肖像权。另一种观点认为，肖像是指自然人呈现的面貌等可以被识别的外部形象。也就是说，肖像以面部形象为主，但不仅仅局限于面部形象。王泽鉴先生即持此种观点，他认为："肖像固以人之面部特征为主要内容，但应从宽解释，凡足以呈现个人外部形象者，均包括在内。"[①] 本条规定显然采纳了上述第二种观点，即只要能够呈现出自然人的外部形象，并且可以使他人清楚识别出该外部特征属于某个特定的自然人，那么这种外部形象就属于肖像。

【审判实践中应注意的问题】

一、关于可以被识别的外部形象的问题

审判实践中需要注意的是，肖像不仅仅是特定自然人的外部形象，而且必须是可以被识别的外部形象。关于可以被识别的外部形象这一问题，最著名的案例是美国篮球明星迈克尔·乔丹诉乔丹体育商标争议行政纠纷案。[②] 该案中，被诉侵害乔丹肖像权的商标是一名正在打篮球的自然人的剪影。最高人民法院认为，涉案商标没有明确体现乔丹的个人特征，不具备可识别性，因此不构成侵害肖像权。

叶璇诉首都医科大学附属北京安贞医院、人民交通出版社、北京城市联合广告艺术有限公司肖像权纠纷案，[③] 集中反映了肖像的特征的问题。叶璇诉称，《北京交通旅游图》上刊登广告中的照片使用了其治疗睑部斑痕前后的照片作为病案，侵害了自己的肖像权。北京安贞医院辩称，这是一张局部照片，照片中人物的眼睛以上部分被遮挡，不能证明是叶璇。法院认为，涉案照片不能反映特定人相貌的综合特征，不能引起一般人产生与特定人有关的思想或感情活动，因此不是

---

① 王泽鉴：《人格权法：法释义学、比较法、案例研究》，北京大学出版社2013年版，第141页。

② 再审申请人迈克尔·杰弗里·乔丹与被申请人国家知识产权局（原国家工商行政管理总局商标评审委员会），一审第三人乔丹体育股份有限公司商标争议行政纠纷案，最高人民法院（2018）最高法行再32号行政判决书。

③ 叶璇诉安贞医院、人民交通出版社、广告公司肖像权纠纷案，《最高人民法院公报》2003年第6期。

法律意义上的肖像，叶璇据此照片主张其肖像权被侵害，理由不能成立。

肖像的特征，除自然人与其肖像在客观上相互独立，成为能让人力支配的物品外，再就是具有完整、清晰、直观、可辨的形象再现性或称形象标识性。这里所说的形象，是指自然人相貌综合特征给他人形成的、能引起一般人产生与该自然人有关的思想或感情活动的视觉效果。画像、照片等载体，如果其内容不能再现自然人的相貌综合特征，不能引起一般人产生与该自然人有关的思想或感情活动，一般人不能凭直观清晰辨认该内容就是该自然人的形象，这样的载体不能称为肖像。如果载体所表现的内容，只有凭借高科技技术手段进行对比，才能确定这是某一自然人特有的一部分形象而非该自然人清晰完整的形象，一般人不能凭直观清晰辨认载体所表现的内容就是该自然人，则这一载体也不能称为该自然人的肖像。该自然人只是载体所表现内容的原型，不是肖像人。由于这样的载体所表现的内容不构成肖像，相关自然人也就对这一内容不享有肖像权。

二、关于形象权的问题

在美国，1953年的Haelen Laboratoties，Inc.v.Topps Chewing Gum，Inc.案中，法官Jerome Frank提出了“形象权”（right of publicity）的概念。[①] 在美国一些州的立法或法院的判例中，形象权通常被定义为仅与自然人相关的财产权。典型的形象权意指名人对于自己可以被识别的外部形象商业价值的保护，未经名人的许可并支付报酬，他人不得使用名人可以被识别的外部形象。在动漫产业发达的日本，形象权一般是指动画或漫画中的虚拟人物、动物或其他物体的商业形象权。由此可见，形象权可以分为真人的形象权和虚拟角色的形象权，其中，真人的形象权是指基于自然人可以被识别的外部形象具有的经济价值而产生的权利；虚拟角色的形象权是指自然人以外虚构的人物、

① 王泽鉴：《人格权法：法释义学、比较法、案例研究》，北京大学出版社2013年版，第137页。

动物或其他物体形象基于对消费者的吸引力而产生经济价值的排他性支配的权利。

我国民事法律没有确立过形象权的概念，但在我国，也有自然人主张形象权的案例。例如，知名球迷李某以“罗西”的名义开展活动，并将自己的“罗西形象”利用权以签订合同的方式授权给罗西公司专有使用，由罗西公司进行包装和推广。李某又与世一堂制药厂签订合同，授权该公司进行广告代言。罗西公司起诉李某和世一堂制药厂共同侵权。关于罗西公司通过合同约定取得的李某“罗西形象”专有利用权的法律性质是什么，以及世一堂制药厂是否侵害了上述“罗西形象”专有利用权，在司法实践中存在争议，一般认为基于合同约定获得的权利不作为侵权行为的客体。

《民法典》本条规定的权利是肖像权而不是形象权。按照法律规定，自然人的形象应当属于肖像权的延伸，不应作为一种独立的人格权益。至于游戏、动漫中虚拟角色形象包含的具体元素，如角色的面部、身体、五官、肤色等特征具有独创性的，则属于美术作品，受我国《著作权法》的保护。

三、关于集体肖像权的问题

我国的司法实践中出现了集体肖像权的案例，这些案例中以姚明起诉可口可乐（中国）有限公司侵害肖像权案最为著名。可口可乐公司的一款产品的包装上印有中国篮球队队员姚明、巴特尔和郭士强的肖像，姚明居于三人中间的突出位置。姚明提起诉讼，请求法院判令可口可乐公司停止将其肖像及姓名用于产品外包装的行为，在全国性新闻媒体上公开承认侵权行为，并赔礼道歉，消除影响，同时判令可口可乐赔偿精神损害抚慰金及经济损失1元。可口可乐公司辩称，该公司与中国篮球协会订有协议，有权使用至少三人以上中国队成员在一起的照片。该案最终以达成庭外和解协议结案，可口可乐公司向姚明赔礼道歉。

关于集体肖像权，法学界有相关研究和探讨。王利明教授认为，所谓集体肖像，是指数个人的肖像并存在一个载体上，构成一个完整的、独立于个体的肖像。但该多个肖像本身并不具有独立性，其不过是整体的一个部分，而且共同构成一个肖像，即集体肖像。[①] 从本条第 2 款对肖像的定义来看，肖像是指特定自然人的外部形象，按照该规定，肖像权属于特定自然人所有。显然本法并未确立集体肖像权。所谓的集体肖像权，并不是一种单独的权利，而是两个以上自然人分别享有肖像权的集合。集体肖像权的本质是对两个以上自然人各自独立的肖像同时制作、使用、公开或者许可他人使用并以此获得收益的权利。显而易见的是，使用两个以上自然人集体肖像的前提是获得这些自然人对各自肖像权的分别授权，集体肖像权这一概念没有通过本法予以类型化的必要。

① 王利明：《人格权法研究》，中国人民大学出版社 2005 年版，第 445~474 页。

第一千零一十九条 任何组织或者个人不得以丑化、污损，或者利用信息技术手段伪造等方式侵害他人的肖像权。未经肖像权人同意，不得制作、使用、公开肖像权人的肖像，但是法律另有规定的除外。

未经肖像权人同意，肖像作品权利人不得以发表、复制、发行、出租、展览等方式使用或者公开肖像权人的肖像。

【条文主旨】

本条是关于肖像权消极权能的规定。

【条文理解】

本条源自《民法通则》第100条“公民享有肖像权，未经本人同意，不得以营利为目的使用公民的肖像”。《民法通则意见》第139条进一步规定：“以营利为目的，未经公民同意利用其肖像做广告、商标、装饰橱窗等，应当认定为侵害公民肖像权的行为。”本条规定与《民法通则》第100条规定相比，一个明显的修改之处就是删除了“以营利为目的”的构成要件，这无疑彰显了肖像权作为人的基本权利属性，有利于加强对肖像权的保护。按照本条规定，只要是未经肖像权人同意的制作、使用、公开肖像权人肖像的行为，均属于侵权行为。本条规定的“但是法律另有规定的除外”，在本法第1020条关于可以不经肖像权人同意合理实施的行为中作出了明确规定。

肖像权的权能可以分为积极权能和消极权能。本法第1018条规定的是肖像权的积极权能，肖像权人有权依法制作、使用、许可他人使用或者公开自己的肖像。本条规定的是肖像权的消极权能，即肖像权人排除他人对本人肖像权妨害，以实现对本人肖像支配的权能。具体来说，本条第1款“任何组织或者个人不得以丑化、污损，或者利用信息技术手段伪造等方式侵害他人的肖像权”保护的是肖像权人的精神利益，“不得制作、使用、公开肖像权人的肖像”还涉及商业化利用肖像产生的财产利益。本条第2款规定的是肖像作品权利人使用或者公开肖像权人的肖像的禁止性规定。

一、如何理解“未经肖像权人同意”

按照《民法通则》第100条和相关司法解释的规定，对肖像权的侵害需要具备两个构成要件：一是使用肖像未经肖像权人的同意；二是以营利为目的进行使用。司法实践发现，现实生活中存在大量不以营利为目的的侵害肖像权的行为。例如，未经肖像权人同意制作其肖像的行为，未经肖像权人同意利用其肖像的行为，侮辱性或其他不当使用肖像权人肖像的行为等。在互联网环境下，相当一部分侵害肖像权的行为以恶意损害或者是恶作剧的形式出现，对肖像权的侵害往往不以营利为目的，或者难以认定侵害肖像权的行为具有营利性。在这样的情况下，《民法通则》及相关司法解释规定的肖像权的保护模式难以有效保护肖像权人、制裁加害人。

在司法实务中，1988年3月，最高人民法院召开的华北五省（市、区）审理侵害著作权、名誉权、肖像权、姓名权案件工作座谈会中提出：擅自使用他人肖像，不论是否营利，均可认定侵害了他人肖像权，不能认为侵害肖像权必须以营利为目的。由此可见，最高人民法院早就已经与时俱进地将不以营利为目的使用他人肖像的行为作为侵害肖像权行为对待。近几年来，法学理论界也一致认为“以营利为目的”不应当作为侵害肖像权的构成要件。例如，张红教授指出，“行为人在没有征得肖像权人的同意就使用他人肖像的行为主观上必定存在故意或者过失，而不论以何种目的使用肖像，将此二者作为肖像权侵权责任构成要件者，实际上就是否定了营利目的作为构成要件。”[①]

二、如何理解“肖像作品权利人不得以发表、复制、发行、出租、展览等方式使用或者公开肖像权人的肖像”

本条第1款“不得制作、使用、公开肖像权人的肖像”的主体是不特定的一般主体，即“任何组织或者个人”，但本条第2款“不得以发表、复制、发行、出租、展览等方式使用或者公开肖像权人的肖像”的主体是特定的主体即“肖像作品权利人”。在一定载体上反映的特定自然人可以被识别的外部形象才是肖像，由此可见，肖像必须要有一定的载体，载体可以是影像、雕塑、绘画等，这些载体上反映的形象形成了肖像作品。肖像作品的权利人通常不是肖像权人本人，而是肖像作品的作者，肖像作品权利人一般是以发表、复制、发行、出租、展览等方式使用或者公开肖像权人的肖像。

本条第2款中出现了两个权利人：一个是肖像权人；另一个是肖像作品权利人。最为常见的肖像作品权利人是肖像作品的著作权人。肖像权人和肖像作品权利人分别享有不同的民事权利，两种权利在行使时难免产生冲突。肖像作品体现的精神权益决定了肖像作品的权利人行使权利要受到肖像权人的制约，权利人不能因为创作出了肖像作品而获得任意使用他人肖像的权利。肖像权人同意肖像作品权利人对其进行拍照、录像、雕塑、绘画等，并不必然表示肖像权人同意肖像作品权利人可以使用、公开其肖像作品。本条第2款对肖像作品权利人使用或公开肖像权人肖像的行为作出了限制性的规定，肖像作品权利人要使用、公开肖像作品，应当经过肖像权人的同意，否则就属于侵害肖像权的行为。

① 张红：《“以营利为目的”与肖像权侵权责任认定——以案例为基础的实证研究》，载《比较法研究》2012年第3期。

【审判实践中应注意的问题】

一、侵害肖像权是否以财产损害为前提

《民法典》第995条规定："人格权受到侵害的，受害人有权依照本法和其他法律的规定请求行为人承担民事责任。受害人的停止侵害、排除妨碍、消除危险、消除影响、恢复名誉、赔礼道歉请求权，不适用诉讼时效的规定。"第996条规定："因当事人一方的违约行为，损害对方人格权并造成严重精神损害，受损害方选择请求其承担违约责任的，不影响受损害方请求精神损害赔偿。"《精神损害赔偿司法解释》第1条规定："自然人因下列人格权利遭受非法侵害，向人民法院起诉请求赔偿精神损害的，人民法院应当依法予以受理：（一）生命权、健康权、身体权；（二）姓名权、肖像权、名誉权、荣誉权；（三）人格尊严权、人身自由权。违反社会公共利益、社会公德侵害他人隐私或者其他人格利益，受害人以侵权为由向人民法院起诉请求赔偿精神损害的，人民法院应当依法予以受理。"按照上述规定，侵害肖像权的赔偿损失请求权，不以造成财产损害为前提要件。肖像权是一种典型的人格权，自然人因肖像权遭受非法侵害，可以向人民法院起诉请求赔偿精神损害。

二、侵害肖像权之责任是否以过错为前提

肖像权是事关人格尊严的基本权利，作为一种绝对权，具有排除一切侵害行为的法律效力。《侵权责任法》第2条规定："侵害民事权益，应当依照本法承担侵权责任。本法所称民事权益，包括生命权、健康权、姓名权、名誉权、荣誉权、肖像权、隐私权、婚姻自主权、监护权、所有权、用益物权、担保物权、著作权、专利权、商标专用权、发现权、股权、继承权等人身、财产权益。"按照上述规定，我国将肖像权纳入了侵权责任法的保护范围，但《侵权责任法》是将侵害肖像权的行为作为一般侵权行为对待，并没有将侵害肖像权作为

特殊侵权行为予以规定。在《侵权责任法》和其他法律均没有对侵害肖像权作出特别规定的情况下，其侵权责任构成要件只需要符合一般的侵权责任构成要件即可。本条第 1 款规定的“不得制作、使用、公开肖像权人的肖像”，以及该条第 2 款规定的“肖像作品权利人不得以发表、复制、发行、出租、展览等方式使用或者公开肖像权人的肖像”，其前提均是“未经肖像权人同意”，实际上凡未经肖像权人同意者当然均具主观过错，仍满足一般侵权构成要件对主观过错的要求。

三、赔偿责任是否以侵权人的过错程度等因素为考量

侵害肖像权赔偿责任的确定要考虑侵权人的过错程度等因素。《民法典》第 998 条规定：“认定行为人承担侵害除生命权、身体权和健康权外的人格权的民事责任，应当考虑行为人和受害人的职业、影响范围、过错程度，以及行为的目的、方式、后果等因素。”《民法通则意见》第 150 条规定：“公民的姓名权、肖像权、名誉权、荣誉权和法人的名称权、名誉权、荣誉权受到侵害，公民或者法人要求赔偿损失的，人民法院可以根据侵权人的过错程度、侵权行为的具体情节、后果和影响确定其赔偿责任。”不同侵害肖像权行为的过错程度、具体情节、损害后果是有差异的，确定赔偿责任时应当考虑侵权人的过错程度、侵权行为的具体情节、后果和影响等因素。

司法实践中比较常见的是侵害名人肖像权的案件。例如，赵雅芝诉上海琪姿贸易有限公司（以下简称琪姿公司）、上海诺宝丝化妆品有限公司（以下简称诺宝丝公司）侵害肖像权纠纷一案中，[①] 赵雅芝与诺宝丝公司签订《形象代言协议书》，约定赵雅芝允许诺宝丝公司合法使用其肖像为某一系列化妆品进行广告宣传，诺宝丝公司支付港币 80 万元作为酬金等。被告琪姿公司与被告诺宝丝公司签订协议书，约定诺宝丝公司向琪姿公司提供品牌代言人赵雅芝等六大明星为该产品制作的广告宣传资料。琪姿公司在其经营的网站上使用赵雅芝的肖

---

① 赵雅芝诉上海琪姿贸易有限公司、上海诺宝丝化妆品有限公司侵害肖像权纠纷案，上海市浦东新区人民法院（2012）浦民一（民）初字第 17766 号民事判决书。

像等。在《形象代言协议书》有效期结束后，两公司仍使用赵雅芝肖像，赵雅芝诉至法院。法院认为，结合琪姿公司在网站上使用原告赵雅芝姓名和肖像的时间长短、造成的影响范围、其行为的过错程度等综合因素，酌情确定被告琪姿公司应赔偿损失25万元，被告诺宝丝公司承担连带责任。

使用名人的影响力提升产品或服务的知名度，是比较常用的营销手段。法院在认定受害人的经济损失时，应当综合考虑肖像权人的知名度、对相关产品进行宣传可提升该产品的影响力和可信度、对该产品的生产商或销售商可带来的实际利益、使用肖像的时间长短、对肖像权人造成的影响范围、其行为的过错程度等因素，并据此判决相应的经济损失。

四、网络服务提供者知道侵权事实的存在是否仅以侵权信息的出现为前提

互联网环境下肖像权侵害问题是审判实践中的热点问题，网络服务提供者的责任边界是判断网络服务提供者是否侵害肖像权的关键。以蔡某某诉百度公司侵害名誉权、肖像权、姓名权、隐私权纠纷一案[①]为例，原告蔡某某作为政协委员公开发表假日改革提案后，引起社会舆论关注。一些网络用户于百度贴吧中开设的“蔡某某吧”内，发表了具有侮辱、诽谤性质的文字和图片信息，且蔡某某的个人手机号码、家庭电话等个人信息也被公布。蔡某某的委托代理人以电话方式与百度公司就涉案贴吧进行交涉，但百度公司未予处理。蔡某某遂委托律师向百度公司发送律师函要求该公司履行法定义务、删除侵权言论并关闭蔡继明吧。百度公司在收到该律师函后，删除了“蔡某某吧”中涉嫌侵权的网帖。法院认为，百度公司在收到投诉后未及时采取相应措施，直至蔡某某一方发出正式的律师函，才采取删除信息等措施。在投诉和发出正式律师函这一时间段怠于履行事后管理的义

① 《利用信息网络侵害人身权益典型案例》，载《人民法院报》2014年10月10日。

务，致使网络用户侵害蔡某某相关权利的损害后果扩大，应当承担相应侵权责任，根据本案具体情况，百度公司应当赔偿蔡某某精神抚慰金 10 万元。

关于网络服务提供者责任边界的判定应注意：（1）判断网络服务提供者是否知道网络用户侵害他人权益，不能仅以其提供的服务中出现了侵权事实就当然推定其应当“知道”；（2）通知人通知的方式及效果与网络服务提供者公示的方式存在关系，只要通知人满足了网络服务提供者公示的通知方式，网络服务提供者就应当采取必要措施；（3）网络服务提供者在收到投诉后未及时采取相应措施，属于怠于履行事后管理的义务，致使网络用户侵害肖像权人的损害后果扩大，应当承担相应侵权责任。

第一千零二十条 合理实施下列行为的，可以不经肖像权人同意：

（一）为个人学习、艺术欣赏、课堂教学或者科学研究，在必要范围内使用肖像权人已经公开的肖像；

（二）为实施新闻报道，不可避免地制作、使用、公开肖像权人的肖像；

（三）为依法履行职责，国家机关在必要范围内制作、使用、公开肖像权人的肖像；

（四）为展示特定公共环境，不可避免地制作、使用、公开肖像权人的肖像；

（五）为维护公共利益或者肖像权人合法权益，制作、使用、公开肖像权人的肖像的其他行为。

【条文主旨】

本条是关于肖像合理实施的规定。

【条文理解】

一、如何理解“合理实施”

《民法典》关于肖像合理实施的规定在我国法律体系中是前所未有的创举。本条是在借鉴《著作权法》关于合理使用立法经验的基础上，结合肖像权的权利属性和特点作出的规定。《著作权法》第22条规定：“在下列情况下使用作品，可以不经著作权人许可，不向其支付报酬，但应当指明作者姓名、作品名称，并且不得侵犯著作权人依照本法享有的其他权利:(一)为个人学习、研究或者欣赏，使用他人已经发表的作品;(二)为介绍、评论某一作品或者说明某一问题，在作品中适当引用他人已经发表的作品;(三)为报道时事新闻，在报纸、期刊、广播电台、电视台等媒体中不可避免地再现或者引用已经发表的作品;(四)报纸、期刊、广播电台、电视台等媒体刊登或者播放其他报纸、期刊、广播电台、电视台等媒体已经发表的关于政治、经济、宗教问题的时事性文章，但作者声明不许刊登、播放的除外;(五)报纸、期刊、广播电台、电视台等媒体刊登或者播放在公众集会上发表的讲话，但作者声明不许刊登、播放的除外;(六)为学校课堂教学或者科学研究，翻译或者少量复制已经发表的作品，供教学或者科研人员使用，但不得出版发行;(七)国家机关为执行公务在合理范围内使用已经发表的作品;(八)图书馆、档案馆、纪念馆、博物馆、美术馆等为陈列或者保存版本的需要，复制本馆收藏的作品;(九)免费表演已经发表的作品，该表演未向公众收取费用，也未向表演者支付报酬;(十)对设置或者陈列在室外公共场所的艺术作品进行临摹、绘画、摄影、录像;(十一)将中国公民、法人或者其他组织已经发表的以汉语言文字创作的作品翻译成少数民族语言文字作品在国内出版发行;(十二)将已经发表的作品改成盲文出版。前款规定适用于对出版者、表演者、录音录像制作者、广播电台、电视台的权利的限制。"

二、如何理解合理实施的五种行为

任何权利都是有边界的，肖像权也不例外。肖像权作为自然人的个体权利，不可避免地会与社会公共利益或者是他人的利益发生冲突，在特定的情况下，合理使用肖像可以不经肖像权人同意。

1. 为个人学习、艺术欣赏、课堂教学或者科学研究，在必要范围内使用肖像权人已经公开的肖像。使用他人肖像有两个前提条件：一是在必要范围内使用肖像，如个人学习、艺术欣赏、课堂教学或者科学研究；二是使用的肖像必须是肖像权人已经公开的肖像，未公开的肖像不得使用。

2. 为实施新闻报道，不可避免地制作、使用、公开肖像权人的肖像。为行使舆论监督权、保障社会公众的知情权，新闻媒体进行新闻报道时，经常制作、使用、公开肖像权人的肖像。例如，新闻媒体报道见义勇为的英雄模范时，不可避免地制作、使用、公开英雄模范的肖像。在此情况下，不构成侵害肖像权。

3. 为依法履行职责，国家机关在必要范围内制作、使用、公开肖像权人的肖像。这种情形比较常见，但国家机关制作、使用、公开肖像的权力并不是没有边界的，必须是为依法履行职责的行为，而且还应当是在必要范围之内。

4. 为展示特定公共环境，不可避免地制作、使用、公开肖像权人的肖像。例如，旅行的游客在人群密集的风景点拍摄以风景为画面主体而不是以特定自然人为画面主体的风景照，不可避免地会将在场其他游客的肖像摄入照片之中，此类行为不存在不正当性，不属于侵害肖像权的行为。

5. 为维护公共利益或者肖像权人合法权益，制作、使用、公开肖像权人的肖像的其他行为。该项规定包括两个方面的内容：一是维护公共利益的免责条款，为维护公共利益，可以不经肖像权人同意制作、使用、公开其肖像；二是维护权利人合法权益条款，为维护肖像权人合法权益，可以不经肖像权人同意制作、使用、公开其肖像。该类情况的典型行为就是刊登“寻人启事”。

【审判实践中应注意的问题】

为维护公共利益制作、使用、公开肖像权人的肖像的情况比较常见，这被称之为肖像的公益性使用。1991 年 1 月 26 日，最高人民法院在《关于上海科技报社和陈贯一与朱虹侵害肖像权上诉案的函》中答复：上海科技报社、陈贯一未经朱虹同意，在上海科技报载文介绍陈贯一对“重症肌无力症”的治疗经验时，使用了朱虹患病时和治愈后的两幅照片，其目的是为了宣传医疗经验，对社会是有益的，且该行为并未造成严重不良后果，尚构不成侵害肖像权。又如，在施某某、张某某、桂某某诉徐某某肖像权等纠纷案中，法院认为，为保护未成年人利益和揭露可能存在的犯罪行为，发贴人在其微博中发表未成年人受伤害信息，所发微博的内容与客观事实基本一致的，符合社会公共利益原则和儿童利益最大化原则，该网络举报行为不构成侵权。维护公共利益作为侵害肖像权的阻却事由，日本在这方面的司法实践有着比较成熟的经验。日本大阪法院在林真须美肖像权案判决中提出的违法阻却性裁量标准包括三要件：实施的公益性、目的的公益性、手段的相当性，[①] 这一标准被日本法院沿用四十年之久，直到2005年日本最高法院确立了更加细致精确的新标准，被称为“六要素”标准：被拍摄者的社会地位、被拍摄者活动的内容、摄影的场所、摄影的目的、摄影的方式以及摄影的必要性。[②]

① 参见［日］五十岚清：《人格权法》，铃木贤、葛敏译，北京大学出版社2009年版，第138页。转引自张红：《肖像权保护中的利益平衡》，载《中国法学》2014年第1期。

② 参见日本最高裁平成17年11月10日判决判时1203号。转引自张红：《肖像权保护中的利益平衡》，载《中国法学》2014年第1期。

第一千零二十一条　当事人对肖像许可使用合同中关于肖像使用条款的理解有争议的，应当作出有利于肖像权人的解释。

【条文主旨】

本条是关于肖像许可使用合同解释方法的规定。

【条文理解】

通过与他人签订肖像许可使用合同的方式将肖像许可给他人进行商业利用，是肖像权人积极利用其具体人格要素——肖像的一种方式，体现了肖像权的积极权能。既然是合同，就难免存在当事人约定不清楚、词不达意等情形，因而需要进行合同解释。尤其是在审判实务中，在当事人对合同条款存在争议时，法官对此作出恰当的解释是正确处理案件的前提。本条从人格权的法理出发，结合肖像许可使用合同的特点，规定了肖像许可使用合同特殊的解释方法，即有利于肖像权人的解释方法。

一、有利于肖像权人的解释方法注重在肖像权商业利用中对人格利益的保护

《民法典》总则编中的第142条第1款规定，有相对人的意思表示的解释，应当按照所使用的词句，结合相关条款、行为的性质和目的、习惯以及诚信原则，确定意思表示的含义。第466条规定，当事人对合同条款的理解有争议的，应当依据本法第142条第1款的规定，确定争议条款的含义。根据上述两条规定，合同解释的方法主要有文义解释、整体解释（体系解释）、目的解释、习惯解释和诚信解

释。这些解释方法都是立足于合同双方当事人的利益平衡，积极探究当事人真意，遵从习惯和诚信原则，而不是强调对一方当事人进行有利解释。但本条规定却强调对肖像权人进行有利解释，这在我国立法中是不多见的，[①] 可以说是肖像权使用许可合同中的特殊解释方法。

本条规定充分考虑到了肖像许可使用合同本身的特点。肖像许可使用合同是肖像权人通过合同的方式将其肖像在一定期限和范围内许可给被许可人进行商业利用，比如做各种广告、作为形象代言人等，从而实现肖像中的财产价值。随着市场经济和大众消费社会的高度发展，包括肖像权在内的部分人格权的人格要素越来越具有了经济利用的价值，成为商品促销的重要手段以及众多厂商的商业名片，在广告、展览、传媒、网络、商品包装等各种商业场合的使用层出不穷，尤其是名人的肖像。对肖像权人而言，这种经济利用也能够为其带来可观的经济收益。但是，肖像权首先是一种具体人格权，肖像首先是一种具体人格要素，其主要体现的还是肖像权人的人格利益，涉及肖像权人的人格尊严、人格自由，具有至高无上的价值，不可放弃、不可剥夺。上述商业利用现象只不过是肖像权在商业社会中积极利用权能的扩张，其核心利益仍然是人格利益，权利性质仍然主要是一项人格权，而非纯粹的财产权。所以，在肖像权商业化利用的过程中，不能脱离人格权的基本定位，不能完全适用合同法中的财产权交易规则，仍然需要注重对人格利益的保护。这就需要在肖像权许可使用合同中设计出有利于对肖像权人人格利益保护的规则。而本条就是在合同解释方面作出的有利于肖像权人人格利益保护的合同解释规则。所以，该特殊的合同解释方法就是为了避免在合同解释中出现对肖像权人人格利益的侵害，侧重于维护肖像权人的人格尊严、人格自由。

---

① 在我国立法中，从合同解释的角度对一方当事人利益给予倾斜保护的规定主要有《合同法》第41条以及《民法典》合同编中的第498条规定的合同格式条款的解释，《保险法》第30条规定的保险合同格式条款的解释。此外，在著作权许可合同和转让合同的解释中，《著作权法》第27条也被认为是倾斜于著作权人利益保护的规定。

所谓有利于肖像权人，就是当合同中有关肖像使用的具体权能、效力范围、使用范围、利用方式、许可期限等条款的约定有歧义时，对其解释出现两种或两种以上结果，双方对此又无法达成一致意见时，应当采纳更有利于保护肖像权人利益的解释结果。例如，许可使用的效力范围是独占许可还是非独占许可，如果合同对此约定存在歧义，无法作出清晰认定，在解释为独占许可或非独占许可均有一定道理的情况下，应当解释为非独占许可，这样才有利于保护肖像权人的利益。

二、有利于肖像权人的解释方法的适用

虽然有利于肖像权人的解释方法是肖像许可使用合同中的一种特殊解释方法，但并不意味着只要在该类合同中需要解释合同条款时，首先选择该种解释方法或者只采用该种解释方法，而将本法合同编规定的文义解释、整体解释（体系解释）、目的解释、习惯解释和诚信解释等解释方法弃之不顾。肖像许可使用合同虽然是以肖像这种人格要素为许可标的的合同，具有强烈的人格色彩，不是纯粹的财产权许可，但在当事人之间发生的毕竟是一种交易关系，许可使用的仍然是可以被交易的肖像权中的财产利益，双方之间的法律关系无疑仍然是一种合同关系，双方当事人的地位仍然是平等的。对人格权给予倾斜保护，也并不意味着要牺牲交易安全和第三人的信赖利益保护，而是在寻求双方利益平衡及交易安全的同时，对人格权给予适当强化保护。因此，关于合同的上述通常解释方法仍然完全能够适用在肖像许可使用合同的解释中。

根据合同解释规则，文义解释是在解释合同条款时首先要适用的解释方法，只有在对合同条款所使用的文字词句从语法、逻辑等角度进行解释仍然不能确定合同条款的含义时，才结合合同整体、合同的性质和目的、交易习惯以及诚信原则等综合考虑合同条款的真实含义。在肖像许可使用合同的解释中，同样如此，不能因为本条规定的特殊解释方法，就不考虑合同所使用的文字词句，一味对肖

像权人的利益给予保护。所以，在适用本条解释方法时，应当首先从文义解释出发，综合整体解释、目的解释等，仍然无法确定合同条款的真实含义，或者仍然有两种以上的可能解释结论时，才适用本条的解释方法，在多种可能的选项中选择有利于肖像权人的解释结果。

三、审判实践中对肖像许可使用合同条款的理解有争议的常见情形

在肖像许可使用合同中有关肖像使用条款通常涉及如下方面：许可使用的具体权能，如制作、使用、公开、对外再行许可等；许可使用的效力范围，即独占许可、排他许可、普通许可；被许可人的范围，即是否包括被许可人的关联公司等；肖像的使用范围，包括地域范围、空间范围、行业领域等；使用肖像的具体方式，即广告使用（包括平面广告、户外广告、公共设施室内广告、电视广告、网络广告等）、商品包装装潢使用、推广活动中使用、做形象代言人使用等；使用肖像宣传的具体商品或服务；使用肖像宣传的具体品牌；许可使用的期限等。

在审判实践中，因上述情形约定不清楚，发生争议，需要作出解释的案件较为常见。例如，被许可人拥有A、B、AB三个注册商标，并分别在关联商品上实际使用该三个商标，但其并没有“A·B”注册商标。肖像权人与被许可人签订肖像许可使用合同，许可被许可人在一定期限内在宣传推广“A·B”品牌的商品时使用其肖像。合同签订后，被许可人在宣传其A、B、AB三个品牌的商品时均使用了肖像权人的肖像。肖像权人认为被许可人只能在“A·B”品牌上使用其肖像，即使退一步也只能认为可以在A或者B一个品牌上使用，而被许可人认为其获得授权的是在A、B、AB三个品牌商品上使用肖像的权利。此时，就需要对肖像许可的授权范围作出合同解释。

【审判实践中应注意的问题】

一、不是对肖像许可使用合同的所有条款解释均适用有利于肖像权人的解释方法

肖像许可使用合同通常具有合同应当具备的常见条款，如当事人、标的、价款、期限、履行方式、争议解决、违约责任等。这些条款中哪些条款产生争议需要解释时，才能适用本条规定的有利于肖像权人的解释方法，是需要在实践中加以注意的一个问题。根据本条规定，只有当事人在对“肖像使用条款”的理解有争议时，才能适用本条规定。因此，在审判实务中需要注意分析当事人产生争议并需要解释的条款是否属于“肖像使用条款”，从而决定是否能够适用本条规定。如果双方争议的条款是管辖权约定、违约责任、价款支付等与“肖像使用”没有关系的条款时，则不应当适用本条的解释方法。

二、需要注意区分合同解释与合同漏洞填补

本条规定的是合同解释规则，其适用的前提是合同对双方争议内容有约定，只不过是约定不清楚、有歧义，有两种以上的可能解释，故需要通过运用合同解释方法将歧义消解掉，使合同条款含义清晰化、准确化。如果双方在合同中对诉讼争议的内容根本没有约定，该诉讼争议内容已经超出了合同条款所使用的字词的文义范围，则双方争议内容不再属于合同解释问题，应当属于合同漏洞，此时已经不能适用合同解释规则予以澄清了，而应当依据合同漏洞填补规则予以填补操作。《民法典》合同编中的第510条、第511条对此作出规定。因此，当出现合同漏洞时，应当根据案件具体情况适用第510条、第511条的合同漏洞填补规则，而不能适用第466条及本条的合同解释方法。所以，在审判实务中，应当注意区分双方诉讼争议内容是合同解释问题还是合同漏洞问题，从而选择适用正确的法条。

第一千零二十二条 **当事人对肖像许可使用期限没有约定或者约定不明确的，任何一方当事人可以随时解除肖像许可使用合同，但是应当在合理期限之前通知对方。**

当事人对肖像许可使用期限有明确约定，肖像权人有正当理由的，可以解除肖像许可使用合同，但是应当在合理期限之前通知对方。因解除合同造成对方损失的，除不可归责于肖像权人的事由外，应当赔偿损失。

【条文主旨】

本条是关于肖像许可使用合同解除的规定。

【条文理解】

本条基于肖像许可使用合同的特点，以合同是否约定有许可使用期限为标准，规定了两种不同的合同解除规则。

一、许可使用期限没有约定或约定不明确情况下的合同解除

本条第1款规定了在当事人未对肖像许可使用期限作出约定或者约定不明确的情况下，当事人双方均有权随时解除合同。该种解除不附有任何条件，不基于任何理由，也不存在当事人是否违约、是否承担违约责任的问题，而且无解除权行使时间限制，故可以被称之为任意解除。《民法典》合同编中的第563条第2款规定了不定期的持续性合同的解除，即“以持续履行的债务为内容的不定期合同，当事人可以随时解除合同，但是应当在合理期限之前通知对方”。本条规定与该不定期的持续性合同的解除规则是一致的，目的是允许当事人可

以根据其意愿尽早结束债权债务关系，从不定期之债的法锁中解放出来，恢复正常的生活与法律秩序。

除此之外，本条规定也有利于肖像权人维护自己的人格利益。当肖像权人认为合同的继续履行对其人格利益有损害或不符合其人格发展利益，或者终止合同的履行更能有利于其人格发展、人格自由时，可以基于其意愿，根据本条规定解除合同，而不需承担任何违约责任。当然前提是合同未约定肖像许可使用期限或者是约定不明确。从这一点来讲，本条规定也可以说是《民法典》合同编中的第 563 条第 2 款规定的不定期的持续性合同解除规则在肖像许可使用合同中的具体化，且符合肖像许可使用合同中对肖像权人人格利益保护的特点。

二、许可使用期限有明确约定情况下的合同解除

本条第 2 款规定了肖像许可使用合同对于肖像许可使用期限有明确约定的情况下，肖像权人特有的解除合同的规则。需要注意的是，本条规定的解除权人仅仅是肖像权人，而不包括被许可使用人，这一点与第 1 款是不同的。

（一）适用本条规定时需要注意把握其立法目的

《民法典》合同编中的第 563 条规定了合同的法定解除，其中规定的法定解除事由包括因不可抗力不能实现合同目的、预期违约、迟延履行主要债务经催告仍不履行、迟延履行债务或有其他违约行为导致合同目的无法实现等四种具体事由。由于合同法主要规范了财产权交易规则，以鼓励市场交易、维护交易的安全性为主要价值取向，所以在合同的法定解除规则上对解除事由进行严格限制，尽量维持合同关系的稳定性。但在肖像许可使用合同的解除上不能完全适用《民法典》第 563 条的法定解除规则，而是立足于保护人格利益的宗旨，结合人格权本身的特点，从放宽法定解除事由的目的出发，在合同法定解除规则之外，再行设计出肖像权人解除合同的法定事由，即本条规定。所以，本条是全新的肖像许可使用合同法定解除规则，与已有的合同解除规则显著不同，在审判实务中适用本条规定时一定要注意把

握本条的立法目的。

（二）本条规定与《民法典》合同编中的第563条规定的关系

从法律体系解释角度来看，肖像许可使用合同既然是合同的一种，那么通常情况下，《民法典》合同编通则部分的规定在肖像许可使用合同中当然应当得到适用。所以，第563条规定的合同法定解除事由同样是肖像许可使用合同的法定解除事由，在出现这些解除事由时，解除权人（无论是肖像权人还是被许可人）均有权援引该条规定主张解除合同。而且，从本条上述立法目的来看，本条规定是为了扩大肖像许可使用合同的法定解除事由，给肖像权人更多的合同解除权，所以不能因为本条规定而否定肖像权人根据《民法典》第563条规定享有的合同解除权。故，在肖像许可使用合同解除纠纷案件中，第563条规定和本条规定都是当事人主张解除合同的请求权基础，只不过是两者所规定的解除事由、享有解除权的当事人不同而已。在具体案件中，由当事人根据案件具体情况，判断其主张的解除事由属于何种解除合同的法定事由，从而选择具体的请求权基础。

需要注意的是，本条规定中的法定解除事由，即肖像权人的“正当理由”，应当不属于《民法典》第563条规定中的法定解除事由，否则当事人根据第563条规定即可解除合同，没有必要适用本条规定，就会出现本条规定因与第563条规定重复而被实际废止的情形，这是运用法律体系解释方法必然得出的结论。也即，当存在因不可抗力不能实现合同目的、被许可人预期违约、被许可人迟延履行主要债务经催告后仍不予履行、被许可人存在迟延履行债务或其他违约行为导致无法实现合同目的以及法律规定的其他情形时，肖像权人应当根据第563条规定主张解除合同，而非本条规定。

（三）对肖像权人“正当理由”的理解

适用本条规定主张解除合同的关键是对肖像权人“正当理由”的理解。但何为这里的“正当理由”，本条并未就此进一步作出细化规定。前已述及，该处的“正当理由”不应当包括《民法典》第563条规定的合同解除法定事由。至于具体哪些情形属于这里的“正当理由”，需要结合该条的立法目的加以判断。该条旨在给予肖像权人更多的解除合同的权利，目的是在肖像权商业化利用过程中加强对肖像权人人格利益的保护，即当肖像许可使用合同的继续履行会损害到肖像权人的人格尊严、妨碍到肖像权人人格自由发展的时候，应当赋予肖像权人终止合同关系、收回肖像使用许可的权利。所以该处的“正当理由”应当与肖像权人人格利益的保护有关，只要肖像权人能够举证证明或充分说明合同的继续履行会损害到其人格利益，影响到其人格尊严、人格自由，经人民法院审查可以采信，即属于这里的“正当理由”。

当然，这里的“正当理由”有可能是肖像权人自身的原因，也有可能是被许可人的原因，还有可能是与双方均无关的原因，但都须与对肖像权人人格利益的保护有关。例如，体育明星在退役之前许可他人在体育商品上使用其肖像，但在其退役之后已经转型为娱乐明星，此时继续在体育商品上使用其肖像可能会与其转型之后的形象定位不一致，影响到其在娱乐圈里的发展，在合同到期之前，其就此主张解除肖像许可使用合同的，应当属于这里的“正当理由”。再如，某国内影视明星代言某国外奢侈品品牌，在合同履行过程中，该国外公司作出了有损中国国家利益和民族感情的行为，如果该影视明星继续履行合同，显然会对其人格尊严和人格发展造成严重损害，也会严重影响其事业发展，该影视明星要求解除合同即属于具有“正当理由”。在法律、司法解释未对此“正当理由”进一步细化规定之前，法官在处理个案中对“正当理由”的认定有一定的自由裁量权，但需要紧扣该条的立法目的进行充分说理论证。同时，在审判实务中亦需要注意积累相关案例，尽可能通过案例指导或类型化的方式对此处的“正当理由”进一步细化。

（四）合同解除的后果

合同解除之后，被许可人应当停止使用肖像权人的肖像，被许可的肖像权权能自然回归，肖像权恢复圆满状态。如被许可人不停止使用，则构成对肖像权的侵害，自属无疑。虽然本条未规定合同解除之后的停止使用，但根据《民法典》合同编中的第566条规定合同解除的后果，自属当然之理。

本条特别规定了合同解除之后肖像权人向被许可人应负的赔偿损失责任。该规定意在实现双方当事人之间的利益平衡。虽然基于人格权保护的原因，在能否解除合同上给予了肖像权人一定的主动权，但被许可人的利益也不能因此可以随意牺牲。肖像权人解除合同后，在一定的情况下，应当给予被许可人一定的损失赔偿，以使双方的利益关系维持平衡。此处，需要明确如下两点：

1. 什么情况下应当赔偿。根据该条规定，因解除合同造成对方损失的，除不可归责于肖像权人的事由外，应当赔偿损失。首先需要明确的是，这里的“可归责”或“不可归责”与第563条法定解除事由中一方构成违约的事由无关，因为本条的解除事由与是否违约无必然关系。其次，“归责”二字也不完全等同于过错，因为在合同法领域，除非有明确规定，承担合同责任并不以过错为要件。因此，根据文义，肖像权人不负有赔偿责任的情形应当是非因肖像权人自身原因的正当事由，或与肖像权人无关的正当事由，而主张解除合同给对方造成损失的情形。例如，前所举例中的因奢侈品品牌损害国家利益和民族情感，肖像权人解除合同的情形，肖像权人解除合同的理由非但属于正当理由，而且引起该解除事由也与肖像权人无关，故肖像权人不但有权主张解除合同，而且可以不予赔偿。除此之外，肖像权人解除合同的理由虽属正当，但仍然需要赔偿被许可人损失。如前所举例中运动员转型成娱乐明星后要求解除合同的情形，虽然肖像权人解除合同的理由正当，可以支持该解除合同的诉求，但毕竟是因为肖像权人自身原因导致合同解除，虽非必然属于违约行为，但仍然需要赔偿被许可人的损失。

2. 所赔偿损失的范围，即赔偿履行损失还是信赖损失。本条对损失的范围未予明确，但从解释上，应当以赔偿履行损失为宜。首先，《民法典》第592条第2款规定，当事人一方违约造成对方损失，对方对损失的发生有过错的，可以减少相应的损失赔偿额。该规定是违约损失赔偿的减损规则，在违约损害场合，赔偿的是履行损失，只有在非违约方对损失的发生有过错时，才可减轻违约方的损失。参照该条，在肖像许可使用合同基于肖像权人正当理由解除的场合，一般情况下被许可人无过错，权利人解除合同的理由不是基于被许可人的原因，或者与被许可人无关，因此不应该减轻解除权人的赔偿责任。其次，信赖损失一般都是发生在合同不成立、无效、被撤销等场合，而本条的解除情形是发生在合同的履行过程中，虽非是违约引起的赔偿，但却与此更接近，而与适用信赖损失的场合更不符合。再次，解除合同后的损失赔偿目的是平衡双方当事人的利益，如果赔偿信赖损失，则对被许可人的利益保护似有不够。

三、合同解除的程序

无论是本条第 1 款规定的任意解除情形还是第 2 款规定的法定解除情形，都要求在程序上通知对方，而且在解除生效前给对方留有合理的期限，即“在合理期限之前通知对方”。从权利分类上讲，解除权是形成权，通过权利的行使可以导致法律关系的变更、消灭，因此行使该种权利应当让对方明确知晓，故须以通知的方式行使为必要。《民法典》第 565 条关于合同的解除程序对此也作出了规定。此外，给对方留有合理的期限，是诚信原则的体现，当然如就期限长短发生争议，则由法官根据案件具体情况作出自由裁量。

【审判实践中应注意的问题】

本条第 1 款和第 2 款规定的合同解除是两种不同的情况，第 1 款规定的是任意解除，第 2 款规定的是法定解除。在适用第 1 款时，不需要有任何条件，但在适用第 2 款时，需要肖像权人有“正当理由”，并且肖像权人需要对此进行举证或者充分说明，而不是如第 1 款那样只提出解除合同的主张即可，法官需要结合个案情况，立足于立法目的，对肖像权人主张的理由是否正当进行充分地说理论证。因此，在审判实务中，应当注意避免将两款混淆，放松对第 2 款中法定解除事由的审查，使第 2 款的法定解除沦为任意解除。

第一千零二十三条　对姓名等的许可使用，参照适用肖像许可使用的有关规定。

对自然人声音的保护，参照适用肖像权保护的有关规定。

【条文主旨】

本条是关于人格权商业利用及对自然人声音保护准用的规定。

【条文理解】

一、人格权商业利用的准用规定

传统观点认为人格权承载着人的尊严、自由等伦理价值，具有非财产性、人身专属性，不得放弃、转让、继承，故人格权仅是消极权利，体现为不得侵害人格利益，或人格利益被侵害之后给予侵权法上的救济，而不是积极权利，权利人不能对其人格利益积极使用、支配等。但随着社会的发展，利用名人肖像作广告、聘请影星作形象代言人等现象早已成为社会现实，部分人格权已在商业中得到广泛的利用，人格权的积极利用权能得以扩张。尽管如此，保护人格利益、维护人之尊严与自由仍然是人格权的主要价值和功能。因此，在商业化利用上，人格权仍然不能像财产权那样自由交易，法律需要规定有协调人格权和财产权、平衡人格权保护与商业利用的特殊规则，其中包括商业化利用的人格权范围、商业化利用的交易方式、许可使用合同的解释、许可使用合同的解除等，以防止人格权利用的过度商业化。

本条第1款规定从准用肖像许可使用规则的角度就商业化利用的人格权范围以及交易方式作出了规定。本条明确指出，可以商业化利用的人格权范围是“姓名等”，但除了姓名权外，还有哪些人格权？一般而言，根据具体人格权涉及到的人格利益内容的不同，可以把具体人格权划分为物质性人格权、标表性人格权、评价性人格权和自由性人格权等。物质性人格权是以自然人的物质载体所体现的人格利益为内容的人格权，包括生命权、身体权、健康权等，其与主体资格存在密切关系，对自然人的存在和生活影响甚大，如允许对这类人格权进行商业化利用，则可能导致人沦落为权利客体，有违民法的基本理念。标表性人格权是以主体对外表彰的表征所体现的人格利益为内容的人格权，包括姓名权、名称权、肖像权等，其客体具有外在性、可支配性、可商业利用性，能够给权利人带来经济收益，是可商业化利用的主要人格权类型。评价性人格权是以对主体的评价利益为内容的人格权，包括名誉权、荣誉权等，这类人格权主要涉及个人在社会上的评价和名声，似乎也无法对其进行商业化利用。自由性人格权是以人的自由利益为内容的人格权，包括隐私权等，这类人格权涉及人的自由，不应因商业利益而使人失去自由价值，但在理论上对于隐私权能否商业化利用是有争议的。

从解释角度看，本条是准用条款，而准用是立法上为避免法律条文的繁冗而采用的一种立法技术。根据该种立法技术，被参照适用的规定与拟规整的事项在法律事实上类似，可以做相同法律评价，故而可以参引被参照适用的规定。因此，对于此条规定的可以被商业化利用的人格利益，应当与肖像权在法律事实上类似，在法律评价上相同，而肖像权是典型的标表性人格权，故只要属于标表性的人格权原则上都应当属于本条规定的可商业化利用的对象。根据文义，这些人格权可被商业利用的交易方式是许可使用而不包括转让，目的是防止人格利益与主体永久脱离，造成对人格尊严和自由的侵害。关于肖像许可使用的有关规定，主要是第1021条、第1022条规定。

二、对自然人声音保护的准用规定

自然人声音的保护准用对肖像权保护的规定。自然人的声音具有独特性、唯一性、稳定性特点，几乎每个人的声音都是不一样的，因此声音与肖像一样都可以成为标表自然人的人格标志，可以对外展示个人行为和身份，也因此具有一定的人格属性。声音与肖像同属于标表性人格权，实践中两者也经常同时被使用，如在广告中使用他人肖像的同时还往往配上其声音，故有关肖像权保护的规定基本上都可以适用于对声音的保护。第1018条有关肖像权权能的规定、第1019条有关禁止侵害肖像权行为的规定、第1020条有关肖像权合理使用的规定、第1021条至第1023条有关肖像权商业利用的规定，对自然人声音均可参照适用。

具体而言，其保护的内容是自然人的声音本身，即纯粹的声音，既非声音的载体，也非声音中的具体内容。具体权能体现为录制声音、使用声音、公开或许可他人使用声音的权利，自然人有权制止他人未经许可的声音使用行为，在符合第1020条规定的情况下，行为人对声音的使用可以构成合理使用，不构成对自然人声音相关权益的侵犯。自然人可以许可他人在商业活动中使用其声音，并据此获取一定的利益。在声音许可使用合同的解释、解除等方面，也与肖像权许可使用合同遵循同样的规则。

【审判实践中应注意的问题】

在适用本条第1款时，需要注意能够参照适用肖像许可使用有关规定的人格权。除了姓名权之外，还有其他人格权，不能忽略“等”字所包含的内容。但至于除了姓名权之外，还有哪些人格权能够参照适用，则应当在具体个案中，结合人格商业化利用的法理，立足本条立法目的，从解释论上详加论证和说理，既不能缩小适用范围，也不能扩大至性质上不能商业利用的人格权，防止人格权的过度商业化利用，损害到人格尊严和人格自由。

第五章　名誉权和荣誉权

第一千零二十四条　民事主体享有名誉权。任何组织或者个人不得以侮辱、诽谤等方式侵害他人的名誉权。

名誉是对民事主体的品德、声望、才能、信用等的社会评价。

【条文主旨】

本条是关于民事主体享有名誉权的一般规定和名誉概念的规定。

【条文理解】

人格权编第五章规定名誉权和荣誉权，是我国对名誉权的首次系统性立法。

一、名誉

《辞海》解释："名为命名，誉为美誉，有令名始获美誉，谓令名曰名誉。"名誉是名誉权的客体。名誉是一种人格利益，是具有时代特征的，针对特定主体的综合表现作出的，良好的，客观的社会评价。[①] 对于名誉概念有多种学说。一是社会评价说。该观点认为名誉

① 王利明：《人格权法研究》，中国人民大学出版社2005年版，第467、468页。

是社会对民事主体的良好评价。二是个人评价和社会综合评价说。该观点认为名誉是个人价值与社会价值的结合。个人价值即个人对自己的价值评价，社会价值即社会对民事主体的评价。个人的名誉感不被纳入名誉概念中，最主要的原因是因为名誉感是民事主体内心的情感，存在个体差异，法律保护名誉感极其困难，各国一般将个人名誉感从名誉保护中逐渐剥离出来。三是人格尊严说。该观点认为名誉即人格尊严，指人格在社会上受到的尊重。该观点不利于把作为具体人格权的名誉权与一般人格权区分开来。从各国判例学说看，通说认为名誉是一种客观的社会评价。[①] 我国民法学界也普遍认为名誉是一种社会评价。本法规定名誉是对民事主体的品德、声望、才能、信用等的社会评价，即认定名誉是一种社会评价。同时，这一社会评价既是良好的，也是客观的。

本条列举了构成名誉的社会评价的常见要素，包括品德、声望、才能和信用。同时本条在“信用”后面增加“等”字，也即不限于以上社会评价对象要素，说明涉及对民事主体的社会评价类似要素都可构成民事主体的名誉。品德指道德品质，是民事主体行动所根据的内在原则。声望指受众人仰慕的名声，反应社会对民事主体的认可程度。信用指民事主体一般经济能力的社会评价。在民事主体一般经济能力中，民事主体的偿债能力应特别关注。信用包括对民事主体客观经济能力和主观偿债意愿的社会评价。[②]

二、名誉权

（一）名誉权的概念

名誉权指民事主体对自身名誉享有不受他人侵害的权利。自然人的名誉权是指自然人对由其活动产生的社会评价而享有的不受他人侵害的权利。法人及非法人组织的名誉权是指法人对其全部活动所产生

---

① 王利明：《人格权法研究》，中国人民大学出版社 2005 年版，第 462~464 页。

② 参考张鹏：《信用权概念研究》。转引自王利明主编：《中国民法典学者建议稿及立法理由（人格权编・婚姻家庭编・继承编）》，法律出版社 2005 年版。

的社会评价而享有的不受他人侵害的权利。法人的商誉权是法人名誉权的一部分。名誉权的特征包括：

1. 名誉权的取得具有法定性和社会性。名誉权作为人格权，不是与生俱来的自然权利，而是法定的权利。名誉权的客体范围、权利限制等问题都需法律规定。名誉权民事主体经过一定社会活动后，由社会公众对其进行一定评价后才产生，体现了名誉权的社会性。

2. 非财产性以及与财产的关联性。名誉是人格利益，本身不是财产，不能直接表现为一定财产利益，也不能直接用货币计算价值。但名誉权具有非财产性不代表名誉权与财产利益无关。名誉权常常是民事主体从事正常经济活动，开展社会交往的前提。对以企业为代表的营利法人而言，名誉权与财产利益关联更密切。民事主体获得名誉权后不能随意抛弃，法人的名誉权不能像名称权一样转让。

3. 主体的普遍性和特定性。名誉权主体的普遍性在于，自然人、法人和非法人组织都可以拥有名誉权。不同类型的民事主体的名誉权又有各自的特征。自然人的名誉权更注重精神利益的维护，而法人的名誉权更注重财产利益的维护。名誉权主体的特定性在于，名誉权是特定主体维护自身名誉，排除他人侵害的权利。侵害名誉权的行为必须是在针对特定人时才损害特定主体的名誉权。如果行为人的行为指向不特定的主体，则不能认为该行为侵害了他人的名誉权。

4. 内容的综合性。名誉权的基本内容是保有和维护自己的社会评价。名誉本身具有综合性，是社会对特定主体各项行为的综合评价，包括能力、品德和信用等社会生活的诸多方面。[①]

（二）享有名誉权的民事主体的范围

《民法总则》第110条规定，自然人、法人和非法人组织都享有名誉权。《民法典》对这一规定再次确认，并将“自然人、法人和非法人组织”概括为民事主体。

非法人组织是不具有法人资格，但是能够依法以自己的名义从

① 王利明：《人格权法研究》，中国人民大学出版社2005年版，第465、466页；杨立新：《人格权法》，法律出版社2015年版，第218页。

事民事活动的组织，包括个人独资企业、合伙企业、不具有专业资格的专业服务机构等。非法人组织作为独立民事主体，其正常运转同样需要良好的社会评价，确认非法人组织的名誉权有利于维护非法人组织的正常运转。①

三、侵害名誉权的违法行为的认定

（一）行为人实施了侮辱、诽谤等毁损名誉的行为

本条以概括列举的方式指明侮辱和诽谤是侵害民事主体名誉权的基本方式。这一规定基本延续了以往立法的做法。《民法通则》第 101 条规定禁止用侮辱、诽谤等方式损害公民、法人的名誉。《民法通则意见》第 140 条规定以书面、口头等形式宣扬他人的隐私，或者捏造事实公然丑化他人人格，以及用侮辱、诽谤等方式损害他人名誉，造成一定影响的，应当认定为侵害公民名誉权的行为。

1. 侮辱。侮辱是指故意以暴力或其他方式贬损他人人格，毁损他人名誉。学理上将侮辱分为表示侮辱和态度侮辱。表示侮辱指以明确方式表达侮辱的意思。态度侮辱指依行为时的情事，可推知侮辱意思的行为。态度侮辱主要表现为行为作出一定姿态表演有辱他人，如当众焚毁他人照片或象征特定民事主体的标志等。实践中常见的侮辱方式有暴力侮辱、语言侮辱和文字侮辱。暴力侮辱指对受害人施加暴力或以暴力相威胁，使他人名誉受到侵害。语言侮辱指用语言对他人进行嘲笑、辱骂。广义的语言包括口头语言，书面语言和动作语言。语言侮辱中的语言是狭义上的口头语言。② 文字侮辱即以书面表达的形式，通过书写文字、图形等内容对他人进行侮辱，侵害他人名誉。新闻报道、文学作品和发表作品等常涉及文字侮辱。其他的侮辱方式包括行为侮辱，如针对法人的诋毁行为，包括当众焚烧法人的牌匾、污损法人的标志等。

民法上的侮辱行为应与刑法中侮辱罪中的侮辱行为加以区别。首

---

① 王利明：《人格权法研究》，中国人民大学出版社 2005 年版，第 473 页。

② 杨立新：《人格权法》，法律出版社 2015 年版，第 224、225 页。

先，两者认定标准不同。刑法中侮辱罪的行为要求公然进行。对民法的侮辱行为而言，不要求公然进行，只要行为人的侮辱行为让第三人得知，就可以认定为侮辱行为成立的基础。其次，两者损害后果的危害程度不同。侮辱行为在造成情节严重的后果时构成犯罪。情节严重包括造成受害人精神失常、自杀，造成恶劣社会影响等。民法上侮辱行为的损害后果要求结合具体案情可判断受害人社会评价降低。再次，对两者的惩罚目的不同。刑法用刑罚对侮辱行为人进行惩罚。民法则注重弥补受害人的损失，兼顾对侮辱行为人的惩罚和教育。①

2. 诽谤。诽谤通常指捏造虚假事实丑化他人人格，损害他人名誉。诽谤可按表现载体分为口头诽谤和文字诽谤，按损害名誉方式分为直接诽谤和间接诽谤。

口头诽谤指用口头表达的形式散布虚假事实损害他人名誉。文字诽谤则以撰写文章、发表新闻和出版印刷品等方式散布可损害他人名誉的虚假事实。文字诽谤行为方式较为复杂，责任主体多样，过错形式不限于故意。此外，以绘制图画、漫画等方式捏造并散布虚假事实的，也构成诽谤。

直接诽谤指明确针对特定人进行语言和文字上的诽谤。间接诽谤也称影射诽谤，是指间接用语言文字对特定人诽谤，其认定要结合具体案情判断特定人的名誉是否受到损害。

通常而言，对诽谤行为成立的认定应以合理第三人的标准判断，同时整体性地参考表达内容的背景、时代性等因素。合理第三人的标准要求即按一个有理性的、普通的、一般人的理解认为某种表达是否属于诽谤。整体性要求注意受害人的年龄层次、职业，考虑行为人行为时的具体环境。②

3. 其他侵害名誉权的行为方式。除侮辱和诽谤外，还存在其他侵害名誉权行为的方式，如：

---

① 王利明：《人格权法研究》，中国人民大学出版社 2005 年版，第 490~492 页。

② 王利明：《人格权法研究》，中国人民大学出版社 2005 年版，第 492~499 页；杨立新：《人身权法论》，人民法院出版社 2002 年版，第 598 页。

（1）新闻报道、舆论监督侵害名誉权。媒体进行不实报道，或未尽合理核实义务导致不实报道的，可以构成对名誉权的侵害。新闻报道中可能同时出现对民事主体的侮辱和诽谤。[①]《民法典》第 999 条、第 1025 条、第 1026 条和第 1028 条也对新闻报道失实侵害名誉权的行为做了特别规定。媒体不作为同样构成侵害名誉权，如《名誉权解答》第 9 条第 3 款规定，编辑出版单位在作品已被认定为侵害他人名誉权或被告知明显属于侵害他人名誉权的，应刊登声明消除影响或采取补救措施；拒不刊登声明，不采取其他补救措施，或继续刊登、出版侵权作品的，应认定为侵权。媒体不能及时补救已刊载的侵害他人名誉权的消息，也构成侵权。针对此种情形《民法典》第 1028 条亦做了正面规定。

（2）作品使用素材不当。创作文学、艺术作品时使用素材不当可能对素材中涉及的民事主体名誉造成损害。[②]《民法典》第 1027 条对此种情形做了专门规定。

另外，《民法典》第 1029 条还将信用纳入名誉权中进行保护。该条规定，民事主体可以依法查询自己的信用评价；发现信用评价不当的，有权提出异议并请求采取更正、删除等必要措施。信用评价人应当及时核查，经核查属实的，应当及时采取必要措施。

（二）侵害名誉的行为必须有特定指向

《民法典》第 1027 条第 1 款规定，行为人发表的文学、艺术作品以真人真事或者特定人为描述对象，含有侮辱、诽谤内容，侵害他人名誉权的，受害人有权依法请求行为人承担民事责任。本条规定虽是文学、艺术作品中侵害名誉权的行为，但条文中“以真人真事”“特定人”的内容亦是对本章名誉权受损的认定标准之一的概括。只有行为人的行为指向特定对象时，才可能构成对他人名誉权的侵害，如果行为未指向特定的对象，仅泛指包括原告在内的一般人或某方面的

① 杨立新：《人格权法》，法律出版社 2015 年版，第 225 页。
② 杨立新：《人格权法》，法律出版社 2015 年版，第 226 页。

人，不能具体认定指向谁，则不能认定侵害名誉权。[①]但该特定人不一定是指名道姓地侵害名誉权，如果侵害人没有指名道姓，但被告的行为使社会一般人可通过实施的侵害行为能够明确被告侵害的特定人的，依然能够认定指向明确。例如，被告人通过描述某人的相貌特征、语言特征、行为特征以及生活工作环境等，足以使他人能够认定侵害人的，则行为就具有特定指向性。

（三）侵害名誉权的行为需为第三人所知悉

名誉既然是社会评价，对名誉权的侵害必须是行为人所实施的侵害名誉行为影响了受害人的社会评价，应当以社会公众对受害人的评价降低为标准。有学者认为，只要行为人所实施的诽谤行为为第三人所知悉，就可以认定导致了受害人社会评价的降低。[②]至于第三人是否一定要有在场的必要，则并未严格要求。当然，如果第三人知悉，但不知所言也无具体指向的，也不能确定为是第三人知悉。

四、侵害死者和英烈名誉权的保护

对于死亡自然人的人格利益保护，与对胎儿权利保护一样，都是对民事主体人身权利的延伸保护。对胎儿的保护，是对民事主体人身权利保护的向前延伸。对死者的保护，是对民事主体人身权利保护的向后延伸。尽管理论界对死者人格利益保护的理论基础存在不同学说之争，但我国司法实务界一直有对死者人格利益保护的司法实践：（1）1989年《最高人民法院关于死亡人的名誉权应受法律保护的函》[③]认为："吉文贞（艺名荷花女）死亡后，其名誉权应依法保护，其母陈秀琴亦有权向人民法院提起诉讼。"（2）1990年《最高人民法院关于范应莲诉敬永祥等侵害海灯法师名誉权一案有关诉讼程序问题的复函》称："海灯死亡后，其名誉权应依法保护，作为海灯的养子，

① 王利明：《人格权重大疑难问题研究》，法律出版社2019年版，第558页。

② 王利明：《人格权重大疑难问题研究》，法律出版社2019年版，第560页。

③ 本文件已被2013年1月14日公布的《最高人民法院关于废止1980年1月1日至1997年6月30日期间发布的部分司法解释和司法解释性质文件（第九批）的决定》废止。

范应莲有权向人民法院提起诉讼。”（3）1993年《名誉权解答》第5条中规定：“死者名誉受到损害的，其近亲属有权向人民法院起诉”。（4）2001年《精神损害赔偿司法解释》第3条更是扩大了对死者人格利益的保护。该条规定：“自然人死亡后，其近亲属因下列侵权行为遭受精神痛苦，向人民法院起诉请求赔偿精神损害的，人民法院应当依法予以受理：（一）以侮辱、诽谤、贬损、丑化或者违反社会公共利益、社会公德的其他方式，侵害死者姓名、肖像、名誉、荣誉；（二）非法披露、利用死者隐私，或者以违反社会公共利益、社会公德的其他方式侵害死者隐私；（三）非法利用、损害遗体、遗骨，或者以违反社会公共利益、社会公德的其他方式侵害遗体、遗骨。”

为延续司法实践保护死者人格利益传统，本法第994条作出了专门规定，死者的姓名、肖像、名誉、荣誉、隐私、遗体等受到侵害的，其配偶、子女、父母有权依法请求行为人承担民事责任；死者没有配偶、子女且父母已经死亡的，其他近亲属有权依法请求行为人承担民事责任。第994条明确了以下内容：一是对于死者的姓名、肖像、名誉、荣誉、隐私、遗体等权益受到侵害的，近亲属享有请求权请求行为人承担民事责任。二是明确了请求权人的权利顺位。明确死者配偶、子女、父母作为第一顺位人有权请求；没有第一顺位人的，其他近亲属也可以请求行为人承担民事责任。

当然，对于死者人格权益保护，还包括对英雄烈士人格权益的保护问题。近年来，侵害英雄烈士（以下简称英烈）姓名、肖像、名誉、荣誉等人格利益的案件时有发生，社会希望用立法来保护英烈人格利益的呼声日益高涨。为此，《民法总则》第185条和《英雄烈士保护法》专门对英烈人格名誉保护作出了规定。《英雄烈士保护法》第22条规定，禁止歪曲、丑化、亵渎、否定英雄烈士事迹和精神。英雄烈士的姓名、肖像、名誉、荣誉受法律保护。任何组织和个人不得在公共场所、互联网或者利用广播电视、电影、出版物等，以侮辱、诽谤或者其他方式侵害英雄烈士的姓名、肖像、名誉、荣誉。任何组织和个人不得将英雄烈士的姓名、肖像用于或者变相用于商标、商业广告，损害英雄烈士的名誉、荣誉。对侵害英雄烈士名誉、荣誉等行为，英雄烈士的近亲属可以依法向人民法院提起诉讼。英烈近亲属没有提起民事诉讼时，检察机关可以提起公益诉讼。最高人民检察院发布的第十三批指导性案例中第51号指导案例即明确，对侵害英雄烈士的姓名、肖像、名誉、荣誉，损害社会公共利益的行为人，英雄烈士近亲属不提起民事诉讼的，检察机关可以依法向人民法院提起公益诉讼，要求侵权人承担侵权责任。在实体审理方面，最高人民法院发布第十九批指导性案例中第99号指导案例即葛长生诉洪振快名誉权、荣誉权纠纷案中也明确，人民法院审理侵害英雄烈士名誉、荣誉等案件，不仅要依法保护相关个人权益，还应发挥司法彰显公共价值功能，维护社会公共利益。任何组织和个人以细节考据、观点争鸣等名义对英雄烈士的事迹和精神进行污蔑和贬损，属于歪曲、丑化、亵渎、否定英雄烈士事迹和精神的行为，应当依法承担法律责任。

【审判实践中应注意的问题】

一、名誉权保护的对象不应包括名誉感

名誉感是个体主观对自己的价值评价，不应成为名誉权保护的对象。理由在于：（1）法律保护名誉权的目的在于维护受害人的社会评价不被侵害，保护受害人的社会交往能正常进行，而名誉感不属于外部社会评价，属于受害人主观的内部评价。（2）保护名誉感会使名誉权保护的对象过于宽泛，可能导致侵害名誉权案件的数量激增，不利于维护社会安定。（3）自然人内在的名誉感受个人特质影响大，受主客观因素影响大，不像外部社会评价一样可以用合理第三人的视角进行判断，由法律进行保护难度过大，难以体现法律的公正性。（4）法人和非法人组织等组织体不像自然人一样有自身感受，没有名誉感，

无须保护。[①] 当然，也有观点认为，《民法总则》第109条规定的“自然人的人身自由、人格尊严受法律保护”《民法典》第990条规定的“自然人享有基于人身自由、人格尊严产生的其他人格权益”，这两条规定不能完全割裂名誉感与人格尊严的关联。在自然人名誉感所受伤害危及人格尊严时，法律仍可以对受害人的人格尊严加以保护。

二、侵害名誉权与侵害其他人格权竞合的处理

常见的有侵害姓名权与侵害名誉权的竞合，侵害肖像权与侵害名誉权的竞合。前者如行为人冒用他人姓名从事违法和违反社会公德的活动，行为人侵害他人姓名权的行为同时侵害他人名誉权。后者如侵权人将两考古学家的照片当作盗墓者照片发表在报刊上，并加以文字说明。受害人在未作出选择而要求加害人同时承担侵害名誉权和其他权利的责任时，人民法院应确定一种对受害人最有利的请求权，据此追究加害人责任，而不能让受害人获得双倍赔偿或加害人承担双重责任。[②]

三、自然人的名誉权与法人和非法人组织的名誉权存在一定区别

区别主要表现在：（1）名誉的内容不同。对自然人的名誉主要围绕其个人素质，如品德、才能等因素，是人格尊严的体现。通常而言，品德和才能是属于自然人的社会评价。组织体的社会评价主要围绕其信用、生产经营能力和经营状况等因素，与财产性利益联系更密切。（2）名誉权受侵害的方式不同。暴力侮辱只能对自然人名誉造成侵害。法人和非法人组织的名誉权通常因商业信誉、商品声誉受损而受损，自然人的名誉不包括这些商业性内容。侵害法人名誉权的行为同时可能构成《反不正当竞争法》规定的不正当竞争行为。（3）损害后果不同。自然人可能因名誉受损而遭受精神损害，法人和非法人组

---

① 王利明：《人格权法研究》，中国人民大学出版社2005年版，第469~472页。

② 王利明：《人格权法研究》，中国人民大学出版社2005年版，第500页。

织没有精神损害。法人和非法人组织在名誉上的损害主要表现为财产损失。但法人和非法人组织的名誉权不能界定为财产权。[①]

① 王利明:《人格权法研究》,中国人民大学出版社 2005 年版,第 473~475 页。

第一千零二十五条 行为人为公共利益实施新闻报道、舆论监督等行为，影响他人名誉的，不承担民事责任，但是有下列情形之一的除外：

（一）捏造、歪曲事实；

（二）对他人提供的严重失实内容未尽到合理核实义务；

（三）使用侮辱性言辞等贬损他人名誉。

【条文主旨】

本条是关于新闻报道、舆论监督侵害名誉权的规定。

【条文理解】

一、新闻报道、舆论监督等行为

（一）新闻报道

新闻，也称时事新闻。《辞海》认为新闻有两种含义，一是指“报社、通讯社、广播电台、电视台等新闻机构对当前政治事件或社会事件所作的报导”，二是指“被人当作谈论的新奇事情”。学界早期对新闻相关概念做了研究。如张新宝教授认为新闻是最近期间国内外发生的大事，是人们感兴趣的事件，同时是被新闻界报道而为大众所知的事件。张新宝教授还对新闻采访、报道、出版分别作了界定。[①]实施新闻报道的主体包括媒体自身、媒体从业人员、新闻信息提供者和其他利用媒体实施新闻报道的民事主体。媒体指能够交流传播信息

① 张新宝：《言论表述和新闻出版自由与隐私权保护》，载《法学研究》1996 年第 6 期。

的一切工具。[①] 司法实务中对新闻报道的定义有“新闻报道是媒体就新近发生事实所做的即时披露”。[②] 综上，在现今条件下，新闻报道应是媒体对时事的报道。

（二）舆论监督

有学者认为舆论是公众的意见。当分散的、个别的议论引起人们的普遍关注形成社会舆论时，就代表着大众的共识，能对国家公权力、社会生活进行监督。[③] 还有学者认为：“舆论是一种事实或意见通过公共论坛的传播与流动并被广泛接受的状态”。所谓“公共论坛”是指各种形式的言论管道或集散地，包括传统的报纸、电视等媒体，也包括互联网、讲座、公开会议和传单等形式。“舆论监督指对社会一切不良现象的监督”。王利明教授认为：“正当的舆论监督是指新闻工作者以及其他人依法通过新闻媒介发表评论，对社会的政治生活、经济生活、文化生活等方面进行批评，实行监督。”[④] 司法实务中通常不对舆论监督做明确定义，而是直接认定某种表达是否属于舆论监督的范畴。实务中争议的焦点在于舆论监督正当、合理范围的确认。

新闻报道和舆论监督存在重叠之处，新闻报道是舆论监督的一种形式，舆论监督也离不开新闻报道，新闻报道更多地强调媒体对时事的报道，舆论监督更多地强调对社会生活的批评。

本条以概括列举的方式规定“等行为”，为其他言论自由行为留下空间。此处的“等行为”应当与《民法典》第 999 条的“等行为”外延保持一致。

---

① 杨立新：《中国媒体侵权责任案件法律适用指引——中国侵权责任法重述之媒体侵权责任》，载《河南财经政法大学学报》2012 年第 1 期。其他媒体含义有刘凯湘指出，媒体指通过合法程序成立的媒体机构，如报社、广播电台、电视台等，非法成立的机构因不能从事媒体活动，其侵权只能视为一般侵权。这一定义强调媒体的组织体的特性。但随着网络时代信息传播的便利，人人都能发布信息，都可以成为媒体的某个环节，故媒体的认定应该更加宽泛。只是传统的新闻机构应承担的义务和普通公众相比应更加严格。

② 北京市第三中级人民法院民事判决书（2017）京 03 民终 11548 号。

③ 魏永征、周丽娜：《新闻传播法教程》，中国人民大学出版社 2019 年版，第 69 页。

④ 王利明：《人格权法研究》，中国人民大学出版社 2018 年版，第 509 页。

与本条规定相近的概念还有媒体侵权、新闻侵权等概念。[①] 关于媒体侵权的概念存在争议。有观点认为媒体侵权是独立的侵权类型。该观点的反对者则认为媒体侵权不是独立的侵权类型。但无论哪一种观点，都不否认言论自由的行使应受法律的限制。具体限制表现为本条规定的三种具体情形。如有学者将新闻侵害名誉权行为定义为“行为人通过大众传播媒体刊载、播出有损特定人名誉的文字、语言、图像的行为”。[②] 这些概念强调针对利用媒体、新闻等特殊手段侵害名誉权进行规制，但本质上仍是言论自由与名誉权保护之间平衡的问题。

二、责任主体

在新闻报道中，行为人包括：（1）媒体本身，如网络经营者、网络服务提供者、报社、出版社等；（2）媒体从业人员，包括记者、编辑、特约撰稿人、网络写手等；（3）新闻信息提供者；（4）其他利用媒体实施侵权行为的自然人。[③] 舆论监督领域，在媒介工具仅限于报刊、广播、电视的传统媒体时代，舆论监督的主体一般为新闻媒体。但是，随着媒介技术的迅猛发展，网站论坛、博客、播客、微信等新媒体形式的出现且已逐渐成为聚合民众意见、呈现公众情绪和各种思想观点激烈碰撞的主要平台和主要渠道的时候，公民个人已成为舆论监督的重要主体力量。言论自由行为侵害名誉权的案件通常是共同侵权案件。在网络时代，新式媒体的出现也模糊了传统媒体与公众的界限，需要加以甄别。

三、影响他人名誉

（一）如何解释“影响”

影响有好有坏，但在本条中，影响他人名誉指造成民事主体名誉

---

① 学界关于“新闻侵权”概念有过争论。焦点在于是否认为新闻侵权是特殊的侵权类型，是否需要侵权法加以特别规定。

② 杨立新、王利明：《人格权与新闻侵权》，中国方正出版社2000年版，第607页。

③ 刘凯湘：《在私权保障与新闻自由之间——以媒体侵权的类型为视》，载《法律适用》2013年第9期。

的损害。新闻报道与舆论监督等行为的正当性阻却了行为人行为的违法性，因此行为人不需为侵害名誉权承担民事责任。如何理解“影响”和适当容忍义务的关系？司法实务中，对于判断行为人是否构成侵权，一般从双方当事人的言论及其背景、是否超出必要限度、言论所针对的对象、因果关系以及损害后果等几方面进行综合判断。例如，洪振快、黄钟与郭松民因名誉权纠纷一案[①]中，洪振快撰写、黄钟编辑并发表在《炎黄春秋》杂志上的《“狼牙山五壮士”的细节分歧》一文经微博传播后，郭松民在微博上转发并作出评价所引发。该案法院判决指出，《“狼牙山五壮士”的细节分歧》一文虽然在形式上是对我国抗日战争史中的一个具体英雄事迹细节的探究，但它实质上是对这个英雄事迹所代表的抗战史尤其是中国共产党领导下的抗日民族统一战线的历史地位和历史作用的再评价。应该说，该文在一定范围和一定程度上伤害了社会公众的民族和历史情感。在此意义上，洪振快、黄钟作为该文的作者和编辑，应当预见到该文所可能产生的评价、回应、批评乃至公众的反应，并因此对后者负有较高的容忍义务。

（二）如何解释“他人”

本法规定，自然人、法人和非法人组织都享有名誉权，都可能遭受名誉权侵害。同时，也应承认名誉权受保护的程度和适用的规则因权利人身份的不同而有差别。学界和实务界通常对公众人物、政府机构、法人（营利法人）的名誉权案件加以特殊处理。

1. 公众人物。当公众的知情权及言论自由权与公众人物的名誉权产生冲突时，由于公众人物所从事的活动往往涉及公共利益或者受到广泛关注，社会大众对他们从事的活动享有知情权和表达的自由，新闻媒体也有权进行舆论监督，公众人物必须忍受这些表达和监督。即便公众的评论出现了令人不快、尖锐犀利的用语，但只要发言人主观上并非出于恶意攻击、谩骂，表达内容未明显偏离公众所知事实，公

① 洪振快、黄钟诉郭松民名誉权纠纷案，北京市第一中级人民法院（2016）京01民终1563号民事判决书。

众人物应当予以接纳和容忍。对公众人物的人格权利限制并非没有限度，社会评论的容忍义务应当以人格尊严为限。例如，在李易峰与马典等网络侵权责任纠纷案[①]中，法院认为，在接受社会舆论监督及社会公众知情权利面前，公众人物相应的人格权受到限制。就容忍限度应坚持的原则方面，在伊能静诉天津市报刊出版有限公司名誉权纠纷案[②]中，法院就曾详细论述了公众人物容忍限度应当遵循的三大原则：公共利益原则、非盈利性原则、真实性原则。

2. 政府机构。政府机构的名誉权与言论自由保护需要平衡，以发挥新闻、舆论对政府机构和公职人员的监督作用。《名誉权司法解释》规定了新闻单位对国家机关的职权行为所作报道应坚持客观准确报道原则，拥有有限特许权，即新闻机关根据国家机关公开的文件和其他职权行为，进行客观（公正）而准确地报道，应免于承担侵权责任。[③]

3. 法人。对法人名誉权保护的争议主要是如何认定法人名誉权受到侵害的问题。法人名誉权是否受到损害，应当以法人商品声誉和商业信誉的社会评价是否受到贬损作为判断依据，而非依据被侵权人的主观感受。如能够证明存在侵害法人商业信誉和商品声誉的行为，并且该侵权行为为第三人所知悉，就可以推定法人名誉权受损害的客观事实存在。如果侵权人主张法人名誉权损害事实不存在的，应当承担举证责任。

四、对新闻报道、舆论监督等行为的限制

本条列举的三种违法情形是对言论自由正当性的违背，事实的失真程度达到要受法律谴责的程度，使评论对名誉的侵害突破了公正合理的法律边界。

---

① 李易峰与马典等网络侵权责任纠纷案，北京互联网法院（2019）京 0491 民初 16058 号民事判决书。

② 吴静怡与天津市报刊出版有限公司名誉权纠纷案，北京市朝阳区人民法院（2013）朝民初字第 35480 号民事判决书。

③ 人民法院出版社编：《司法解释理解与适用全集·侵权责任卷》，人民法院出版社 2018 年版，第 720、721 页。

（一）捏造、歪曲事实

真实是新闻的生命、媒体公信力的基础，也是新闻工作者的基本准则。[①] 捏造、歪曲事实是诽谤的基本形式之一，属于本法第 1024 条规定的侵害名誉权的基本行为。在新闻报道、舆论监督等行为中捏造、歪曲事实，使虚假的信息得到传播，误导公众，显然不具有正当性。

《名誉权解答》第 8 条对因撰写、发表批评文章引起的名誉权纠纷做了规定："因撰写、发表批评文章引起的名誉权纠纷，人民法院应根据不同情况处理：文章反映的问题基本真实，没有侮辱他人人格的内容的，不应认定为侵害他人名誉权。文章的基本内容失实，使他人名誉受到损害的，应认定为侵害他人名誉权。"司法实践中应注意与事实轻度偏离和捏造、歪曲事实的区分。鉴于新闻的时效性，公众知情权要求的急迫性和新闻从业者有限的能力，舆论监督中的事实可能与真实情况有一定偏差。一定程度的偏差是应被允许的。严重失实才是值得法律评价的侵权行为。

基于捏造、歪曲事实作出的评论侵害他人名誉权，是否要承担民事责任？此时要看行为人有没有履行合理核实义务。若行为人履行了合理核实义务，且评论中没有针对特定人的侮辱性言辞，则不需承担民事责任。

（二）对他人提供的严重失实内容未尽到合理核实义务

在新闻报道、舆论监督等行为中，言论自由行为人需要利用他人提供的事实信息进行报道。若言论自由行为人对他人提供的严重失实内容未尽到合理核实义务，则构成不作为侵权。这种侵权是媒体侵权的典型情况。在新闻报道中，他人提供的事实通常是新闻来源。提供不实新闻材料者，也可能与新闻发布者构成共同侵权。如《名誉权司法解释》第 7 条规定：（1）主动提供新闻材料，致使他人名誉受到损害的，应当认定为侵害他人名誉权。（2）因被动采访而提供新闻材

---

① 《新闻出版总署关于严防虚假新闻报道的若干规定》（新出政发〔2011〕14 号），2011 年 10 月 14 日发布。

料，且未经提供者同意公开，新闻单位擅自发表，致使他人名誉受到损害的，对提供者一般不应当认定为侵害名誉权；虽系被动提供新闻材料，但发表时得到提供者同意或者默许，致使他人名誉受到损害的，应当认定为侵害名誉权。除专业媒体外，普通公众在发表言论时也需要对所依据的事实做一定的合理核实。但普通公众的合理核实义务应低于专业媒体，并符合社会的一般期待，否则会过度限制公众意见的表达。

学界和实务界均有针对客观真实，法律真实和新闻真实的讨论。如有媒体的辩护律师提出，新闻事实不同于客观事实和法院判定的法律事实，界定新闻报道内容是否严重失实，应以其所报道的内容是否有合理相信为事实的消息来源证明为依据。[①]《最高人民法院在关于侵害名誉权案件有关报刊社应否列为被告和如何适用管辖问题的批复》规定，报刊社对要发表的稿件，应负责审查核实。《名誉权解答》第7条中规定："因新闻报道严重失实，致他人名誉受到损害的，应按照侵害他人名誉权处理。"

《民法典》第1026条列举了判断合理核实义务履行情况时应考虑的因素，在此不再阐述。

（三）使用侮辱性言辞等贬损他人名誉

侮辱是侵害名誉权的基本形式之一，《民法典》第1024条已有规定。侮辱性言辞属于意见表达。判断侮辱性言辞可从行为人的主观动机是否善意，语义的通常含义等方面进行判断。同时，侮辱性言辞的判断应结合表达行为的整体进行。在意见表达的遣词造句中允许较为激烈的表达，但直接侮辱他人人格的言辞、人身攻击是不被允许的。司法实务中，侮辱性言辞的认定由法官运用自由裁量权，从一般社会理性人角度出发，依一般社会经验判断，判断言辞是否具有侮辱性。一般推定侮辱性言辞会造成他人名誉的损害，即对因果关系做推定。

---

① 此为新京报社与世奢会公司名誉权诉讼案中被告方新京报的观点。世奢会（北京）公司诉新京报社名誉权纠纷案，北京市第三中级人民法院（2014）三中民终字第6013号民事判决书。

五、行为的正当性及其判断

正当性通常由抗辩事由构成，形成言论自由行为违法性的认定标准。英美法系国家中，一般将新闻报道、舆论监督中的言论分为“事实陈述”与“意见表达”，简称事实和意见。事实陈述指对过去和现在的事件的记载与描述。意见表达是对事物发表自己的见解或立场，是主观的确信，包括赞同和非议。①事实应该真实，言论涉及的事实应秉持合理核实原则。意见则应限制在合理评论范围内，不得以侮辱性言辞侵害他人合法权利。对事实与意见混杂的言论则应以合理核实和公正评论双重标准进行考察，综合判断其合法性。本条所规定的“新闻报道、舆论监督等行为”是正当合法的言论自由行为并对协调正当言论自由与名誉权保护作出规定。

本条指出在言论自由行为中捏造、歪曲事实和以侮辱性言辞等贬损他人名誉的行为属于违法行为，上述行为都涉及了公正评论问题。但判断何谓“公正”是理论和实践上的难点，本法也未直接表达公正评论原则。英美诽谤法将“公正评论”作为诽谤诉讼的一项辩护事由，只要被告证明被指控内容是对公众关注的问题所作的真诚的、没有恶意的评论，即可免责。②杨立新教授认为，构成公正评论的构成要件包括：（1）评论的基础事实是公开传播的事实；（2）评论的内容没有侮辱、诽谤等损害人格尊严的言辞；（3）评论须出于公共利益目的，没有侵权故意。③公正评论权又称合理评论权和诚实评论权，是公众针对社会普遍关注的有关公共利益的问题，通过新闻传播媒介善

---

① 王泽鉴：《人格权法：法释义学、比较法、案例研究》，北京大学出版社 2013 年版，第 156 页。

② 王利明、杨立新：《人格权与新闻侵权》，中国方正出版社 2000 年版，第 650 页。

③ 杨立新：《法人名誉权侵权法律界限须划清》，载《法制日报》2015 年 6 月 15 日。其他学者对公正评论的论述还有：张红认为公正评论应具备四要件，第一，行为人作出的具有名誉毁损性质的陈述不是对某种事实的陈述而是对某种观点的陈述；第二，行为人的评论必须是建立在某种真实性的事实陈述的基础之上或者建立在某种免责特权场合作出的陈述基础之上；第三，行为人只能对涉及公众利益的问题或对社会关心的问题作出评论，行为人的有关行为需是维护公序良俗的行为；第四，行为人对他人或他人的行为作出的评论被认为是公正的。

意地发表有事实根据的意见，应当免除承担侵权责任。公正评论权要求：（1）评论的对象必须是与社会公共利益有关的问题。（2）评论依据的事实必须是真实存在的。（3）评论必须出于善意。舆论监督行为在进行过程中可能有言辞激烈，部分失实，进而对他人名誉造成负面影响。但考虑到充分的舆论监督所能发挥的积极社会作用，以及舆论监督的时效性等因素，名誉权人应对正当舆论监督适度容忍。若对舆论监督行为严加限制，苛求其真实性，则会抑制人们的表达自由，造成"寒蝉效应"，不利于健康舆论环境的营造，削弱舆论监督抨击社会缺陷的功能。《名誉权司法解释》第9条亦针对产品质量、服务质量问题作出了公正评论的规定。

【审判实践中应注意的问题】

公共利益通常是作为新闻报道、舆论监督侵权的抗辩事由。公众利益目的，是新闻侵权抗辩的一个重要事由，能够全面对抗新闻侵权请求权，是完全抗辩。特别是在批评性的新闻报道中，公共利益目的完全可以对抗新闻侵权请求权，免除新闻媒体的侵权责任。[①] 本条规定"为公共利益实施新闻报道、舆论监督等行为"，实践中应当注意须具有公共利益目的理解，即新闻报道、舆论监督须是以公共利益为行为的出发点和目的。这里"为公共利益实施"要求新闻报道、舆论监督活动本身是为公共利益而实施的，同时也是新闻报道、舆论监督的抗辩事由。

① 杨立新：《论中国新闻侵权抗辩及体系与具体规则》，载《河南省政法管理干部学院学报》2008年第5期。

第一千零二十六条 认定行为人是否尽到前条第二项规定的合理核实义务，应当考虑下列因素：

（一）内容来源的可信度；

（二）对明显可能引发争议的内容是否进行了必要的调查；

（三）内容的时限性；

（四）内容与公序良俗的关联性；

（五）受害人名誉受贬损的可能性；

（六）核实能力和核实成本。

【条文主旨】

本条是关于新闻报道、舆论监督主体合理核实义务的规定。

【条文理解】

一、新闻报道、舆论监督的核实义务

新闻报道、舆论报道可以是记者深入调查后取得的第一手资料，也可以是根据其他组织或个人向新闻记者提供的新闻素材形成的。根据《新闻出版总署关于严防虚假新闻报道的若干规定》第2条中规定，新闻机构要规范使用消息来源。新闻报道、舆论监督主体的核实义务来自于民法上的谨慎人注意义务。所谓谨慎人注意义务是按照法律、法规等规范所确立的注意义务和一个合理的、谨慎的人所应当具有的注意义务，来确定行为人应当达到的行为标准，并且兼顾不同群体、不同年龄、不同职业等人群的特点，确定其应当具有的注意义务

标准。[①] 按照“谨慎人”的标准，新闻媒体对不同渠道的消息来源，应当按照其权威性和可靠性程度的高低决定直接引用、进一步审查还是避免使用。[②]

新闻报道、舆论监督中的核实义务是大多数国家认为应当遵守的基本义务。一些国际公约也有类似规定，如1971年于德国慕尼黑通过的《新闻记者权利和责任国际宣言》指出，记者必须“尊重事实，无论这会给自己带来什么结果，因为公众有知道真相的权利”。[③] 德国汉堡州《新闻法》第6条规定：“在出版发行前新闻界有责任核实文章的内容，其中包括核实材料的出处、内容的真实性。”我国也很早就有新闻媒体的核实义务的规定。《最高人民法院关于侵害名誉权案件有关报刊社应否列为被告和如何适用管辖问题的批复》[④] 就规定，报刊社对要发表的稿件，应负责审查核实。发表后侵害了公民的名誉权，作者和报刊社都有责任，可将报刊社与作者列为共同被告。另外，一些规范性文件也对新闻媒体的核实义务作出了规定。例如，2005年印发的《中央办公厅关于进一步加强和改进舆论监督工作的意见》就规定：“对报道的内容，必须进行认真核实，做到真实、准确、可靠，不得编发互联网上的信息，不得刊播未经核实的来稿。”新闻出版总署2009年印发的《关于采取切实措施制止虚假报道的通知》规定：“要认真核实报道的基本事实，确保报道的新闻要素准确无误，不得编发未经核实的信息，不得刊载未经核实的来稿。”合理核实义务目的是保障事实的真实性。新闻报道、舆论监督行为都需以真实性为基础进行表达，否则会造成充斥谎言的恶劣社会环境，并侵害他人合法权益。尤其对新闻报道而言，真实性是新闻的生命，合理核实义

---

① 王利明：《侵权责任法研究》，中国人民大学出版社2010年版，第347页。

② 亓培冰、李丹：《新闻报道使用匿名消息来源是否侵权的认定》，载《人民司法》2016第第29期。

③ 张鸿霞：《浅析新闻侵犯名誉权案件中媒体的核实义务》，载《中国广播》2015年第6期。

④ 本文件已被《最高人民法院决定废止的1979至1989年间发布的司法解释目录（第二批）》（1997年1月28日）废止。

务是对新闻真实性的保障。履行了合理核实义务的媒体机构，即可推定其报道的内容达到了受法律保护的真实程度。

一般而言，合理核实义务针对的主体是专业媒体机构，但这不意味着其他类型的民事主体在进行新闻报道、舆论监督时不负有合理核实义务。根据本条以及第1025条规定，凡是实施新闻报道、舆论监督的主体，都负有合理核实义务。通常而言，专业媒体机构的合理核实义务要求较高，其他民事主体的合理核实义务较低。不同类型的民事主体应负担不同的合理核实义务。人民法院应酌情判断言论自由行为人的身份特征，进而判断其负有的合理核实义务的内容。在互联网时代，网络服务提供者、网络媒体也受本条规制。

本条针对新闻报道、舆论监督主体的注意义务进一步细化规定，以便法官在司法实务中适用。条文所列情形并不需要机械地一一全部考虑，人民法院应当根据个案的具体情况进行认定。在某些情况下，满足一个或几个因素即可认定行为人尽到合理核实义务。本条列举的考虑因素为人民法院更全面、准确地判断合理核实义务提供了思维框架，但同时也较为抽象，仍需要人民法院在实践中结合个案进行判断。

二、本条起草沿革

（一）举证责任条款的去除

本条在前三次人格权编草案审议稿中，还有第2款。第2款要求行为人应当就其尽到合理审查义务承担举证责任。有学者认为，通常而言，行为人是否履行了合理核实义务，进行了相应核实行为自身最清楚，因此由行为人承担证明履行了合理核实义务的举证责任。由受害人证明行为人履行了合理核实义务会使得受害人义务过重，不利于受害人利益保护。[①]第四次审议稿及本法最终去掉了这一款。

---

① 张红：《〈民法典各分编（草案）〉人格权编评析》，载《法学评论》2019年第1期。

（二）“审查”变为“核实”

在前三次审议稿中使用的都是“合理审查义务”，第四次审议稿之后则改为了“合理核实义务”。“核实”相对“审查”而言，更强调了真实性的重要性，针对事实的客观性也更强，强调了新闻报道、舆论监督的行为人对客观真实的注意义务。

三、认定合理核实义务的具体标准

是否尽到合理的核实义务是法官判断媒体具有过错时应当审查的内容。但何谓“尽到合理核实义务”？审判实务中，由于我国相关法律中没有详细的规定，致使法官在判决时没有明确的依据，往往认定内容失实后就判定媒体承担败诉责任，媒体很难以“已尽合理核实义务”来抗辩。同时因为没有具体的行为指导标准，新闻从业人员又可能会滥用权利，侵害他人名誉权。本条列举了几类人民法院认定新闻报道、舆论监督“已尽合理核实义务”的标准。

（一）内容来源的可信度

有学者总结了可信度高的权威内容来源：（1）法律、行政法规和规章认定的事实；（2）人民法院终审裁判文书认定的事实；（3）合法仲裁机构认定的事实；（4）行政机关在正式文件和正式行政程序中认定的事实；（5）执政党的正式文件、出版物认定的事实和执政党正式向社会公布的事实；（6）国家立法、行政、司法机关在其正式出版物（《如国务院公报》《最高人民法院公报》）上发布或者认定的事实；（8）公民、法人关于自身活动以书面（如广告宣传材料）或口头方式（如答记者问）公布的有关材料。[①]

内容来源可信度的认定可参考《新闻出版总署关于严防虚假新闻报道的若干规定》。《新闻出版总署关于严防虚假新闻报道的若干规定》第1条规定：“新闻记者编发新闻报道必须坚持实事求是，严禁依据道听途说编写新闻；新闻记者报道新闻事实必须坚持实地采

① 张红：《人格权各论》，高等教育出版社2015版，第318页。转引自张红：《〈民法典各分编（草案）〉人格权编评析》，载《法学评论》2019年第1期。

访，采用权威渠道信息，不得依据未经核实的社会传闻等非第一手材料编发新闻。”该规定第2条规定：“新闻机构要规范使用信息来源，无论是自采的还是转发的新闻报道，都必须注明新闻来源，真实反映获取新闻的方式。除危害国家安全、保密等特殊原因外，新闻报道须标明采访记者和采访对象的姓名、职务和单位名称，不得使用权威人士、有关人士、消息人士等概念模糊新闻消息来源；新闻机构要严格使用社会自由来稿和互联网信息制度，不得直接使用未经核实的网络信息和手机信息，不得直接采用未经核实的社会自由来稿。对于通过电话、邮件、微博客、博客等传播渠道获得的信息，如有新闻价值，新闻机构在刊播前必须派出自己的编辑记者逐一核实无误后方可使用；转载、转播新闻报道必须事先核实，确保新闻事实来源可靠、准确无误后方可转载、转播，并注明准确的首发媒体。”

若新闻报道依据的是可信的材料，即使事后报道被证明失实，新闻媒体是否应当承担民事责任呢？我们认为，根据本条规定，如果能够对他人提供的失实内容尽到合理核实义务的，不应承担民事责任。

（二）对明显可能引发争议的内容是否进行了必要的调查

某些内容容易引起社会争议，占用社会舆论空间，宜在真实性得到更高程度的确认后进行报道。媒体在报道此类内容应负担更重的合理核实义务。一是要判断哪些内容明显可能引发争议，二是要对相关内容做必要地调查。例如，根据《新闻出版总署关于严防虚假新闻报道的若干规定》，民意调查结果属于可能引发争议的内容。新闻机构对民意调查结果的刊播要更加谨慎。对于“明显可能引发争议的内容”，应由法官根据案件发生的具体情境认定，如热点民生事件。“必要的调查”应结合行为人的能力进行判断。

（三）内容的时限性

从维护社会公益目的出发，对内容时限性要求越强，媒体能够用于调查取证的时间就越少，相应地，合理核实义务的标准应该降低，以便充分保护民众的知情权。例如，对重大自然灾害、恐怖袭击等重大突发事件，在保持谨慎的条件下，合理核实义务可适当降低。对于发生在过去的事实，行为人有充分的时间进行调查，且公众对事件真相的期待更高，此时的合理核实义务应要求较高。

（四）内容与公序良俗的关联性

本法第8条要求民事主体从事民事活动不得违背公序良俗。公序良俗包括公共秩序（社会公共秩序和生活秩序）和善良风俗（社会公共道德，由全体社会成员所普遍认可、遵循的道德准则）。新闻报道、舆论监督等行为承担着维护、塑造公序良俗的功能。本法第1025条规定："行为人为公共利益实施新闻报道、舆论监督"，这也说明与公序良俗联系越密切的事实往往与公共利益也联系密切。相关事实因与公共利益相关，媒体可在尽合理核实义务后发布。一般而言，与公序良俗联系越密切的事实，对行为人合理核实义务的要求也越高。同时，合理核实义务的标准也不应阻碍信息的正常流通，与公共利益联系密切的事实也需要尽快进入公众视野，此时合理核实义务标准可相应减低。即使发布的信息事后被证伪，履行了合理核实义务的媒体也可以不负责任。

（五）受害人名誉受贬损的可能性

若事实本身以及基于该事实的评论使得受害人名誉受贬损可能性越大，则合理核实义务的标准应越高。新闻报道、舆论监督的行为人应当预见到某些信息可能导致他人名誉受损，因而负有更高的核实义务。

（六）核实能力和核实成本

合理核实义务应与核实能力相适应，让新闻报道、舆论监督得以顺利进行。不应让媒体承担过高的核实成本，否则会阻碍信息的流通，损害公众的知情权，让全社会无法获得有效的舆论监督。因此，核实成本较高的情况下，相应的核实义务应降低。

审判实践中，针对不同身份的行为人，对其核实能力需确定不同程度的要求。如在肖某某与方某某等名誉权纠纷案中，[①]法院认为公民通过网络检索资料并以此为依据发表评论时，并无向相关网站及被评论人核实的义务。此时公民要承担的义务有两点：一是评论人对其评论所依网络资料来源的正当性和内容的可信性应尽善良管理人之注意义务，排除正常人的合理怀疑；二是评论人应当意识到自己检索到的网络资料可能是不完整的，甚至是不准确的，因此在依据甄别后的资料发表评论时应当谦抑、有度，不应超出其依据资料可合理推知的范围。同时，法院认为本案当事人方是民是专业学术打假人，对评论时依据的材料有更高的注意义务。

本条规定了六项“尽到合理核实”的认定标准。而实际上，关于合理的核实义务，不仅包含本条所指的新闻报道、舆论监督主体的审查核实义务，根据各国的新闻职业道德准则及新闻实践经验，新闻媒体的核实义务还包括以下几个方面内容：（1）多源核实。包括向被批评报道当事人核实。多源核实就是要尽可能地通过全方面的信息核实来达到最大程度的确信真实。（2）不歪曲改变事实，不改动和摆拍新闻图片或视频。（3）语言、文字、图片等书面核对准确。[②]

【审判实践中应注意的问题】

一、关于匿名消息来源侵权问题

无论是自采的还是转发的新闻报道，都必须标注新闻消息来源，真实反映获取新闻的方式，除危害国家安全、保密等特殊原因外，新闻报道须标明采访记者和采访对象的姓名、职务和单位名称。有时候，新闻从业者使用匿名消息来源是与消息提供者达成保密协议，新

---

① 肖某某诉北京雷霆万钧网络科技有限责任公司等名誉权纠纷案，北京市高级人民法院（2007）高民终字第1146号。

② 张鸿霞：《浅析新闻侵犯名誉权案件中媒体的核实义务》，载《中国广播》2015年第6期。

闻从业者基于保密协议不得公开匿名消息来源。但新闻媒体对匿名消息来源应当承担审慎注意义务，特别是对负面消息应尽量核实，进行多头来源核实。例如《新闻出版总署关于严防虚假新闻报道的若干规定》第1条第5项规定，新闻记者开展批评性报道至少要有两个以上不同的新闻来源，并在认真核实后保存各方相关证据，确保新闻报道真实、客观、准确，新闻分析及评论文章要在事实准确的基础上做到公正评判、正确引导。但使用匿名消息来源的新闻报道并非一定构成侵权报道，如果新闻报道、舆论监督没有歪曲事实、不实报道的主观故意或过失，且有合理和信赖的消息来源为依据，则不应承担侵权责任。例如，在世奢会（北京）公司名誉权的侵害案件[①]中，法院认为，涉案文章虽多处引用来自化名人物唐路秘密曝料的负面信息，但记者对访录音表明采访过程真实可信。尽管唐路的曝料内容均系负面信息，但部分内容经记者调查核实属实，且曝料涉及的展会、奢侈品发布会等均真实存在。涉案文章通过记者调查并引用多方意见参与对世奢会现象的关注和讨论，是行使媒体舆论监督权的行为。文章整体的批评基调和尖锐用语符合批评性文章的特点，不应因此否定作者写作目的的正当性。法院还认为，应注意正确适用举证责任分配规则，不宜简单地以媒体拒绝披露消息来源的真实身份或消息来源拒绝出庭作证为由，对媒体作出不利推定。即使未披露消息来源或者消息来源未出庭作证，但是文章基本事实属实且评论正当的，不应认定为侵权报道。

二、关于举证责任问题

在新闻报道、舆论监督侵害名誉权案件中，新闻报道是否构成侵权行为，其核心要件与新闻主义的新闻观如出一辙：新闻应报道真相，真实再现人类的行为、情感和思想，报道真相作为首要的、公认

① 新京报社与世奢会（北京）国际商业管理有限公司等名誉权纠纷案，北京市第三中级人民法院（2014）三中民终字第6013号民事判决书。

的新闻职业伦理，也是新闻与其他文学形式的分界线。[①]

对于报道内容是否真实的举证责任，我国学界多不区分结果举证责任和行为举证责任，而是对两者做一体观察，并衍生出两种对立观点：一是“谁主张，谁举证”，即原告应承担证明报道失实的责任，新闻媒体只有要减免其责任时，才需举证存在合法的抗辩事由。二是“谁报道，谁举证”，即被告新闻媒体有义务证明其刊载或传播的消息为真。我国司法实践多采纳第二种观点。[②]我国学界普遍认为新闻侵权不具备特殊的构成要件，侵权损害赔偿请求权要成立，应由原告证明侵权行为、具体损害、损害与行为之间的因果关系和行为人过错。这一观点和《名誉权解答》第 7 条关于侵害名誉权的构成要件的规定是保持一致的。然而在实践中，对侵权行为构成要件中过错和真实报道免责之间的关系，通常存在矛盾：若将过错解释为新闻媒体违反了审查报道内容真实性的审慎义务，原告自然应证明新闻报道失实，其请求权才能成立；若将真实报道免责解释为新闻媒体报道的免责要件（权利妨害规范），则媒体应证明报道内容真实才能免责，不能证明的，原告的侵权请求权就依法成立。原告要证明请求权成立，应证明媒体报道内容失实；媒体要免责，就必须证明其报道内容真实。可见，新闻报道侵权到底是否适用过错推定责任，解释上亦存在两种观点。[③]

我们认为，新闻报道、舆论监督的内容来自其他消息来源的，需要对两个问题进行认定：一是是否尽到合理核实义务；二是报道内容是否真实。对于是否尽到合理核实义务的举证责任，在前面几次《民法典》人格权编审议稿中都有“行为人应当就其尽到合理审查义务承担举证责任”的规定，但最后审议时，该款被拿掉。对于新闻报道、

---

① 谢鸿飞：《使用匿名信息源新闻报道侵权案中的举证责任、报道者特权和利益平衡》，载《人民司法》2016 年第 29 期。

② 转引自谢鸿飞：《使用匿名信息源新闻报道侵权案中的举证责任、报道者特权和利益平衡》，载《人民司法》2016 年第 29 期。

③ 谢鸿飞：《使用匿名信息源新闻报道侵权案中的举证责任、报道者特权和利益平衡》，载《人民司法》2016 年第 29 期。

舆论监督侵权，在本法第五章关于名誉权侵权举证责任和侵权责任法上举证责任而言，都没有将新闻报道、舆论监督侵权作为特殊归责原则进行规定。鉴于该问题实践中比较复杂，争议比较大，立法机关最终没有规定。

第一千零二十七条 行为人发表的文学、艺术作品以真人真事或者特定人为描述对象，含有侮辱、诽谤内容，侵害他人名誉权的，受害人有权依法请求该行为人承担民事责任。

行为人发表的文学、艺术作品不以特定人为描述对象，仅其中的情节与该特定人的情况相似的，不承担民事责任。

【条文主旨】

本条是关于文学、艺术作品侵害名誉权的规定。

【条文理解】

一、文学、艺术作品

文学、艺术作品通常指一切文学和艺术领域中具有独创性的智力成果。《著作权法》第3条规定受著作权法保护的作品包括文字作品、口述作品、音乐、戏剧、曲艺、舞蹈、杂记艺术作品等。《著作权法实施条例》第2条规定："著作权法所称作品，是指文学、艺术和科学领域内具有独创性并能以某种有形形式复制的智力成果。"《伯尔尼保护文学和艺术作品公约》第2条第1款中规定："'文学和艺术作品'一词包括文学、科学和艺术领域内的一切成果，不论其表现形式或方式如何。"

行为人发表文学、艺术作品是行使艺术表现自由。艺术表现自由是公民在法律规定或认可的情况下通过艺术形式表达思想感情、进行社会交流而不受非法干涉约束、制裁的自主性状态。[①] 艺术表现自由

① 张红：《文学作品中的名誉权侵权责任》，载《中南民族大学学报（人文社会科学版）》2012年第11期。

属于公民行使言论自由的一种方式，受宪法和法律保护。但实践中，艺术表现自由经常与名誉权保护发生冲突。我国自 20 世纪 90 年代起，文学作品名誉侵权纠纷增多，最高人民法院也多次通过出台司法解释、对相关案件请示答复的方式对文学作品侵权进行回应。《名誉权解答》第 9 条对因文学作品引起的名誉权纠纷做了专门规定："撰写、发表文学作品，不是以生活中特定的人为描写对象，仅是作品的情节与生活中某人的情况相似，不应认定为侵害他人名誉权。描写真人真事的文学作品，对特定人进行侮辱、诽谤或披露隐私损害其名誉的；或者虽未写明真实姓名和住址，但事实是以特定人为描写对象，文中有侮辱、诽谤或披露隐私的内容，致其名誉受到损害的，应认定为侵害他人名誉权。"《名誉权解答》认为，判断一部文学作品是否构成对他人名誉权的侵害，主要是看该作品是否以生活中特定人为描写对象，有侮辱、诽谤或披露隐私的内容并给特定人的名誉造成了损害后果。《名誉权解答》中的相关规定也成为了法院审理文学作品侵犯名誉权的重要依据。

本条基本采纳司法解释中的规定，并将其中的"文学作品"扩大为"文学、艺术作品"，将侵权行为从"有侮辱、诽谤或披露隐私的内容"限缩为"含有侮辱、诽谤内容"。除文学作品外，电影、电视节目等艺术作品同样可能含有侮辱、诽谤内容，对特定人的名誉造成侵害。随着电影、电视节目等艺术作品的流行，仅规定文学作品中侵害名誉权的情形已经不能满足实践需要。另外，之所以不将披露隐私作为文学、艺术作品侵害名誉权的主要形式，是因为隐私权的保护已经受本法关于隐私权相关规定的保护，而且对于名誉权保护而言，侮辱、诽谤是侵害名誉权的主要方式。

二、文学、艺术作品侵害名誉权的认定

文学、艺术作品侵害名誉权要满足名誉权侵权的一般构成要件，即行为违法、损害后果、因果关系和过错。其中，最难判断的是行为违法和过错。

依本条规定，文学、艺术作品侵害名誉权行为的违法性体现在文学、艺术作品塑造的人物形象以真人真事或者特定人为描述对象，并有侮辱、诽谤的内容。有观点认为，文学、艺术作品内容的违法性体现在作者创作作品时以损害他人名誉为目的。[①]

（一）判断文学、艺术作品人物排他性的方法[②]

创作文学艺术作品侵害名誉权要求文学、艺术作品塑造的人物能指向现实生活中特定的人，排除描写其他人的一切可能性，即文学、艺术作品人物排他性。文学、艺术作品只有在指向特定人时才可能对他人的名誉权造成侵害。判断文学、艺术作品是否指向特定人即判断文学、艺术作品排他性的问题。以文学作品为例，文学作品在实践中通常分为以真人真事为描写对象的作品和非以真人真事为描写对象的文学作品。前者成为纪实文学作品，后者称为虚构文学作品或纯文学作品。在以真人真事为描写对象的作品中，判断人物排他性是比较容易的。根据本条规定只要行为人发表的文学、艺术作品以真人真事为描述对象，并且含有侮辱、诽谤内容就构成侵害名誉权。在非以真人真事为描写对象，即在非以“特定人”为描写对象的作品中，判断作品人物排他性要有一定的方法，现将司法实践中的方法总结如下：

1. 用了现实人物的真实姓名，或者对真实姓名作出了一些艺术上的处理，但仍以该人物的真实经历来描写。这种文学作品，多数是以历史的真实事件作为文学作品的主体事件或主要线索，使用真实人物进行创作，只是在创作过程中以虚构的情节、细节造成了真实人物的名誉损害，过失地侵害了他人的名誉权。对此，应当认定文学作品中的人物具有排他性，确与现实中的人物具有一致性。

2. 不用真实姓名，地点也是虚构的文学作品。确定文学作品中的人物确指原告，必须具备三个条件：（1）文学作品人物与现实人物的基本特征必须相同。基本特征，就是能够将一人与他人区别开来的主

① 张红：《文学作品中的名誉权侵权责任》，载《中南民族大学学报（人文社会科学版）》2012 年第 11 期。

② 张瑞：《小说侵害名誉权的界定》，载《中国审判》2010 年第 8 期。

要标志，如职业、经历、外貌等特征。（2）文学作品人物与现实人物所处的特定环境必须相同，即生活、工作环境以及人物之间的关系应当相一致。（3）熟悉现实人物的人读后公认文学作品人物是指现实人物。这三个条件都具备的，就可以确认文学作品中的人物具有排他性，确系描写现实人物。法院在具体审理案件中，确定这类文学作品中人物排他性，采取“纵横比较法”，值得借鉴。纵向比较，即将文学作品人物与现实人物的纵向经历划分为几个主要的阶段，每一个阶段都以一个典型的事件作为标志，分析对照；横向比较，则将文学作品人物与现实人物在横的方面划分出几个部分，如婚恋、婚变史、特殊的历史事件、外形特征、人际关系、生活环境等几个部分，分析对照。通过纵向、横向的分析比较，在主要方面都相同或相似的，再加上读者公认，就可以认定文学作品中的人物具有排他性。

3. 在历史文学作品中影射现实人物，确定其排他性。在采用以上条件进行分析时，必须紧密结合作者的侵权故意来认定。作者没有侵权的故意，只有过失，不能认定其侵害名誉权。对此，在司法实践中，必须慎重对待。

4. 使用素材不当。如果作者采用数人的经历、事件创作成一个人物，但在使用某一个人的特定事件足以与其他人区别开，并且进行侮辱、诽谤的，也应认定文学作品的人物具有排他性。

其他表现形式的艺术作品也可参考文学作品判断人物排他性的方式。按艺术作品与特定人的关联性做分类，对不同类型的艺术作品采取有针对性的人物排他性判断方式。

（二）含有侮辱、诽谤内容

在文学、艺术作品中侮辱，是指作品运用自身表现手法谴责特定人物的某种缺陷和对特定人物一般性的侮辱性言词。它包括对特定人物某种缺陷的暴露、谴责，也包括一般性的侮辱语言。

在文学、艺术作品中诽谤，指的是作品在描写和叙述中虚假地把某些事实归罪于特定人物的詈骂，即编造足以丑化人格的事实对他人进行人格攻击。

（三）行为人过错

作者的主观恶意主要是指作者创作文学、艺术作品并非简单地用以抒情言志、针砭时事，而是另有所图，即有侮辱诽谤或揭露他人隐私的故意。[1]过错可以是故意也可以是过失。故意是指行为人明知作品含有侮辱、诽谤等非法损害特定人名誉的内容而仍然为之。过失是指行为人因过于自信或疏忽大意，在作品中对特定人进行了侮辱和诽谤。文学、艺术作品过失侵权通常是因行为人对作品素材处理不当引发的，因而对过失作品侵权的处理应结合损害事实进行分析。在确定被告的行为是否指向特定人时，应当考虑到行为人是否具有恶意。[2]

（四）作品需公开发表

文学、艺术作品的公开发表也是认定构成侵权与否的重要标准。如果作者只是创作出了文学、艺术作品，但没有对外公开发表，不为他人所知悉，不构成对他人名誉权的侵害。文学、艺术作品侵害他人名誉权应向不特定第三人公开。他人未经作者同意擅自将其创作的文学、艺术作品公开传播，造成侵害他人名誉权的，应当由行为人承担侵权责任。

三、免责事由

本条第2款规定了文学、艺术作品侵权的免责事由。当文学、艺术作品没有以特定人为描述对象，仅作品中部分情节与特定人的情况相似，不能认定作品对特定人构成侵权。

一般而言，当作品没有描述特定人时，特定人的名誉自然不可能受作品的影响。但“艺术源于生活而高于生活”，行为人基于现实生活创作出的情节可能与现实生活中特定人的经历相似。此时，行为人没有损害相关人名誉的恶意，主观上不存在过错，不应承担侵权责任。

---

① 张红：《文学作品中的名誉权侵权责任》，载《中南民族大学学报（人文社会科学版）》2012年第11期。

② 王利明：《人格权法研究》，中国人民大学出版社2005年版，第502页。

【审判实践中应注意的问题】

一、关于文艺创作中的真实性要求

以历史人物为原型进行文艺创作应如何把握真实性要求，以及法院在审理案件中应该如何审查判断，是近年来审理影视剧作品侵权案件中比较重要的问题。例如，电影《霍元甲》上映后，霍元甲的后人认为电影损害了霍元甲的名誉权，将电影投资方、制作方、发行方一并起诉[①]。在该案中，原告认为影片与历史事实大相径庭，使不了解霍元甲生平的民众产生错误认识，使霍元甲这一民族英雄的社会评价降低。该案一审法院认为，影片《霍元甲》为历史人物霍元甲的艺术加工与再现，艺术的创作遵循“源于生活而高于生活”的规律，对于历史人物的艺术塑造应允许在一定程度上和范围内进行虚构与夸张。要求艺术化了的历史人物等同于历史真实人物并不客观。同时对于历史公众人物，对其名誉的保护范围并不同于普通人，而应受到一定的限制。历史人物的后代对此应持有一定的容忍态度，不应以自己对已被艺术化了的历史人物的内心感受作为衡量真实历史人物的名誉是否受到了侵害的标准。一审法院认定影片《霍元甲》虽有夸张与虚构之处，但片中并未对历史人物有侮辱、诽谤的描写，并未对霍元甲名誉构成侵权。二审法院维持了一审判决。该案就很好地说明了人民法院在判断文艺主作品是否违背真实性问题的把握方向。人民法院应当分清故事片的真实性和史实中的真实性。故事片的真实性，是艺术的真实，追求的是表现的巧妙、故事的可信性，用史实去评判艺术的真实，无疑违背艺术创作自身的规律。[②]法官应当谨慎判断，避免干涉文艺创作的自由。

---

① 霍寿金诉中国电影集团公司等侵害名誉权案，北京市第一中级人民法院（2006）一中民初字第14855号，北京市高级人民法院（2007）高民终字第309号民事判决书。

② 亓培冰：《以民间历史人物为原型的文艺创作自由与名誉权法益之保护》，载《人民司法》2008年第6期。

二、关于文学、艺术作品中侵害名誉权的特定性要求

侵害名誉的行为必须指向特定人。对于一般人而言，如果对他人名誉的贬损行为无法确定行为指向的具体对象，只是泛泛而谈，是无法认定侵害名誉权行为的。但实践中，当事人认为行为人虽未指名道姓，但却含沙射影，是否构成侵害他人名誉权？艺术创作中的人物不是生活中某一特定人物的简单再现，而是经过作者的加工和处理。如果在艺术作品中含沙射影，同时又用侮辱性、诽谤性的方式进行创作，让人联想到现实中的真实人物的，对于这种行为，有观点认为，只要文学作品没有使用真实姓名的，就不是对特定的人构成侵害名誉权。也有观点认为，第三人能够通过作品中对人物的语言、行为、事迹、个人信息等多方面的描述，能够判断指向现实生活中的特定人的，即便艺术、文学作品中没有指名道姓，仍应当认定指向特定人，同时符合构成侵害名誉权其他条件的，应当认定构成侵害名誉权。例如，胡骥超等诉刘守忠、《遵义晚报》社侵害名誉权一案，[①] 原告认为被告在《遵义晚报》上连载的《周西成演义》虽与原告同姓不同名，但描写的人物特征与原告相同或相近，且严重丑化，侵害了原告的名誉权。一审法院、二审法院均支持了原告的诉讼请求。

---

① 胡骥超、周孔昭、石述成诉刘守忠、《遵义晚报》社侵害名誉权纠纷案，《最高人民法院公报》1992 年第 2 期。

第一千零二十八条 **民事主体有证据证明报刊、网络等媒体报道的内容失实，侵害其名誉权的，有权请求该媒体及时采取更正或者删除等必要措施。**

【条文主旨】

本条是关于媒体报道内容失实导致侵害名誉权的补救措施的规定。

【条文理解】

媒体报道内容失实的侵权行为近年来比较普遍，此前多是对媒体报道的真实性认定、对名誉权侵权的认定等问题重点展开讨论。《民法典》增加的本条内容，是从人格权保护和救济机制完善角度，提出了报道失实、错误情形下的更正权、删除权。这也是人格权请求权的具体体现，最大程度上控制名誉权损害后果的进一步扩大。

在对《民法典》人格权编进行审议和征求意见过程中，有关部门就明确建议借鉴《出版管理条例》的相关规定，使受害人有权要求媒体及时更正、删除不实报道。《出版管理条例》第27条第2款规定："报纸、期刊发表的作品内容不真实或者不公正，致使公民、法人或者其他组织的合法权益受到侵害的，当事人有权要求有关出版单位更正或者答辩，有关出版单位应当在其近期出版的报纸、期刊上予以发表；拒绝发表的，当事人可以向人民法院提起诉讼。"这一建议得到采纳，在《民法典》人格权编草案二审稿中专门增加相关规定。

一、进一步完善了人格权遭受侵害的救济措施

（一）从逻辑上完善和细化人格权请求权的救济措施

《民法典》第179条对承担民事责任的方式进行了规定，其中包含停止侵害、排除妨碍、消除影响、恢复名誉等；第995条有关于人格权请求权的规定，也对停止侵害、排除妨碍、消除危险、消除影响、恢复名誉、赔礼道歉等请求内容进一步作出规定。本条规定的关于媒体失实报道的更正权、删除权等权利，就是在名誉权领域对恢复名誉、消除影响等人格权请求权的细化和体现。从学理上，恢复名誉的具体措施是否合理，一般应根据侵害名誉权所造成的不良影响的范围来确定，恢复名誉的措施应与损毁名誉行为所影响的范围一致①，所以在报刊、网络媒体报道失实导致侵害名誉权的，应当在报刊、网络媒体上更正撤回。

（二）进一步明确了人格权请求权与侵权损害赔偿请求权的体系划分

本条规定的权利行使，是基于媒体报道内容失实侵害民事主体名誉权，并非要求必须构成侵权行为。如果对名誉权的妨害，尚未造成实际损害后果、未构成侵权，但请求权人也可以要求行使更正权、删除权。这进一步凸显人格权请求权有别于侵权损害赔偿请求权，侵权损害赔偿请求权的适用应当是以发生侵权并产生实际损害后果为前提。包括第1029条规定“民事主体可以依法查询自己的信用评价；发现信用评价不当的，有权提出异议并请求采取更正、删除等必要措施。信用评价人应当及时核查，经核查属实的，应当及时采取必要措施”和第1037条第1款规定“自然人可以依法向信息处理者查阅或者复制其个人信息；发现信息有错误的，有权提出异议并请求及时采取更正等必要措施”在内，《民法典》人格权编进一步明确了作为绝对请求权的人格权请求权与侵权损害赔偿请求权的区分，在立法中完善请求权体系，使我国民事权利保障制度更加完善。

---

① 王利明：《人格权法研究》，中国人民大学出版社2018年版，第517页。

（三）体现互联网时代人格权救济的即时性需求

在互联网时代，名誉权等精神性人格权易遭受侵害，且损害后果通常具有易扩散性和不可逆性。在不实报道刊出后，应受害民事主体之请求，媒体及时作出更正或删除，将可以把对受害人人格权的侵害降低至最低限度。这一规定，将为互联网时代更为快速地维权和最大程度地减少影响，提供法律保障。

二、关于适用救济措施的前提要件

（一）媒体报道的内容失实而侵害名誉权

媒体报道的内容失实是指媒体报道偏离客观事实，对事件作出了不准确的、歪曲的甚至是虚假的描述[①]。应当注意的是，只有媒体报道的内容与事实严重不符，才可认定为内容失实。媒体是舆论监督机构，缺乏相应的公共权力，在某些情况下无法广泛、深入、全面地查清事实的真相，可能在个别细节上出现与事实不完全相符的情况。特别是在互联网时代信息的获取更加便捷，媒体报道更加讲求时效性，如果过于严苛地要求媒体追求绝对事实真相，媒体将难以高效地充分发挥其舆论监督功能，甚至在极端情况下，还可能刺激部分媒体不择手段“挖掘真相”，反而导致他人的权利受到损害。

《名誉权解答》中也规定，“文章反映的问题基本真实，没有侮辱他人人格内容的，不应认定为侵害他人名誉权。”“文章的基本内容失实，使他人名誉受到损害的，应认定为侵害他人名誉权。”根据这一意见，即只要内容基本真实，就可以免责，基本内容失实的才可能构成侵权。报道中某一部分内容与事实不符，是否构成内容失实，也应当结合该内容对被报道者名誉的影响来认定。单纯的内容失实并不一定构成对名誉权的侵害，只有该失实内容经媒体、网络传播后导致了被报道的民事主体品德、声望、才能、信用等社会评价的降低、名誉受损，才构成本条规定的适用要件。如果报道内容与事实有一定出入，但

① 李杰：《论新闻报道侵犯名誉权中的内容失实与评论不当》，载《法律适用》2006年第1期。

对当事人名誉未造成影响，也不构成本条规定意义上的“内容失实”。

（二）民事主体有证据证明媒体报道内容失实

在民事诉讼中举证责任的分配至关重要，它不仅决定了当事人的举证行为，影响法官对证据的法律评价和心证，还决定了案件事实真伪不明时，由哪一方当事人承担实体法上的不利法律后果，因此必须受制度的刚性约束和程序的严格规制。传统理论上，名誉权侵权一般适用谁主张、谁举证的举证责任分配规则，主张因报道失实而致使名誉权侵害的权利方应证明报道失实、权利受损，媒体可提出具备合理可信赖为事实的消息来源等作为抗辩。我们认为，权利方在证明媒体报道内容失实，未必完全证明具体真实的情况究竟如何，只要其提出相应的证据，足以引起对媒体报道基本内容真实性的怀疑，即可认为履行了举证责任。

实践中，有观点认为应当改变上述举证责任分配规则，由权利方初步提供证据证明媒体的报道或者文章存在一定的内容失实，然后举证责任转移到媒体方，由媒体就报道文章来源合法真实、内容真实可信进行举证。我们认为，举证责任的转移应当符合程序法对当事人举证义务的要求和法官对利益平衡的考量。如果要求权利方证明报道失实，在客观上无法实现或者会产生严重不公平的情况，或涉及私人领域可能损害被报道对象的隐私权，从强化报道人真实性审核义务、保护被报道对象权利的角度，可以将举证责任转移给媒体承担，由报道的媒体证明其具备合理可信赖为事实的消息来源。[①]但在权利方具备举证能力的情况下，特别是在主要报道内容属实，仅部分内容无法证明真实可信时，应合理分配举证责任，不予直接认定内容失实，在主要报道内容的价值与权利主体举证责任之间进行平衡，更加公平合理地进行裁量。

---

① 李丹：《使用匿名消息来源的新闻报道是否失实的认定——北京三中院判决世奢会（北京）公司诉新京报社名誉权纠纷案》，载《人民法院报》2016年3月3日。

【审判实践中应注意的问题】

一、司法实践中以妥善衡平公共利益与民事主体私权利为原则

媒体报道侵权诉讼中体现的最核心的问题就是自然人私权利的保护与表达自由之间的冲突。当两种权利出现冲突时，既不能过分保护个人私权，又不能无限扩大新闻报道自由的权限，而要妥善平衡公众知情权、言论自由与私权利的保护。原则上来说，媒体报道自由与民事主体的私权利的保护是可以并行的。媒体有进行舆论监督和批评的正当权利，对于自愿进入公众视野的主体或事件，媒体有权利亦有责任对其进行批评监督，报道属于媒体的一项正当权利，法律和司法实践应给予其发挥功能的空间。因此只有在媒体报道内容失实的情形下，才能认定为其造成对人格权的侵害。

二、司法实践中对转发报道、使用匿名消息源的报道内容需审慎审查

特别需要指出的是，报刊、网络等传统媒体与新兴媒体除原创报道之外，还会通过转发报道、匿名信息获取消息来源作为报道素材。我们认为，对于此类报道，媒体更应当有义务审慎对待报道的消息来源，审查认定应着重于转载的消息来源是否权威可信、转载途径是否可信、采访报道过程是否真实可信、是否符合常理等。对匿名消息来源，媒体应承担真实性审查义务，但是使用匿名消息源本身不等于未尽真实性审查义务，不能直接将匿名消息源与内容失实挂钩。如果媒体能够证明其消息提供者并非虚构且采访过程真实可信、合乎常理，就不能仅以媒体未披露消息提供者真实身份或消息提供者未出庭作证为由，对媒体作出不利推定，否则不利于新闻传播和新闻监督的开展，有损公众知情权。法官可以通过审查采访记录反映出的被采访对象的精神状态、心理状态及所述内容，对采访过程是否合乎常理、采访过程是否真实可信作出判断。[①]

---

① 李杰：《论新闻报道侵犯名誉权中的内容失实与评论不当》，载《法律适用》2006 年第 1 期。

第一千零二十九条 民事主体可以依法查询自己的信用评价；发现信用评价不当的，有权提出异议并请求采取更正、删除等必要措施。信用评价人应当及时核查，经核查属实的，应当及时采取必要措施。

【条文主旨】

本条是关于信用评价不当的救济措施的规定。

【条文理解】

一、信用

从语义学上来看，信用是指诚信、信赖以及信任。英语“信用”（credit）一词来源于拉丁语Credere，意为信任。我国古代“信用”一词常常指遵守诺言，诚实守信。从经济学上看，信用通常是指财物、货币、服务非当场即时履行的一种交易方式，它常常和借贷联系在一起。

法律意义上的信用，《牛津法律辞典》将其解释为“为得到或提供货物或服务后并不立即而是允诺在将来付给报酬的做法”“一方是否通过信贷与另一方做交易，取决于他对债务人的特点、偿还能力和提供的担保的估计”。《布莱克法律辞典》将其解释为“企业或个人及时借款或获得商品的能力，是特定出借人等债权人或其他权利人一方对于对方有关偿债力和可靠性所持肯定性意见的结果”。中国人民银行征信中心对信用的定义是“信用：指在交易的一方承诺未来偿还的前提下，另一方为其提供商品或服务的行为，是随着商品流转与货币流转相分离，商品运动与货币运动产生时空分离而产生的。信用既是社会经济主体的一种理性行为，也是一种能力体现。”[①] 理论界一般认为信用是主体在社会中应受的经济能力上的评价。信用是民事主体履行其允诺的行为能力，既是主观的表现，也是社会的评价，是主客观的结合。法律意义上的信用不是从道德、伦理、品行、德行、社会地位等方面对主体作出的评价，尽管此种评价涉及伦理道德，但其主要是从经济活动的角度对民事主体进行评价。信用并不单指主体的偿债能力，还包括对其产品的质量、售后服务情况等其他方面的评价。[②] 王利明教授在一篇论文中将信用总结为：信用是对民事主体的经济能力包括经济状况、生产能力、产品质量、债务履行能力等方面的评价。[③]

二、信用的保护

美英等普通法传统国家或地区是通过颁布单行法律对信用权进行保护。在英国、美国没有明确的信用权概念，他们通过对信用信息征信过程中隐私权的保护，来保护权利主体的“信用权”。以美国为例，美国的信用权，作为一种民事权利，存在诸如《公平信用报告法》(Fair Credit Reporting Act)、《公平债务催收作业法》(Fair Debt Collection Practice Act)、《平等信用机会法》(Equal Credit Opportunity Act)等相关法律中。

一般认为，国内首先对信用权规范的是 1993 年《反不正当竞争法》。该法第 14 条规定：“经营者不得捏造、散布虚伪事实，损害竞争对手的商业信誉、商品声誉。”该条被认为是对信用权的间接规定，实际上起到了保护信用权的作用。此外，我国《公司法》亦规定：“个人所负数额较大的债务到期未清偿的，不得担任公司的董事、监事、高级管理人员。”该条也被认为是对信用的间接保护。《名誉权司

---

① 参见中国人民银行征信中心网站，http://www.pbccrc.org.cn/zxzx/zxzs/201401/a01d28731de24b1192402cd7889e11a3.shtml，2020 年 5 月 4 日访问。

② 王利明：《人格权》，中国人民大学出版社 2009 年版，第 257、258 页。

③ 王利明：《试论人格权的新发展》，载《法商研究》2006 年第 5 期。

法解释》第9条也被认为是有关商品信誉的保护性解释，该条规定："消费者对生产者、经营者、销售者的产品质量或者服务质量进行批评、评论，不应当认定为侵害他人名誉权。但借机诽谤、诋毁，损害其名誉的，应当认定为侵害名誉权。"[①]但总体而言，我国过去关于信用保护的立法都非常零散。

在我国《民法典》起草过程中，很多学者呼吁要效仿大陆法系的很多国家，在《民法典》中专门规定信用权对信用进行保护。《中国民法典学者立法建议稿及理由》第350条~352条即规定了信用权及相关制度。其中第350条规定："自然人、法人和其他组织享有信用权。禁止捏造、散布虚假事实，危害自然人、法人或其他组织的经济上的信用，或对他人营业或职业造成损害。"第351条规定："征信机构应当客观、公正地收集、记录、制作、储存自然人、法人和其他组织的信用资料。征信机构应当合理使用并依法公开信用资料。自然人、法人和其他组织有权查阅、抄录或者复制涉及自身的信用资料，有权要求修改与事实不符的信用资料。"第352条规定："信用评估机构应当审慎、尽责、客观、公正地进行信用评估。对于与事实不符或明显不当的评估，自然人、法人和其他组织有权请求更改，构成侵权行为的，应当承担民事责任。"[②]但正如有些学者所言，在我国《民法通则》《民法总则》《侵权责任法》已经明确将名誉法益纳入保护范围的情况下，似已没有必要再创设一项信用法益或信用权。"那种试图将各种可能的人格法益都称为权利的做法，其价值仅在于创造了众多权利概念，而这些所谓的权利却几乎没有任何实质内容。"[③]立法机关最终选择将信用纳入名誉权中进行一体保护。

① 赵万一、胡大武：《信用权保护立法研究》，载《现代法学》2008年第2期。

② 王利明主编：《中国民法典学者建议稿及立法理由（人格权·婚姻家庭·继承编）》，法律出版社2005年版，第125~129页。

③ 韩强：《人格权确认与构造的法律依据》，载《中国法学》2015年第3期。

三、信用评价

信用评价也被称为信用评估、信用评级、资信评估、资信评级等。信用评价是由专业机构，根据“客观、公正、科学”原则，以一套相关指标体系及评估方法为考量基础对各类市场的参与者经济承诺的能力及可信任程度进行综合评价的活动。

不同国家的信用评价体系不同。美国的信用评价体系由市场主导，主要有三大征信公司：Equifax、TRW 和 TransUnion。法、德等欧洲国家为代表的个人征信制度属于政府主导型模式。这种模式以中央银行建立的“中央信贷登记系统”为主体，兼有私营征信机构的社会信用体系。中央信贷登记系统是由政府出资建立的全国数据库网络系统，直接隶属于中央银行。中央信贷登记系统收集的信息数据主要是企业信贷信息和个人信贷信息。该系统不以盈利性为目标，系统信息主要供银行内部使用，服务于商业银行防范贷款风险和央行进行金融监管及执行货币政策。我国吸收两者之长，采用政府主导与市场结合的信用评价体系。

1. 信用主体。本条规定“民事主体可以依法查询自己的信用评价”。有权查询自己信用评价的主体不仅局限于自然人，还包括法人和非法人组织。

2. 信用评价人。参照国务院 2013 年颁布的《征信业管理条例》第 5 条：“本条例所称征信机构，是指依法设立，主要经营征信业务的机构。”本条所指“信用评价人”应解释为“依法设立，主要经营信用评价业务的机构”。根据《征信业管理条例》第 6 条规定，设立经营个人征信业务的征信机构，应当符合《公司法》规定的公司设立条件和下列条件，并经国务院征信业监督管理部门批准：（1）主要股东信誉良好，最近 3 年无重大违法违规记录；（2）注册资本不少于人民币 5000 万元；（3）有符合国务院征信业监督管理部门规定的保障信息安全的设施、设备和制度、措施；（4）拟任董事、监事和高级管理人符合本条例第八条规定的任职条件；（5）国务院征信业监督管理部门规定的其他审慎性条件。同时，中国人民银行作为征信机构的监督管理部门，2013 年还颁布了《征信机构管理办法》，对征信机构的设立、变更与终止，高级任职人员管理以及中国人民银行对征信机构的监督管理等内容进行了规定。对信用主体的信用评价，最重要的是专业机构的专业评价，而不是公众社会评价。专业机构基于对信用主体资产、能力、品格的评价，因运用科学的评价方法、模型、数据分析等方法，其评价结果才能确保客观公正。

目前我国最主要的信用评价机构为中国人民银行征信中心，该中心的征信系统收集的信息以银行信贷信息为核心，另包括企业和个人基本信息以及反映企业和个人信用状况的非金融负债信息、法院信息和政府部门公共信息等，比如市场监管、环保、质检、税务、法院等部门的行政处罚与奖励、公积金缴存、社保缴存和发放、法院判决和执行、缴税和欠税、环保处罚、企业资质等信息。《征信业管理条例》将央行的征信系统定位为国家的“金融信用信息基础数据库”。

我国市场化的信用评价机构，目前仍在发展之中。就行业发展背景而言，国务院于 2013 年 1 月颁布《征信业管理条例》，2014 年 6 月发布《社会信用体系建设规划纲要（2014—2020 年）》，为我国社会信用评价体系建设提供了基本的建设指南。在此背景下，2014 年底 50 多家企业征信机构完成备案，2015 年 1 月中国人民银行印发《关于做好个人征信业务准备工作的通知》，授权芝麻信用、腾讯征信等八家机构开始个人征信业务准备工作，后该 8 家机构共同发起组建了百行征信，为我国国内目前唯一一家获准进行个人征信业务的市场化公司。另，中国人民银行、国家发展和改革委员会、财政部、中国证券监督管理委员会于 2019 年 11 月联合发布了《信用评级业管理暂行办法》，可见我国的信用评级机构也在不断地发展进程中。

《民法典》制定过程中，有意见认为，应当明确“信用评价人”的概念，并对“信用评价人”的资质、条件作出规定。因此，有人建议将本条“信用评价人”限定为国务院征信业管理部门批准的主体。由于《征信业管理条例》《征信机构管理办法》等行政法规、规章对信用评价主体都已有规定，且信用行业正处发展之中，本条并没有对“信用评价人”进行限定。

四、信用评价不当的救济

（一）信用评价不当的理解

“提出异议并请求采取更正、删除”是信用被评价不当后，民事主体享有的救济权利。一般认为，信用评价是以信用方程式予以表达，并揭示出信用与主体品格、能力、资本有关的评价，即良好的信用＝品格＋能力＋资本，欺诈的信用＝能力－品格－资本。[①]比较法上看，美国的信用评价采用的是信用评级方法，包括经验判断法和信用评分法。一方面由当事人对对方的资信状况予以经验估计；另一方面则由专门机构对顾客信用予以评级。美国大学国民银行（University National Bank）采取的就是“5C”与“4C”标准。“5C”指品质（Character）、能力（Capacity）、资本（Capital）、担保（Collateral）和环境（Condition）；“4C”则包括品质、能力、资本和信息披露（Disclosure）。[②]

信用评价与信用信息不同，在信用信息真实的情况下，若评价机构的评价方式有问题，权利人最终所获的信用评价也可能不当。本条规定的“信用评价”的具体方式，仍有待相关法律法规进一步完善细化。例如，信用评价不当有两种可能：一种是信用评价依据的基础信息有误，导致信用评价有不当，比如当事人没有欠费记录，信用记录记载错误导致评价不当。另外一种是信用依据的基础信息是真实的，但评价机构的算法模型有错误。以征信业为例，不同征信机构收集的基础信息都一样，但由于算法模型不一样，作出的模型不一样，能否据此认定评价不当？草案中“发现信用评价错误的”表述，是否仅指基础信息有误，是否还包括不同算法模型导致的评价结果差异？对

① 刘乐平主编：《信用评级原理》，中国金融出版社2012年版，第72、73、151页。

② ［美］安东尼·索尼斯：《信用风险度量——风险估值的新方法与其他范式》，刘宇飞译，机械工业出版社2003年版，第20页。

此，在立法过程中，就有委员提出，涉及征信业和行政机关的社会信用体系评价，法律关系非常复杂，不能上来就规定“评价错误”，建议对该条修改为：发现信用评价人采集、保存、提供的基础信息存在错误、遗漏的，有权提出异议并要求采取更正、删除等必要措施。”[①]这样修改的理由主要是信用评价的基础是个人信息，利用评估方法得出的结论，信用评估本身没有对错，关键是采集的信息是否准确。

本条规定，民事主体可以依法查询自己的信用评价；发现信用评价不当的，有权提出异议并请求采取更正、删除等必要措施。但对“信用评价不当”并没有区分是信用基础信息错误导致评价不当还是信用评价模型带来的信用评价差异。《个人信用信息基础数据库管理暂行办法》第16条规定，个人认为本人信用报告的信用信息存在错误时，可以通过所在地中国人民银行征信管理部门或直接向征信服务中心提出书面异议申请。该暂行办法即针对个人信用信息错误原因分别规定了异议和更正程序。针对信息处理过程中存在的错误，暂行办法第17条规定，征信服务中心发现异议信息是由于个人信用数据库信息处理过程造成的，应当立即进行更正，并检查个人信用数据库处理程序和操作规程存在的问题。针对商业银行报送的信息有误的，根据暂行办法第19条规定，商业银行应当在街道核查通知的10个工作日内向征信服务中心作出核查情况的书面答复。异议信息确实有误的，商业银行应当向征信服务中心报送更正信息。可见，暂行办法对因商业银行报送的信息有误和因数据库处理导致的信息有误都规定了相应更正程序。我们认为，对于基础信用信息错误导致的信用评价错误比较好判别。但对于信用评价模型或算法是否存在错误或不当，应当看评价机构在评价过程中是否存在恶意、过错或者过失。如果信用评价机构故意运用错误方法或错误数据，导致评价结果发生显著偏离或错误的，应当承担民事责任。与此同时，监管机构对于评价机构还应当给予行政处罚。

---

① 《全国人大常委会委员审议民法典人格权编草案时建议完善信用评价等有关规定》，载人民网，http://npc.people.com.cn/n1/2019/0827/c429277-31319734.html。

（二）救济措施

在实践中，权利人的信用常常与评价机构的记录和评价直接联系在一起。如果权利人所受的评价不当的话，可能会对权利人产生不利的影响，比如银行拒绝贷款、保险公司拒绝承保等。从法律规定上看，很多法律法规都规定了对失信人或信用评价较低主体的限制措施。2015年修正的《最高人民法院关于限制被执行人高消费及有关消费的若干规定》第1条第2款规定："纳入失信被执行人名单的被执行人，人民法院应当对其采取限制消费措施。"2016年，中共中央办公厅、国务院办公厅联合下发了《关于加快推进失信被执行人信用监督、警示和惩戒机制建设的意见》，对失信被执行人规定了11类37大项共计147项具体联合惩戒措施，最高人民法院陆续与59个部门和企业合作，已经实现44项对失信被执行人的具体联合信用惩戒内容。2016年9月25日，国务院颁布了《对于失信人员的警告和惩罚体系》，其中明确指出，失信人员和他们的家人可能会在出行、就业、社会保障、就学等诸多方面受到限制。《中共中央关于国有企业改革和发展若干重大问题的决定》规定："对信用等级较高、符合国家产业政策、贷款风险较低的企业，贷款利率可适当下浮。"《国务院关于鼓励支持和引导个体私营等非公有制经济发展的若干意见》中规定："对资信等级较高的企业，有关登记审核机构应简化年检、备案等手续。要强化企业信用意识，健全企业信用制度，建立企业信用自律机制。"这些规定表明，权利人的信用评价与权利人的各项利益息息相关。针对信用评价，民事主体享有下列权利：

1.查询信用评价。本条规定，民事主体可以依法查询自己的信用评价。关于民事主体查询信用评价，《征信业管理条例》第17条规定，信息主体可以向征信机构查询自身信息。个人信息主体有权每年两次免费获取本人的信用报告。关于查询他人信用信息的，《征信业管理条例》第18条规定，向征信机构查询个人信息的，应当取得信息主体本人的书面同意并约定用途。但是，法律规定可以不经同意查询的除外。征信机构不得违反前款规定提供个人信息。从其他国家的立法来看，很多西方国家都赋予了民事主体类似权利。比如美国的《公平信用报告法》即规定权利人可以到征信机构查询、修改自己的信用报告。

2. 不良记录告知义务。本条并没有规定不良记录告知义务。《征信业管理条例》第 15 条中规定，信息提供者向征信机构提供个人不良信息，应当事先告知信息主体本人。

3. 异议权和更正、删除权。为了维护权利人的权利，本条赋予了权利人对信用评价的异议权、更正权和删除权，并赋予了评价机构核查更正的义务。异议权，即民事主体发现信用评价不当的，有权提出异议的权利。更正、删除权，即针对不当的信用评价，权利人有权要求对这些评价进行更正、删除。

【审判实践中应注意的问题】

虽然《民法典》第 1024 条已将“信用”纳入名誉权进行保护，但在审判实践中，就相关的侵权行为损害事实、因果关系与行为人主观过错等基本的民事权益以及举证责任赔偿认定方式等具体适用问题，法律都没有明确规定。原则性地规定信用评价不当的民事责任具体问题，主要基于以下几点考虑：（1）我国信用市场还处于发展的初级阶段，覆盖全社会的征信系统尚未完全形成，尚未建立完善的社会信用体系，原则性的规定更有利于鼓励征信行业的发展。（2）实践中信用评价不当的司法案例很少见。即使如美国这样信用体系完整的国家，也存在因信息评估错误的侵权责任而产生同案不同判的裁决。连美国学界也认为不能单单由于评估事后证明不合理而得出评估错误的结论就要求征信机构承担责任。[①] 但对于信用评估、信用信息的民事责任处理原则，《民法典》第 1030 条进行了指引性规定。该条规定：“民事主体与征信机构等信用信息处理者之间的关系，适用本编有关

---

① 宋佳儒、肖宇：《大数据背景下错误信用评估侵权救济探析》，载郭锋主编：《证券法律评论》（2018 年卷），中国法制出版社 2018 年版。

个人信息保护的规定和其他法律、行政法规的有关规定。”信用评价更多地体现是对民事主体的评价，但与民事主体与征信机构、信用信息处理者之间的关系，应当适用个人信息保护规定。同时，国务院发布的《征信业管理条例》，中国人民银行发布的《征信机构管理办法》等行政法规、部门规章有规定的，也应当适用。

第一千零三十条　民事主体与征信机构等信用信息处理者之间的关系，适用本编有关个人信息保护的规定和其他法律、行政法规的有关规定。

【条文主旨】

本条是关于信用信息法律保护的规定。

【条文理解】

近年来，在全社会普遍呼吁信用缺失的背景下，加快我国社会信用体系的建设已经成为全社会的共识。信用体系的建设必然会涉及个人信用信息的收集和控制，而个人信用信息的收集和控制直接关系到个人权利保护的问题。为了适应时代发展的需要，《民法典》对信用信息的保护作出特殊规定，这是回应信息时代背景下社会大众对民法的需求。

一、信用信息

在理论上，信用评价和信用信息不同。信用评价是对他人经济上偿付能力和偿付意愿的评价。信用信息是指与他人信用相关的客观信息。信用权所要保护的对象是民事主体的信用评价，而民事主体的信用信息是个人信息权所要保护的对象之一。《民法典》第 1024 条、第 1029 条和第 1030 条就信用问题作出了规定，并对信用评价和信用信息进行区分，将信用评价纳入名誉权保护之中，将信用信息纳入个人信息保护的范畴。

目前我国征信体系采用二元征信模式：个人征信系统和企业征

信系统。依据该体系，信用信息可以分为个人信用信息和企业信用信息。

1. 个人信用信息。个人信用信息是个人在信用交易活动中形成的履行或不履行义务的记录及相关数据。对于个人信用信息的内容和范围在不同的国家有不同的规定。[①] 它的内容可能涉及两个方面：一方面，个人信用状况的客观记录，包括身份识别信息、商业信用信息、公共记录信息（如欠税记录、民事判决记录、强制执行记录、行政处罚记录、电信欠费信息等）；另一方面，征信机构的主观评价信息，通过信用数据的征集、加工分析后得出的个人信用报告和信用评级信息。[②] 根据我国《个人信用信息基础数据库管理暂行办法》第4条的规定，个人信用信息包括个人基本信息、个人信贷交易信息以及反映个人信用状况的其他信息。个人基本信息是指自然人身份识别信息、职业和居住地址等信息；个人信贷交易信息是指商业银行提供的自然人在个人贷款、贷记卡、准贷记卡、担保等信用活动中形成的交易记录；反映个人信用状况的其他信息是指除信贷交易信息之外的反映个人信用状况的相关信息。

2. 企业信用信息是全面记录企业各类经济活动，反映企业信用状况的文书，是企业征信系统的基础信息。企业信用信息是信息主体的"经济身份证"。中国人民银行公布的《企业信用信息基础数据库管理暂行办法（征求意见稿）》中在附则中对企业的信用信息的内容进行了规定："本办法所称借款人、担保人信用信息包括借款人、担保人的基本信息、信贷业务信息以及反映其信用状况的其他信息。前款所称借款人、担保人基本信息是指借款人、担保人的概况信息及财务信息；信贷业务信息是指金融机构提供的借款人、担保人在贷款、担保、保理、票据贴现、信用证、保函、银行承兑汇票等信用活动中形成的交易记录；反映信用状况的其他信息是指除基本信息、信贷业务信息之外的反映借款人、担保人信用状况的其他相关信息。"企业信

① 张新宝：《隐私权的法律保护》，群众出版社1997年版，第4~6页。

② 艾茜：《个人征信法律制度研究》，中国政法大学2006年博士学位论文。

用信息主要包括四部分内容：基本信息、信贷信息、公共信息和声明信息。基本信息展示企业的身份信息、主要出资人信息和高管人员信息等。信贷信息展示企业在金融机构的当前负债和已还清债务信息，是信用报告的核心部分。公共信息展示企业在社会管理方面的信息，如欠税信息、行政处罚信息、法院判决和执行信息等。声明信息展示企业项下的报数机构说明、征信中心标注和信息主体声明等。[①]

关于信用信息的保护对象，本条规定沿用名誉权享有主体的一贯表述——“民事主体”，应当包括自然人、法人和非法人组织。但对于法人和非法人组织的“信用信息”，也就是企业信用信息，实践中能否成为本条规定保护对象，以及如何实现企业信用信息的民法保护，仍然存在实践中需要对接的条款。法人和非法人组织对信用信息具有享有权、知情同意权、查询权、利用权、更正删除权等，但不能和自然人一样，完全按照本编第六章隐私权和个人信息保护的相关规定进行适用。信用信息，特别是企业信用信息，也是政府管理机制重要内容，法人、非法人组织的信用信息是政府机构信息资源管理以及数据库建设的主要对象。因此，本条规定，不仅适用个人信息保护的规定，还要适用其他法律、行政法规的有关规定。

二、信用信息与数据

信用信息与数据在理论上有联系。《民法典》第127条规定，法律对数据、网络虚拟财产的保护有规定的，依照其规定。根据学者的观点，数据是信息的表现形式和载体，而信息是数据的内涵，信息是加载于数据之上，对数据所具有的含义进行解释。信息依赖数据表达，数据则生动具体地表达信息。数据本身没有意义，只有对实体行为产生影响时才成为信息。[②]数据是信息的表现形式。在互联网时代，其主要就是指以电子化方式存储的信息。《〈中华人民共和国民法总则〉条文理解与适用》中指出，民法中所保护的个人信息是依法受

① 尚国萍：《个人信用的民法调整研究》，中南财经政法大学2014年博士学位论文。
② 周屹、李艳娟：《数据库原理及开发应用》，清华大学出版社2013年版。

到保护，不可交易的可识别性的数据的总和。[①] 由此可见，信用信息是数据的特别形式。因此，信用信息应当适用关于信息保护的特别规定，而非关于数据保护的规定。

三、个人信用信息的民法保护

如果禁止个人信用信息的披露，会妨碍相对人决策的制定，增加交易成本。然而允许对个人信用信息毫无限制地披露则无异于是对个人权利的践踏。因此，在允许个人信用信息开放的同时，必须加强对个人信用信息的保护。

（一）关于个人信用信息保护的立法情况

从比较法上看，在美国，多部单独立法如《公平信用报告法》《信息自由法》《平等信用机会法》等法律共同构成了美国征信法律体系，支持和规范征信活动。个人信息保护被单独立法之外，世界上其他国家大多以个人资料保护为中心建构个人信用信息保护制度和强化个人权利的保护，如英国的《资料保护法》、瑞典的《个人资料保护法》、加拿大的《个人信息和电子文档保护法》。此外联合国、OECD和欧盟先后制定的有关个人资料保护的国际公约，如《欧盟个人数据保护指令》《欧共个人数据自动化处理的个人保护协定》《保护隐私及跨国交流个人资料准则》等等。信用资料只是个人资料保护的内容之一，除此之外还包括医疗、保健、营销等一系列个人信息。我国采取的也是这种模式，将信用信息纳入个人信息进行保护。

我国非常重视对个人信用信息的保护。《社会信用体系建设规划纲要（2014~2020 年）》中明确指出，建立信用信息分类管理制度。制定信用信息目录，明确信用信息分类，按照信用信息的属性，结合保护个人隐私和商业秘密，依法推进信用信息在采集、共享、使用、公开等环节的分类管理。加大对贩卖个人隐私和商业秘密行为的查处力度，建立信用信息侵权责任追究机制。制定信用信息异议处理、投

---

① 参见《〈中华人民共和国民法总则〉条文理解与适用》，人民法院出版社 2017 年版，第 762 页。

诉办理、诉讼管理制度及操作细则。2013年1月21日，为规范征信活动，保护当事人合法权益，引导、促进征信业健康发展，推进社会信用体系建设，国务院公布《征信业管理条例》。这些行政法规、政府规章对征信机构、信用信息处理者等征信行为进行规范以实现对个人信息的保护。《征信业管理条例》适用于在我国境内从事个人或企业信用信息的采集、整理、保存、加工，并向信息使用者提供的征信业务及相关活动。《征信业管理条例》对征信机构、信息提供者和信息使用者的行为，以及征信机构的监督管理进行了全面规范。除此之外，中国人民银行作为征信机构的监督管理机构，还制定了《征信机构管理办法》，对征信机构的设立、变更、终止等内容进行了规定，加强了征信机构公司伦理风险防控和信息安全等方面的管理。

（二）我国个人信用信息保护的司法实践

在本法规定信用权益保护之前，由于我国法律对个人信用信息并没有明确作为一项独立的民事权利给予特殊保护。因此，司法实践中，对于个人信用信息民事权益的保护主要通过名誉权、姓名权或者合同给予救济。

1. 案由选择。个人信用信息民事权益纠纷一般选择名誉权纠纷案件、侵权责任纠纷案件、一般人格权纠纷案件、姓名权纠纷案件、合同纠纷案件等案由进行诉讼。

2. 案件类型。以第三人伪造签名、冒用受害人身份致使个人信息权益受损而引发诉讼为主，还有因为银行内部工作人员输入错误导致个人信用受损以及因超过5年不良记录法定保存期限引发的纠纷。[①]

3. 责任主体。若第三人冒用被侵权人的身份信息，在银行办理贷款或开办信用卡，逾期未还款，导致被侵权人在征信中心产生不良记录。这类案件中，一般以金融机构为被告。如果能够找到身份冒用人的，也有直接将身份冒用人列为共同被告。部分案件也有将中国人民银行征信中心列为共同被告的情形。

---

① 张继红：《个人信用权益保护的司法困境及其解决之道》，载《法学论坛》2018年第3期。

4. 个人信用信息保护的保护模式。司法实践中，法院在处理侵害信用利益有关纠纷时大致有以下三种模式可供选择：（1）名誉权保护模式。此种方案下法院的裁判亦存在分歧：第一种观点认为，侵害信用即是侵害名誉，对二者不予区分。理由在于，中国人民银行的征信系统相对封闭，只有特定主体因法定事由才能对该系统内的有关记录进行查询，且这些记录并未在不特定对象中进行传播，也并未造成受害人的社会评价降低的不利后果，故不能认定构成名誉权侵权。[①] 基于同样的案情，另外一种观点认为，中国人民银行的征信系统的封闭性为相对封闭性，在银行信用市场上，信用评级公开且为交易时不特定的第三方所知，且信用利益有其独立价值，因此加害人的行为构成侵权，故须通过名誉权对其进行保护。（2）姓名权保护模式。这类保护一般发生且通常发生于"冒名骗贷型"的案例中。此类案件通常存在的问题：法院一般能支持原告的诉讼请求，然而在是否应承担损害赔偿责任这一问题上裁判者之间存在分歧。有的法院判决被告消除不良信用记录，向原告赔礼道歉，但驳回了原告损害赔偿之请求，也有的法院判决被告赔偿原告的经济损失和精神损失。另外商业银行是否因疏于审查，作为共同侵权人与冒名骗贷人一起共同承担责任，各地法院的认定也有差别。（3）一般人格权保护模式。法院以一般人格权为信用利益纠纷的裁判依据基本思路是，信用利益属于与名誉权有别的人格利益，且在我国现行民事权利体系中无此规定，故须通过权利保护的兜底性条款进行保护。[②]

（三）《民法典》人格权编确立的对个人信用信息保护的规定

本条规定，民事主体与征信机构等信用信息收集者、控制者之间的关系，适用本编有关个人信息保护的规定和其他法律、行政法规的有关规定。关于本编有关个人信息保护的规定，主要包含以下内容：

---

① 如周雅芳诉中国银行股份有限公司上海市分行名誉权纠纷案，载《最高人民法院公报》2012年第9期；罗某某与马边彝族自治县农村信用合作联社名誉权纠纷案，四川省乐山市中级人民法院（2016）川11民终字第727号民事判决书等。

② 刘欢：《法教义学视角下信用利益之损害赔偿责任研究》，载《南华大学学报（社会科学版）》2019年第2期。

1. 关于采集信用信息以被征信人的同意为前提。在美国和英国，收集现有借款人或潜在借款人信息，无需本人的书面认可。例如，《美国公平信用报告法》规定：在消费者授权、法人企业与消费者具有消费者引起的商业交易关系、为确定消费者是否继续满足账户条件而进行的赊账检查等情况下，信用报告代理机构可以发布个人信用报告。这一保护制度实质上是不管消费者是否同意，只要符合有被认可的调查目的就可以获得数据。相反，欧洲国家提供的则是高水平的保护制度，《欧盟数据保护指南》明确规定，必须有借款人的明确认可，方可使用借款人档案材料。我国采用了综合的模式。根据《民法典》第 1035 条的规定，一般情况下采集个人信用信息需要征得该自然人或其监护人的同意，但是法律、行政法规另有规定的除外。即如果法律、行政法规规定不需要权利人或其监护人同意，采集个人信用信息也可以不经其或其监护人同意。

2. 关于保护个人信用信息的准确性。《民法典》第 1036 条赋予了信息权利人知情权、异议权和要求更改权。第 1037 条规定："自然人可以依法向信息处理者查阅或者复制其个人信息；发现信息有错误的，有权提出异议并请求及时采取更正等必要措施。自然人发现信息处理者违反法律、行政法规的规定或者双方的约定处理其个人信息的，有权请求信息处理者及时删除。"所谓知情权是指权利人在一定的前提下查询本人信用信息的权利。所谓异议权是指权利人对自己信用信息中不真实的信息，有提出不同意见的权利。更改权是指权利人对自己信用信息中不真实的信息，有提出修改的权利。后两项权利在美国《公平信用报告法》中的规定是对正确性提出争议和解决的程序：如果消费者对其档案中任何信息的完整性和准确性提出争议，且消费者将该争议直接通知该机构，该机构必须自接到该通知之日起 30 日内免费进行重新调查，并将此及时通知所有相关争议信息的提供者。不准确的信息必须被纠正或删除。此项权利的规定，一方面对征信机构信息的准确性起到监督作用，另一方面赋予消费者维护自己合法利益的权利。《欧盟数据保护指南》要求欧盟每个成员国都要制定管理“个人数据处理”的法律，以保证个人有权使用并有机会更正他们被处理的信息。作为最低限度，这些法律必须允许数据主体有权函索证实与其有关的个人数据是否存在，要以容易理解的方式将这些数据传输给他们，并标示信息来源以及信息的全面使用情况。在“指南”指导下的国家法律还必须允许数据主体有权更正、取消或者阻止不正确或不完整数据的传送，数据处理者必须告知所要收集数据的主体。美国和欧盟的有关规定，都是从法律的角度对数据的准确性与完整性保护作出规定。

3. 关于个人信用信息安全的保护。《民法典》第1038条规定：“信息处理者不得泄露或者篡改其收集、存储的个人信息；未经自然人同意，不得向他人非法提供其个人信息，但是经过加工无法识别特定个人且不能复原的除外。信息处理者应当采取技术措施和其他必要措施，确保其收集、存储的个人信息安全，防止信息泄露、篡改、丢失；发生或者可能发生个人信息泄露、篡改、丢失的，应当及时采取补救措施，按照规定告知自然人并向有关主管部门报告。”第1039条规定：“国家机关、承担行政职能的法定机构及其工作人员对于履行职责过程中知悉的自然人的隐私和个人信息，应当予以保密，不得泄露或者向他人非法提供。”安全管理对权利人权益保障至关重要，无论是信息提供者还是征信机构等信用信息的收集者、控制者对信息的采集、存储和报送都要采取严密的保护措施，防止个人信息被窃取、篡改、毁损、灭失或泄露。

除此之外，《征信业管理条例》在征信业务活动中保护个人信息安全方面也有全面的规定。主要包括以下内容：一是明确个人征信业务规则。除采集个人信息应当经信息主体本人同意外，规定向征信机构提供个人不良信息的，应当事先告知信息主体本人；征信机构对个人不良信息的保存期限不得超过5年，超过的应予删除；除法律另有规定外，他人向征信机构查询个人信息的，应当取得信息主体本人的书面同意并约定用途，征信机构不得违反规定提供个人信息。二是明确规定禁止和限制征信机构采集的个人信息，包括：禁止采集个人的宗教信仰、基因、指纹、血型、疾病和病史信息以及法律、行政法规规定禁止采集的其他个人信息；征信机构不得采集个人的收入、存款、有价证券、不动产的信息和纳税数额信息，但征信机构明确告知信息主体提供该信息可能产生的不利后果，并取得其书面同意采集的除外。三是明确规定个人对本人信息享有查询、异议和投诉等权利，包括：个人可以每年免费两次向征信机构查询自己的信用报告；个人认为信息错误、遗漏的，可以向征信机构或信息提供者提出异议，异议受理部门应当在规定时限内处理；个人认为合法权益受到侵害的，可以向征信业监督管理部门投诉，征信业监督管理部门应当及时核查处理并限期答复。个人对违反《征信业管理条例》规定，侵犯自己合法权利的行为，还可以依法直接向人民法院提起诉讼。四是严格法律责任，对征信机构或信息提供者、信息使用者违反《征信业管理条例》规定，侵犯个人权益的，由监管部门依照《征信业管理条例》的规定给予行政处罚；造成损失的，依法承担民事责任；构成犯罪的，依法追究刑事责任。

四、个人信用信息保护与隐私权保护

《民法总则》第110条明确规定自然人享有隐私权。根据《侵权责任法》第2条规定，侵害隐私权，应当承担侵权责任。《民法典》也对隐私权作出规定。随着现代信息社会的发展，隐私权已从传统的保护个人生活安宁不受干扰的消极权利演变为具有积极意义的“信息隐私权”，对个人信息进行隐私权保护，是传统隐私权在现代信息社会的延伸。美国最高法院将隐私权划分为三类，其中就包括个人信息隐私权。在国内，学者同样认为隐私权包括对个人信息的保密的权利。[①]《〈中华人民共和国侵权责任法〉条文理解与适用》明确指出，

① 王利明、杨立新主编：《人格权与新闻侵权》，中国方正出版社1995年版，第409、410页；张新宝：《隐私权的法律保护》，群众出版社1997年版，第3页。

隐私权包括个人信息控制权。[①]在实务中，侵犯个人信用信息与侵犯个人隐私权存在一定重合，亦存在区别。其区别在于，对隐私权的侵害主要体现为擅自公开他人的私密信息，或者影响他人的私人生活安宁；而侵害个人信息的方式主要是对他人的信用状况进行错误评价。两种权利的保护方式也存在一定差别，由于个人的私密信息一旦公开，就很难再恢复到私密状态，因而，在隐私权遭受侵害时，主要通过精神损害赔偿的方式对权利人进行救济。而在个人的信用信息遭受侵害时，权利人可以请求行为人更正、删除相关的信用记录，从而保护其信用信息。《民法典》第1039条规定："国家机关、承担行政职能的法定机构及其工作人员对于履行职责过程中知悉的自然人的隐私和个人信息，应当予以保密，不得泄露或者向他人非法提供。"如果有关机构和组织未经当事人许可或者未经法律、行政法规规定许可而擅自公开了当事人的信用信息，应当也视为一种对隐私权的侵害。然而，如果国家机关及其工作人员泄露或向他人非法提供权利人的信用信息，对象只是少数人或者特定的人，未达到公开的程度，则不能视为侵害隐私权，只能视为侵害了个人信用信息。

---

① 参见最高人民法院侵权责任法研究小组编著：《〈中华人民共和国侵权责任法〉条文理解与适用》，人民法院出版社2010年版，第23页。

第一千零三十一条 民事主体享有荣誉权。任何组织或者个人不得非法剥夺他人的荣誉称号，不得诋毁、贬损他人的荣誉。

获得的荣誉称号应当记载而没有记载的，民事主体可以请求记载；获得的荣誉称号记载错误的，民事主体可以请求更正。

【条文主旨】

本条是关于民事主体享有荣誉权及民事主体有权请求记载和更正荣誉称号的规定。

【条文理解】

荣誉权是民事主体享有的荣誉称号的权利，自然人、法人、非法人组织有权依法获得并享有荣誉称号，这种荣誉称号受到法律保护。《民法典》将荣誉权作为一种独立的人格权[①]与名誉权并列规定，与《民法通则》第 102 条、《民法总则》第 110 条第 1 款一脉相承。理解本条应当主要从以下两个方面加以把握：

一、荣誉权的基本含义

（一）荣誉权的定义及特点

关于荣誉权，学者的表述不尽相同，但共同的路径是先界定荣

① 关于荣誉权是否为一种独立的民事权利，我国学界存在较大认识分歧，有“人格权说”“身份权说”“非独立权利说”等不同见解。人格权说认为，荣誉权与人的尊严密切相关，属于尊严型精神人格权。身份权说认为，荣誉不是社会给予每个自然人或法人的评价，而是授予成绩卓著、有特殊贡献的自然人或法人的，因而不是人格权而是身份权。非独立权利说认为，荣誉权不应成为一种独立的人格权，对其法律保护借助名誉权就能实现，对域外法比较研究的结果显示，大多数国家或者地区的民法典均不将荣誉权列为独立于名誉权的民事权利。

誉，再界定荣誉权。依据这一共同路径，界定荣誉则成为界定荣誉权的前提。关于荣誉的法律涵义，杨立新教授将学者观点总结为两种：一是评价说。认为荣誉是一种社会评价，进一步区分为积极评价、正式评价、特定评价等不同意见。二是奖励说。认为荣誉就是获得的奖励及光荣称号。杨立新教授赞同评价说，认为奖励和光荣称号只是荣誉的外在表现形式，不是它的实质，进而将荣誉定义为“特定民事主体在社会生产、社会活动中有突出表现或突出贡献，政府、单位团体或其他组织所给予的积极的正式的评价。”①张玉敏教授认为，“荣誉是社会组织对主体的良好表现和业绩所给予的肯定性评价。”②可见，荣誉的通说为“正式的、肯定的评价”。此外，还有学者认为荣誉，可作两方面阐释：“在形式上，荣誉是权威机关对特定对象的正式的肯定评价，特定对象可以是特定主体，也可以是特定主体的联合——集体、组织，如家庭、班级、小组、车间等。主体的联合不能成为主体，不享有任何权利，包括不因权威机关的正式肯定评价而享有荣誉权。在实质上，荣誉是权威机关对特定主体的正式的肯定评价。”③

基于对荣誉的阐释，荣誉权应界定为获得荣誉的主体，保持、支配荣誉的权利。对于荣誉权的定义又可分为人格权说、身份权说以及人格权和身份权的双重属性说等。其中，人格权说认为，荣誉权的性质是人格权而非身份权，在《民法通则》实施之初，多数学者持这种观点，例如梁慧星教授所著的《中国民法经济法诸问题》一书中，就认为目前中国人身权制度中不包括身份权，因此荣誉权就是人格权；身份权说认为荣誉权的性质是身份权而不是人格权，如江平教授主编的《民法学》中将荣誉权定义为荣誉公民、荣誉法人享有的荣誉的权利，属身份权，是荣誉权人相对于不特定人的权利，属绝对权；双重属性说认为荣誉权兼有身份权和人格权两种属性，但身份权是其基本属性，只是在某种意义上反映社会对某一民事主体的评价，具有人格

① 杨立新：《人身权法论》，人民法院出版社 2002 年版，第 585 页。
② 浦法仁：《法律辞典》，上海辞书出版社 2009 年版，第 89 页。
③ 李锡鹤：《民法原理论稿》，法律出版社 2009 年版，第 324 页。

方面的因素。

我们认为，本次《民法典》在立法上将荣誉权放在人格权编显然认可其人格权的属性，同时，人格权也具有身份权的相关特征。为此，荣誉权从性质上看，应当属于人身权中的人格权。具有如下特征：一是它具有严格的人身属性，与权利主体不可分离。它不可转让，也不受非法剥夺。二是它没有财产的内容，即该权利并非财产权本身，但它却可能是公民或法人获取财富和从事民事活动的前提基础，因而成为民法的保护对象。三是它具有绝对权的特点，其他不特定的任何人均负有不妨碍和不侵害的义务，权利主体凭自己的行为就可以享有和实现自己的权利，而无须借助他人的积极协助。四是它具有平等性的特点，任何人都可以获得荣誉称号并受到法律的保护。[①]总之，荣誉权属于人格权的一种类型，具有人格权的一般特征，但在内容上又与其他类型的人格权有显著的区别。

（二）荣誉权和名誉权的区别

荣誉权和名誉权同属于人格权，本次《民法典》以专章的形式对荣誉权和名誉权予以规定，这源于两者的诸多相似之处。例如，获得荣誉权称号能够提高人的名誉，使之较其他人具有更高的名誉。为此，侵害了荣誉权，事实上也就侵犯了名誉权。由于荣誉权和名誉权有竞合，法律有必要对两者进行界定。关于名誉的法律涵义，杨立新教授认为，名誉是“指人们对公民或法人的品德、才能及其他素质的社会综合评价。”[②]张玉敏教授认为，名誉是“社会对自然人和社会组织的品行、才干、道德、信誉和作风等方面的综合性评价，是社会对自然人和社会组织价值的认可”[③]，间接地指出此种综合评价是正面评价。王利明教授指出，“我国民法学界也普遍承认名誉是一种良好的社会评价。正是因为名誉是正面的评价，所以名誉能够使人们获得他

---

① 司马静：《论荣誉权》，载《现代法学》1992年第2期。

② 杨立新：《人身权法论》，人民法院出版社2002年版，第586页。

③ 北京大学法学百科全书编委会编：《北京大学法学百科全书：民法学商法学》，北京大学出版社2004年版，第656页。

人的尊重，有利于权利人从事社会交往活动，且因为名誉能够使权利人获得信用，因此也有利于权利人从事各种交易活动、获取财产。”[①]该观点明确地肯定了名誉是一种良好的社会评价。

我们认为，名誉权是一个人的名声，是社会成员对某个公民的品德、声望、信誉等方面的评价，公民的名誉代表公民的人格尊严。首先，从权利主体的范围来看，名誉权是每一个公民普遍享有的权利，不管公民的思想、品德、作风、才干如何，也不管公民贡献的大小，业绩是否突出，公民都可以享有名誉权；而荣誉权则不同，并不是每个公民都有荣誉权，只有那些在学习、工作以及其他领域中作出突出贡献、成绩卓越的民事主体，才能获得荣誉称号。其次，从取得的方式来看，名誉权是法律赋予公民享有的名誉，它的取得不需要任何附加条件，而荣誉权取得必须通过自己的劳动，对社会作出重大贡献并受到国家或社会组织的表彰，授予荣誉称号才能取得，它的取得是有条件的。最后，与民事主体的人身密切程度不同。名誉权与民事主体的人身密不可分，不得转让且不得以任何形式予以剥夺或撤销，而荣誉权虽然也具有与公民人身不可分离和不得转让的特点，但可以在某些特殊情况下，撤销或剥夺这一荣誉称号等。

综上，名誉或荣誉有着相近的法律内涵，通常都是指民事主体获得的他人评价。不同之处仅在于前者是指一般民事主体获得的社会评价，后者是指特定民事主体因特定行为被特定组织授予的积极的正式评价。正是基于荣誉权和名誉权的上述不同，本次《民法典》编纂才将荣誉权作为不同于名誉权的独立的民事权利规定在人格权编中。事实上，从立法的角度看，我国《民法通则》《侵权责任法》《妇女权益保障法》《国家赔偿法》《国家勋章和国家荣誉称号法》等多部法律均对荣誉权作出了规定，直接或间接肯定了荣誉权作为独立人格权的属性。例如，2009年通过的《侵权责任法》第2条第2款规定：“本法所称民事权益，包括生命权、健康权、姓名权、名誉权、荣誉权、肖

---

① 王利明：《人格权法》，中国人民大学出版社2009年版，第230页。

像权、隐私权、婚姻自主权、监护权、所有权、用益物权、担保物权、著作权、专利权、商标专用权、发现权、股权、继承权等人身、财产权益。”该规定虽未直接明确荣誉权的性质，但因荣誉权被规定于名誉权与肖像权两项人格权之间，显然也是沿袭了《民法通则》的立法理念，将荣誉权界定为区别于名誉权的、独立的人格权。

二、对荣誉权的法律保护

正如孟德斯鸠所言，荣誉“鼓舞最优美的行动，并能和法律的力量相结合，达成政府的目的。现代国家的体制形态中只有专制体制的运行无需荣誉”。[①]荣誉称号作为荣誉的重要载体，按照法定的程序被授予给个人或集体，以期实现激励个人，凝聚集体，从而调动社会的积极性，实现国家荣誉制度的目的。一旦荣誉称号被滥用，意味着荣誉的实现途径出现问题，将导致荣誉制度的运行背离其本质，甚至引发社会的矛盾和分裂，故应当对民事主体的荣誉权进行法律保护。

（一）对荣誉权保护的相关法律规定

如前所述，既然荣誉是特定主体在社会生产和社会活动中有突出表现或贡献，而由政府或有关单位给予的积极的、正式的评价。为此，荣誉应当受到保护是一项达成广泛共识的价值判断结果，理所当然。但是，将荣誉利益上升为一项法定人格权而加以民法层面的保护，则始于1986年颁布的《民法通则》第102条的规定，即“公民、法人享有荣誉权，禁止非法剥夺公民、法人的荣誉称号”。这一规定体现了立法者对特殊肯定性评价须上升为权利的坚决态度。根据本条的规定，侵害荣誉权的行为只限于非法剥夺荣誉权这种表现形式。相应的《民法通则》第120条也规定了侵害荣誉权的救济方式“公民的姓名权、肖像权、名誉权、荣誉权受到侵害的，有权要求停止侵害，恢复名誉，消除影响，赔礼道歉，并可以要求赔偿损失。法人的名称权、名誉权、荣誉权受到侵害的，适用前款规定”。

---

① See C. L. Montesquieu, *The Spirit of Laws*. Prometheus Books, 2002, p. 26.

荣誉称号是民事主体获得的神圣荣誉，获得它必须经历一定的程序和合法手续，相应地剥夺荣誉称号也必须履行一定的合法手续，例如由原授予荣誉称号的机关经过重新调查和审查，如发现已授予的荣誉称号确实有误，而履行必要手续取消荣誉称号等；或者由司法机关通过司法程序取消。如不是通过以上两种途径取消荣誉称号，就应当视为非法剥夺。依照此前的规定，其他一些侵害荣誉权的行为，例如捏造事实诋毁、贬损他人的荣誉称号是造假而来等行为，这些行为显然也会对荣誉权产生不利影响，但是根据《民法通则》第 102 条和第 120 条对荣誉权内容和救济方式的规定，上述诋毁、贬损荣誉权的行为并未被列入侵害荣誉权的行为。显然《民法通则》对荣誉权的规定过于狭窄，不利于对荣誉权进行充分保护，在荣誉称号不被“非法剥夺”之外，民事主体荣誉称号不被否定、侵占、贬损等权利也应当被纳入荣誉权保护的相关范畴。基于此，为了确保对荣誉权的保护更加全面，本次《民法典》编纂，对侵害荣誉权的类型进一步完善，规定“任何组织或者个人不得非法剥夺他人的荣誉称号，不得诋毁、贬损他人的荣誉”。

此外，为了褒奖在中国特色社会主义建设中作出突出贡献的杰出人士，弘扬民族精神和时代精神，激发全国各族人民建设富强、民主、文明、和谐的社会主义现代化国家的积极性，《国家勋章和国家荣誉称号法》还对国家勋章和国家荣誉称号这一国家最高荣誉进行了规定。

（二）《民法典》对荣誉权侵权形态的规定

根据《民法典》第 1031 条第 1 款和第 2 款规定的内容，荣誉权的内容主要包括以下两个方面：一是实体方面，权利人享有保持自己的荣誉称号不受非法剥夺以及保持自己的荣誉不受诋毁和贬损的权利；二是程序方面，权利人对于自己的荣誉享有要求记载以及在记载错误时要求更正的权利。相较于《民法通则》第 102 条、第 120 条的内容，权利人得以要求记载和更正荣誉称号的权利，属于本次《民法典》编纂明确赋予荣誉权的权利内容。当然，由于荣誉颁发主体和荣誉内容多种多样，例如广为人知的事迹与竞赛证书等形态，实践中针对荣誉权的侵权形态表现远较上述荣誉权规范内容更为复杂。不仅如此，荣誉权内容本身存在的逻辑上的不完整也增加了荣誉权纠纷的处理难度，譬如上述规范设计仅规定了消极的不受非法剥夺、不受诋毁和贬损的权利，但并未规定积极地获得荣誉的权利；仅规定了精神利益的侵害，却并未规定与此精神利益紧密联系的经济利益的保护，而实际上这些规范中所未包含的内容在司法实践中均有体现。

通过对司法实践中有关荣誉权纠纷的考察，涉及荣誉权纠纷的侵权形态大致可分为以下四个方面的类型：

1. 侵害荣誉权取得的行为。这一类型的案件与原告是否应当取得实体荣誉有关，主要是指侵害原告请求获得某种荣誉的行为，例如妨碍、破坏应当获得荣誉称号的主体获得荣誉称号的行为。因为取得荣誉称号往往需要经过酝酿、评选、审批等程序，无论在哪个环节，若有人谎报情况、散播谣言，都会使权利人获得荣誉的可能性降低，甚至会使权利人永远失去获得荣誉的机会，此种行为无疑是侵害自然人、法人、非法人组织荣誉权的行为。

2. 非法剥夺他人荣誉的行为。这一侵权行为的主体主要限于国家机关和社会组织，多数是颁奖机关或与其有一定联系的机关、组织等。这些机关、组织非经法定程序或无法定事由即宣布剥夺权利人荣誉称号，构成侵害民事主体荣誉权。

3. 严重诋毁、贬损他人所获得荣誉以及严重侵害荣誉精神利益的行为等。由于荣誉相关利益的性质较为复杂，这一类型的案件在实践中存在多种样态，包括受到诋毁和贬损所导致的精神利益侵害，以及荣誉证书和奖杯被侵占或毁损所导致的荣誉标志物侵害等。其中，精神利益侵害的典型案例如葛长生、宋福保诉洪振快名誉权、荣誉权纠纷案[①]等。另外，当众撕毁他人荣誉证书、摘取他人牌匾、公开发表

① 该案中，被告撰写《小学课本〈狼牙山五壮士〉有多处不实》《“狼牙山五壮士”的细节分歧》中以细节否定英雄，引导读者对“狼牙山五壮士”这一英雄人物群体的事迹和精神产生怀疑，从而贬损、丑化了葛振林、宋学义的名誉和荣誉。参见葛长生、宋福保诉洪振快名誉权、荣誉权纠纷案，北京市第二中级人民法院（2016）京02民终6271、6272号民事判决书。

言论诋毁他人荣誉等行为，都是严重侵害他人荣誉权的行为，应当依法承担侵权责任。荣誉权的客体可以包括荣誉所含的精神利益，而荣誉也必然会带来某种精神利益。该精神利益包括客观精神利益和主观精神利益，前者表现为因荣誉而受到的尊敬、崇拜，后者表现为因荣誉而产生的内心满足等精神感受。

4. 侵害荣誉称号记载与更正权。《民法典》第1031条第2款规定："获得的荣誉称号应当记载而没有记载的，民事主体可以请求记载；获得的荣誉称号记载错误的，民事主体可以请求更正"。根据本条款的内容，从字面意思上就很好理解，如果民事主体的荣誉称号应当被记载在册而没有被记载的，民事主体有权要求相关机关或组织对其获得的荣誉称号进行记载；如果民事主体发现自己的荣誉称号被记载的信息出现错误的，民事主体也有权要求相关机关或组织进行更正。[①]

【审判实践中应注意的问题】

荣誉权是自然人、法人和非法人组织，依法享有的参与荣誉授予，获得、接受和保持其享有的荣誉称号，并不受他人非法侵害和剥夺的权利。随着社会主义法治建设的不断发展，广大人民群众的法律意识普遍提高，民事主体对合法权益的保护更加重视。从司法实践来看，因荣誉权被侵犯而提起诉讼的案件已经不在少数，当然由于《民法通则》第102条对荣誉权规定相对简单，导致民事主体荣誉权在受到侵害时，不能依法得到充分、全面的救济。为此，对荣誉权的保护还有待于《民法典》实施后通过法律适用及制定司法解释等方式进一步完善。

关于民事主体荣誉权被侵害后的救济方式，可以结合上文关于

① 该类案件较为罕见，通过裁判文书网检索情况看，仅发现一例典型案件为贾某与锦州市教育委员会的荣誉权纠纷。此类侵权行为的重点往往与登记错误的后果相关，进而产生纠纷。参见姚辉、叶翔：《荣誉权的前世今生及其未来——兼评〈民法典〉各分编（草案）中的相关规定》，载《浙江社会科学》2020年第3期。

《民法典》对荣誉权侵权形态的相关内容进一步阐释:(1)对民事主体应当获得荣誉称号而遭受侵权没有获得的，或已经获得荣誉称号而被非法剥夺的，一经人民法院判决生效，就应当认为被侵权方享有该荣誉称号。(2)如前文所述，由于荣誉权与名誉权密切相关，对荣誉权的侵害将会直接导致民事主体名誉的毁损。为此，根据《民法典》第120条中规定的侵害荣誉权的救济方式“人格权受到侵害的，受害人有权依照本法和其他法律的规定请求行为人承担民事责任。”民事主体还可以请求恢复名誉。(3)对民事主体物质损害的赔偿，应当判令侵权方支付或退还民事主体如果获得荣誉称号应得的奖金，还有其他相关物质损失，如因提起诉讼造成权利人经济损失的，也应当包括在内。第四，对民事主体精神损害的救济也是一个十分重要的方面，除了侵权人对权利人恢复名誉、消除影响、赔礼道歉外，还可以要求侵权人承担精神损害赔偿。这种精神损害赔偿是对受害方精神上受到的痛苦、损害，以物质赔偿的形式给予心理上的抚慰，是对侵权方不道德行为的谴责和对受害方的有力支持。根据《精神损害赔偿司法解释》的规定，受害方可以在实际物质损害之外请求精神损害赔偿。人民法院应当根据侵权人的过错程度，侵权手段、场合，行为方式等具体情节，侵权造成的损害后果，侵权人的获利情况，侵权人承担责任的经济能力，受诉法院所在地平均生活水平等因素，确定精神损害赔偿数额。值得注意的是，能够请求精神损害赔偿救济的民事主体仅限于自然人，侵害法人、非法人组织荣誉权不存在精神损害赔偿的救济方式。

第六章　隐私权和个人信息保护

第一千零三十二条　自然人享有隐私权。任何组织或者个人不得以刺探、侵扰、泄露、公开等方式侵害他人的隐私权。

隐私是自然人的私人生活安宁和不愿为他人知晓的私密空间、私密活动、私密信息。

【条文主旨】

本条是关于自然人隐私权保护的规定。

【条文理解】

本条在《民法典》人格权编草案三审稿的基础上，进一步明确了隐私的定义。前两次审议稿将隐私定义为“具有私密性的私人空间、私人活动和私人信息”；本条将隐私定义为“自然人不愿为他人知晓的私密空间、私密活动和私密信息等”，进一步界定了“私密性”的要求，同时将“私人生活安宁”纳入了“隐私”的范畴。现就本条内容具体阐述如下：

一、隐私权概述

就世界范围来看，隐私权的出现是近一百多年来所发生的事情。自美国学者沃伦和布兰代斯于 1890 年在其《论隐私权》一文中将隐私界定为一种“免受外界干扰的、独处的”权利后，隐私权日益引起学界、司法实务界的广泛关注。1948 年的《世界人权宣言》第 12 条、1950 年的《欧洲人权公约》第 8 第 1 款，1966 年联合国《公民权利与政治权利国际公约》第 17 条明确规定隐私权为现代社会最基本的人权之一。

我国国内民事立法对隐私权的保护则经历了从无到有、从有到不断加强的过程。从 1982 年《民事诉讼法（试行）》及后来的很多法律中都提到对隐私的保护。1986 年的《民法通则》对隐私保护没有任何涉及。1988 年《民法通则意见》第 140 条的规定首次提及了“隐私”，这一法律概念的提出，为我国隐私权保护法律制度的创设和发展提供了相应的基础。该条规定：以书面、口头等形式宣扬他人的隐私，损害他人名誉，造成一定影响的，应认定为侵害公民名誉权的行为，类推适用名誉权保护的法律规定。此后的司法解释将侵害隐私作为侵害名誉权来对待，如 1993 年《名誉权解答》第 7 条、第 9 条。在 2001 年《精神损害赔偿司法解释》中，则进一步将隐私权保护规定为隐私利益的保护，对隐私权的司法保护有了新的进展。2003 年《人身损害赔偿司法解释》也对隐私保护作出了规定。直到 2005 年修正《妇女权益保障法》规定妇女享有隐私权，第一次明确规定了隐私权是一种权利。《侵权责任法》第 2 条第一次在民事基本法中采用了隐私权的概念，明确将隐私权和名誉权相脱离，这不仅从民事基本法的角度承认了隐私权是一项基本民事权利，而且将隐私权纳入侵权法的保护范围。这一规定不仅弥补了《民法通则》的不足，也进一步完善了我国的人格权体系。2017 年开始实施的《民法总则》第 110 条也明确了隐私权是自然人享有的民事权利。

《民法典》将人格权单独设为一编，并将隐私权和个人信息单独作为一章进行规定，一方面明确了隐私权是一项具体人格权，另一方面也回应了隐私权应当规定在侵权责任编还是人格权编的问题。过往，由于我国没有独立的人格权法，隐私权在《侵权责任法》中予以确认。但实际上侵权责任法主要是救济法，其主要功能是保护权利，而非确认权利，也不具备充足的空间对隐私权的内涵、具体类型进行规定，而独立的人格权编能够更好地满足确认权利的功能。同时，隐私权的保护与行使不仅涉及侵权责任领域，还涉及合同法和其他法律领域。例如，在某些服务合同、咨询合同中，保护当事人隐私可以成为合同主义务。又例如，在某些医疗服务合同中，若当事人就病人的病情、身体情况等达成约定，只要不涉及公共利益，应当承认其效力。这些内容并非侵权责任法所能完全涵盖，因此需要通过人格权编专门规定。[①]

二、隐私的内容

隐私涉及的范围非常宽泛，根据不同的标准可以对其进行不同的分类。通常可以将隐私分为如下几种基本类型：私人生活安宁、私密空间、私密活动、私密信息。

（一）私人生活安宁

私人生活安宁是指自然人的生活安定和宁静的权利，自然人有权排斥他人对其正常生活的骚扰。人既具有自然性，又具有社会性，人在社会中生活，既需要与他人交往，同时也需要独处，保持私生活的安宁。所以，隐私权也常常被认为是独处的权利，即个人为了自由发展其人格所必需的安宁与平静的权利。例如，非法跟踪、窥探、在他人的信箱中塞满各种垃圾邮件、电话骚扰等，都构成对私人生活安宁的侵害。

就我国目前的社会生活情况看，除以传统方式对他人的特定空间（诸如持续多日不断敲门骚扰他人、上门发送书面推销函件、静坐他人门前讨债或发泄不满等）进行骚扰的行为时有发生外，通过电子邮件、短信、电话等媒介侵入和骚扰他人的心理空间、虚拟空间的现象更是屡见不鲜，且有愈演愈烈之势，已成为现实生活和司法实践中最为常见的侵害私人生活安宁的情形。现行法律对私人生活安宁并没有明确规定，在司法实务中对此则有相应实践。比如在“网络暴力第

---

① 王利明：《隐私权概念的再界定》，载《法学家》2012 年第 1 期。

一案”中，原告个人家庭住址等信息被被告在网上披露后，很多网民据此前来围堵，给原告生活安宁造成很大侵扰。法院裁判认为，应当对私人的生活安宁予以保护。在“罗某诉某保险公司隐私权纠纷案”中，法院裁判认为，被告某保险公司非法收集、利用原告个人信息，多次致电原告推销车辆保险，侵扰了原告的正常生活，又拒不说明如何获取了原告个人信息，造成原告精神损害，构成对原告隐私权的侵害。①

王利明教授认为，单独从反面排除不法侵害行为，仅能部分地起到损害排除的功能，而无法起到正面确权的作用；只有从正面确认私人生活安宁的人格利益性质，才能更好地保护权利人，才能为权利人主张人格权请求权、及时制止不法侵害行为提供基础和依据。尤其应当看到，私人生活安宁是个人美好幸福生活的重要内容，保护人们的安全、安宁是法律的重要目的。②因此，《民法典》将“生活安宁”纳入隐私权，不只是在文字上完善了隐私的定义，实际上进一步丰富充实了隐私权的内涵和适用保护范围，是此次《民法典》编纂的一大亮点。这意味着，侵害隐私不仅局限于此前人们熟知的各种非法侵入、获取、泄露个人“私密空间、私密活动和私密信息”的行为，其他任何可能滋扰、破坏“私人生活安宁”的社会现象都可以被认定为侵害隐私。

（二）私密空间

私密空间隐私是指凡是私人支配的空间场所，无论是有形的，还是虚拟的，都属于个人隐私的范畴。在传统的法律中，住宅是个人的“城堡”，是个人所享有的隐私的重要组成部分。在现代社会，私人住宅无论是个人自有的房屋，还是通过租用、借用等方式占有的房屋，都属于个人支配的财产范围，对该财产的空间支配，形成个人的隐私，侵入他人的财产，就侵害了他人支配的空间，从而侵害了他人的

① 参见罗某某诉郴州申湘天润汽车有限公司和中国太平洋财产保险股份有限公司隐私权纠纷案，湖南省郴州市北湖区人民法院（2014）郴北民二初字第947号民事判决书。

② 王利明：《生活安宁权：一种特殊的隐私权》，载《中州学刊》2019年第7期。

隐私。

但住宅并不能作为私生活和公共领域的绝对界限。私领域还可能及于住宅之外的公共空间。空间隐私除个人合法占有的房屋之外，还包括个人合法支配的空间，例如，更衣室、电话厅以及个人临时栖身的房间、宿舍、酒店房间、工人临时居住的工棚等。随着技术的进步，还扩及电子空间等虚拟空间。如侵入他人计算机系统，即使不盗取信息，也构成对隐私权的侵害。[①]现代空间隐私的发展表明，空间隐私逐步突破私人住宅而扩及公共空间。这种私人空间还可能及于住宅之外的公共空间。这种私人空间包括临时被使用的公用空间，如公共卫生间等，这些空间同样属于私人空间的范畴。虽然在通常情况下，工作场所和公共场所不属于绝对的私人空间，但不排除这些场所具有相对的私人空间的性质。在这些私人空间中，个人的私人生活安宁也应当受到法律保护，任何人不得非法偷窥、偷录、偷拍他人的私人活动，否则构成对他人私人生活安宁的侵害。例如，雇主不得在工厂的公共卫生间安装探头偷拍、偷录员工行为。[②]

（三）私密活动

私密活动是一切个人的、与公共利益无关的活动，其性质也被称为“自治型隐私权”。私人活动包括日常生活、社会交往、夫妻的两性生活等。[③]若权利人不愿将个人活动为他人所知晓，他人不应拍摄、录制、公开、窥视、窃听他人的私人活动。私人活动的隐私与私人空间的隐私也存在着密切的联系。例如，在他人卧室或者厕所安装摄像头的行为即属于非法侵入他人空间，所拍摄的内容也侵害了他人私人活动所包含的隐私。

（四）私密信息

私密信息包含的范围非常广泛，任何私人不愿意公开的信息都可

① 王利明：《人格权法研究》，中国人民大学出版社 2004 年版，第 600 页。

② 王利明：《生活安宁权：一种特殊的隐私权》，载《中州学刊》2019 年第 7 期。

③ 王毅纯：《论隐私权保护范围的界定》，载《苏州大学学报（法学版）》2016 年第 2 期。

构成私人的秘密信息。只要这种隐匿不违反法律和社会公共道德，都构成受法律保护的隐私。一方面，凡是个人不愿为他人知道的信息，无论该信息的公开对权利人造成的影响是积极的还是消极的，无论该信息是否具有商业价值，只要该信息不属于公共领域，并且本人不愿意公开，就可能受到隐私权的保护。另一方面，个人不愿公开的信息并非法律所要求必须公开的，个人隐匿这些信息并不违法，也不违反社会公共道德。私密信息具体可包含如下类型：个人的生理信息、身体隐私、财产隐私、家庭隐私、通讯秘密、谈话隐私、个人经历隐私、其他有关个人生活的隐私。

三、侵害隐私权的法律责任

本条第1款规定："自然人享有隐私权。任何组织或者个人不得以刺探、侵扰、泄露、公开等方式侵害他人的隐私权。"该款强调了隐私权的两种性质。其一，主体的特定性。隐私权只能由自然人享有，而不能由法人及其他组织享有。隐私源于自然人的精神活动，保护隐私是为了体现对个人的尊重以及对人格尊严的维护。而法人的商业秘密和经营秘密属于财产利益，不属于人格权的范畴。其二，隐私权具有对世性。隐私权属于绝对权，除权利人以外的一切主体都负有不得侵害权利人隐私权的义务，任何人不得通过刺探、侵扰、泄露、公开等方式侵扰他人隐私。若发生侵害隐私权的行为，权利人可以向法院请求行为人承担相应的侵权责任。比如，就私密活动而言，任何人不得非法干涉、监视、跟踪、骚扰。监听、监视私人活动，擅自干涉私人从事某种活动或不从事某种活动，监视私人与他人的交往，监视、窃听夫妻性生活，进行私人跟踪等，都构成对隐私权的侵害。就私人空间而言，卧室、居室、抽屉、手包，尤其是女士的手包，为绝对隐私。侵入这些私人空间，构成对具体空间的侵害。

对隐私权的保护，需要与相应的侵权责任承担方式相衔接，实施了本条第1款规定的刺探、侵扰、泄露等方式侵害他人隐私，侵害自然人个人或家庭生活安宁的，在责任方式上表现为停止侵害、赔礼道歉、赔偿损失。

【审判实践中应注意的问题】

一、关于相关隐私的保护问题

相关隐私，是指涉及两个以上主体的隐私。婚姻关系的“第三者”讲述自己的故事，必然会涉及相对应的另外两个关系人的隐私。如果处理不当，就会发生侵权后果。与相关隐私有关的民事主体对属于自己的那一部分隐私有权进行支配。讲述自己的故事，支配自己的隐私，都是在行使自己的权利，不会受到非法干涉和限制，如果受到干涉和限制，也是侵害隐私权。但是，任何人在行使自己的权利时，不能牺牲或者侵害他人的隐私，不能侵害他人的权利。在相关隐私中，一个人行使自己的隐私权，支配自己的隐私利益，应当很好地保护他人的隐私权，使有着相关隐私的关系人不因为行使自己的权利而受到侵害。如果在行使自己的隐私权支配相关隐私时，没有尽到保护相关隐私关系人的隐私权不受侵害的义务，就要承担侵权责任。这种保护义务就是对相关隐私关系人的保护注意义务，应当以高度的注意程度谨慎行事。未尽这种保护义务造成相关隐私关系人的隐私权损害的，应当承担侵权责任。①

二、关于线上侵权的问题

随着网络科技的发展，隐私权的侵权手段也在发生变化，在实务中，侵害隐私权的行为可以分为线上与线下两类。线下以侵入他人住宅、跟踪他人行踪、偷拍等为代表，线上则包含未经同意收集、处理、公开他人的私密信息等。若发生线下侵权，则人民法院可以根据《民法典》第 1165 条第 1 款过错责任，判断行为人责任。若发生

① 杨立新:《侵权法论》，人民法院出版社 2013 年版，第 464 页。

线上侵权，权利人经常会要求网络服务提供者与具体的行为人共同承担责任，司法机关就需要结合过错责任的一般条款（第 1165 条第 1 款）以及网络侵权的特殊条款（第 1194 条至第 1197 条）共同判定不同行为主体的侵权责任。

第一千零三十三条　除法律另有规定或者权利人明确同意外，任何组织或者个人不得实施下列行为：

（一）以电话、短信、即时通讯工具、电子邮件、传单等方式侵扰他人的私人生活安宁；

（二）进入、拍摄、窥视他人的住宅、宾馆房间等私密空间；

（三）拍摄、窥视、窃听、公开他人的私密活动；

（四）拍摄、窥视他人身体的私密部位；

（五）处理他人的私密信息；

（六）以其他方式侵害他人的隐私权。

【条文主旨】

本条是关于侵害隐私权的主要行为类型的规定。

【条文理解】

本条内容相比于《民法典》人格权编起草过程中三次审议稿的主要变化在于：（1）将各项具体的侵害隐私权行为顺序与第 1032 条保持一致，按照生活安宁、私密空间、私密活动、私密信息的顺序排列。（2）将原一、二次审议稿中的“获取、删除、公开、买卖他人的私人信息”统一改为“处理他人的私密信息”，与后文关于个人信息的“使用”术语保持一致。（3）将三审稿第 2 款中的“个人信息的处理包括个人信息的使用、加工、传输、提供、公开等”删去。现将本条内容作如下解读：

一、隐私权的内容

依照学理上的分析，隐私权通常包含隐私享有权、隐私维护权、隐私利用权三项内容。

（一）隐私的享有权

所谓隐私的享有权，是指权利人有权保护自己的隐私不受他人的非法披露和公开，禁止任何个人和组织非法披露他人隐私。隐私享有权具体包括自然人有权保有自己的个人资料等信息。保有个人的信息未经同意不受他人非法披露，自然人正当的个人生活不受他人的非法调查、公布，并且在纯粹私人生活领域，个人的隐私事项只要不涉及国家的公共利益、社会安全，不违反法律的强制性规定，个人便拥有自主决定权。本条第一句也着重体现了权利人对隐私享有自主决定的权利。

（二）隐私的维护权

隐私的维护权主要是指权利人对自己的隐私所享有的维护其不受侵犯的权利。隐私维护权通常只有在隐私权受到外来侵害时才发挥作用。在隐私权受侵害之后，权利人可以基于隐私维护权而提出相应的请求，具体体现在两个方面：（1）在隐私权受到侵害的情况下，权利人有权直接向侵权人请求停止侵害、排除妨碍等，要求其不得非法收集、使用权利人的个人隐私事项；（2）在权利受到侵害时，权利人有权请求司法机关予以保护。针对本条列明的各类侵害隐私权的行为，权利人就可以依法请求行为人承担相应的侵权责任。

（三）隐私的利用权

所谓隐私的利用权，是指隐私权人有权利用自己的隐私，以满足自己精神上和物质上的需要。（1）允许他人收集个人资料，如允许征信机构、银行、保险公司等机构收集个人的隐私信息，权利人也有权向这些机构申报相关的个人隐私资料；（2）利用个人隐私，它既包括权利人自己的利用，如自己撰写传记、回忆录发表，或者利用自身的形象或形体进行绘画或摄影等，也包括允许他人利用隐私，如向他人披露自己的经历等。后者在某种程度上也具有人格权商品化的属性。有意见认为，公开隐私是隐私利用的一种情形。所谓公开隐私是指隐私权人在法律和道德的范围内有权公开自己的隐私，此种公开既可以是向特定人公开（例如，模特允许画家以其身体为对象进行绘画），也可以是向社会公开（例如，将自己过去的经历写成文章发表）。公开的方式可以是由自己亲自公开，也可以是允许他人公开。在此要注意的是，公开隐私要受到一定限制，不得违反法律的强制性规定和社会公序良俗，比如，不得传播低俗不良信息。

二、侵害隐私权的具体情形

（一）侵害私人生活安宁

本条第1项规定了对私人生活安宁的侵扰行为。明确规定不得以短信、电话、即时通讯工具、电子邮件、传单等方式侵扰他人的私人生活安宁。具体而言，私人生活安宁主要包括如下内容：（1）日常生活安宁。这就是说，个人对自己的正常生活具有不受他人打扰的权利。非法跟踪、盯梢、尾随等，会使他人处于一种时时被监控的状态，严重侵害他人的正常生活安宁和自由。例如，某人雇用私家侦探对他人进行跟踪盯梢，这属于典型的侵害他人日常生活安定的行为。（2）住宅安宁，即个人的住宅不受他人打扰，任何人不得无故闯入他人住宅，或者随意敲门、在室外半夜喧哗等。（3）通信安宁。电话骚扰在实践中也是一种侵害私人生活安宁的行为，如某人恋爱不成，经常以骚扰电话的方式纠缠对方，妨害其私人生活安宁。随着移动电话的普遍使用，短信、微信骚扰问题逐渐为社会所关注。短信、微信骚扰主要包括黄色短信息的骚扰、商业性质信息骚扰和中奖类诈骗信息的骚扰等。这些行为都侵害了私人生活安宁，应当依法承担侵权责任。

（二）侵扰私密空间

本条第2项规定了对私密空间的侵权行为。除法律、行政法规另有规定或者经该他人同意的，任何人不得进入、窥视、拍摄他人的住宅、宾馆房间等私密空间。在此需要注意的是，本项规定的侵权行为表现为“进入”“窥视”“拍摄”私人空间，具备这一情形的就构成侵权行为，拍摄、窥视的位置并不影响这一侵权责任的成立。个人安装的监控摄像头，其监控范围属公共及公用区域，包括与日常生活有密切联系的公用部位，但该摄像头的监控范围包括了他人的私有空间，其行为足以侵害他人的隐私权。比如，在某隐私权纠纷案件中，法院即认为私人在邻居相邻部位安装摄像头虽是自我防范手段，但构成对他人隐私权的侵害。

（三）侵害私密活动

本条第3项规定不得“拍摄、录制、公开、窥视、窃听他人的私密活动”，这在内容上与第2项乃至第1项可能存在交叉。若权利人不愿将个人活动为他人所知晓，他人不应通过违法手段记录、传播、公开他人的私人活动，该私人活动包括其活动事项、行踪轨迹等，否则就构成了对他人隐私权的侵害。这一点，在民事诉讼中也有相应体现。依据《民事诉讼法司法解释》第106条规定：“对以严重侵害他人合法权益、违反法律禁止性规定或者严重违背公序良俗的方法形成或者获取的证据，不得作为认定案件事实的根据。”如果偷拍偷录行为造成了相对方合法权益的损害，本质而言是一种侵权行为，情节严重的，应依法排除。

（四）侵害身体隐私

本条第4项规定了不得拍摄、窥视他人身体的私密部位，即是对身体隐私的保护。通常而言，身体隐私是指不愿向他人公开的身体部位，尤其是性器官、有残疾的部位等。身体隐私的保护并不是要求身体的每一个部位都是不能公开的，例如手模等从事特定职业的人员可以在经过个人同意的情况下公开身体的特定部位。本项规定的私密部位，这不仅包括个人不愿意公开的身体部位，还包括个人的裸体照片等。退而言之，即使人体模特允许他人临摹其身体，也并不意味着就允许向公众暴露其身体隐私。

（五）非法收集、处理他人的私密信息

本条第 5 项规定了不得收集、处理他人的私密信息。他人的私密信息是指任何私人不愿意为他人知晓的信息，只要该种隐匿不违反法律和社会公德，都应当受到法律的保护。具体而言，私密信息可包含以下内容：个人的生理信息（例如身高、体重、血型、肤色、长相、性别、基因、健康状况、疾病信息等）、身体隐私（例如不愿对他人公开的身体的各个部位，尤其是性器官、有残疾的部位等）、财产隐私（例如财产状况）、家庭隐私（例如家族关系、血缘关系、婚姻关系等）、通讯秘密（通过信件、电子邮件、电话等各种方式产生的通讯过程和内容不受他人监听、截获）、谈话隐私（个人在交流过程中所产生的不愿为公众知晓的内容）、个人经历隐私（例如恋爱经历、工作履历、交友经历等）、其他有关个人生活的隐私（例如自然人的姓名、职业、工作地点、交友范围、消费偏好、住址、住宅、电话、民族、宗教信仰、日记和其他私人文件等）。[①] 这与个人信息的有关内容存在大量交叉，通常而言，上述信息属于敏感信息的范畴，是个人隐私的事项，可以适用隐私权的保护规则。隐私权侵权的典型形式之一就是泄露他人隐私。在梁某民与上海某某网络科技有限公司人格权纠纷案中，法院裁判认为，隐私权是绝对权，要求任何不特定人负有不侵犯他人隐私的义务，因过错而泄露他人个人隐私信息的，应当承担隐私权侵权责任。网络经营者应该妥善保存并监管网站备案资料的使用，对网站在备案过程中泄露他人隐私的，应当承担责任。我们认为，非法刺探、调查所得之私人秘密后，予以公布，这属于侵害隐私权的严重行为。此外，因业务或职务关系而掌握他人的秘密，其掌握是合法的，如机要人员、档案管理人员、医生等，其获得隐私的行为合法，但未经权利人同意而予以公开，也构成侵权行为。比如，医疗机构及其医务人员应当对患者的隐私保密，如泄露患者隐私或者未经患者同意公开其病历资料，造成患者损害的，应当承担侵权责任。在

---

① 参见王利明：《人格权法研究》，人民大学出版社 2005 年版，第 594~598 页。

梁某诉某医疗机构侵害隐私权纠纷案中，法院裁判认为，医院未经受害人同意，在其做人流手术的时候组织观摩教学，属于非法侵害其隐私权，受害人有权请求赔偿精神损害。

关于非法利用隐私信息的情形。此类侵权行为即是未经隐私权人同意而利用其个人信息资料的行为，特征是将他人的资讯、情报为自己所利用，具有营利或非营利目的。这既包括未经本人同意而利用的行为，也包括虽经本人同意，但利用人超出约定的范围而利用。非法利用他人隐私，无论是否以营利为目的，均构成侵权行为。

（六）以其他方式侵害他人隐私权

本条第6项规定了一个兜底条款，随着科学技术的发展，特别是大数据时代的来临，使得利用网络侵害人格权的现象日益增多，给传统人格权保护的法律规则带来了新的挑战。网络谣言，人肉搜索，网上非法搜集、披露、传播他人信息等行为，会导致当事人隐私、个人信息等人格权益受到侵害。拦截他人电子邮件、非法进入他人邮箱和网络空间等现象也在增多，侵扰了私人生活安宁，破坏了对私人秘密的保护。从顺应时代发展需要的角度讲，设置这一兜底条款十分重要，为其他侵害隐私的行为承担民事责任提供了法律依据。

三、侵害隐私权的侵权责任构成

侵害隐私权的侵权责任适用过错责任原则，在责任构成上必须具备侵权责任构成的一般要件，即须具备违法行为、损害事实、因果关系和主观过错要件。

1. 须实施了侵害隐私权的违法行为，行为样态上一般是作为的方式，且须具备违法性。这主要是指违反保护个人隐私的法律规定侵害他人隐私权益的作为行为，包括侵入侵扰、监听监视、刺探、搜查、干扰、披露、公开宣扬等加害方式；侵害隐私权的内容主要表现在披露他人私人信息、干涉他人私生活安宁和侵入他人私人空间及私人领域等几个方面。侵害他人隐私权的行为并不以在公开场合进行为必要，有些情形即使在非公开场合作出，无第三人知晓，也没有传播行为，但只要受害人能证明侵害行为的存在，就可以认定为是侵害隐私权的行为，如监听监视的行为。[①] 比如，对生活安宁的侵害并不一定以公开的方式进行，也不一定涉及“秘密”的问题，其主要反映的是权利人不希望自己的生活遭受他人的打扰和侵扰，这些侵害方式主要采取偷窥、尾随、跟踪、窃听、刺探、电话和短信骚扰以及不可量物侵扰等方式展开。[②]

2. 损害事实表现为隐私被刺探、私人活动被监视、私人空间被侵入、私人资讯被公布、私生活被搅扰、隐私行为被干预等。[③] 也有观点认为，侵害隐私权的损害后果主要表现为精神损害，即导致受害人精神痛苦，包括情绪低落、焦虑不安、羞愧等，虽然有时候也常常伴随着间接的财产损失，但不存在直接的财产损失。这一见解也较有道理。[④]

3. 因果关系，是指侵害隐私权违法行为与隐私损害事实之间的引起与被引起的关系。这种因果关系容易判断，是因为存在侵害隐私权的行为与隐私损害事实的直接关联性，行为直接导致后果事实的出现。[⑤] 当然，这一因果关系要件的判断，要根据社会一般人的经验和常识判断。

4. 侵害隐私权的行为人在主观上必须具备过错，才能构成侵权责任，无过错不构成此种责任。过错是加害人的主观心理状态，包括故意和过失两种心理。在侵害隐私权案件中，加害人既可以基于故意侵害他人的隐私权，也可以基于过失而侵害他人的隐私权。实践中，故意侵害隐私的情形可能更为常见。如果加害人故意侵害他人隐私权，其主观恶性更大。我们认为，故意侵害他人隐私权的，在责任后果上，比如精神损害赔偿的数额上，应当承担比基于过失侵害他人隐

① 参见张新宝：《侵权责任法原理》，中国人民大学出版社2006年版，第194页。

② 刘保玉、周玉辉：《论安宁生活权》，载《当代法学》2013年第2期。

③ 杨立新：《侵权法论》，人民法院出版社2013年版，第461页。

④ 张新宝：《我国隐私权保护法律制度的发展》，载《国家检察官学院学报》2010年第2期。

⑤ 杨立新：《侵权法论》，人民法院出版社2013年版，第461页。

私权更重。因侵害隐私权的侵权行为不适用过错推定或无过错归责原则，按照举证责任分配的一般规则，对加害人的过错及其他侵权责任构成要件，受害人要承担相应的举证责任。

至于侵权人的抗辩事由，依据本条规定，权利人明确同意的情况下，实施本条规定的六项行为不构成侵权。在此需要注意的是，准确理解这里的“明确同意”，需要注意以下三点：

1. 此同意的意思表示具体、明确，没有歧义；

2. 此同意的意思表示也应是真实自愿的，不存在欺诈胁迫、乘人之危的情形；

3. 此同意包含了对方当事人的告知义务，而且此告知也要明确具体。比如在冒某军诉某某信息有限公司南通分公司等隐私权纠纷案中，法院裁判认为，电信公司在编印电话号簿前已经履行了公告告知义务，编制电话号码簿是电信公司的一项业务职能，根据相关规定，电话号码簿需列明当事人姓名、电话和简要地址，经当事人同意合法使用的，编纂行为不构成侵害个人隐私权。[①]

除此之外，则要适用侵权责任编中关于减轻、免除责任的一般规则。在这里要特别强调的是，对受害人过错的认定，要采取审慎的态度。比如在王某诉北京某某信息技术有限公司侵害隐私权、名誉权纠纷案中，王某的妻子姜某在博客中以日记形式记载了自杀前两个月的心路历程，将王某与案外人东某的合影照片贴在博客中，认为二人有不正当两性关系，自己的婚姻很失败。此后该博客日记被一名网民阅读后转发在天涯社区论坛中，后又不断被其他网民转发至不同网站上，一些网民在进行评论的同时，在天涯社区等网站上发起对王某的人肉搜索，使其姓名、工作单位、家庭住址等详细个人信息逐渐被披露；此后被告公司的某网站在专题网页中使用了王某、姜某、东某的真实姓名，并将王某与东某的合影照片、网民自发在姜某自杀身亡地点悼念的照片、网民到王家门口进行骚扰及刷写标语的照片等粘贴在

---

① 参见冒某某诉中国电信集团黄页信息有限公司南通分公司等隐私权纠纷案，江苏省南通市中级人民法院（2011）通中民终字第0952号民事判决书。

网页上。本案的一个争议焦点在于王某违反忠实义务是否构成本案中受害人的过错问题。法院裁判认为，王某的行为违反了我国婚姻法所要求的夫妻忠实义务，是一种违法和背离社会道德标准的行为，理应受到舆论的谴责。但这并不等于说，一个违反了道德标准和法律的人，就丧失了包括隐私权在内的法定权利。对于婚姻关系的维护而言，王某是有过错的，但这是相对于其妻子姜某的过错，而王某对于其隐私权和名誉权的被损害这一事实不存在过错。而受害人过错成为抗辩理由的条件，必须要求侵权人和受害人双方的过错具有同一性，且均为损害之原因，而本案中王某的过错与被告的过错并非基于同一个事实、同一个法律关系，因此，不能够以王某在婚姻生活上有过错为由，免除或者减轻某某公司的侵权责任。另需要说明的是，本案曾是引起舆论广泛关注的所谓“博客自杀第一案”。本案中，虽然原告王某的婚外情在道德上值得批评，但这并非公众干预其个人生活的合法理由。公民的个人感情生活包括婚外男女关系均属个人隐私，无论是个人通过互联网披露还是媒体的公开报道，都应当注意个人隐私的保护。

【审判实践中应注意的问题】

一、关于未经本人同意能否公开个人秘密信息的问题

我们认为，就公开的范围而言，隐私具有一定程度的相对性。所谓相对性，指当事人就其私生活秘密向特定人进行了披露，或者在一定范围内公开，但并不等于完全抛弃其隐私。例如，患者对医疗机构披露自己的个人健康状况等资料，并不意味其放弃了个人隐私，这些资料就可以向全社会公开。除了依据《传染病防治法》等有关法律的规定，为了预防传染病的蔓延必须向社会公开的以外，有关机构和个人不得将患者的健康信息隐私任意公开。再如，在房产登记机关申请办理房产登记手续，向登记机关披露了自己的家庭地址、电话号码、

身份证号码等个人信息，并不意味着这些信息都是公开的信息，也不意味着登记申请人已经授权登记机关将这些信息全部向社会公开。房产登记机关可以披露产权状况，但是不能将登记申请人的电话号码、家庭住址等信息公开。在法律上，如果某人在要求保密的情况下向他人提供私人信息，而掌握该信息的人未经该当事人的许可向第三者披露，则构成对隐私权的侵害。比如，在姜某兰诉时某等侵犯隐私权纠纷案中，法院裁判认为，隐私权作为一项人身权，只要权利人没有言明放弃自己的禁止权，任何人均无权泄露和公开与此相关的信息和内容。即使当事人将隐私告知特定人，也不能认定原告已将其隐私公开，得知其隐私的人同样应尊重隐私权人的隐私，未经其明确同意公开其隐私，同样要承担侵权责任。[①]

二、空间隐私权与财产权的关系问题

不可否认，二者具有密切联系。例如，擅自闯入他人的房屋和办公用地，既构成对空间隐私权的侵害，也构成对他人财产的妨害。但这并不意味着任何侵害他人住所的行为都构成对隐私权的侵害。对隐私权的侵害和对财产权的侵害，可以作如下区分：一是非法闯入他人的私人空间，通常既侵害了财产权，也侵害了隐私权；二是没有非法闯入他人的私人空间，比如采用红外线对室内进行非法扫描，用高倍望远镜探测等窥视个人空间，这种情况并没有侵害他人财产，而是对他人隐私权的严重侵害；三是单纯妨害他人财产权的行使，即使有可能涉及人格权的行使，也应归入侵害财产权的范畴，例如散发烟雾、制造噪音的行为，遮挡他人阳光妨害他人财产权的行使，可以适用相邻关系的有关规定，但并不构成对隐私权的侵害。

三、关于隐私权保护的范围问题

隐私权是一项绝对权，具有对世效力，但隐私权的内涵和外延又

① 参见江苏省南通市中级人民法院（2002）通中民一终字第1470号民事判决书。

具有随着时代进步而变化发展的特点。换言之，隐私权的权利保护范围具有一定的不确定性，这给审判实务带来一定困难。2001年《精神损害赔偿司法解释》提出了“违反社会公共利益、社会公德侵害他人隐私或者其他人格利益，受害人以侵权为由向人民法院起诉请求赔偿精神损害的，人民法院应当依法予以受理”的规则，将公共利益和社会公德的违反作为侵害隐私的限定条件，在当时及此后一段时期对隐私的保护起到了积极作用，但是这一规定是在法律并未将隐私明确为具体人格权的背景下提出的，也有学者对这一规则提出了不同意见。这一问题在隐私权已经明确为法定权利的情况下，有必要在法理层面予以认真考虑，比如多年前那桩轰动全国的“黄碟”案。某日晚11时许，延安万花山派出所民警接到群众电话举报，称辖区内一居民家中正播放黄色录像。派出所4名民警前去调查，民警们来到该居民家后窗户外，从窗户看进去发现，房间内的电视机中正在播放淫秽录像。于是，几名民警找借口进入该居民家中，并径直来到放录像的房间，不料双方发生冲突，一名民警手部受伤，当事者也因妨碍公务被带回派出所接受处理。警方将从现场搜到的3张淫秽光碟，连同电视机、影碟机作为证据带回派出所。对该案的定性，存在截然相反的两种意见：一种意见认为，夫妻在家中看此类碟片并没有导致传播淫秽物品和借此营利的结果，不能算违法行为；而另一种意见认为，淫秽光碟本身就是国家明确规定的非法物品，不应流入社会特别是家庭中，所以以任何形式贩卖、传播和观看淫秽物品都是违法行为，即使是夫妻二人在自己家中观看也不例外，公安部门有权查处和没收该光碟，并视情节轻重对当事人作出批评教育或相应的治安处罚。[①] 有观点认为，私人信息、私人活动及私人空间通常与公共利益及社会公德无关，对隐私权的保护包括对私人活动和私人空间的保护，这种保护包括不受公权力的侵犯和干预。“黄碟”案中的夫妻是在家里这一私人空间内从事仅限于夫妻之间的私人活动，其实并不涉及任何公共利

① 《延安“夫妻看黄碟”案在2002年最后一天划上句号》，载中国新闻网，www.chinanews.com/2003-01-01/26/259229.html。

益及公共道德问题。[①]这一观点有一定道理。我们认为，公共利益或者公序良俗的维护作为一般原则，在民事法律关系中必须要考虑，这在隐私权的保护问题上也不能例外。但在隐私权的保护问题上，也要考虑避免那些打着“社会公共利益”“社会公德”旗号侵害个人隐私权的情形出现。这其中首要的就是个人的私密空间、私生活安宁要依法予以保护，同时在有关侵权责任构成上要严格按照上述的过错责任规则确立。

此外，理论和实务上还经常探讨“名人”隐私权保护的问题。在法律上，公众人物和普通人的隐私权保护应当存在一定程度的差异，学理上多认为对前者权利的保护要予以适当限制。因为公众人物本身具有一定的共知性，其行为活动对社会有普遍影响力，而正是基于这样的社会角色，他们也获得了更多的社会利益，这也就要求他们对社会要付出更多。特别是对一些自愿型公众人物，比如影视、体育明星等，对他们的隐私权在法律上一般是保护得少而限制得多，这也有利于保护人民群众的行为自由。但是，隐私权保护与公序良俗仍要严格划分，对纯粹的私人生活和私人空间，公众人物和普通人一样，其隐私权都应依法受到保护。

---

① 张新宝：《我国隐私权保护法律制度的发展》，载《国家检察官学院学报》2010 年第 2 期。

第一千零三十四条 自然人的个人信息受法律保护。

个人信息是以电子或者其他方式记录的能够单独或者与其他信息结合识别特定自然人的各种信息，包括自然人的姓名、出生日期、身份证件号码、生物识别信息、住址、电话号码、电子邮箱、健康信息、行踪信息等。

个人信息中的私密信息，适用有关隐私权的规定；没有规定的，适用有关个人信息保护的规定。

【条文主旨】

本条是关于自然人的个人信息受法律保护的规定。

【条文理解】

本条的第2款相比于《民法典》人格权编的第一、二、三次审议稿，将电子邮箱地址和行踪信息列入个人信息范畴，本条还增设第3款规定私密信息同时属于隐私和个人信息范畴，同时受隐私权和个人信息相关规定保护。在此后的修改中，又将第3款原来的“个人信息中的私密信息，同时适用隐私权保护的有关规定”修改为“个人信息中的私密信息，适用有关隐私权的规定；没有规定的，适用有关个人信息保护的规定”。现将本条内容解读如下：

一、个人信息受法律保护

在传统意义上，个人信息如自然人的姓名、身份证号码、电话号码、家庭住址、肖像、财产信息、病历资料等就已经存在，并被政府、企业等主体收集、保管、分析和使用。但是，在此背景下的个人信息的类型相对简单，产生的渠道非常有限，而且收集、存储和利用个人信息的手段和方法也较为单一。此时，通过姓名权、名誉权、隐私权、肖像权等具体人格权的规定以及侵权法规范，大致可以满足个人信息保护的需要。例如，未经同意公开或披露自然人的隐私信息（如家庭住址、电话号码等）的，构成对隐私权或名誉权的侵害；擅自使用他人姓名的，是侵害姓名权的行为。但是，随着信息网络科技尤其是大数据与人工智能的发展，个人信息的产生、收集、存储和利用等方面发生了巨大的变化。

首先，个人信息的范围与种类不断增加。除了传统的那些能够直接识别特定自然人的信息，如姓名、身份证号码、家庭地址、电话号码等，还有一些虽然本身不足以识别特定自然人，但与其他信息结合后就能识别出特定自然人的信息，如爱好、习惯、兴趣、性别、年龄、职业等，也成为个人信息。其次，现代科技的发展也促使了各种新型个人信息的产生，如通信记录和内容、个人生物基因信息、网络交易信息、上网浏览痕迹、网络社交媒体留言、行踪轨迹等。在进入网络信息社会前，这些信息要么根本不存在，要么无法被收集和存储，现在则可以很容易地被网站通过Cookie技术或智能设备加以收集和保存。由此也导致了需要保护的个人信息的范围越来越广，甚至在许多情况下，连界定哪些信息属于个人信息都存在困难。最后，在传统意义上，对个人信息的收集方式大多是由自然人主动提交，政府、企业等主体收集后手工记载在纸质文档或录入电子档案中加以存储，不仅信息收集的效率、数量和范围有限，且因缺乏算法技术和足够大的算力，也难以对其进行分析利用。然而，现代网络信息技术已将现代社会生活高度数字化（或数据化），Cookie技术和各种传感器可以自动地收集与存储个人信息。这种个人信息被大规模、自动化地收集和存储的情形变得越来越普遍，几乎无处不在、无时不在。由此产生了个人信息保护上的各种新情况和新问题，如海量的个人信息因保管不善被泄露，甚至被非法出售或利用，进而出现犯罪分子利用非法取得的个人信息对受害人进行精准诈骗或者实施其他违法犯罪行为的问题。大数据与人工智能技术的发展使得对海量数据的分析与使用变得非常简单，个人信息被滥用的可能性被极大地增加。例如，各种网络平台通过分析和利用海量的个人信息，对目标群体做人格画像，实施精准营销，甚至行为操纵，严重危害自然人的人格尊严，妨害人格的自由发展。[①] 概言之，随着信息化建设的推进，信息资源成为重要的生产要素和社会财富。与此同时，个人信息泄露问题严重，个人信息安全成为一个全社会高度关注的问题。

基于上述情况，个人信息的保护及其与信息自由、公共利益的关系成为现代各国法律中备受关注的问题。特别是随着信息技术的广泛应用和互联网的不断普及，个人信息在社会、经济活动中的地位日益凸显，滥用个人信息的现象随之出现，给社会秩序和个人切身利益带来了危害。为促进个人信息的合理利用，各发达国家或者地区均越来越重视个人信息的保护。《德国联邦个人资料保护法》第 2 条规定，个人资料是指“凡涉及特定或可得特定的自然人的所有属人或属事的个人资料”；如我国台湾地区“电脑处理个人资料保护法”第 3 条第 1 款规定：“个人资料指自然人之姓名、出生年月、身份证编号、特征、指纹、婚姻、家庭、教育、职业、健康、病历、财务情况、社会活动等足以识别该个人之资料”。[②] 特别是在欧盟层面，从 1995 年发布《个人信息保护指令》，到 2009 年《欧盟宪法》确立个人信息保护的基本人权地位，再到 2016 年出台、2018 年在欧盟成员国强制实施的《通用数据保护条例》（General Data Protection Regulation，简称 GPDR），逐渐加强对个人信息的保护，同时也展现出了欧洲国家在个人信息保护领域标准化、一体化的立法和执法特点。

我国个人信息的法律保护经历了从以公法保护为主到日益重视私法保护的发展历程。2005 年，第十届全国人民代表大会常务委员会第十四次会议通过的《刑法修正案（五）》中增设的“窃取、收买、非

① 程啸：《民法典编纂视野下的个人信息保护》，载《中国法学》2019 年第 4 期。

② 王利明主编：《中国民法典学者建议稿及立法理由（人格权编·婚姻家庭编·继承编）》，法律出版社 2005 年版，第 159 页。

法提供信用卡信息罪”（第 177 条之一第 2 款）是我国法律上第一个关于侵害公民个人信息犯罪的法律规定。2009 年，第十一届全国人民代表大会常务委员会第七次会议通过的《刑法修正案（七）》在《刑法》中新增第 253 条之一，首次将窃取或以其他方式非法获取公民个人信息、出售或非法提供公民个人信息的行为情节严重的规定为犯罪行为，从而纳入刑事打击的范围。针对近年来侵犯公民个人信息犯罪仍处于高发态势，而且与电信网络诈骗、敲诈勒索、绑架等犯罪呈合流态势，为加大对公民个人信息的保护力度，最高人民法院会同最高人民检察院，于 2017 年 5 月发布《关于办理侵犯公民个人信息刑事案件适用法律若干问题的解释》。该司法解释根据法律规定和立法精神，对侵犯公民个人信息犯罪的定罪量刑标准和有关法律适用问题作出了全面、系统的规定。与加大刑事打击力度同步，2012 年，《全国人民代表大会常务委员会关于加强网络信息保护的决定》对网络服务提供者和其他企业事业单位、国家机关及其工作人员在收集、使用、保管公民个人电子信息中应当遵循的原则、承担的义务及法律责任作出了具体的规定。在此基础上，2017 年 6 月 1 日起施行的《网络安全法》于第四章“网络信息安全”中对个人信息的收集、存储、保管和使用进行了更全面的规范。对于侵害个人信息的责任承担问题，虽然该法主要还是规定了网络运营者违反各种保护个人信息的法定义务的行政法律责任（如罚款、暂停相关业务、停业整顿、关闭网站、吊销相关业务许可证或者吊销营业执照等），但其也从私法的角度对个人信息保护作出了一些规定，其第 74 条第 1 款规定：“违反本法规定，给他人造成损害的，依法承担民事责任。”

在这里还要专门强调一点的是，2013 年十二届全国人民代表大会常务委员会第五次会议修正《消费者权益保护法》时，在原第 14 条中新增了消费者“享有个人信息依法得到保护的权利”，并在第 50 条就侵害该权利的民事责任作出了规定，这是我国法律首次从民事权利的角度对个人信息作出的规定。2017 年 10 月 1 日起施行的《民法总则》第 111 条规定：“自然人的个人信息受法律保护。任何组织和个人需要获取他人个人信息的，应当依法取得并确保信息安全，不得非法收集、使用、加工、传输他人个人信息，不得非法买卖、提供或者公开他人个人信息。”此外，该法第 127 条还规定：“法律对数据、网络虚拟财产的保护有规定的，依照其规定。”尽管学界就《民法总则》第 111 条是否规定了自然人个人信息权仍存在争议，但该条毕竟“从民事基本法的高度赋予了自然人个人信息保护的权利（权益），为个人信息保护在民法分则进一步细化规定提供了基础”，具有十分重要的意义。

当前，《民法典》人格权编不仅在第一章“一般规定”和第五章“名誉权和荣誉权”中分别就个人信息的合理使用（第 999 条）以及信用信息的更正、收集（第 1029 条、第 1030 条）等作出了规定，还专门在第六章“隐私权与个人信息保护”中，使用 6 个条文（第 1034 条至第 1039 条），对个人信息的收集、使用、删除、更正和保护等问题作出了较为详细的规定。《民法典》人格权编对个人信息保护的规定，充分说明了立法机关对个人信息民法保护的高度重视，当然，这也是新时代经济社会发展的客观需要在立法上的反映。在私法中对个人信息进行保护，能够通过赋予自然人对个人信息享有相应的民事权益，不仅能够为保护自然人既有的人身、财产等民事权益建立起有效的防御屏障，还可以避免其他可能出现的新型侵害行为。此外，民法上对自然人个人信息的保护作出规定，不仅意味着民法认可了自然人对个人信息享有受保护的民事权益，彰显了法律对人格尊严和人格自由的尊重，也充分表明了在任何个人信息保护与数据权属的立法中，都应始终关注自然人的民事权益保护与信息自由（信息的流动、共享与利用）这两个法律价值的权衡与协调。[①] 现代法律对个人信息的保护应当采取公法与私法并重的综合性保护方法，二者不可偏废：既要从公法的角度明确各类主体从事收集、存储、分析、使用个人信息等行为应当遵守法定义务，也要从民法的角度认可自然人就个人信息享

① 程啸：《民法典编纂视野下的个人信息保护》，载《中国法学》2019 年第 4 期。

有相应的权利。比如，是否同意个人信息被收集的权利、在个人信息发生错误时要求删除和更正的权利等。既应当对违反公法上个人信息保护义务的违法犯罪行为给予行政处罚甚或判处刑罚，也应当允许自然人基于其个人信息上的民事权益，请求侵害个人信息的侵权人承担赔偿损失、赔礼道歉等相应的民事责任。通过对个人信息的民法保护，赋予自然人对个人信息相应的民事权益，能够使广大自然人更加重视该权益，让他们真正认识到“线上平台的免费午餐券需要用我们的个人信息来换取”，而这种免费的成本已经变得越来越高了。[①]这样就能促使人们在日常生活中“认真对待个人信息”，积极保护个人信息。[②]

二、个人信息的界定

（一）个人信息的定义

立法上对于“个人信息”的概念界定经历了一个变化的过程。《全国人民代表大会常务委员会关于加强网络信息保护的决定》以及最高人民法院的相关司法解释，对“个人信息”的概念作出了略微不同的规定。[③]《网络安全法》第76条第5项规定：“个人信息，是指以电子或者其他方式记录的能够单独或者与其他信息结合识别自然人个人身份的各种信息，包括但不限于自然人的姓名、出生日期、身份证件号码、个人生物识别信息、住址、电话号码等。”《关于办理侵犯公民个人信息刑事案件适用法律若干问题的解释》则规定：公民个人信息，是指以电子或者其他方式记录的能够单独或者与其他信息结合识别特定自然人身份或者反映特定自然人活动情况的各种信息，包括

---

① 参见［英］阿里尔·扎拉奇、［美］莫里斯·E.斯图克：《算法的陷阱：超级平台、算法垄断与场景欺骗》，余潇译，中信出版集团2018年版，第41页。

② 正是因为我国广大民众还没有认识到个人信息保护的重要性，个别互联网企业家才会有“中国的消费者在隐私保护的前提下，很多时候是愿意以一定的个人信息授权使用，去换取更加便捷的服务”的认识。参见程啸：《民法典编纂视野下的个人信息保护》，载《中国法学》2019年第4期。

③ 参见于志刚：《“公民个人信息”的权利属性与刑法保护思路》，载《浙江社会科学》2017年第10期。

姓名、身份证件号码、通信通讯联系方式、住址、账号密码、财产状况、行踪轨迹等。这一规定中最重要的是明确将行踪轨迹列入个人信息的范围。

本条第1款延续《民法总则》第111条宣示了个人信息受到法律保护这一基本理念，并且限定保护主体为自然人。第2款采用抽象定义和列举的方式明确个人信息的概念。个人信息是以电子或者其他方式记录的能够单独或者与其他信息结合识别特定自然人的各种信息，包括自然人的姓名、出生日期、身份证件号码、生物识别信息、住址、电话号码、电子邮箱地址、行踪信息等。

这种定义方式延续了此前《全国人民代表大会常务委员会关于加强网络信息保护的决定》《关于办理侵犯公民个人信息刑事案件适用法律若干问题的解释》中对于个人信息的定义方式，并借鉴了其他国家和地区的相关立法例。例如，欧盟《通用数据保护条例》（GDPR）第4条第1款。虽然个人信息的概念本身内涵广阔、边界模糊。该定义方式一方面，通过直接或者间接可识别性的认定体现个人信息这一概念的根本特征；另一方面，通过列举典型内容来指导司法适用，区别于单纯的抽象定义以及纯粹的列举，能够更加清晰地展现个人信息保护的内涵和外延。此外，本款在列举个人信息类型中，明确了电子邮箱地址和行踪信息属于个人信息的范畴，也是为了让信息的定义更适合互联网时代的需要，也更能适应大数据产业的发展。[①]电子邮箱地址和行踪信息同样具有识别特定自然人的功能，电子邮件地址属于个人基本资料，而行踪轨迹信息系事关人身安全的高度敏感信息，二者亦能反映特定自然人活动情况的信息。

在此需要注意的是，在《民法总则》明确个人信息并非法定权利的情况下，《民法典》人格权编对这一态度作出了延续。虽然学界对于这一问题仍存有争议。有观点认为，《民法总则》规定的个人信息是指个人身份信息，与隐私权保护的私人隐私信息有明确的界限，在

① 谢远扬：《〈民法典人格权编（草案）〉中“个人信息自决”的规范建构及其反思》，载《现代法学》2019年第6期。

实践上作为一个权利保护没有障碍，在比较法上没有对个人信息作为法益保护的立法例，因此，应当认定《民法总则》第111条规定的个人信息，就是规定的自然人享有的具体人格权之一，即个人信息权。①我们认为，从长远发展看，明确个人信息为一确定的实体权利具有积极意义。但目前就规范分析而言，个人信息本身的外延比较广阔，与隐私权、商业秘密权等都存在一定程度的交叉，既有人身权属性，又具有财产权属性，在人格权领域内确定其为法定权利，还需要进一步研究、探索和积累。

（二）个人信息的分类

关于个人信息的分类，按照不同标准有不同分类。比如以个人参与的社会活动为参照，可分为购物信息、教育信息、交通信息、医疗信息、金融信息、社保信息等。这种分类通俗易懂，有利于直观地把握个人信息，但是不能穷尽所有个人信息。我们认为，从法律适用的角度讲，较有意义的分类是以信息敏感程度为标准所进行的分类。

学界通说认为，以个人信息与个人是否具有直接相关性，将个人信息区分为敏感信息与非敏感信息。我国已颁布的国家标准《个人信息保护指南》和《个人信息安全规范》对个人敏感信息均采取界定内涵加列举类型的方式，即先依据个人信息的内容或性质定义敏感信息，进而对其种类予以列举。具体而言，个人敏感信息是“一旦遭到泄露或修改，会对标识的个人信息主体造成不良影响的个人信息”，②或者界定为“一旦泄露、非法提供或滥用可能危害人身和财产安全，极易导致个人名誉、身心健康受到损害或歧视性待遇的个人信息”。③也有观点将个人敏感信息定义为“一旦泄露或滥用，极易危及人身、财产安全或导致人格尊严受到损害、歧视性待遇的个人信息”。此外，建议将综合信息处理的情境和目的作为认定敏感信息的补充，在个案

① 参见杨立新：《个人信息：法益抑或民事权利——对〈民法总则〉第111条规定的“个人信息”之解读》，载《法学论坛》2018年第1期。

② 《信息安全技术公共及商用服务信息系统个人信息保护指南》，GB/Z 28828-2012，2012年11月5日发布。

③ 《信息安全技术个人信息安全规范》，GB/T 35273-2020，2020年3月6日发布。

中，由特定机构来判断某个人信息是否为敏感信息。关于个人敏感信息的具体种类，建议结合泄露该信息是否会导致重大伤害、给信息主体带来伤害的概率、社会大多数人对某类信息的敏感度三个考量因素，将健康信息、性生活和性取向、身份证件号码、金融信息、政治意见、通讯信息、基因信息、生物特征信息和精确地理位置列为个人敏感信息，同时，考虑到未来技术的发展变化，为一些特殊信息的保护预留空间。[①] 至于敏感信息以外的个人信息就属于非敏感信息。这一分类的法律意义在于对信息保护的要求和程度不同。敏感信息更要加强保护，而且其往往属于隐私的范畴，可以适用隐私权的保护方法。

此外，也有学者根据个人信息是否可以被直接地识别，将其分为"直接可识别个人信息"与"间接可识别个人信息"。直接可识别个人信息，是指能够较容易地识别特定个人的信息，主要包括姓名、性别、身高、体重、三围、身体缺陷、出生日期、住址、身份证号、护照号码、电话号码、邮箱地址、基因、指纹、财产状况、家庭情况、婚恋情况、犯罪记录、病历记录等。此类信息是单独或与其他信息简单结合后就可以指向特定个人的身份识别性信息，是传统的个人信息权理论研究的对象。间接可识别个人信息，是指通过互联网或移动通信技术手段等综合分析和核对相关个人信息内容后，可以间接识别该特定个人或者特定群体的信息。目前受到关注的主要包括个人消费信息、生活信息、行踪记录、网络浏览记录、上网时间记录、网络聊天记录等匿名化信息。这类信息的特点是，虽然不能直接体现具体的信息主体是谁，但可以反映出该信息主体何时何地以何种方式从事了何种行为，还可以由此分析其兴趣爱好、活动范围、消费能力、消费需求、行为方式等，并通过数据分析为个人提供个性化的服务，如互联网定向广告服务、个人生活记录服务、个人定位服务等。此类信息也

① 胡文涛：《我国个人敏感信息界定之构想》，载《中国法学》2018 年第 5 期。

具有身份识别属性，与个人人格、身份有一定的联系。[①] 这一分类对区别不同个人信息的保护要求和保护方法具有重要意义。

三、个人信息与隐私权

本条第 3 款旨在协调个人信息与隐私权之间的关系。个人信息与隐私权有着诸多关联。结合上一条的规定，隐私权，“是指自然人享有的私人生活安宁与私人信息秘密依法受到保护，不被他人非法侵扰、知悉、搜集、利用和公开的一种人格权”。[②] 有观点认为，个人信息能够囊括隐私信息，即个人隐秘的敏感的信息。而当这些信息与其他单独不具有识别性的信息配合，从而使得集合性的信息具有可识别性时，也应当受到信息权的保护。[③] 我们认为，个人信息与隐私权最大的交叉点就在于有些个人信息属于私密信息，构成了隐私权的保护客体。具体而言，二者的相似及相异之处在于以下方面：

从相似之处来看，第一，二者的权利主体都限于自然人。第二，二者均体现了个人对其私人生活的自主决定，都能够彰显人格尊严与人格自由。第三，二者在客体上存在交叉。一方面，许多个人信息都是人们不愿让他人知晓的私密信息，例如未公开的家庭住址、银行账户等，这些信息被记录在特定主体之上，可以与姓名等组合直接或者间接指向特定主体，因此同时满足个人信息和隐私两种性质。另一方面，部分隐私权保护的客体，例如隐秘的通讯、谈话等活动也可以通过技术处理方式得以记录为个人信息。对于交叉的部分而言，无论是隐私权还是个人信息都可以提供一定程度的保护。

从不同之处来看，第一，二者的客体不同。隐私主要是一种私密性的信息或私人活动，如个人身体状况、家庭状况、婚姻状况等，凡是个人不愿意公开且不涉及公共利益的部分都可以成为个人隐私，但

---

① 陶盈：《我国网络信息化进程中新型个人信息的合理利用与法律规制》，载《山东大学学报（哲学社会科学版）》2016 年第 2 期。

② 王利明：《隐私概念的再界定》，载《法学家》2012 年第 1 期。

③ 王丽莎：《信息权的独立人格权地位及内容》，载《国家检察官学院学报》2016 年第 3 期。

单个的私密信息或私人活动却不一定直接指向自然人的主体身份，并不一定满足个人信息所要求的主体可识别性。个人信息既包括私密信息，也包括非私密信息，例如已经公开的裁判文书等。这些信息的使用同样存在一定的界限，但并不属于隐私权的规制范畴。隐私信息只属于个人信息的一部分，隐私权人虽然有权决定隐私信息是否公开以及公开范围，但无法涉及所有的个人信息。[①] 有学者指出，除隐私因其隐秘性无法包含公开的个人信息之外，个人信息也无法包含生活安宁的隐私以及没有形成记录的隐私。而生活安宁是隐私不可或缺的一部分，记录又是《网络安全法》第76条第5款规定个人信息必需的形式要件。[②] 换言之，隐私一旦被披露就不再是隐私，只能通过个人信息或其他途径保护。此外，隐私不限于信息的形态，隐私还可以体现为个人的生活安宁、私人活动等形式，但个人信息则要求必须以固定化的信息方式记载下来。第二，从权利内容来看，个人信息权益主要是指对个人信息的支配与自主决定。对于可以公开的个人信息，个人也仍然拥有一定的控制权。但隐私权的重心在于防范个人秘密不被非法披露，而不在于保护这类信息的控制与利用。隐私权是一种消极的、防御性的权利，只有该权利遭受侵害，个人才可积极主动地行使权利要求排除妨碍或损害赔偿。隐私权重心在于防止个人私密信息不被泄露，以及隐藏个人隐私。[③] 而个人信息蕴含主动性，权利人除了被动防御之外，还可以积极利用。[④] 个人除了对个人信息的被保护需求，也有利用他人个人信息的需求，这种信息业者对个人信息收集和利用的正当性已经得到了立法和社会的普遍承认。[⑤] 第三，从保护方式来看，对个人信息的保护更侧重于预防，而对隐私的保护则更注重

① 谢远扬：《信息论视角下个人信息的价值》，载《清华法学》2015年第3期。

② 韩旭至：《个人信息与个人隐私的区分》，载《网络法律评论》2016年第2期。

③ 张新宝：《从隐私到个人信息：利益再衡量的理论与制度安排》，载《中国法学》2015年第3期。

④ 王利明：《隐私权概念的再界定》，载《法学家》2012年第1期；王利明：《论个人信息权的法律保护——以个人信息权与隐私权的界分为中心》，载《现代法学》2013年第4期。

⑤ 张新宝：《从隐私到个人信息：利益再衡量的理论与制度安排》，载《中国法学》2015年第3期。

事后救济。基于上述个人信息与隐私的区别和联系，可以看到二者在保护范围与保护方式上虽有重叠，但仍有独立的功能。[①]

实践中，侵害个人信息特别是侵害敏感信息的情形，容易和侵害隐私权存在交叉。本条第3款即明确规定了对私密信息适用隐私权的保护方法。这应该主要是从侵权责任承担的角度对私密信息被侵害后的救济作出的规定。适用隐私权保护的规则，也就相应地体现在适用过错责任承担侵权责任的规则上。此外，如果对相关个人信息的侵害同时导致受害人名誉权受损的，也应允许受害人主张侵害名誉权的民事责任。这时是构成竞合关系还是允许受害人一并主张，目前没有明确规定，实践中也存在争议。我们认为，上述交叉主要是这些权利与保护个人信息在客体范围上存在交叉重复所致。鉴于侵害个人信息与侵害隐私权或者名誉权在责任承担方式上具有共通性，在立法没有明确将个人信息定性为独立权利的前提下，基于充分保护个人信息的需要，应允许当事人一并主张侵权人承担侵害名誉权或者隐私权的侵权责任。

具体而言，自然人的个人生物识别信息、病历资料、健康检查资料、犯罪记录、住址、私人活动等敏感信息受到侵害，其可以依法主张被侵权人承担侵害隐私权的侵权责任。比如，在谢某诉某某置地物业服务有限公司隐私权案中，法院裁判认为，原告姓名、婚姻状况、家庭住址、个人电话号码这一组信息为公民个人信息，属于公民个人的无形隐私，并与个人的生活安宁相关联，应当属于隐私权的保护范围。原告对隐私信息除享有消极的保密权之外，还享有积极的处置权。在个人对其私密信息的积极控制过程中，有权决定其私密信息公开的范围和程度。个人私密信息和公开信息是相对应的概念，一旦个人的私密信息向全社会公开，就不再属于隐私的范畴。但是，隐私具有一定的相对性，隐私的秘密状态具有局部性和不平衡性，个人信息不可能总是处于绝对保密或完全公开这两种极端状态，在许多

① 王利明：《论个人信息权的法律保护——以个人信息权与隐私权的界分为中心》，载《现代法学》2013年第4期。

情况下，某些信息对于特定群体是公开的，但对于其他人则处于保密状态，当事人就其私密信息向特定人进行了披露，或者在一定范围内公开，但并不等于完全抛弃其隐私。本案中，原告姓名、原告的婚姻状况、配偶姓名、家庭住址及手机号码139××××××36，因原告配偶曾担任翡翠城一期业主委员会委员、业主委员会筹备组成员，已主动向小区业主公布，故上述信息已不属于原告尚未向小区业主公开的个人信息，不再属于隐私的范畴。而原告的家庭固定座机电话852×××1及手机号码131××××××99未向小区业主公开，故原告的家庭固定座机电话852×××1和手机号码131××××××99为原告尚未向小区业主公开的个人信息。虽然电话号码是具有通讯作用的个人信息，原告在与小区其他业主及物管工作人员的交流过程中，会将其电话号码向特定人进行披露，或者在一定范围内公开，但并不等于完全抛弃其隐私，也不能削弱对原告隐私权的保护。[①] 此外，自然人的个人信息被歪曲、篡改，导致其社会评价降低，其可以依法主张被侵权人承担侵害名誉权的侵权责任。

由于隐私权的相关条款并未对隐私的收集、利用、查询、更正等各个环节进行具体规范，其主要侧重事后的救济，当某种行为侵害他人私密信息时，则有可能同时侵害隐私权与个人信息，从而构成侵权的竞合。从侵权责任角度讲，其可以依照隐私权侵权责任来主张救济。同时，在隐私权保护规则没有具体规定，或者隐私权的规定无法实现对受害人有效救济的情况下，该受害人可以依法主张有关个人信息保护的规则，比如查阅、复制、更正个人信息或者采取匿名化处理等必要技术措施保护个人信息安全。

---

① 参见庞某某诉中国东方航空股份有限公司、北京趣拿信息技术有限公司隐私权纠纷案，四川省成都市锦江区人民法院（2011）锦江民初字第 2071 号民事判决书。

【审判实践中应注意的问题】

适用本条需要注意的是，在鉴别侵害个人信息所带来的损害时，除要考量个人信息是否为不愿意为他人知晓的私密信息，还要考虑是否为敏感信息。如上所述，个人敏感信息一旦泄露、非法提供或滥用可能危害人身和财产安全，极易导致个人名誉、身心健康受到损害或歧视性待遇。

此外，未成年人的个人信息和涉及自然人隐私的信息属于个人敏感信息。《未成年人保护法》第 39 条规定："任何组织或者个人不得披露未成年人的个人隐私。对未成年人的信件、日记、电子邮件，任何组织或者个人不得隐匿、毁弃；除因追查犯罪的需要，由公安机关或者人民检察院依法进行检查，或者对无行为能力的未成年人的信件、日记、电子邮件由其父母或者其他监护人代为开拆、查阅外，任何组织或者个人不得开拆、查阅。"本条规定既强调了未成年人隐私，其实也强调了未成年人相关个人信息的保护问题。

通常而言，可从以下角度判定是否属于个人敏感信息：（1）个人信息一旦泄露，将导致个人信息主体及收集、使用个人信息的组织和机构丧失对个人信息的控制能力，造成个人信息扩散范围和用途的不可控。某些个人信息在泄漏后，被以违背个人信息主体意愿的方式直接使用或与其他信息进行关联分析，可能对个人信息主体权益带来重大风险，应判定为个人敏感信息。例如，个人信息主体的身份证复印件被他人用于手机号卡实名登记、银行账户开户办卡等。（2）某些个人信息仅因在个人信息主体授权同意范围外扩散，即可为个人信息主体权益带来重大风险，应判定为个人敏感信息。例如，性取向、存款信息、传染病史等。（3）某些个人信息在被超出授权合理界限时使用（如变更处理目的、扩大处理范围等），可能对个人信息主体权益带来重大风险，应判定为个人敏感信息。例如，在未取得个人信息主体授权时，将健康信息用于保险公司营销和确定个体保费高低。《信息安全技术公共及商用服务信息系统个人信息保护指南》中明确了"一旦遭到泄露或修改，会对标识的个人信息主体造成不良影响的个人信息。各行业个人敏感信息的具体内容根据接受服务的个人信息主体意愿和各自业务特点确定。例如个人敏感信息可以包括身份证号码、手机号码、种族、政治观点、宗教信仰、基因、指纹等”。这一界定值得在审判实务中借鉴和参考。

第一千零三十五条 处理个人信息的，应当遵循合法、正当、必要原则，不得过度处理，并符合下列条件：

（一）征得该自然人或者其监护人同意，但是法律、行政法规另有规定的除外；

（二）公开处理信息的规则；

（三）明示处理信息的目的、方式和范围；

（四）不违反法律、行政法规的规定和双方的约定。

个人信息的处理包括个人信息的收集、存储、使用、加工、传输、提供、公开等。

【条文主旨】

本条是关于处理个人信息的原则和个人信息处理的含义与范围的规定。

【条文理解】

与《民法典》人格权编草案二审稿的规定相比，三审稿将本条第1款中的“收集、使用”修改为“收集、处理”，此后本条又将“收集”删除，统一将此包括在“处理当中”。在三审稿时增设第2款，明确“处理”的含义。“处理”相比“使用”，概念内涵更为丰富，这就使得本条以下的条款适用范围更为广泛，对个人信息的保护更为充分。此外，本条第1款较三审稿还增加了“不得过度处理”个人信息的要求。现将本条规定内容解读如下：

一、个人信息处理基本原则的沿革

本条是个人信息保护的中心条款，明确了个人信息处理的基本原则。本条第 2 款规定了个人信息处理的范围，包括个人信息的收集、使用、加工、传输、提供、公开等。也就是有关这些个人信息处理的具体情形，都要适用本条第 1 款规定的个人信息处理规则。这其中最为重要的就是个人信息处理三原则，即合法性、正当性和必要性。

《全国人民代表大会常务委员会关于加强网络信息保护的决定》第 2 条的规定，网络服务提供者和其他企业事业单位在业务活动中收集、使用公民个人电子信息，应当遵守合法、正当、必要的原则，该规定确立了个人信息收集与处理的合法、正当、必要的基本原则。此后，2017 年 6 月 1 日起施行的《网络安全法》第 41 条采纳了这一原则。《消费者权益保护法》第 29 条也规定："经营者收集、使用消费者个人信息，应当遵循合法、正当、必要的原则，明示收集、使用信息的目的、方式和范围，并经消费者同意。经营者收集、使用消费者个人信息，应当公开其收集、使用规则，不得违反法律、法规的规定和双方的约定收集、使用信息。经营者及其工作人员对收集的消费者个人信息必须严格保密，不得泄露、出售或者非法向他人提供。经营者应当采取技术措施和其他必要措施，确保信息安全，防止消费者个人信息泄露、丢失。在发生或者可能发生信息泄露、丢失的情况时，应当立即采取补救措施。经营者未经消费者同意或者请求，或者消费者明确表示拒绝的，不得向其发送商业性信息。"本条对此作出了进一步明确。

二、个人信息处理基本原则的内容

（一）关于合法性原则

这一原则要求所有对个人信息的收集和处理的活动都要符合我国的法律规范，这里的法律规范不仅是指民法中的相关内容，还包括其他部门法对个人信息保护有所涉及的内容，如《电子商务法》《网络安全法》以及最高人民法院的相关司法解释等。合法原则的核心要求是个人信息的收集、处理应当具有法律依据，并且符合所有的法律要求。[①]具体而言，合法性原则主要包含如下两方面的内容：（1）收集、处理信息的主体必须合法。何种主体有权收集、处理他人的个人信息，需要依据法律的规定来具体确定。通常个人信息的收集、处理机构主要有两类：一是法律授权的主体，如国家机关（包括权力机关、立法机关和司法机关等）。无论当事人同意与否，有关部门都可以在法律授予职权的范围内依法收集、处理和利用个人信息。[②]二是获得信息主体同意的信息收集机构。例如，信息主体出于参加某个俱乐部的需要，而填写某些表格或申报个人信息，为登录某些网站而填写某些信息。信息的收集机构可以经过当事人的同意而成为合法的个人信息收集者。（2）收集、处理个人信息的手段必须合法。除要遵守《民法典》中有关个人信息收集、处理的规范外，例如个人信息的收集必须基于自然人或者监护人的同意，还要尽到收集、处理信息的相关公开公示义务，保证自然人的知情权，《网络安全法》等还对个人信息收集、处理者有关行为规范提出了特别要求。

（二）关于正当性原则

这一原则较为抽象，需要在审判实践中结合具体案例判断。有观点认为，正当原则包括业务正当性，指个人信息的收集、使用应当是其开展业务所需要的，不得超出其业务能力范围开展信息收集活动；还包括目的正当性，一般而言，私法主体收集、使用目的是否正当，法律不过多干涉，只要该目的在社会的惯例和人们认识中合理即可。[③]我们认为，正当性原则通常是要求进行信息收集和处理的目的和手段要正当。目的正当，一方面要求信息收集者不能超越法律规定或者商业机构事先确定的目的收集其他信息。如房产登记机构可以收集与财

① 程啸、阮神裕：《论侵害个人信息权益的民事责任》，载《人民司法》2020年第4期。

② 齐爱民：《拯救信息社会中的人格——个人信息保护法总论》，北京大学出版社2009年版，第266页。

③ 梁泽宇：《个人信息保护中目的限制原则的解释与适用》，载《比较法研究》2018年第5期。

产登记相关的个人信息，而不能收集与登记无关的其他个人信息。另一方面，不能将收集的信息做超出目的的利用。例如，房产登记机构收集产权人的财产信息只能用于公示的目的，而不能将此登记信息用于商业目的，如出售。手段正当则是要求信息处理者处理相关信息要符合诚信原则要求，同时要尽量满足透明的要求，以便当事人能够充分了解相关信息的收集、使用目的，行使相关权利。

（三）关于必要性原则

所谓必要性原则，是指在从事某一特定活动时可以收集、处理，也可以不收集、处理个人信息时，要尽量不收集、处理。在必须使用并征得权利人许可时，要尽量少地进行收集、处理。这应是必要原则在个人信息收集方面的体现。必要原则也被称为最小化原则或最少够用原则。具体而言，必要原则要求：一方面，在收集个人信息时，其所获取的个人信息应当以满足使用的目的为限，而不得超出该范围收集个人信息。例如，在论坛注册账号时，除非有正当理由，否则不得要求用户提供家庭地址和手机号码等信息。在安装手机软件时，若该软件只服务于地图位置搜索，则不应当要求用户提供不必要的短信内容信息。另一方面，在利用个人信息时，也应遵循必要原则。《传染病防治法》第12条第1款规定："在中华人民共和国领域内的一切单位和个人，必须接受疾病预防控制机构、医疗机构有关传染病的调查、检验、采集样本、隔离治疗等预防、控制措施，如实提供有关情况。疾病预防控制机构、医疗机构不得泄露涉及个人隐私的有关信息、资料。"《突发公共卫生事件应急条例》第25条要求国务院卫生行政主管部门负责向社会发布突发事件的信息。公布传染病人的位置、行踪，有利于密切接触者进行自我防护，但并无必要公开传染病人的姓名、家庭信息、手机号、个人病史等。此外，个人信息的存储也应遵循存储时间最小化的原则，即除却法律法规另有规定或个人信息主体另行授权，个人信息存储期限应为实现个人信息主体授权使用的目的所必需的最短时间。

在此需要强调的是，《信息安全技术个人信息安全规范》对个人信息保护基本原则进行了较系统的规定，包括：（1）权责一致原则，即对其个人信息处理活动对个人信息主体合法权益造成损害的承担责任；（2）目的明确原则，即具有合法、正当、必要、明确的个人信息处理目的；（3）选择同意原则，即向个人信息主体明示个人信息处理目的、方式、范围、规则等，征求其授权同意；（4）最少够用原则，除与个人信息主体另有约定外，只处理满足个人信息主体授权同意的目的所需的最少个人信息类型和数量。目的达成后，应及时根据约定删除个人信息；（5）公开透明原则，即以明确、易懂和合理的方式公开处理个人信息的范围、目的、规则等，并接受外部监督；（6）确保安全原则，即要求具备与所面临的安全风险相匹配的安全能力，并采取足够的管理措施和技术手段，保护个人信息的保密性、完整性、可用性；（7）主体参与原则，即向个人信息主体提供能够访问、更正、删除其个人信息，以及撤回同意、注销账户等方法。这些原则有的与上述三原则存在重复交叉，有的则属于这三原则的细化和补充。这是保障信息主体知情权、自决权以及其他相关权利的前提和基础，能有效弥补合法、正当、必要等原则的不足。[①] 在审判实践中，可以结合这些标准来确定个人信息处理者处理信息的行为是否违法及是否存在过错。

三、个人信息处理的具体要求

本条第 1 款第 1 至 4 项对个人信息的处理提出了具体要求。现就有关具体规则阐述如下：

第 1 款第 1 项将自然人的知情同意视为合法信息收集和处理的合法性前提，这充分体现了当事人自己的意思在信息收集和使用中的重要地位，保障了当事人对自身个人信息的控制。对个人信息的收集和利用，必须经过本人充分知情前提下的同意，此即个人信息保护下的知情同意原则。个人信息保护是信息社会的重要问题，对个人信息保

① 周汉华：《探索激励相容的个人数据治理之道——中国个人信息保护法的立法方向》，载《法学研究》2018 年第 2 期。

护而言，知情同意原则往往被认为具有“帝王条款”的地位。自1970年的《德国黑森州信息法》开始，告知同意原则便为全球范围内的个人信息保护立法普遍使用。世界经济合作与发展组织（OECD）在1980年《关于隐私保护与个人数据跨界流通的指南》中，也对信息主体的同意作出了相关规定。后续1995年欧盟《关于涉及个人数据处理的保护以及此类数据自由流动的指令（95/46/EC）》《德国联邦数据保护法》（Federal Data Protection Act），以及法国、英国等均分别在各自的个人信息保护相关法律中对知情同意规则作出了规定。我国在2012年《全国人民代表大会常务委员会关于加强网络信息保护的决定》第2条中明确要求，网络服务提供者和其他企业事业单位在业务活动中收集、使用公民个人电子信息，应当经被收集者同意。《网络安全法》第22条第3款中也明确规定：“网络产品、服务具有收集用户信息功能的，其提供者应当向用户明示并取得同意。”第41条也强调，网络运营者处理个人信息应当经过被征集者同意。

关于知情同意的法理基础，有学者认为，这来自民法的自愿原则。从具体的行为性质来看，同意应属于意思表示的一种，同意既可能构成合同等交易行为的给付内容，也可以单纯表达对他人商业利用不法性的排除。两者分别体现了权利人对其个人信息的积极和消极控制。而无论是积极还是消极，信息主体同意他人收集、处理其个人信息，均旨在践行个人的行动自由和信息自决，实现的是其所欲实现的法律效果。[①]虽然学界对这一原则的适用也存在反思和进一步研究的观点，但不可否认的是这一规则已经被我国立法及世界不少发达国家所确立，其核心内容体现的是个人对信息利用的自我决定权，从导向上而言，是在加强个人信息的保护。

另外，第1款第1项规定延续了二审稿与三审稿的规定，对无民事行为能力人和限制民事行为能力人的个人信息收集、处理特别要求取得监护人的同意。对个人信息收集、处理的同意，可以被视为对自

---

① 参见陆青：《个人信息保护中“同意”规则的规范构造》，载《武汉大学学报（哲学社会科学版）》2019年第5期。

身个人信息权益的支配，属于民事法律行为，应遵循《民法典》中的第 17 条至第 22 条关于无民事行为能力人、限制行为能力人实施民事法律行为的相关规定。要注意本项内容的适用不仅保护了未成年人，同时也保护了不能辨认或者不能完全辨认自己行为的成年人。

从另一个角度讲，知情同意就构成了他人处理自然人个人信息的合法理由或者免责理由。如果权利人同意他人理由其个人信息，比如网络服务提供者或者网络用户公开自己的个人信息，后者自然应予免责。在此应当注意的是，这里的“同意”，应当以信息处理者履行相应的告知义务为前提，而且告知的内容应当明确具体，涉及限制对方当事人权利、增加对方当事人义务的，应当给予必要的提示或者特别说明。本条第 1 款第 2 项和第 3 项即规定了自然人有效同意的前提条件是，必须向该自然人履行告知义务，让其充分知悉收集和使用的规则、目的、方式和范围，了解个人信息收集和使用的后果和可能的影响，以保证自然人的意思判断是真实的。

本条第 1 款第 4 项一方面明确规定了当事人的约定对于个人信息处理的限制作用，即处理个人信息必须不违反当事人的约定，当然这一约定必须以合法有效为前提条件。另一方面，本项规定也具有兜底条款的性质，为将来法律和行政法规规定其他禁止性行为提供了空间。由于个人信息的处理给民事主体所带来的风险是一种新型的风险，在当前的社会背景与技术条件下，很难预见到未来个人信息处理是否会产生其他侵害人身、财产安全的现象。因此，人格权编对个人信息进行规定时，留有一定空间有利于应对未来出现的情形。

【审判实践中应注意的问题】

1. 本条第 1 款的 4 项关于个人信息处理规则的具体要求与个人信息处理三原则之间是并用的关系，即个人信息处理必须同时符合这两方面的要求，个人信息处理者才是没有过错的。仅具备其中之一的内容，并不足以排除侵权行为的构成。

2. 对本条第1款规定的反对解释，再结合侵权责任编有关归责原则、责任构成的规定，即构成确立个人信息侵权责任构成要件的一般规则。《民法典》中缺乏明确的关于个人信息侵权责任的专门规定，这在一定程度上提高了审判实践中法律适用的难度。就目前的法律体系而言，侵害个人信息案件需要结合侵权责任编的有关规定。目前可以与个人信息保护具有一定关联性的是第1194条、第1195条关于网络侵权的规定，但这两条并未规定侵权责任的归责原则。而依据第1165条、第1166条关于归责原则的一般规定，在法律没有明确规定适用无过错责任和过错推定责任的情况下，就要适用过错责任的一般规则。这一基本规则是确定的，但在诉讼中涉及具体举证责任分配问题，有必要考虑原被告双方的举证能力、信息偏在、证据控制等因素，合理确定双方当事人的举证责任，对此，我们将在下一条中予以详细探讨。

第一千零三十六条 处理个人信息，有下列情形之一的，行为人不承担民事责任：

（一）在该自然人或者其监护人同意的范围内合理实施的行为；

（二）合理处理该自然人自行公开的或者其他已经合法公开的信息，但是该自然人明确拒绝或者处理该信息侵害其重大利益的除外；

（三）为维护公共利益或者该自然人合法权益，合理实施的其他行为。

【条文主旨】

本条是关于处理自然人个人信息免责事由的规定。

【条文理解】

本条及三审稿第1项相比于一、二审稿，增加了“监护人”作为同意个人信息收集、处理的主体。本条及二、三审稿将一审稿中的共5项免责事由删改为3项，首先，去除了兜底条款，减少了对个人信息权益的不当限制；其次，将“为学术研究、课堂教学或者统计目的在合理范围内实施的行为”以及“为维护公序良俗而实施的必要行为”删去，增设“为维护公共利益或者该自然人合法权益，合理实施的其他行为”。在最后的修改中，在第1项、第2项中增加了“合理”实施和“合理处理”的要求，将“自然人个人信息”修改为“自然人”表述更加严谨。现将本条内容说明如下：

一、个人信息侵权责任的构成

本条从免责事由角度对个人信息侵权责任作出了规定，从逻辑体系上讲，对本条的适用首先要厘清个人信息侵权责任的构成。而这又离不开有关归责原则的确定。目前，《民法典》及现行法律尚未对此作出明确的规定。

（一）关于归责原则

目前，学界对个人信息侵权行为多主张过错推定原则，适用举证责任倒置规则，即在法律对个人信息保护有特别规定的情况下，基于损害事实的客观存在，推定信息处理者行为存在过错并由其对自身没有过错承担举证责任。适用过错推定原则主要理由在于，网络环境的技术性较强，让信息主体举证信息控制者在信息收集、加工、存储、利用过程中存在过错，难度较大。[①] 另有观点认为，侵害个人信息的侵权责任应当适用过错责任原则。其主要理由在于，任何侵权责任类型适用过错推定责任或无过错责任，必须以法律有明确规定为前提，但是个人信息保护领域尚无此类特别规定。而且侵害个人信息侵权行为的基本性质是侵害隐私权，属于一般侵权行为，因此必然适用过错责任原则。[②] 上述观点都有相应道理，在目前法律和司法解释对此并未作出明确规定的情况下，有必要在实践中进一步总结经验提炼相关规则。当前实务中比较可行的做法就是根据双方对证据的掌握情况和举证能力，对双方当事人都分配相应的举证责任，对此做一相对平衡的规则处理，不可否认，信息控制者一方应负有更重的举证责任。

（二）关于侵权责任构成要件

关于侵害个人信息侵权责任构成，通常也包括四要件，即违法行为、损害后果、因果关系和主观过错。在此要注意的是，这里的过错

---

① 参见尹志强：《网络环境下侵害个人信息的民法救济》，载《法律适用》2013年第8期。

② 参见杨立新：《侵害公民个人电子信息的侵权行为及其责任》，载《法律科学（西北政法大学学报）》2013年第3期。

要件要采取客观化标准，对相应注意义务的违反，就应当认定为有过错。某种意义上讲，此主观过错要件与侵权行为要件在个人信息侵权责任构成上，更加呈现趋同或者合一的特点。

1. 关于违法行为。以行为表征的不同为标准划分，侵害个人信息的具体行为类型主要包括：非法获取个人电子信息、非法出售个人电子信息、非法向他人提供个人电子信息、非法泄露个人电子信息、非法篡改个人电子信息、非法毁损个人电子信息、丢失个人电子信息和违法发送电子信息侵扰生活安宁、对泄露公民个人电子信息或侵扰他人的电子信息未采取补救措施的行为。[①] 这一概况具有可参考性。侵害个人信息的行为在本质上必须具有违法性，即违反法律、行政法规的规定，并不限于《民法典》人格权编的规定。

2. 关于损害后果。在理论和实务中，侵害个人信息的损害事实如何认定是一个难点问题。特别是对敏感信息，如果非要等到这些泄露的敏感信息被他人恶意利用，造成现实的物质损害时才可认定为权益侵害，则未免太过机械。并且，这样的观念也没有考虑到信息主体个人因其敏感信息被泄露而产生的恐惧、焦虑等非物质损害。因此，确认敏感信息的泄露本身即构成权益侵害，无疑是法律顺应信息科技和大数据社会到来的一种有效选择。[②] 另有观点认为，侵害个人信息侵权可以分为财产损失和个人信息权受到侵害但没有财产损失或者难以证明财产损失两种情况。[③] 这一见解较有道理。具体包括：（1）侵害个人信息权导致财产损失，即利用非法取得个人信息实施电信诈骗等侵害受害人的财产权益，如“申某与上海某某商务有限公司等侵权责任纠纷案”，原告因个人的手机号和航班信息被他人泄露而被犯罪分

---

① 参见杨立新：《侵害公民个人电子信息的侵权行为及其责任》，载《法律科学（西北政法大学学报）》2013 年第 3 期。

② 丁宇翔：《个人信息民事司法保护的若干难点及破解路径》，载《中国审判》2019 年第 19 期。

③ 参见程啸、阮神裕：《论侵害个人信息权益的民事责任》，载《人民司法》2020 年第 4 期。

子实施电信诈骗，损失了118900元。[①] 此外，有关财产损害又包括直接财产损害和间接财产损害，如司法实践中，因个人信息被泄露导致后续被诈骗导致的财产损失属于直接的财产损害；个人信息被非法使用或进行交易买卖，为了维护个人信息权而花费的费用属于间接成本，包括更换账号密码、挂失银行卡等花费的时间与金钱成本。（2）个人信息权受到侵害但没有财产损失或者难以证明财产损失。例如，被告未经原告的同意，将原告的房产信息和身份证信息为另一个被告办理了居住证，导致原告在为其亲戚办理居住证时无法办理，该案原告虽然要求被告承担10万元的经济损失，但其并未能提出相关的证据加以证明。[②]

我们认为，关于侵害个人信息的损害如何确定的问题，应当区分财产损害和精神损害两个方面进行，而这两个方面都要以符合各自相应的构成要件为限定条件。特别是就财产损害而言，必须受到因果关系条件的限定，对此应以相当因果关系的标准进行判断，不可随意扩大财产损害的赔偿范围，否则也容易引起滥诉。至于精神损害赔偿，《信息网络规定》第17条也规定："网络用户或者网络服务提供者侵害他人人身权益，造成财产损失或者严重精神损害，被侵权人依据侵权责任法第二十条和第二十二条的规定请求其承担赔偿责任的，人民法院应予支持"。因此，在个人信息侵权案件中，原告无法证明自己遭受了严重的精神损害，则不得请求侵权人承担精神损害赔偿责任。

在此需要特别说明的是，利用信息网络侵害人身权益的案件有几个特点：（1）维权成本比较高。维权成本高体现在确定侵权人的成本高、取证成本高、律师费用高等几个方面。（2）通过诉讼维护个人权益具有一定的外部性，这些诉讼尤其是原告胜诉的案件，在倡导正确的网络观念、确立良好的网络行为规范、建立规范的网络秩序等方面有重要作用。因此，合理分配维权成本有利于促进网络秩序的良性循

① 参见申某与支付宝（中国）网络技术有限公司等侵权责任纠纷案，北京市朝阳区人民法院（2018）京0105民初36658号民事判决书。

② 参见北京市朝阳区人民法院（2018）京0105民初9840号民事判决书。

环。（3）在侵害隐私权、名誉权等人身权益的案件中，被侵权人往往并无具体的财产损失或者不能证明具体的财产损失，结果造成维权成本过高、违法成本过低的不平衡状态。有鉴于此，《信息网络规定》在财产损失的赔偿方面作出了如下规定：（1）将维权成本，包括调查取证的合理费用和合理的律师费用作为侵害人身权益的财产损失，由侵权人予以赔偿；（2）参照相关规定，在被侵权人的财产损失或侵权人获益无法确定的情况下，人民法院可在50万元以下根据具体案情作出裁量。

3. 关于因果关系的认定。个人信息泄露造成信息主体被他人诈骗而遭受损害的案件类型，在这类案件中，往往存在着因果关系证明的难题。例如，在“庞某与北京某某信息技术有限公司等隐私权纠纷案”和“孙某某诉上海联通侵犯隐私权纠纷”[①]中，受害人往往难以证明网络平台真的泄露了个人信息，以及受害人遭受的损害与网络平台之间存在因果关系。有学者也指出，个人信息侵权案件中的因果关系存在两方面的难题：（1）在责任成立的因果关系层面，在有多个信息控制者时，受害人往往难以证明谁是真正的加害行为人。如在数据收集、处理、转移以及使用等多个环节中，参与的信息控制者太多，每个环节都可能发生数据不当泄露，从而导致受害者难以确定侵权行为人的范围，无法准确获知谁是侵权行为人。（2）在责任范围的因果关系层面，由于信息控制者可能存在的泄露行为并不是直接侵权行为，而是为下游他人的侵权创造了条件：所涉及的个人信息的传播过程中可能介入第三人的行为，该信息也有可能通过该信息控制者之外的其他途径获得，他们不是掌握这些信息的唯一介体；此外，也无法排除可能遭到不可预料的黑客攻击或信息主体自身所为的可能。[②]因此，即使证明了信息控制者的平台系统存在漏洞，或信息控制者实施了与

---

① 参见北京市第一中级人民法院（2017）京01民终509号民事判决书，上海市浦东新区法院（2009）浦民一（民）初字第9737号民事判决书。

② 参见刘海安：《个人信息泄露因果关系的证明责任——评庞某某与东航、趣拿公司人格权纠纷案》，载《交大法学》2019年第1期。

信息主体的个人信息有关的一定行为（比如经信息主体同意进行了信息披露），也无法确切证明其泄露行为正是损害结果发生的原因。[①]（3）在责任承担方面，目前争议较大的问题是，因信息泄露、公开等导致当事人被骗巨额财产，或者导致当事人死亡等严重后果时，是认定侵害个人信息行为与此后果有因果关系并按照原因力规则确定责任，还是认定为没有因果关系而仅作为法定损害赔偿时的一个酌定损害赔偿金额的因素来适用。

有观点主张，应当在个人信息侵权案件中，降低证明标准，以便对受害人提供充分的救济，缓和证明标准，由“高度可能性”降低为“较大可能性”，即证明被告泄露信息的较大可能性即可。[②]这一观点较有道理，值得参考。在个人信息保护案件中，缓和“相当性”的证明负担，意味着从宽理解“若有该行为，通常是否会产生该损害”，只要原告证明侵权行为与侵害结果存在引起和被引起的条件关系，即应认定存在因果关系。[③]同时，在证明标准上，在当前法律司法解释规定框架下，有必要用足、用好《民事诉讼法司法解释》关于民事诉讼证明标准的规定。其第108条确立了盖然性证明标准，即“确信待证事实的存在具有高度可能性”。在现代发达信息技术的背景下，侵害个人信息的主体，比如泄露主体、侵权行为样态、因果关系等都存在难以认定的问题，这时更有必要强调适用有关民事诉讼证据认定标准的基本规则，即高度盖然性规则，同时也有必要强调日常生活经验法则的运用。其实，在上述庞某与北京某某信息技术有限公司等隐私权纠纷案中，庞某被泄露的信息包括姓名、手机号、行程安排等，其行程安排无疑属于私人活动信息。从收集证据的资金、技术等成本上看，作为普通人的庞某根本不具备对某航空公司和该信息技术公司内部数据信息管理是否存在漏洞等情况进行举证证明的能力。因此，客

---

① 参见叶名怡：《个人信息的侵权法保护》，载《法学研究》2018年第4期。

② 参见杨立新：《侵害公民个人电子信息的侵权行为及其责任》，载《法律科学（西北政法大学学报）》2013年第3期。

③ 丁宇翔：《个人信息民事司法保护的若干难点及破解路径》，载《中国审判》2019年第19期。

观上，法律不能也不应要求庞某证明必定是此两公司泄露了其私密信息。两公司均未证明涉案信息泄漏归因于他人或黑客攻击，抑或是庞某本人。法院在排除其他泄露隐私信息可能性的前提下，结合本案证据认定上述两公司存在过错。[①] 此裁判规则也体现了民事诉讼证明标准并结合日常经验法则的运用。

从本条规定看，侵害个人信息的民事责任不仅包括侵权责任，还包括违约责任，此二者存在竞合。关于违约责任的适用，应当适用合同编的有关规则，有关举证责任也要适用合同履行有关的举证责任规则。

二、个人信息民事责任的免责事由

《信息网络规定》第 12 条规定："网络用户或者网络服务提供者利用网络公开自然人基因信息、病历资料、健康检查资料、犯罪记录、家庭住址、私人活动等个人隐私和其他个人信息，造成他人损害，被侵权人请求其承担侵权责任的，人民法院应予支持。但下列情形除外：（一）经自然人书面同意且在约定范围内公开；（二）为促进社会公共利益且在必要范围内；（三）学校、科研机构等基于公共利益为学术研究或者统计的目的，经自然人书面同意，且公开的方式不足以识别特定自然人；（四）自然人自行在网络上公开的信息或者其他已合法公开的个人信息；（五）以合法渠道获取的个人信息；（六）法律或者行政法规另有规定。网络用户或者网络服务提供者以违反社会公共利益、社会公德的方式公开前款第四项、第五项规定的个人信息，或者公开该信息侵害权利人值得保护的重大利益，权利人请求网络用户或者网络服务提供者承担侵权责任的，人民法院应予支持。国家机关行使职权公开个人信息的，不适用本条规定。"本条规定也是充分参考和吸收了该司法解释的上述规定内容。非法利用他人个人信息，影响个人对其个人信息进行控制的行为，只要不存在相关

① 参见谢某诉华润置地（成都）物业服务有限公司隐私权案，北京市第一中级人民法院（2017）京 01 民终 509 号民事判决书。

的免责事由，都构成对他人个人信息权的侵害。根据本条的规定，侵害个人信息权相关责任的免责事由主要有如下几种：

（一）权利人的同意

权利人的同意是信息利用的基本依据，若权利人属于无民事行为能力人或限制民事行为能力人，在得到其监护人同意的情况下也可以处理权利人的个人信息。若信息处理者能够证明在权利人授权同意的范围内使用个人信息，则不应当承担侵权责任。需要注意的是，对未成年人而言，未成年人信息通常属于敏感信息，一旦泄露、非法提供或滥用可能危害人身和财产安全，极易导致未成年人的个人名誉、身心健康受到损害或歧视性待遇。而根据《民法典》总则编中的第26条的规定，“父母对未成年子女负有抚养、教育和保护的义务”，监护人负有保护未成年人信息的义务，在同意授权时需要谨慎考量与保护未成年人权益。

（二）合法公开的信息

已经合法公开的信息通常为权利人自行向社会公众公开，已经经过权利人对个人信息利益的权衡，或是由于涉及公共利益而为特定机构或组织公开，例如通过合法的新闻报道、政府信息公开、刑事侦查、司法判决等渠道产生的个人信息。再比如依据网络报道、企事业单位依法公示等方式获得的个人信息，再次传播或公开原则上不能认为侵害个人权益。概言之，自然人自愿公开的个人信息，通常应视为权利人放弃了对该信息的保护，一般也无保护的必要。但若非个人自愿公开的信息，则就存在非法公开和合法公开的区别，依据本条规定，只有在合法公开的情况下，才能成为免责事由。

（三）为了维护公共利益或者该自然人的合法权益

此处的公共利益主要包括国家公权力机关为了制定国家经济、社会政策的需要而处理有关公民的个人信息，或是为了国家安全、公共安全、公共卫生等处理相关个人信息，以及与刑事侦查、起诉、审判和判决执行相关等事务而需要处理的个人信息。为了该自然人的合法权益在未经授权情况下处理个人信息，则通常是基于维护个人信息主体或其他个人的生命、财产等合法权益，此合法权益原则上应以重大为要，且个人信息主体由于疾病或其他原因无法作出同意或者授权的情形。

【审判实践中应注意的问题】

一、免责事由的适用要注意的相关限制

首先，处理自然人已经合法公开的信息应当避免侵害权利人的重大利益。例如，对于个人敏感信息而言，通常情况下权利人不会主动公开，即使该信息出现在公开的环境中，基于诚信原则的要求，他人也不应当以违背个人信息主体意愿的方式直接使用或与其他信息进行关联定向分析或者使用，例如使用他人身份证复印件实名登记手机号、信用卡等。同时，基于公序良俗原则的考虑，他人也不应收集或处理可能对他人带来重大风险的信息，例如性取向、传染病史等信息的传递可能使他人遭受不必要的歧视。其次，即便是以公共利益为依据进行的个人信息处理活动，也必须满足合法、正当、必要的原则，不对实现目的必要范围之外的个人信息进行收集和处理。此外，这里要明确相应的告知义务，即将收集、处理个人信息的具体情况和理由尽快告知权利人，而且必须仅限于其处理信息的目的，在其处理目的实现之后应当尽快删除或者对相关信息进行匿名化处理。最后，根据《信息网络规定》第 12 条第 3 项的规定，“学校、科研机构等基于公共利益为学术研究或者统计的目的，经自然人书面同意，且公开的方式不足以识别特定自然人”。换言之，为学术研究、课堂教学或者统计目的在合理范围内实施的处理个人信息等行为，虽然目的是增进社会科学技术与知识的发展，但这并不足以成为知情同意原则的例外，且公开的方式不足以指向特定自然人，即该公开的资料已经不具可识别性。

二、关于侵害个人信息纠纷的举证责任问题

根据本条规定，结合有关审判经验，有关举证责任的分配问题，可以考虑适用如下规则：自然人主张其个人信息受到侵害的，应当提供以下证据：（1）个人信息受到侵害的具体情形；（2）个人信息受到侵害造成相应的损害后果；（3）信息收集者、持有者未经其同意或者未明示收集、使用信息的目的、方式、范围；（4）信息收集者、持有者违反法律、法规收集、使用信息的其他情形。同时，个人信息收集者、持有者主张其不承担侵害个人信息侵权责任的，应当就以下事实承担举证证明责任：（1）收集、使用自然人个人信息遵循了合法、正当、必要的原则；（2）明示了收集、使用信息的目的、方式和范围；（3）征得该自然人或者其监护人同意，法律、行政法规规定无须征得自然人或者其监护人同意的除外；（4）采用了确保个人信息安全的严格技术措施和其他必要措施；（5）其他已经履行法律、行政法规或者双方约定规定的合法收集、使用个人信息义务的情形。这一举证责任分配的规则遵循了举证责任缓和的规则，在现行法律规定的框架下，考虑到原被告双方经济实力、信息不对称等因素，对原被告双方的举证责任作出了适当平衡。突出了原告方在行为意义上的举证责任，明确了被告方在合法收集、使用个人信息即行为合法性方面的举证证明责任。对于双方当事人提供的证据，人民法院应当依照《民事诉讼法司法解释》第 108 条的规定，并结合日常生活经验法则，认定侵害个人信息侵权责任的构成要件事实是否存在。当然，这仅是目前我们的研究和考虑，有关具体举证责任规则，还需要依据《民事诉讼法》《民事诉讼法司法解释》《民事诉讼证据规定》等法律和司法解释确定，最高人民法院将在进一步总结审判实践经验的基础上，适时出台相关司法解释对这一问题予以进一步明确。

第一千零三十七条 自然人可以依法向信息处理者查阅或者复制其个人信息；发现信息有错误的，有权提出异议并请求及时采取更正等必要措施。

自然人发现信息处理者违反法律、行政法规的规定或者双方的约定处理其个人信息的，有权请求信息处理者及时删除。

【条文主旨】

本条是关于个人对其信息的查阅、复制权以及更正、删除权的规定。

【条文理解】

《民法典》人格权编草案三审稿时将原来的“持有者”改为“控制者”。我们认为，这一修改能有效地保护信息主体的合法权益，因为控制者是实际支配和管制个人信息的一方，该修改让信息主体可以直接请求个人信息的实际控制人，而非仅仅是持有人。在最后的文本中，将此“控制者”修改为“处理者”，这在行文上与本章其他条文保持一致，同时将“抄录”的事项删除。现将本条规定解读如下：

一、个人信息的查阅复制、更正

本条所规定的权利在《德国联邦数据保护法》（2015）第34条以下，欧盟《通用数据保护条例》（GDPR）第15条以下及我国台湾地区“个人资料保护法”第3.11条等法律规范中也有类似规定。

查阅个人信息在整个个人信息保护权利体系中具有重要地位，不仅是因为它是公开透明原则的要求，更是因为只有当事人在广泛掌握这些信息的前提下，才可以知晓具体的个人信息收集和使用的状况，才能够判断信息处理活动是否符合本人的意愿以及后续的处理活动是否仍然符合本人的预期，当事人也才可以判断是否有必要对相关信息进行复制以及是否有必要进行更正、删除。因此，内容广泛的查阅权是行使其他辅助性权利的前提。[①] 个人信息的复制对实现个人信息自决的权益具有重要意义，个人信息保护的关键在于个人对自己相关信息的控制与利用。从这个意义上讲，赋予信息主体相应的复制其个人信息的权利可以使其获取和移植自身数据，这不仅能够为其行使相关权利提供便利，也为保护个人信息提供重要保障。至于复制的形式，若个人信息采用电子方式记录，个人信息处理者应当采用通常使用的机器可读的形式，方便权利人便捷地访问和使用自身的个人信息。当然，个人信息处理者在提供复制个人信息服务时，要注意验证权利人身份，避免发生个人信息的不当泄露。

本条第1款后半句规定了更正个人信息的情形。个人参与社会生活，需要通过对个人信息的使用和公开，塑造和维护自己的社会形象，并以此为基础进行相应的社会交往。同时在社会交往中通过对他人个人信息的收集，不断加深对社会环境的理解，不断完善自己的社会形象，并最终促进个人人格发展。从另一个角度讲，任何个人信息的不实、错误或者对其内容的扭曲都会或多或少影响个人社会形象的塑造，让个人在社会中的发展偏离自己的预期。因此，针对错误信息的更正权对保护个人信息乃至人格尊严十分重要。

二、个人信息的删除

本条第2款规定了自然人主张删除其个人信息的条件，在当事人了解信息收集和使用的基本状况之后，就可以判断信息处理活动是否符合法律规定以及是否符合双方的约定。例如，信息持有者未经个人同意收集、处理个人信息，或是持有的信息储存期限依法已经届满，

---

① 谢远扬：《〈民法典人格权编（草案）〉中“个人信息自决”的规范建构及其反思》，载《现代法学》2019年第6期。

又比如根据收集或者使用的特定目的，信息持有人持有信息已经没有必要等。依据本条第2款规定，自然人发现信息控制者违反法律、行政法规的规定或者双方的约定收集、处理其个人信息的，有权请求信息控制者及时删除。

个人信息的删除问题与学理和舆论上讨论的“被遗忘权”密切相关。2014年欧盟法院在冈萨雷斯与谷歌一案中的判决，该判决大致提出了被遗忘权的内容。2016年4月，欧洲议会通过《通用数据保护条例》（GDPR），在其中的第17条规定“擦除权（被遗忘权）”，明确以立法形式规定了被遗忘权。[①]通常而言，被遗忘权是指信息主体对已发布在网上的有关自身不恰当、过时、继续保留会导致其社会评价降低的信息，要求信息控制者予以删除的权利。个人信息权是一种“积极性”的人格权，强调对个人信息的支配、利用、决定和保护。该个人信息权下的重要权能，还包含信息主体有权决定删除个人信息。[②]

关于被遗忘权和主张删除个人信息的关系问题，有观点认为，被遗忘权仅属于个人信息的删除权能。因为，被遗忘权所涉及的客体主要是个人信息，保护的是人格尊严，具有人格权属性，被遗忘权是个人信息保护的一种手段，将被遗忘权放入个人信息的权能范畴更为适当。此说值得商榷之处在于，其将被遗忘权与删除权等同，而没有看出两者之间在构成要件和保护利益上的根本区别。在被遗忘权中，删除或控制个人信息是手段而非目的，以手段界定权利实为本末倒置。[③]我们认为，本条第2款规定的在信息处理者违反法定或者约定义务处理信息的情况下，信息主体有请求删除该信息的权利与“被遗忘权”存在很大程度的重合或者交叉。毫无疑问，本款规定对保护“被遗忘权”具有重要意义。但在具体法律适用上，二者的适用条件并不相

---

① 万方：《终将被遗忘的权利——我国引入被遗忘权的思考》，载《法学评论》2016年第6期。

② 杨立新、韩煦：《被遗忘权的中国本土化及法律适用》，载《法律适用》2015年第2期。

③ 满洪杰：《被遗忘权的解析与构建：作为网络时代信息价值纠偏机制的研究》，载《法制与社会发展》2018年第2期。

同。就信息主体请求及时删除这一权利的保护，要严格按照本款规定来适用，符合本款规定的，依法予以适用，既充分保护当事人的个人信息，也要避免此规则的滥用，影响信息的流通和数据的运用。

此外，关于本条的规定，还要注意的是，发布侵权信息的网络用户即侵权人与被侵权人达成删帖协议，由侵权人提供删除服务，被侵权人支付报酬。对于这种协议的效力，应如何认定？我们认为，按照现行法的规定，侵权人采取删除等必要措施是其法定义务。侵权人利用技术上的优势、利用互联网本身的特点与被侵权人达成协议，显然违背公序良俗，应认定为无效。《信息网络规定》第 14 条第 1 款规定："被侵权人与构成侵权的网络用户或者网络服务提供者达成一方支付报酬，另一方提供删除、屏蔽、断开链接等服务的协议，人民法院应认定为无效。"

【审判实践中应注意的问题】

关于本条的适用，在审判实践中需要探讨的问题是，有关请求更正或者删除等权利的可诉性问题。一种观点认为，如果仅仅是为了查询或者复制个人信息就到法院起诉，可能会造成诉讼"爆炸"，给法院增加很多工作量。另一种观点认为，查询或者复制个人信息本来就是法律赋予自然人的权利，如果该权利受到侵害却无法得到司法救济，这一规定的目的可能会被落空。而且，很多时候查询或者复制个人信息对于自然人其他权益的维护也是非常重要。

我们认为，自然人依法享有查阅或者复制其个人信息以及在发现信息有错误时要求更正的权利，并在符合本条第 2 款规定情况下享有请求删除其个人信息的权利。对此，首先要认识到本条规定对保护个人信息的重要意义，要将此纳入个人信息保护的大背景下考虑。其次，这些权利的界定与名誉权、肖像权等人格权并不可同日而语，它们应属于对个人信息保护的重要方式或者途径，在个人信息尚未被规定为法定权利的情况下，也不宜径行认定它们为法定权利。但这些规则对保护个人信息、规范个人信息的处理具有重要意义。而且从责任承担方式上，这些规则与停止侵害、恢复原状具有很大的相似性。再次，要充分考虑可能引发的纠纷数量问题。最后，在民事诉讼上是否具有可诉性，要与《民事诉讼法》第119条及第124条关于民事案件起诉、立案受理条件的规定相衔接。

综上，我们对此的初步考虑是，将本条规定纳入个人信息保护的范围中。比如《信息网络规定》第6条规定："人民法院适用侵权责任法第三十六条第二款[①]的规定，认定网络服务提供者采取的删除、屏蔽、断开链接等必要措施是否及时，应当根据网络服务的性质、有效通知的形式和准确程度，网络信息侵害权益的类型和程度等因素综合判断。"也就是说，有关删除措施的采取，在相关纠纷中，属于人民法院审查的内容。至于上述情形是否单独可诉，要看双方当事人之间是否存在平等主体之间的权利义务关系，也要充分考虑多元化解、非诉机制、诉讼效率、自力救济等因素，尽量做到依法保护当事人个人信息与避免滥诉相统一。作为目前理论和实践中的新问题，有关问题的解决还有待学理上进一步研究和实务中进一步总结经验。

---

① 该条第2款规定，网络用户利用网络服务实施侵权行为的，被侵权人有权通知网络服务提供者采取删除、屏蔽、断开链接等必要措施。网络服务提供者接到通知后未及时采取必要措施的，对损害的扩大部分与该网络用户承担连带责任。

第一千零三十八条 **信息处理者不得泄露或者篡改其收集、存储的个人信息；未经自然人同意，不得向他人非法提供其个人信息，但是经过加工无法识别特定个人且不能复原的除外。**

信息处理者应当采取技术措施和其他必要措施，确保其收集、存储的个人信息安全，防止信息泄露、篡改、丢失；发生或者可能发生个人信息泄露、篡改、丢失的，应当及时采取补救措施，按照规定告知自然人并向有关主管部门报告。

【条文主旨】

本条是关于信息处理者承担义务的规定。

【条文理解】

本条相比于《民法典》人格权编一、二、三审稿，将第2款中的“防止信息泄露、毁损、丢失”改为“防止信息泄露、篡改、丢失”，表述更加严谨。现将本条规定解读如下：

一、信息处理者不得泄露、篡改个人信息的义务

《全国人民代表大会常务委员会关于加强网络信息保护的决定》第3条规定：“网络服务提供者和其他企业事业单位及其工作人员对在业务活动中收集的公民个人电子信息必须严格保密，不得泄露、篡改、毁损，不得出售或者非法向他人提供。”《网络安全法》第42条第1款规定：“网络运营者不得泄露、篡改、毁损其收集的个人信息；未经被收集者同意，不得向他人提供个人信息。但是，经过处理无法识别特定个人且不能复原的除外。”本条即是在上述规定基础上对信

息处理者的信息保护义务作的规定。本条第1款前半句中的“泄露、篡改”等行为，广义上也属于对个人信息进行处理或者使用的形式。但从法律规定来看，上述行为由于没有经过个人同意，因此没有合法性基础。

本条第1款后半句明确了禁止未经权利人同意而非法提供个人信息的行为。“提供”既包括向不特定主体的公开，也包括向特定人提供数据。在大数据时代，信息或者数据是重要的生产与竞争资源。数据是信息在互联网世界得以存在的载体。也就是说，数据是信息的内容，信息是数据的内容。[①]数据的技术处理、转让，以及第三方接入都是“向他人提供个人信息”的主要情形。对于这三类情形，一方面个人信息的提供需要征得原信息收集、控制者的同意，以获得相应的使用授权。另一方面，受托人、受让人或者第三方还应当充分告知个人信息主体，征得其同意，以保护个人信息所负有的人格利益，满足个人对相应个人信息的自主决定。

二、匿名化处理的义务

信息控制者在收集个人信息后，应当对个人信息进行匿名化处理。信息控制者之所以必须将个人信息进行匿名化处理，理由在于：（1）个人信息用于定向营销、数据库营销和商务智能分析的场景，信息业者关注的是消费者的群体特征，因此去除单个人的明确身份识别要素，并不影响信息业者对消费者群体特征的分析。（2）对个人信息进行匿名化处理，可以避免个人信息泄漏时信息主体被识别的可能性，降低个人信息使用、传输和共享时对信息主体造成损害的风险。[②]本条第1款最后规定“经过加工无法识别特定个人且不能复原的信息除外”，是由于这类信息已经丧失个人信息所要求的直接或者间接可识别性的特征，故而不再属于个人信息，其流动不再受到权利人同意

① 参见程啸：《论大数据时代的个人数据权利》，载《中国社会科学》2018年第3期。

② 参见张新宝：《从隐私到个人信息：利益衡量的理论与制度安排》，载《中国法学》2015年第3期。

的限制。这其中最核心的内容就是匿名化处理的要求。

关于个人信息匿名化处理的具体标准，从域外法上看，欧盟相关法律认为一项有效的匿名化措施应当防止任何人从数据集中或从数据集中两项数据（或是两个独立数据集）中识别出单个个人或推断出任何信息。[①] 根据我国《网络安全法》第42条第1款的规定以及本条第1款的规定，匿名化处理应该达到经过加工无法识别特定个人且不能复原的程度。

三、信息处理者采取保护个人信息安全措施的义务

本条第2款规定信息处理者应当保障信息安全的义务。该条款延续了《全国人民代表大会常务委员会关于加强网络信息保护的决定》第4条和《网络安全法》第42条第2款的规定，要求信息处理者应当采取技术措施和其他必要措施，确保其收集、存储的个人信息安全，防止信息泄露、毁损、丢失。对确保信息安全义务的违反行为，与上述违反知情同意原则的行为有所不同，前者侧重于信息处理者有意在未经信息主体同意的情况下实施的信息收集与处理行为。本款则是第三人利用计算机病毒或者其他手段攻击信息控制者的计算机信息系统，由于信息处理者采取的确保网络信息安全的技术手段不符合相关标准，而造成的信息泄露、毁损或者丢失的现象。对于信息处理者所应当履行的确保信息安全的义务究竟应当达到何种程度，目前一些部门规章、规范性文件和国家标准对个人信息安全的技术标准进行了较为详细的规定，例如《信息安全技术个人信息安全规范》第10条和第11条对个人信息控制者如何处置个人信息安全事件，以及个人信息控制者组织内部的个人信息安全管理要求提供了详细的规定。如果信息处理者没有履行这些规章、规范性文件以及国家标准所要求的技术标准，造成了个人信息泄露、毁损、丢失的情形，也属于侵害个人信息的行为。

---

① 参见金耀：《个人信息去身份的法理基础与规范重塑》，载《法学评论》2017年第3期。

关于信息处理者履行采取技术措施和其他必要措施，确保其收集、存储的个人信息安全的义务的认定问题，必须要考虑个人信息的类型，尤其应分清是敏感信息还是非敏感信息的问题，比如14岁以下未成年人的个人信息、个人生理健康信息，如罹患某种疾病、个人生物识别信息，如指纹、人脸、个人行踪信息、个人违法犯罪记录等。对于个人敏感信息，信息处理者应当尽到更高的注意义务。此外，信息处理者采取的预防个人信息泄露、丢失的技术可能性及是否采取了相应的合理措施的情况、信息处理者自身情况也可以作为认定其履行相应义务的重要因素。

本款规定的数据泄露是指数据指向的主体不愿意让外界知道的信息被外界知晓，实质上是违背个人意愿的不正当的数据传播。[①]在发生信息泄露后，信息处理者应当立即采取补救措施，按照规定及时告知用户并向有关主管部门报告。结合《网络安全法》第42条第2款的规定，网络运营者，在发生或可能发生个人信息泄露情况时，要按照有关规定及时告知信息主体并向有关主管部门报告。我们认为，此网络运营者应属于信息处理者的范畴。网络运营者包括网络的所有者、管理者和网络服务提供者，而网络服务提供者包括网络接入服务提供者和网络内容服务提供者两类。本款和《网络安全法》第42条第2款规定的信息处理者向主管部门报告后，为该主管部门做好信息数据保护，比如启动网络安全应急预案等，尽量减轻或者挽回损害奠定基础。此外，依据上述规定，在“发生或可能发生个人信息泄露、毁损、丢失的情况时”，一方面，要及时采取相应的补救措施来尽可能止损。另一方面，这些情况不限于信息泄露，都要履行相应的告知及报告义务。至于告知义务和报告义务的具体形式、内容及要求等，我国目前还没有具体的标准，这需要由相应的法律、行政法规或者部门规章等来予以规定。至于未履行相应通知、报告义务的后果，依据《网络安全法》第64条，违反泄露通知之规定，由有关主管部门

---

① 参见李皓：《网络环境下个人信息泄露的理论分析及防范探讨》，载《情报探索》2011年第1期。

责令改正，同时可以根据情节单处或者并处警告、没收违法所得、处违法所得1倍以上10倍以下罚款，没有违法所得的，处100万元以下罚款，对直接负责的主管人员和其他直接责任人员处1万元以上10万元以下罚款。而对于情节严重的，可以责令暂停相关业务、停业整顿、关闭网站、吊销相关业务许可证或者吊销营业执照。

【审判实践中应注意的问题】

一、要注意与《民法典》侵权责任编相关规定的衔接适用问题

对侵害个人信息的民事权益保护问题，侵权责任编关于网络侵权的规定可以与本条乃至本章的规定有机衔接。《民法典》侵权责任编中的第1194条至第1197条关于网络侵权责任的规定以及《信息网络规定》网络侵害个人信息的规定，可以与本条规定形成有机互补，共同构成保护个人信息的法律规范。比如该解释第12条在排除特定情形的情况下，明确规定了："网络用户或者网络服务提供者利用网络公开自然人基因信息、病历资料、健康检查资料、犯罪记录、家庭住址、私人活动等个人隐私和其他个人信息，造成他人损害，被侵权人请求其承担侵权责任的，人民法院应予支持。"第14条第2款规定："擅自篡改、删除、屏蔽特定网络信息或者以断开链接的方式阻止他人获取网络信息，发布该信息的网络用户或者网络服务提供者请求侵权人承担侵权责任的，人民法院应予支持。接受他人委托实施该行为的，委托人与受托人承担连带责任。"

此外，审判实务中存在的一个难题是，由于网络的匿名性问题，如何确定侵权人的个人身份，常常成为原告维护自身权利的障碍，但这又会导致网络服务提供者陷入两难境地。一方面，网络服务提供者负有对网络用户个人信息的保密义务；另一方面，在不少情形下，认为自己被侵权的主体又只能经网络服务提供者获得发布涉嫌侵权的网

络用户的个人信息，进而确定被告并对其提起诉讼。所以，如果原告有权直接要求网络服务提供者向其提供网络用户的个人信息，则很容易发生借维权之名获取他人个人信息的现象，网络服务提供者也会违反相应的保密义务。但是，在不少情形下，如果网络服务提供者不提供相关个人信息，则被告就无法确定，原告维权就更加困难。《信息网络规定》对此问题的处理思路是：已经对网络服务提供者提起诉讼的原告，可请求人民法院依据案件情况，责令网络服务提供者提供涉嫌侵权的网络用户的有关个人信息。所谓根据案件情况，一是要看网络服务提供者是否以涉嫌侵权信息系网络用户发布作为抗辩事由；二是要看原告的此项请求是否合理，与案件审理的相关性；三是要看原告此项请求的可实现性，在技术上的可能性等。当然，如果人民法院责令网络服务提供者提供相关信息，网络服务者无正当理由拒不提供的，人民法院可以对其采取相关处罚措施。这种处理方式，从整体上看，是对原告要求网络服务提供者提供涉嫌侵权的网络用户个人信息的请求作出的一种司法上的审查。这既符合人民法院依职权调查取证的规则，也防止了个别人滥用权利，同时有利于网络服务提供者履行法定保密义务。比如在闫某与甲公司、乙公司侵犯名誉权、隐私权纠纷案中，某博客博主发表涉及原告个人隐私的文章，原告先后向两家公司发出律师函要求采取必要措施，甲公司在诉讼中未提交证据证明其采取了删除等必要措施，乙公司则提供证据证明采取了断开链接、删除等措施。原告起诉要求两公司提供博主的个人信息。法院裁判认为，原告要求甲公司提供博主的 IP 地址和全部注册信息，包括但不限于姓名、地址、联系方式等资料，由于两个博客的内容涉及了原告的人格权益，原告有权知晓该网络用户的个人信息以便主张权利，甲公司应当在网络技术力所能及的范围内，向原告披露上述两位博主的网络用户信息，以维护其保护自身合法权益的信息知情权，应予支持。通过诉讼的方式，由人民法院对原告请求网络服务提供者提供网络用户个人信息的要求进行审查后并作出判断，能够较好地实现两者的平衡。

二、要注意信息处理者篡改个人信息导致个人信息发生错误时所承担的侵权责任，与《民法典》第 1036 条权利人请求信息处理者更正错误的个人信息之间的关系

由于个人信息收集的常态化，即使是经过自然人允许的信息收集行为，也难免在收集、记载、转录等各个环节发生错误，错误有可能是由信息处理者的过错所导致，也有可能是权利人提供时发生错误，还有可能是由他人冒用权利人个人信息所导致。在后两种情况下有可能出现信息处理者已经尽到审核义务但仍未发现错误的情形。权利人依据本法第 1036 条请求信息处理者更改信息后，可能要求信息处理者赔偿由于错误信息导致的相关损失。对于此类案件，人民法院要依法运用举证责任规则，在合理分配双方举证责任的基础上，准确查明个人信息错误是由何种原因导致，进而确定信息处理者是否存在过错，从而判决其是否承担侵权责任。

另外，在发生个人信息的委托处理、转让等情况时，信息处理者不仅负有征得权利人同意的义务，同时还应当对受托人、受让人以及第三方进行个人信息安全影响评估，确保受托人、受让人以及第三方达到数据能力要求，同时应当对受托人、受让人、第三方行使一定的监督。若个人信息控制者得知或者发现受托人、受让人、第三方未按照约定要求处理个人信息，或未能有效履行个人信息安全保护责任时，应立即要求受托者停止相关行为，且采取或要求受托人、受让人和第三方采取相应技术措施（如更改口令、断开链接）或者其他必要措施，以消除或者控制个人信息面临的安全风险，必要时还应当要求受托人及时删除从个人信息处理者处获得的个人信息。若个人信息出现泄露、篡改等情形，人民法院在考虑信息处理者是否存在过错时，应当一并就其采取必要措施义务的情况予以考量。

第一千零三十九条 国家机关、承担行政职能的法定机构及其工作人员对于履行职责过程中知悉的自然人的隐私和个人信息，应当予以保密，不得泄露或者向他人非法提供。

【条文主旨】

本条是关于国家机关及其工作人员的个人信息保密义务的规定。

【条文理解】

自二审稿开始，本法对国家机关及其工作人员的个人信息保密义务进行了规定，此后条文基本予以沿用，在最后的修改中，增加了“承担行政职能的法定机构”这一承担保密义务主体，更加全面科学。现将本条内容解读如下：

在现代社会，国家机关基于履行职务需要，同时也是基于工作上的便利，往往会大规模收集个人信息，其收集的个人信息数量较大，精确度较高。因此，一旦国家机关及其工作人员泄露、出售或者非法提供个人信息，造成的后果会非常严重。有鉴于此，《全国人民代表大会常务委员会关于加强网络信息保护的决定》第10条第2款规定：“国家机关及其工作人员对在履行职责中知悉的公民个人电子信息应当予以保密，不得泄露、篡改、毁损，不得出售或者非法向他人提供。”《网络安全法》第44条规定：“任何个人和组织不得窃取或者以其他非法方式获取个人信息，不得非法出售或者非法向他人提供个人信息。”第45条规定：“依法负有网络安全监督管理职责的部门及其工作人员，必须对在履行职责中知悉的个人信息、隐私和商业秘密严格保密，不得泄露、出售或者非法向他人提供。”一些特别法也进行了规定，如《监察法》第18条第2款就规定了监察机关及工作人员的保密义务，即违反相关义务侵害公民、法人和其他组织的合法权益造成损害的，依照该法第67条应当适用国家赔偿的规定。本条延续上述规定，将国家机关及其工作人员对于履行职责过程中知悉的自然人的隐私与个人信息的保密义务在《民法典》中予以明确。

【审判实践中应注意的问题】

审判实践中，对本条的适用需要注意的是：国家机关及其工作人员违反本条规定义务是否需要承担民事侵权责任的问题。对此，存在不同意见，一种意见认为，此为国家机关履行职务行为产生，应当适用国家赔偿责任；另一种意见认为，在《民法典》中确认了国家机关及其工作人员的信息保密义务，此义务的违反就意味着应当承担《民法典》上规定的相应责任，即侵权责任，甚至还有观点认为，大数据的应用强化了国家机关和信息主体之间既有的力量强弱差序格局，而非国家机关由于缺乏公权力行使的便利而掌握的资源相对少，因此，应当对国家机关和非国家机关分别课予合理的注意义务和责任。[①]国家机关对此应当承担更重的注意义务。上述见解在法理上都有一定道理。

我们对此的研究意见是，对此有必要区分不同情形予以考虑：（1）在国家机关及其工作人员在履职过程中侵害他人个人信息的，我们认为，国家机关履职行为系行使国家公权力，这时已经不是平等主体之间的法律关系，此时造成的对个人信息的侵害系因国家机关及其工作人员履行职务所致，应适用国家赔偿责任。（2）国家机关作为民事主体从事民事活动侵害个人信息的，应属于民事侵权行为，承担民事赔偿责任。（3）若国家机关及其工作人员侵害个人信息的行为不

① 参见叶名怡：《个人信息的侵权法保护》，载《法学研究》2018年第4期。

属于《国家赔偿法》所规定的范畴，或是侵害的行为并不属于行使职权，也不具有行使职权的外观，那么应当单独适用侵权责任编的规定对国家机关及其工作人员的民事责任予以判断。（4）若存在国家机关的不作为与第三人作为行为导致共同侵害个人信息，例如他人侵入国家机关的个人信息存储系统，而国家机关并未及时尽到保障个人信息安全的义务之时，国家机关的不作为侵权与第三人的作为侵权结合导致了侵权行为的发生，此时应考虑国家赔偿责任与民事侵权责任的并合。[①]

实践中，国家机关履职涉及个人信息侵害问题的情形往往较为复杂，目前学理上对此究竟属于民事赔偿责任还是国家赔偿责任存有较大的争议，《信息网络规定》第12条第2款就规定："国家机关行使职权公开个人信息的，不适用本条规定。"有鉴于此，对于本条规定的责任承担问题，还有必要继续研究探讨，适时通过司法解释予以明确。

---

① 江必新：《国家赔偿与民事侵权赔偿关系之再认识——兼论国家赔偿中侵权责任法的适用》，载《法制与社会发展》2013年第1期。

后 记

《民法典》由中华人民共和国第十三届全国人民代表大会第三次会议于2020年5月28日通过并公布，将于2021年1月1日起施行。《民法典》是新中国成立以来第一部以“法典”命名的法律，是新时代我国社会主义法治建设的重大成果，是我国法治建设发展道路上的重要里程碑。《民法典》在中国特色社会主义法律体系中具有重要地位，是一部固根本、稳预期、利长远的基础性法律，对推进全面依法治国、加快建设社会主义法治国家、加快建设社会主义市场经济、巩固社会主义基本经济制度，对坚持以人民为中心的发展思想、依法维护人民权益、推动我国人权事业发展，对推进国家治理体系和治理能力现代化，都具有重要意义。

2020年5月29日，习近平总书记在中央政治局就“切实实施民法典”举行第二十次集体学习并发表重要讲话。习近平总书记强调：“民法典实施水平和效果，是衡量各级党政机关履行为人民服务宗旨的重要尺度。”学习好、贯彻好、实施好《民法典》是人民法院的重要职责和光荣使命。要贯彻好、实施好《民法典》，必须深入领会《民法典》的立法精神，准确理解《民法典》的体系规范，正确适用《民法典》的条文规定。为此，最高人民法院专门下发通知号召和要求各级法院高度重视《民法典》的学习培训工作，切实将学习培训作为提升人民法院审判水平、提高人民法院审判队伍素质和能力的重要措施。目前，各级法院正在系统有序地开展《民法典》的学习培训工作，迅速掀起了学习《民法典》的热潮。为帮助各级法院工作人员准确理解和适用《民法典》相关规定，同时向社会公众宣传普及《民法典》司法适用知识，最高人民法院民法典贯彻实施工作领导小组组织力量编写了本套丛书。

本套丛书有以下特点：一是全覆盖。本套丛书紧密结合《民法典》全部1260个条文，对其立法背景、条文理解和具体适用进行详细阐述，既有域外立法比较，又有国内法律规范的系统梳理；既有法理分析，又有实务指导。二是实用性。本套丛书立足于对《民法典》条文的司法适用予以阐释，紧密结合既有司法经验，就有关司法解释与《民法典》条文的衔接适用作了阐释，提出指导意见，运用典型案例为准确适用相关条文提供参照。三是新颖性。本套丛书对《民法典》新增制度和重大修改内容予以重点解读，力求给审判实务提供指导参考。

编写本套丛书是最高人民法院贯彻落实习近平总书记重要讲话精神，积极宣传、推进、保障《民法典》实施，确保《民法典》得到全面有效执行的重要举措。本套丛书共六卷，每卷都由最高人民法院相关民事审判业务部门、综合审判业务部门牵头负责撰写、统稿，由有关大法官、庭室负责人审核定稿。参与本卷撰写的为以下同志：郭锋、李玉林、唐兴华、李明明、袁春湘、李予霞、廖钰、杨奕、李自柱、高燕竹、童海超、陈龙业。

在本套丛书出版之际，要特别感谢全国人大宪法和法律委员会、全国人大常委会法制工作委员会等部门长期以来对人民法院工作的大力指导和支持。感谢在最高人民法院《民法典》编纂研究调研过程中提供支持帮助的人大代表、政协委员、专家学者。感谢地方各级法院和广大法官的积极支持和参与。

最高人民法院民法典贯彻实施工作领导小组办公室

2020年7月15日